UNE PLANÈTE
À DÉCOUVRIR:
LA TERRE

MICHEL BROUSSEAU
GILLES DESHARNAIS

ERPI ÉDITIONS DU RENOUVEAU PÉDAGOGIQUE INC.

5757, RUE CYPIHOT, SAINT-LAURENT (QUÉBEC) H4S 1X4
TÉLÉPHONE: (514) 334-2690 • TÉLÉCOPIEUR: (514) 334-4720

Michel Brousseau est enseignant en géographie à la Commission scolaire des Belles-Rivières et Gilles Desharnais est enseignant en géographie au collège Laval.

Les auteurs et l'Éditeur tiennent à remercier les personnes suivantes pour leur collaboration :

Raynald Baker, enseignant au couvent de Lévis.
Lisette Bernier, enseignante au collège Mont-Notre-Dame.
Clémence Boucher, enseignante à la Commission des écoles catholiques de Québec.
Onil Chamberland, enseignant au collège Notre-Dame.
Jacqueline Frédérick, enseignante à la Commission scolaire de la Jeune-Lorette.
Lilian Walsh, enseignante à la Commission scolaire des Belles-Rivières.

Coordonnateur du projet
Pierre Prud'homme

Chargée de projet et réviseure linguistique
Liane Montplaisir

Réalisation cartographique
L'équipe technique du département de géomatique du collège de Limoilou, sous la supervision d'André Cloutier et Michel Villeneuve.

Conception graphique, réalisation technique et édition électronique
LE GROUPE
FLEXIDÉE
L T É E

Illustration de la page couverture
Stéphane Jorisch

La citation qui apparaît en page 4 de couverture est tirée de *Poussières d'étoiles*, de Hubert Reeves.

Dépôt légal : 2e trimestre 1993
Bibliothèque nationale du Québec
Bibliothèque nationale du Canada

IMPRIMÉ AU CANADA
ISBN 2-7613-0746-1
2374 BCD

7890 II 05432
LHM10

AVANT-PROPOS

As-tu le goût de l'aventure? Nous l'espérons, car c'est ce que nous te proposons dans **UNE PLANÈTE À DÉCOUVRIR: LA TERRE**. Dans ce manuel de géographie générale, nous t'invitons à découvrir le monde dans ses moindres recoins. Nous te convions à explorer et à «comprendre» l'espace terrestre dans lequel tu évolues en observant les composantes naturelles et humaines de cet espace ainsi que son organisation.

Le développement d'habiletés intellectuelles et techniques occupe une large place dans **UNE PLANÈTE À DÉCOUVRIR: LA TERRE**. Nous croyons en effet que c'est en utilisant et en évaluant l'information que tu pourras donner un sens à la géographie et développer une meilleure compréhension des différents milieux du monde.

La démarche d'apprentissage que nous avons adoptée dans cet ouvrage fait de toi le principal agent de ta formation. Observer, décrire, situer, comparer, associer, analyser, expliquer, interpréter, voilà une façon dynamique d'aborder la géographie! Tu auras ainsi une vue globale des phénomènes géographiques et acquerras des connaissances ainsi que des habiletés propres à l'étude de la géographie.

La structure de ton manuel correspond à celle du programme d'études du ministère de l'Éducation. Les modules sont divisés en sections, elles-mêmes subdivisées en parties. Ton manuel comporte 5 modules, 14 sections et 52 parties. Cette structure assure un repérage facile de l'information.

Sur le plan graphique, chacune de ces divisions est présentée de la même façon. De même, les rubriques et les éléments de même nature sont repérables à leur symbole ou à leur mise en page particulière. Observe bien les pages reproduites plus loin. Il est important que tu comprennes bien la structure de ton manuel et les éléments qui le composent avant de te plonger dans l'étude de la géographie.

Les modules

Les modules sont liés aux objectifs généraux du programme de géographie. Ils sont présentés sur deux pages en regard dans lesquelles des illustrations et des photos attrayantes servent d'éléments déclencheurs. Une table des matières abrégée te donne un aperçu général du contenu du module. Tu remarqueras également que chaque module a un code de couleurs différent.

Numéro du module

Titre du module

Couleurs du module

Objectif général

Table des matières

Les sections

Les sections correspondent aux objectifs terminaux du programme de géographie. Chacune est structurée à la manière d'une boucle. Nous te proposons d'abord des apprentissages puis, à la fin, deux rubriques qui t'aideront à faire le point sur ces apprentissages: *En mémoire* et *Fais le point*. Les sections commencent toujours sur une page de gauche. On reconnaît chaque section à son court texte d'introduction et au schéma qui en illustre l'essentiel.

Numéro de la section

Titre de la section

Rubrique *Mes mots*

Objectif terminal

Texte d'introduction

Schéma de présentation de la section

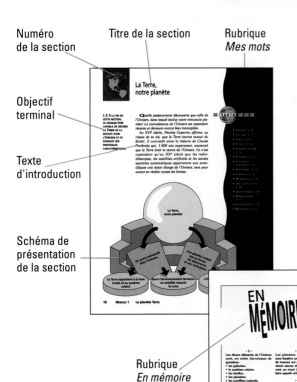

Rubrique *En mémoire*

Rubrique *Fais le point*

Les parties

Le contenu notionnel des sections est séparé en 52 parties; celles-ci correspondent aux objectifs intermédiaires du programme de géographie.

Les parties sont indépendantes les unes des autres, mais celles d'une même section sont étroitement liées et visent l'atteinte de l'objectif de la section.

Tu peux observer dans les pages IV à VI qu'une grande variété de moyens d'apprentissage te sont offerts: cartes, photos, illustrations, graphiques, tableaux, schémas, textes d'enrichissement, etc. Tous ces documents viennent appuyer et dynamiser le texte notionnel.

Les parties se distinguent par les caractéristiques suivantes:

- Les parties commencent généralement sur une page de droite.
- On reconnaît la première page de chaque partie à sa lettre de couleur encerclée et accompagnée d'un titre.
- Les parties comportent deux subdivisions: la première est représentée par un gros titre de la couleur du module dans la marge de gauche; la deuxième est représentée par un titre en gras au-dessus d'un paragraphe.
- Les activités d'apprentissage sont numérotées et placées dans un encadré de la couleur du module.
- Les documents visuels sont accompagnés de légendes qui enrichissent le texte notionnel. Plusieurs d'entre elles sont accompagnées de questions qui stimuleront ta curiosité.
- Les mots en bleu dans la marge sont définis dans le texte notionnel.
- Les textes d'enrichissement ne font pas partie de la matière au programme. Ils contiennent cependant des informations intéressantes qui te permettront d'élargir le champ de tes connaissances.

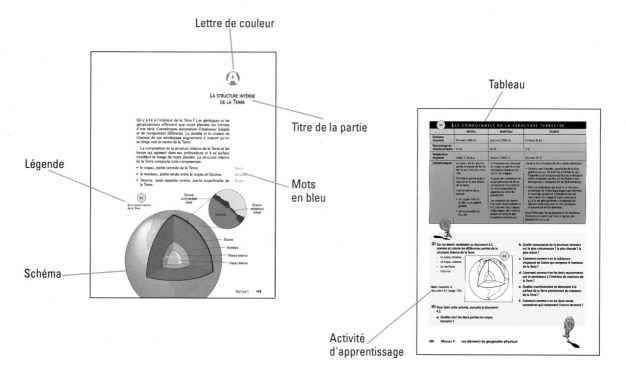

Lettre de couleur

Titre de la partie

Légende

Mots en bleu

Schéma

Tableau

Activité d'apprentissage

Texte
d'enrichissement

Photo

Première subdivision

Deuxième subdivision

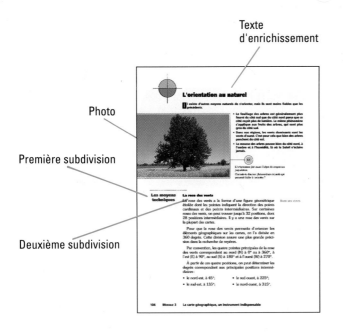

Carte

Graphiques

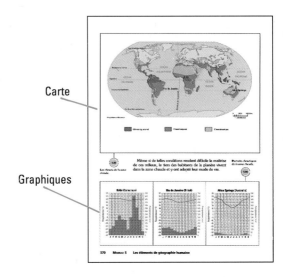

Enfin, tu trouveras à la fin de ton manuel une annexe, *Le monde en chiffres*, dans laquelle on te présente tous les pays du monde, un lexique où sont définis les mots des rubriques *Mes mots*, ainsi qu'un index où on t'indique les pages des sujets traités.

Nous nous étions donné comme mission de te transmettre le goût de la géographie, c'est-à-dire le goût de comprendre le monde dans lequel tu vis, selon une approche dynamique. Nous espérons avoir accompli cette mission. À toi maintenant d'explorer **UNE PLANÈTE À DÉCOUVRIR: LA TERRE**.

À l'aube de cette aventure, nous espérons que tu feras une foule de découvertes géographiques intéressantes!

L'équipe de **UNE PLANÈTE À DÉCOUVRIR: LA TERRE**

TABLE
DES
MATIÈRES

MODULE 2

Le globe terrestre, la carte du monde et l'atlas

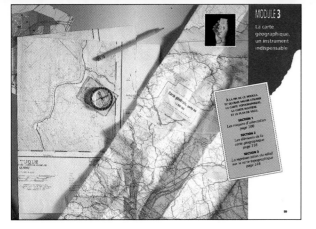

MODULE 3

La carte géographique, un instrument indispensable 98

MODULE 4

Les éléments de géographie physique   176

MODULE 5

Les éléments de géographie humaine   306

INTRODUCTION

La géographie, un monde à découvrir

Imagine que tu es un **Grand Explorateur** ou une **Grande Exploratrice** qui parcourt un pays lointain, peu accessible ou peu connu, en l'observant avec attention. Pour un important magazine, tu réalises une série de reportages sur une région inexplorée afin de la faire connaître au monde entier. Ces reportages, pour toi, c'est la découverte d'un monde.

partir en voyage, tu dois t'initier aux rudiments de la géographie avant d'explorer ta planète.

L'étude de la Terre est fascinante car notre planète est en constante évolution. Prépare-toi à une captivante exploration: la géographie t'ouvre une porte sur le monde.

Partir à la découverte du monde, voilà ce que nous te proposons dans ce manuel de géographie. Nous nous sommes donné comme objectif de t'aider à acquérir une meilleure connaissance de la Terre et de ses habitants. Et, de même que tu vérifies tes bagages avant de

La géographie, une grande exploratrice

La géographie est la science qui a pour objet la description et l'explication des éléments naturels et humains de la Terre. Cette science s'intéresse à notre planète comme environnement des êtres humains. Elle permet de comprendre et d'expliquer les relations qui s'établissent entre les êtres humains et leur milieu naturel.

Dans tes reportages, tu dois décrire et faire comprendre le milieu naturel de la région inexplorée. Tu dois également faire connaître le mode de vie des êtres humains qui vivent dans cette région.

San Francisco

Influence des éléments naturels sur les êtres humains

Relations entre les êtres humains et leur milieu

Interventions humaines sur le milieu

Montréal

Alberta

Indonésie

La géographie, une science qui explore les relations entre les êtres humains et leur milieu.

L'objet de la géographie est la compréhension et l'explication des liens qui se créent entre les êtres humains et leur milieu naturel. Pour bien observer un phénomène géographique, il faut procéder par étapes, comme au cours d'un voyage d'exploration.

L'observation des faits

L'observation d'un phénomène a pour but de recueillir des informations qui seront par la suite traitées et analysées.

Tu arrives dans la région inexplorée: observe et amasse le plus d'informations possible sur le milieu – relief, climat, végétation, habitants, etc.

La description des faits

Pour bien comprendre un phénomène, il faut noter les informations recueillies et en faire une description sommaire, sous forme de tableau, de graphique, ou au moyen de toute autre représentation visuelle.

À ce stade de ton exploration, trace une carte de la région à l'aide d'informations amassées sur le terrain, comme, par exemple, la présence de vestiges d'une pyramide.

La formulation d'une hypothèse

Les informations recueillies soulèvent des questions qui permettent de formuler une hypothèse, une explication possible du phénomène.

À l'aide des informations consignées sur ta carte, tu pourrais émettre l'hypothèse que cette région a été habitée, il y a très longtemps.

OBSERVER, C'EST PLUS QUE VOIR !

L'analyse des faits

Pour vérifier une hypothèse, il faut examiner soigneusement les informations recueillies et effectuer une vérification sur place. D'autres sciences peuvent t'apporter une aide supplémentaire pour y parvenir.

Si l'observation des vestiges ne te permet pas de démontrer que cette région a déjà été habitée, cherche d'autres indices, par exemple en déterrant et en nettoyant les vestiges, pour t'assurer que ton hypothèse correspond à la réalité.

La formulation des résultats

Après avoir observé et décrit les faits et émis une hypothèse, on analyse les observations recueillies afin de confirmer ou de rejeter une hypothèse.

Après avoir trouvé d'autres indices de présence humaine près de la pyramide, tu as démontré que cette région avait déjà été habitée. L'absence d'indices supplémentaires aurait probablement amené le rejet de ton hypothèse.

La formulation d'une généralisation

Si on peut établir des points de comparaison avec d'autres régions ou si certaines conclusions s'appliquent à d'autres situations, on peut formuler une généralisation. Il arrive qu'une généralisation suscite de nouvelles hypothèses qui deviennent alors l'objet d'autres explorations.

Après avoir formulé tes résultats, tu t'aperçois que cette région présente des traits communs avec d'autres milieux – isolement, accès difficile, traces d'occupation humaine datant de la même période. Ces régions semblent avoir été abandonnées par leurs occupants au même moment. Serait-ce pour les mêmes raisons? Une autre exploration s'impose!

ANALYSER, C'EST COMPRENDRE

La géographie, des outils d'exploration

Les connaissances géographiques sont le fruit d'observations directes ou indirectes de certains phénomènes à l'aide d'outils d'observation. L'utilisation de deux types d'outils te permettra d'enrichir tes connaissances en observant, en comprenant et en démontrant divers phénomènes géographiques.

Les outils d'observation directe

Ces outils te permettent d'observer la réalité sur le terrain. La boussole, le thermomètre, le télescope, les échantillons de roches, la girouette et les jumelles appartiennent à la catégorie des outils d'observation directe.

Au cours de tes reportages, tu fais de l'observation directe lorsque, par exemple, tu observes des échantillons de roches de la région explorée.

Le planétaire, un outil d'observation indirecte.

Quels éléments sont représentés sur cette photo ?

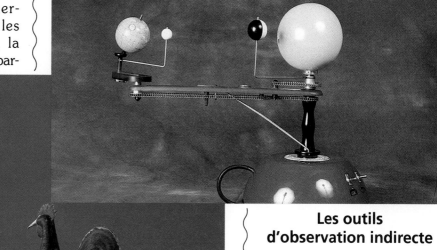

La girouette, un outil d'observation directe.

La photo de la girouette est-elle un outil d'observation directe ? Pourquoi ?

Les outils d'observation indirecte

Ces outils te permettent d'examiner la représentation d'une réalité à défaut de pouvoir l'observer sur le terrain. La carte, le globe terrestre, le planétaire, la maquette, les livres, les photographies, les films, les vidéos et les statistiques appartiennent à la catégorie des outils d'observation indirecte.

Au cours de tes reportages, tu fais de l'observation indirecte lorsque, par exemple, tu examines une carte du pays où se trouve la région explorée.

Même si la géographie utilise plusieurs outils, la carte géographique demeure son principal atout. Elle représente la réalité en localisant les faits géographiques, leur orientation, leur étendue, leur forme, la distance qui les sépare, etc. La carte clarifie la réalité, car elle en donne une représentation qui facilite la compréhension et la comparaison des faits.

La géographie, une compréhension du monde

Aimes-tu voyager? Peux-tu situer sur une carte du monde les endroits cités dans les médias? Comprends-tu le mécanisme des tremblements de terre? Peux-tu expliquer l'arrivée de l'été indien dans l'automne québécois? Sais-tu comment certains êtres humains réussissent à vivre dans le désert? Sais-tu pourquoi on cultive des oranges en Floride? Comprends-tu pourquoi plusieurs pays sont aux prises avec d'interminables famines?

La géographie répond à une foule de questions. C'est une matière variée, qui correspond à plusieurs de tes besoins:

• acquérir une meilleure connaissance de l'espace terrestre;

L'éruption de l'Etna (Italie), en 1986.
On sait que les volcans peuvent être très destructeurs, mais en quoi sont-ils utiles?

- développer des habiletés intellectuelles et techniques;

- comprendre comment les êtres humains vivent et s'adaptent à leur milieu;

- agir sur le milieu;

- être sensible aux grands problèmes mondiaux.

Découvrir un nouveau monde, tel était le but des reportages imaginaires que tu viens de faire.

Comprendre le monde, voilà l'objectif de la géographie.

En milieu tropical, la savane est peuplée de grands animaux comme les éléphants. Cette photo a-t-elle été prise au Brésil, au Kenya ou en Nouvelle-Zélande? Connais-tu le nom de cette montagne, le plus haut sommet d'Afrique?

Dans les pays développés, la grande majorité de la population vit dans les villes. Cette ville est l'une des plus grandes du monde. La reconnais-tu?

À LA FIN DE CE MODULE, TU DEVRAIS COMPRENDRE QUE L'ÉTUDE DE LA PLANÈTE TERRE FAIT L'OBJET DE LA GÉOGRAPHIE.

La Terre, notre planète

1.2 À LA FIN DE CETTE SECTION, TU DEVRAIS ÊTRE CAPABLE DE DÉCRIRE LA TERRE EN LA SITUANT DANS L'UNIVERS ET EN DONNANT SES PRINCIPALES CARACTÉRISTIQUES.

Quelle passionnante découverte que celle de l'Univers, dans lequel évolue notre minuscule planète! La connaissance de l'Univers est cependant récente et demeure encore bien incomplète.

Au XVIe siècle, Nicolas Copernic affirme, au risque de sa vie, que la Terre tourne autour du Soleil. Il contredit ainsi la théorie de Claude Ptolémée qui, 1 400 ans auparavant, soutenait que la Terre était le centre de l'Univers. Ce n'est cependant qu'au XXe siècle que les radio-télescopes, les satellites artificiels et les sondes spatiales automatiques apporteront aux scientifiques une vision élargie de l'Univers, sans pour autant en révéler toutes les limites.

M E S M

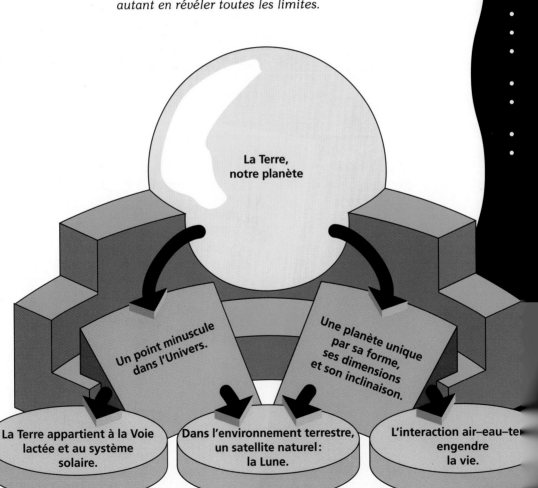

La Terre, notre planète

Un point minuscule dans l'Univers.

Une planète unique par sa forme, ses dimensions et son inclinaison.

La Terre appartient à la Voie lactée et au système solaire.

Dans l'environnement terrestre, un satellite naturel: la Lune.

L'interaction air–eau–te⬛ engendre la vie.

UN POINT MINUSCULE DANS L'UNIVERS

L'Univers

La question de l'origine de l'Univers hante depuis toujours l'esprit des êtres humains. L'Univers, croit-on, était d'abord une masse compacte de chaleur et d'énergie. Puis, il y a environ 15 milliards d'années, une gigantesque explosion, le *Big Bang*, aurait dispersé la matière dans le cosmos. En se refroidissant, cette matière aurait donné naissance aux galaxies, aux étoiles et aux planètes.

L'Univers, aussi appelé cosmos, est constitué de l'ensemble des astres, ou corps célestes. Ces astres forment des milliards de galaxies ou des familles de galaxies, séparées les unes des autres par des milliards de kilomètres.

UNIVERS

Pour avoir une idée de l'immensité de l'Univers, compare-le à une grande plage de sable. Imagine qu'un grain de sable représente le Soleil. Essaie maintenant d'imaginer la Terre parmi cet amas d'étoiles.

La Voie lactée, notre galaxie

La galaxie à laquelle nous appartenons est un gigantesque regroupement d'étoiles, de planètes, de poussières et de gaz retenus ensemble par gravitation.

GALAXIE

1.1

La galaxie d'Andromède, jumelle de la Voie lactée.

On l'appelle la Voie lactée parce que la partie qu'on peut apercevoir de la Terre ressemble à une traînée blanche s'étirant dans le ciel. De grosseur moyenne, la Voie lactée comporte environ 100 milliards d'étoiles. Selon les astronomes, elle se présente sous la forme d'un disque aplati et bombé en son centre (vue de profil) ou d'une spirale (vue de face).

La position approximative du Soleil dans notre galaxie, vue de face et de profil.

Soleil

Amas local

Galaxie
d'Andromède

Nuages de Magellan

Voie lactée

1.3

L'*ordre dans lequel s'inscrivent les éléments de l'Univers, du plus grand au plus petit.*

Voie lactée

Système solaire

Soleil

Lune

Terre

Pour bien saisir la grandeur de ta galaxie, imagine un ou une astronaute voyageant à la vitesse de la lumière, c'est-à-dire à 300 000 kilomètres à la seconde : il lui faudrait 100 000 ans pour la traverser. La Voie lactée a donc un diamètre de 100 000 années-lumière !

1.4 DISTANCE PARCOURUE PAR LA LUMIÈRE

En une seconde	300 000 km
En une minute	18 000 000 km
En une heure	1 080 000 000 km
En une journée	25 920 000 000 km
En une année	9 460 800 000 000 km

Note : La distance moyenne qui sépare la Terre du Soleil est de 150 millions de kilomètres. À 300 000 kilomètres à la seconde, la lumière du Soleil met un peu plus de 8 minutes à nous parvenir.

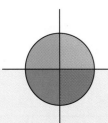

Sommes-nous seuls dans l'Univers ?

L a Terre est-elle la seule planète de l'Univers à abriter des êtres intelligents ? Beaucoup de gens croient que non : « Il y a sûrement d'autres êtres ailleurs. Après tout, il existe un nombre incalculable de planètes dans l'Univers », disent-ils. Mais ce n'est pas parce que beaucoup de gens croient en une théorie que celle-ci est nécessairement vraie. Le monde de la science exige des preuves et, jusqu'à maintenant, rien ne prouve que la vie intelligente existe ailleurs dans l'Univers... comme rien ne prouve qu'elle n'existe pas.

Si on arrive un jour à démontrer l'existence d'êtres extraterrestres, ce sera la plus grande découverte de tous les temps ! On voudra alors connaître l'endroit d'où ils viennent, voir leur apparence physique, savoir si les guerres et les maladies les affectent autant que nous.

L'Univers existe depuis des milliards d'années. D'autres civilisations ont pu apparaître bien avant la nôtre, qui auraient probablement un degré de développement très avancé, peut-être autant que le nôtre par rapport à celui de l'homme des cavernes. Même si ces civilisations ne nous précédaient que de quelques centaines d'années, leur technologie serait incroyablement en avance sur la nôtre et elles pourraient nous aider à progresser.

Sommes-nous seuls dans l'Univers ? On ne peut répondre à cette question pour le moment. Peut-être s'écoulera-t-il des centaines, voire des milliers d'années, avant que nous ne rencontrions un être extraterrestre. En attendant, il est fascinant d'imaginer à quoi il pourrait bien ressembler...

Le Soleil, notre étoile

D'âge moyen et de grandeur moyenne, le Soleil est l'une des 100 milliards d'étoiles de la Voie lactée. Les étoiles sont des astres gazeux qui possèdent et diffusent leur propre lumière et leur propre énergie. Le Soleil est situé sur un des bras spiraux de la Voie lactée, à environ 30 000 années-lumière du centre de la galaxie. Il met environ 30 jours à effectuer une rotation sur lui-même et 250 millions d'années à effectuer une révolution autour de la Voie lactée. Parce qu'il exerce une attraction sur les planètes et les garde ainsi dans son orbite, le Soleil est le moteur du système solaire. Pour nous, le Soleil est précieux car il est source de vie.

SOLEIL
ÉTOILES

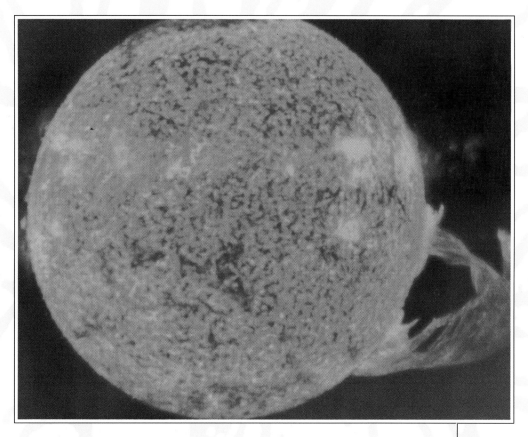

Le *Soleil est une fantastique source de lumière et d'énergie.*

Qu'est-ce que la Terre fait de cette énergie?

Que se passerait-il si le Soleil disparaissait subitement? Tout d'abord, la Terre quitterait son orbite pour aller se perdre dans l'espace. Notre planète deviendrait alors glaciale: toute l'eau gèlerait, ce qui entraînerait la disparition de la vie végétale et donc, celle de l'être humain. Cette sombre hypothèse a heureusement peu de chances de se réaliser, mais elle démontre que le Soleil est l'élément déterminant de la présence de la vie sur Terre. Il nous dispense lumière et énergie depuis presque 5 milliards d'années et toutes les espèces vivantes lui doivent leur existence.

Le système solaire

SYSTÈME SOLAIRE

Formé il y a 4,6 milliards d'années à partir de la condensation d'un nuage de gaz, le système solaire est un ensemble constitué d'une étoile, le Soleil, autour de laquelle gravitent neuf planètes, de nombreux satellites naturels et une ceinture d'astéroïdes.

PLANÈTES

Les planètes sont des astres sans lumière propre qui, en plus de tourner sur eux-mêmes, gravitent autour du Soleil en décrivant un tracé à peu près circulaire appelé orbite.

Les planètes du système solaire sont Mercure, la plus proche du Soleil, Vénus, la Terre, Mars, Jupiter, Saturne, Uranus, Neptune et Pluton, la plus éloignée du Soleil*.

1.6 Mercure

Mars 1.7

1.8 Vénus

1.9 La Terre

* Comme tu peux l'observer dans le document 1.15, toutes les planètes du système solaire gravitent dans le même plan, sauf une, Pluton. Jusqu'en 1999, Pluton tournera à l'intérieur de l'orbite décrite par Neptune, ce qui signifie que, pour quelques années encore, elle ne sera pas la planète la plus éloignée du Soleil.

Jupiter 1.10

1.11 Saturne

1.13 Uranus

Neptune 1.12

Pluton 1.14

17

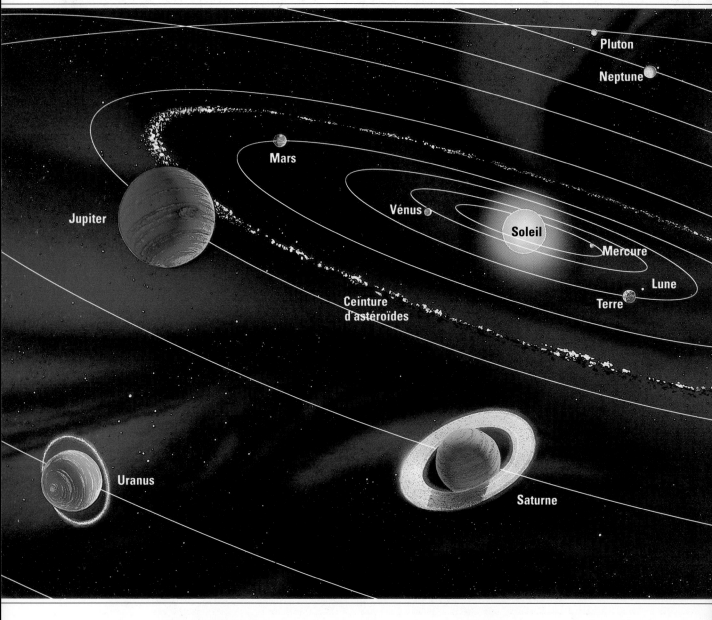

Pluton

Neptune

Mars

Jupiter

Vénus

Soleil

Mercure

Lune

Terre

Ceinture
d'astéroïdes

Uranus

Saturne

1.16 **L**'ordre des planètes et
leur distance moyenne
du Soleil.

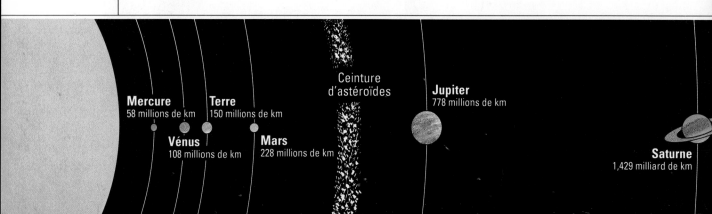

Ceinture
d'astéroïdes

Jupiter
778 millions de km

Mercure
58 millions de km

Terre
150 millions de km

Vénus
108 millions de km

Mars
228 millions de km

Saturne
1,429 milliard de km

LE SYSTÈME SOLAIRE EN CHIFFRES

PLANÈTES	DIAMÈTRE ÉQUATORIAL (EN km)	DISTANCE MOYENNE DU SOLEIL (EN km)	DURÉE DE ROTATION	DURÉE DE RÉVOLUTION	ANNEAUX	SATELLITES NATURELS	PARTICULARITÉS		VISITES
Mercure	4 878	58 millions	58,65 d*	87,97 d	Aucun	Aucun	A	Pratiquement nulle	Mariner 10, 21 septembre 1974
							T	+90 °C	
							C	Cratères et montagnes de toutes dimensions. Sol de couleur gris cendre.	
Vénus	12 104	108 millions	243,01 d	224,6 d	Aucun	Aucun	A	Dioxyde de carbone	Magellan, 15 mai 1991
							T	+480 °C	
							C	Sol très accidenté: montagnes, cratères et volcans. Planète jumelle de la Terre. Surnommée l'«étoile du berger».	
Terre	12 756	150 millions	23 h 56 min	365,25 d	Aucun	1	A	Oxygène, azote, vapeur d'eau	Les navettes spatiales visitent régulièrement la banlieue terrestre.
							T	+14 °C	
							C	Planète qui engendre la vie. Surnommée la «planète bleue».	
Mars	6 790	228 millions	24 h 37 min	686,98 d	Aucun	2	A	Dioxyde de carbone	Viking 1, 20 juillet 1976
							T	-23 °C	
							C	Sol orangé parsemé de montagnes et de profonds canyons. Surnommée la «planète rouge».	
Jupiter	142 796	778 millions	9 h 56 min	11,86 a**	1	16	A	Hydrogène et hélium	Voyager 2, 9 juillet 1979
							T	-150 °C	
							C	Immense tache rouge qui serait une formidable tempête de grandes dimensions (trois fois la Terre).	
Saturne	120 660	1,429 milliard	10 h 40 min	29,46 a	Des milliers	23	A	Hydrogène et hélium	Voyager 2, 26 août 1981
							T	-180 °C	
							C	Présence de magnifiques anneaux (dimensions: 3/4 de la distance Terre-Lune). Surnommée la «planète aux oreilles».	
Uranus	51 118	2,875 milliards	17 h 14 min	84,07 a	11	15	A	Hydrogène et hélium	Voyager 2, 24 janvier 1986
							T	-210 °C	
							C	Inclinée sur un axe presque vertical de 82°. Rotation rétrograde (est-ouest).	
Neptune	49 528	4,504 milliards	16 h 6 min	164,82 a	5	8	A	Hydrogène et hélium	Voyager 2, 25 août 1989
							T	-220 °C	
							C	Vitesse irrégulière durant sa révolution autour du Soleil. Présence de phénomènes météorologiques dans son atmosphère.	
Pluton	2 300	5,900 milliards	6,39 d	248,6 a	Aucun	1	A	Méthane	Ne sera pas visitée au cours de ce siècle.
							T	-230 °C	
							C	Surnommée la «planète gelée». Parfois plus proche du Soleil que Neptune (1979 à 1999).	

* Le symbole international de *jours* est *d*.
** Le symbole international de *ans* est *a*.

A: Atmosphère T: Température C: Caractéristiques

Uranus
2,875 milliards de km

Neptune
4,504 milliards de km

Pluton
5,900 milliards de km

Les planètes du système solaire sont réparties en deux groupes : les planètes rocheuses et les planètes gazeuses.

Les planètes rocheuses sont petites et elles ont un noyau solide, une atmosphère gazeuse et un relief accidenté. Mercure, Vénus, la Terre et Mars font partie de ce groupe.

Les planètes gazeuses sont énormes et elles sont formées d'éléments gazeux très denses comme l'hélium, l'hydrogène, le méthane et l'ammoniac. Elles entraînent avec elles de nombreux satellites naturels, qui sont des corps célestes éteints et sans vie gravitant autour des planètes. Les planètes gazeuses sont ceinturées par des anneaux formés de débris de planètes, de roches et de glace. Ces planètes sont Jupiter, Saturne, Uranus et Neptune.

SATELLITES NATURELS

Pluton fait l'objet d'une classification particulière, car nos connaissances sur cette planète sont beaucoup plus limitées.

La ceinture d'astéroïdes est formée de débris de planètes, de gaz et de glace. Elle gravite entre les planètes Mars et Jupiter. De nombreux scientifiques affirment que les astéroïdes résultent de l'explosion d'une planète au moment de la formation du système solaire.

ASTÉROÏDES

Le système solaire est aussi le siège de phénomènes célestes spectaculaires encore mal connus. Périodiquement, nous recevons la visite de comètes, comme celle de Halley, et de météorites. Les comètes sont des astres caractérisés par un noyau brillant, la tête, et une gigantesque traînée lumineuse, la queue. Les météorites sont des éléments rocheux du système solaire filant à grande vitesse qui s'écrasent au sol ou se désintègrent au contact de l'atmosphère. On les appelle aussi étoiles filantes.

COMÈTES

MÉTÉORITES

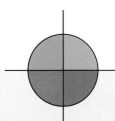

La comète de Halley

En 1682, l'astronome anglais Edmund Halley, ami d'Isaac Newton, avait observé une comète brillante dans le ciel et il décida d'en calculer l'orbite. S'inspirant des travaux d'autres scientifiques, il conclut que les quatre comètes observées en 1456, 1531, 1607 et 1682 n'étaient en fait qu'un seul et même corps céleste. Halley hésita longuement avant de l'annoncer publiquement, puis, en 1705, il déclara que la comète reviendrait en 1758, suivant un cycle d'environ 76 ans. Malheureusement, Halley mourut à l'âge de 82 ans, en 1742, sans avoir pu observer son prodige. La comète tant attendue fut fidèle à ses calculs et illumina de sa beauté le ciel de 1758.

La comète de Halley nous a rendu visite en 1986.

La comète de Halley nous a visités sans trop d'éclat en janvier 1986 et n'a révélé que peu de secrets. Le prochain rendez-vous est prévu pour 2062. Ce fossile cosmique aura-t-il des mystères à nous révéler sur la naissance et la formation de notre système solaire ?

1.18

La Terre n'est pas à l'abri des météorites

*La Terre est-elle menacée d'entrer de nouveau en collision avec un météorite? Oui...
théoriquement, étant donné que des météorites traversent de temps en temps la trajectoire de notre planète.*

1.19

Le cratère du Nouveau-Québec serait le résultat d'une collision survenue entre un météorite et la Terre, il y a plusieurs millions d'années.

Comme le fait valoir M. Claude Perron, qui a pris la parole au cours de la série de conférences Hydro-Québec – UQUAM, la semaine dernière, «c'est déjà arrivé dans le passé et ça se reproduira probablement un jour ou l'autre». En observant une carte produite par images-satellite, on constate que l'Amérique du Nord a beaucoup de traces de cratères, plus qu'aucune autre partie du monde.

Que se passera-t-il alors? La même chose qu'autrefois, c'est-à-dire les mille plaies de «l'hiver météoritique»: levée de poussière qui plonge la Terre dans l'obscurité pendant des mois, incendies de forêts, raz-de-marée si le météorite géant est tombé dans l'océan, augmentation du gaz carbonique, effet de serre, libération d'oxydes d'azote à cause de l'incendie, ce qui entraîne des pluies acides et la destruction de la couche d'ozone, activités volcaniques si la croûte terrestre a été traversée, etc.

Bref, des catastrophes écologiques qui détruiraient toute vie ou presque toute vie sur Terre. Précisons toutefois que cette longue liste de conséquences est vraisemblablement hautement spéculative, car on ne sait pas quelle taille aurait ce météorite ni à quel endroit de la planète il tomberait.

Bien qu'on ne puisse savoir exactement ce qui arriverait si un météorite tombait sur la Terre, on peut toutefois étudier assez précisément les collisions météoritiques qui ont eu lieu dans le passé...

Le Journal de Montréal, 28 octobre 1991.

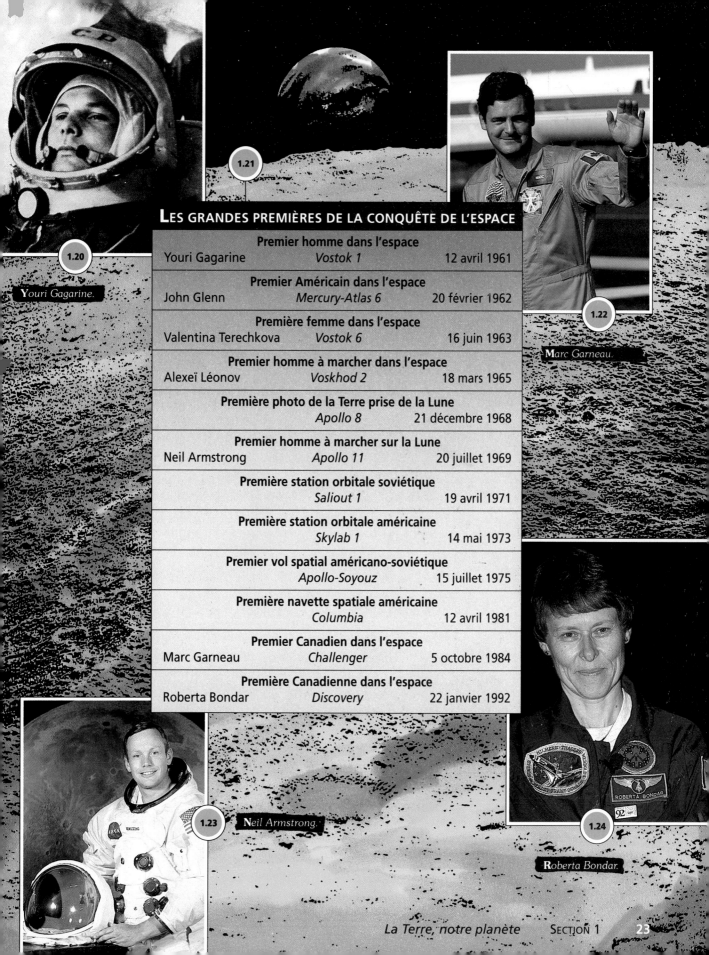

Youri Gagarine.

1.21

1.22

Marc Garneau.

LES GRANDES PREMIÈRES DE LA CONQUÊTE DE L'ESPACE

Premier homme dans l'espace		
Youri Gagarine	*Vostok 1*	12 avril 1961
Premier Américain dans l'espace		
John Glenn	*Mercury-Atlas 6*	20 février 1962
Première femme dans l'espace		
Valentina Terechkova	*Vostok 6*	16 juin 1963
Premier homme à marcher dans l'espace		
Alexeï Léonov	*Voskhod 2*	18 mars 1965
Première photo de la Terre prise de la Lune		
	Apollo 8	21 décembre 1968
Premier homme à marcher sur la Lune		
Neil Armstrong	*Apollo 11*	20 juillet 1969
Première station orbitale soviétique		
	Saliout 1	19 avril 1971
Première station orbitale américaine		
	Skylab 1	14 mai 1973
Premier vol spatial américano-soviétique		
	Apollo-Soyouz	15 juillet 1975
Première navette spatiale américaine		
	Columbia	12 avril 1981
Premier Canadien dans l'espace		
Marc Garneau	*Challenger*	5 octobre 1984
Première Canadienne dans l'espace		
Roberta Bondar	*Discovery*	22 janvier 1992

1.23   Neil Armstrong.

1.24

Roberta Bondar.

1 **a.** Place les termes suivants en ordre décroissant de grandeur (du plus grand au plus petit) et illustre ta réponse par un dessin.

Galaxie	Satellite naturel
Planète	Étoile
Univers	Système solaire

b. Associe chacune des définitions suivantes à l'un des termes mentionnés en **a**.

– Corps céleste éteint et sans vie gravitant autour d'une planète.

– Corps céleste qui tourne autour du Soleil dont il reçoit la lumière et l'énergie.

– Ensemble formé du Soleil et de neuf planètes, ainsi que de nombreux satellites naturels et d'une ceinture d'astéroïdes.

– Gigantesque regroupement d'étoiles, de planètes, de poussières et de gaz retenus ensemble par gravitation.

– Ensemble infini constitué de milliards de galaxies ou de familles de galaxies.

– Astre gazeux qui possède et diffuse sa propre lumière et sa propre énergie.

2 Sur un dessin semblable au document 1.25:

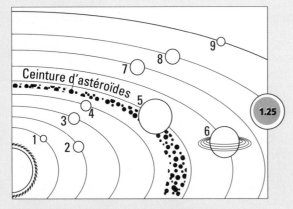

a. colorie le Soleil en jaune;

b. désigne les planètes du système solaire et colorie-les;

c. donne la distance (en millions de km) entre chacune des planètes et le Soleil ainsi que la durée de leur révolution autour du Soleil.

Note: Consulte les documents 1.6 à 1.17 (pages 16 à 19).

3 Complète le texte suivant.

Plus une planète est rapprochée du Soleil, plus sa période de révolution est ___①___. Plus une planète est éloignée du Soleil, plus sa période de révolution est ___②___.

4 À l'aide du document 1.17 (page 19) réponds aux questions suivantes.

a. Quelle est la plus petite planète du système solaire?

b. Quelle est la plus grosse planète du système solaire?

c. Quelle est la planète la plus rapprochée du Soleil?

d. Quelle est la planète la plus éloignée du Soleil?

e. Quelle planète présente des milliers d'anneaux?

f. Quelles sont les trois planètes qui ont le plus de satellites naturels? Combien en ont-elles?

g. Quelle est la planète la plus rapprochée de la Terre?

h. Quelle est la planète jumelle de la Terre, à cause de sa grosseur presque identique à celle de notre planète?

i. Quelle planète est surnommée la «planète bleue»? la «planète rouge»? la «planète aux oreilles»? la «planète gelée»? l'«étoile du berger»?

j. Quelle planète présente une immense tache rouge trois fois plus grosse que la Terre?

k. Quelle est la principale caractéristique de la Terre?

UNE PLANÈTE UNIQUE PAR SA FORME, SES DIMENSIONS ET SON INCLINAISON

La forme de la Terre

Vue de l'espace, la Terre a la forme d'une magnifique boule bleue tachetée de brun et de blanc sur un fond noir. En termes plus scientifiques, on peut dire qu'elle a la forme d'une sphère plus ou moins régulière, légèrement aplatie aux deux pôles et renflée à l'équateur. Cette configuration serait due au mouvement de rotation de la Terre sur elle-même.

1.26

La Terre, vue par les astronautes d'Apollo 17 à 120 000 kilomètres au-dessus de l'Afrique du Nord.

Dans les temps anciens, on pensait que la Terre était plate. Personne n'osait trop s'éloigner des régions connues de peur de tomber dans le vide. Ératosthène, un Grec, fut le premier à calculer la circonférence de la Terre, fournissant du même coup les premières preuves de sa sphéricité. Beaucoup plus tard, en septembre 1519, un navigateur portugais, Ferdinand de Magellan, entreprit le premier voyage autour du monde par mer. Le retour de l'un des navires de sa flotte à son point de départ, en 1522, prouva que la Terre était ronde.

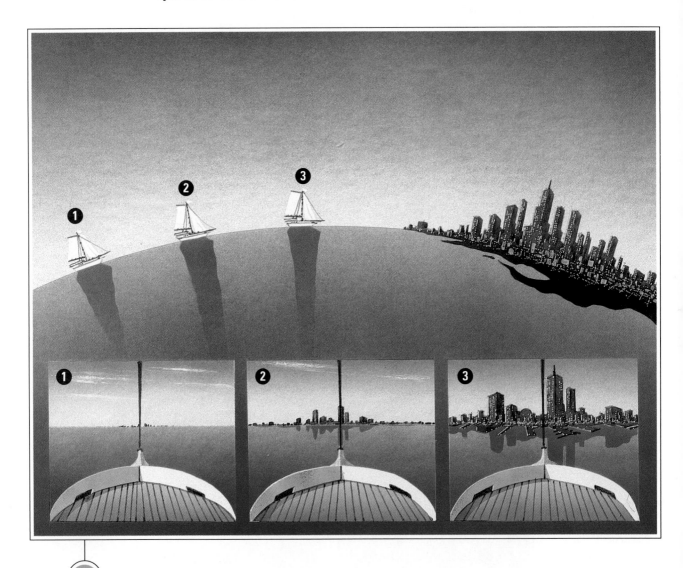

1.27

La vue qu'on a depuis un bateau en rentrant au port: une preuve que la Terre est ronde.

Lorsqu'un bateau arrive en vue d'un port de mer, l'équipage aperçoit d'abord le sommet des édifices ou des montagnes puis, graduellement, le port entier, ce qui constitue une autre preuve de la sphéricité de la Terre.

Aujourd'hui, l'astronautique apporte plusieurs autres preuves irréfutables de la sphéricité de la Terre.

- Le 12 avril 1961, l'astronaute soviétique Youri Gagarine effectue pour la première fois une révolution autour de la Terre au cours de la mission *Vostok 1*.

- Le 21 décembre 1968, la mission américaine *Apollo 8* transmet la première photo de la Terre vue de la Lune.

Les dimensions de la Terre

Le diamètre de la Terre est de 12 756 kilomètres à l'équateur et de 12 713 kilomètres aux pôles, ce qui donne une circonférence d'environ 40 000 kilomètres, ou plus précisément de 40 076 kilomètres à l'équateur et de 40 009 kilomètres aux pôles.

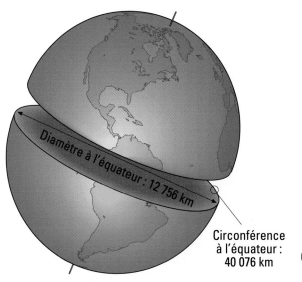

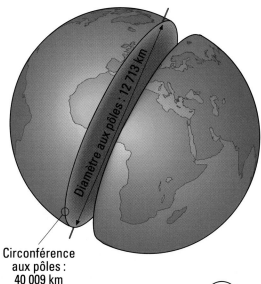

Circonférence à l'équateur : 40 076 km

Circonférence aux pôles : 40 009 km

1.28

Les dimensions de la Terre.

Pour comparer les dimensions de la Terre avec celles du Soleil, imagine la Terre comme une bille de un centimètre et le Soleil comme un gros ballon de plage de 109 centimètres, placés à 117 mètres l'une de l'autre. Le diamètre de la Terre est 109 fois plus petit que celui du Soleil. La sphère terrestre est 1,3 million de fois moins volumineuse que le Soleil et la surface de la Terre est 12 000 fois moins étendue que la surface du Soleil.

Si tu veux comparer les dimensions de la Terre avec celles de la Lune, imagine la Terre comme une bille de un centimètre et la Lune comme une perle de 3 millimètres, placées à 30 centimètres l'une de l'autre. Le diamètre de la Terre est près de quatre fois plus long que celui de la Lune. La sphère terrestre est 49 fois plus volumineuse que la Lune et sa surface est quatorze fois plus étendue que celle de la Lune.

L'inclinaison de la Terre

En observant un globe terrestre, tu peux constater que la Terre n'est pas à la verticale par rapport au plan de l'orbite qu'elle décrit autour du Soleil. En effet, elle s'incline sur un axe de rotation traversant les pôles autour duquel la Terre accomplit sa rotation. C'est pour cette raison qu'on appelle aussi cet axe de rotation l'axe des pôles. Son inclinaison est de 23° 27′ et elle demeure la même tout au long de la révolution de la Terre autour du Soleil.

AXE DE ROTATION

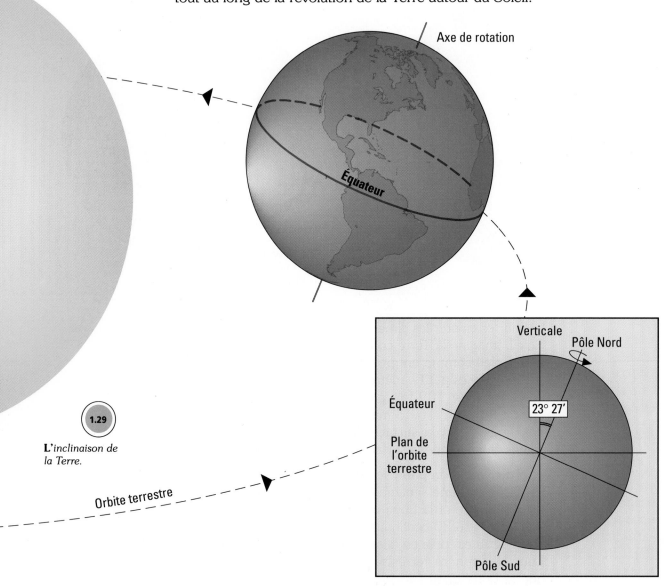

1.29

L'*inclinaison de la Terre.*

L'inclinaison de la Terre entraîne plusieurs conséquences :

• l'inversion des saisons d'un hémisphère à l'autre ;

• la délimitation des tropiques et des cercles polaires ;

• la durée inégale des jours et des nuits ;

• le réchauffement inégal de la Terre.

5 Sur un dessin semblable au document 1.30:

   a. colorie le Soleil en jaune, la Terre en bleu et brun, la Lune en gris;

   b. trace l'axe de rotation de la Terre et indique son inclinaison;

   c. trace la ligne de l'équateur et indique la circonférence de la Terre à cet endroit.

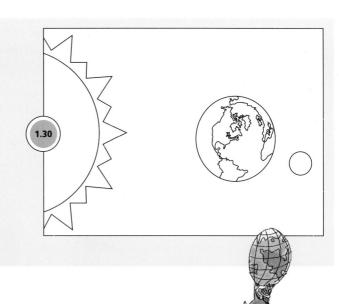

Les composantes de la Terre

Les composantes de la planète Terre sont l'atmosphère (l'air), l'hydrosphère (les eaux), la lithosphère (les continents) et la biosphère (la vie).

L'atmosphère est la mince couche de gaz qui entoure la Terre. Les principaux gaz de cette enveloppe sont l'azote, l'oxygène, l'ozone, le gaz carbonique, la vapeur d'eau et différents gaz rares nécessaires au développement des êtres vivants.

En plus de contenir l'air que nous respirons, cette membrane nous protège des rayons ultraviolets du Soleil, des écarts extrêmes de températures et des pluies de météorites. La couche inférieure de l'atmosphère est responsable de phénomènes météorologiques qui nous sont familiers comme le vent, la pluie et la neige.

ATMOSPHÈRE

1.31

Pourquoi l'atmosphère est-elle indispensable à la vie?

L'hydrosphère est l'ensemble des étendues d'eau qui recouvrent la surface de la Terre : océans, mers bordières, mers intérieures, fleuves, rivières et lacs. Bien que l'hydrosphère couvre environ 70 % de la surface de la Terre, elle ne représente qu'une toute petite partie du volume terrestre.

HYDROSPHÈRE

Sur la Terre, un constant mouvement, appelé cycle de l'eau, assure une distribution de la masse d'eau sur toute la surface de la Terre et permet à la vie d'exister et de se développer.

Pourquoi la lithosphère est-elle indispensable aux êtres humains ?

1.33

1.32

Quelle proportion de la surface terrestre l'hydrosphère occupe-t-elle ?

La lithosphère est la surface solide de la Terre, qu'on appelle aussi écorce ou croûte terrestre. Elle englobe tous les éléments du relief des continents : montagnes, plaines, plateaux, volcans, etc.

LITHOSPHÈRE

La lithosphère nous permet de cultiver la terre et donc, de nous nourrir. De plus, elle recèle de nombreuses ressources énergétiques comme le pétrole, le gaz naturel et le charbon. Elle fournit également tous les minéraux et matériaux nécessaires à la fabrication des biens de consommation.

1.34

Pourquoi la biosphère fait-elle de la Terre une planète unique dans le système solaire ?

La biosphère représente la vie sur la Terre : vie végétale, vie animale et vie humaine. Cette couche vitale résulte de l'interaction de l'atmosphère, de l'hydrosphère et de la lithosphère.

BIOSPHÈRE

L'arbre a besoin d'air, d'eau et d'un sol fertile pour naître, croître et verdir. À son tour, il procurera énergie, habitat, matériaux, papier, etc. L'animal, quant à lui, ne peut vivre sans eau, sans air et sans nourriture provenant du sol. Il constitue une importante source alimentaire, indispensable à la vie de l'être humain. La biosphère fait de la Terre une planète unique dans le système solaire parce qu'elle engendre la vie.

6 Sur un dessin semblable au document 1.35 :

    a. colorie les continents en brun et les océans en bleu ;

    b. trace l'axe de rotation de la Terre et inscris son angle d'inclinaison ;

    c. trace la ligne de l'équateur ;

    d. indique le diamètre et la circonférence de la Terre à l'équateur et aux pôles ;

    e. colorie la Lune en gris ;

    f. dans chacun des quatre rectangles, illustre l'une des composantes de la Terre.

7 À l'aide du document 1.36 :

    a. inscris dans la première case le nom des composantes de la Terre et un synonyme de chacune de ces composantes ;

    b. inscris dans la deuxième case une courte définition de chacune des composantes de la Terre.

1.36

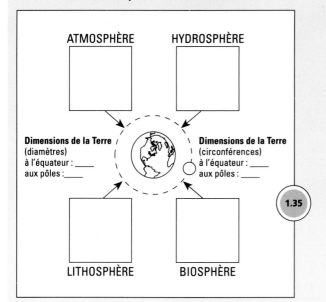

ATMOSPHÈRE   HYDROSPHÈRE

Dimensions de la Terre (diamètres) à l'équateur : ____ aux pôles : ____

Dimensions de la Terre (circonférences) à l'équateur : ____ aux pôles : ____

LITHOSPHÈRE   BIOSPHÈRE

1.35

Composantes et synonymes	Définitions

La Lune: satellite naturel de la Terre

«Être dans la lune», «partir en lune de miel», «promettre la lune» sont autant d'expressions populaires qui démontrent l'importance de la Lune pour les êtres humains.

Unique satellite de la Terre, la Lune est notre plus proche voisine. Dès 1610, à l'aide d'un télescope réfracteur, Galilée décrit le paysage lunaire comme une surface «inégale, accidentée, criblée de cavités et d'éminences, tout comme la surface de la Terre».

La Lune, satellite, naturel de la Terre.

Combien pèserais-tu sur la Lune?

1.38

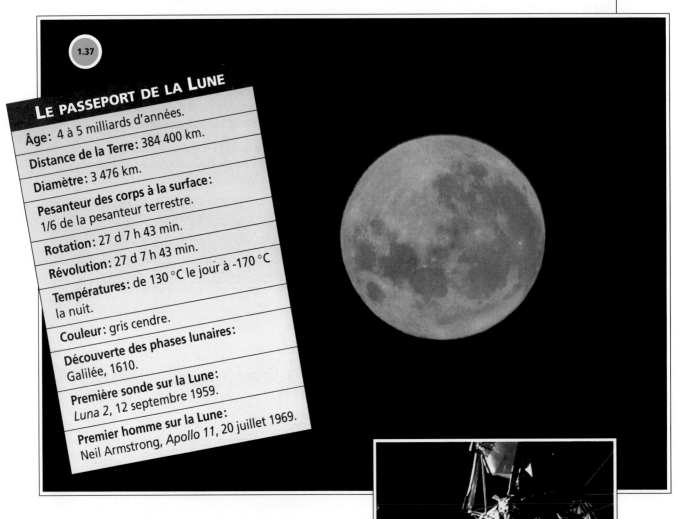

1.37

LE PASSEPORT DE LA LUNE

Âge: 4 à 5 milliards d'années.

Distance de la Terre: 384 400 km.

Diamètre: 3 476 km.

Pesanteur des corps à la surface: 1/6 de la pesanteur terrestre.

Rotation: 27 d 7 h 43 min.

Révolution: 27 d 7 h 43 min.

Températures: de 130 °C le jour à -170 °C la nuit.

Couleur: gris cendre.

Découverte des phases lunaires: Galilée, 1610.

Première sonde sur la Lune: Luna 2, 12 septembre 1959.

Premier homme sur la Lune: Neil Armstrong, *Apollo 11*, 20 juillet 1969.

1.39

Neil Armstrong, premier homme à marcher sur la Lune.

Quel pied posa-t-il en premier sur le sol lunaire?

La physionomie lunaire

Le visage de la Lune peut-être décrit très simplement : de nombreux cratères de toutes dimensions, quelques grandes plaines nommées mers, recouvertes d'une poussière grise comparable à de la cendre volcanique, des collines et des chaînes de montagnes. À cause de l'absence d'atmosphère et d'hydrosphère, la Lune est sans vie et présente des caractéristiques distinctes de la Terre :

- le sol y est désertique ;

- les températures à la surface y varient de 130 °C le jour à -170 °C la nuit ;

- le silence y règne ;

- le ciel y est noir jour et nuit.

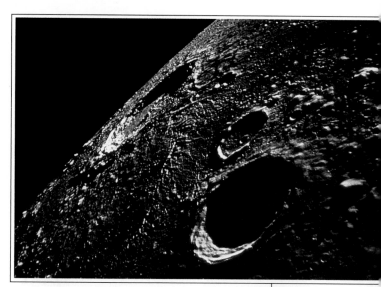

Ces constatations scientifiques ont été confirmées par les missions *Luna*, *Surveyor* et *Apollo*.

Le relief lunaire.

Conséquences des mouvements de la Lune

La rotation et la révolution de la Lune occasionnent sur la Terre deux phénomènes particuliers : les marées et les éclipses.

L'attraction gravitationnelle de la Lune, combinée à celle du Soleil, provoque des marées en faisant gonfler la surface des océans. Au moment de la nouvelle et de la pleine Lune, le Soleil et la Lune sont alignés, ce qui produit généralement de fortes marées. Par contre, au moment du premier et du dernier quartier de la Lune, le Soleil et la Lune forment un angle droit avec la Terre, ce qui ne provoque que de faibles marées.

Par temps clair, le Soleil projette une ombre derrière tout ce qu'il éclaire. Pour une personne placée dans cette zone d'ombre, le Soleil se trouve caché ou éclipsé. Ainsi, le déplacement de la Lune autour de la Terre provoque des éclipses de Soleil et de Lune.

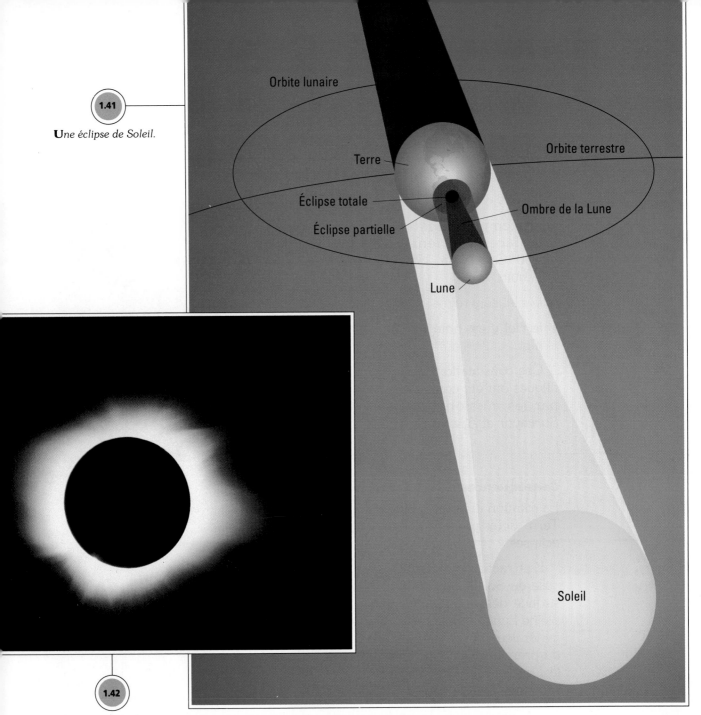

1.41

Une *éclipse de Soleil.*

Orbite lunaire

Terre

Orbite terrestre

Éclipse totale

Éclipse partielle

Ombre de la Lune

Lune

Soleil

1.42

L'éclipse totale de Soleil du 11 juillet 1991, vue du Mexique.

Une éclipse de Soleil se produit lorsque la nouvelle Lune s'interpose entre la Terre et le Soleil : les trois astres sont alors alignés. La Lune cache la lumière du Soleil et projette une ombre sur une zone très étroite de la surface terrestre, qui subit alors une éclipse totale durant un maximum de 7 minutes. L'éclipse de Soleil, qui se déroule en plein jour, peut être totale, partielle ou annulaire. De telles éclipses se produisent de deux à sept fois par année.

Une éclipse de Lune se produit lorsque la Terre s'interpose entre le Soleil et la pleine Lune : les trois astres sont alors alignés. L'ombre de la Terre recouvre la Lune, qui semble s'éteindre et prendre une teinte cuivrée. Contrairement à l'éclipse de Soleil, l'éclipse de Lune se déroule en pleine nuit et est visible de tout l'hémisphère opposé au Soleil. Les éclipses de Lune peuvent être totales ou partielles, durent environ 3 heures et se produisent en moyenne trois fois par année.

Une éclipse de Lune.

1.43

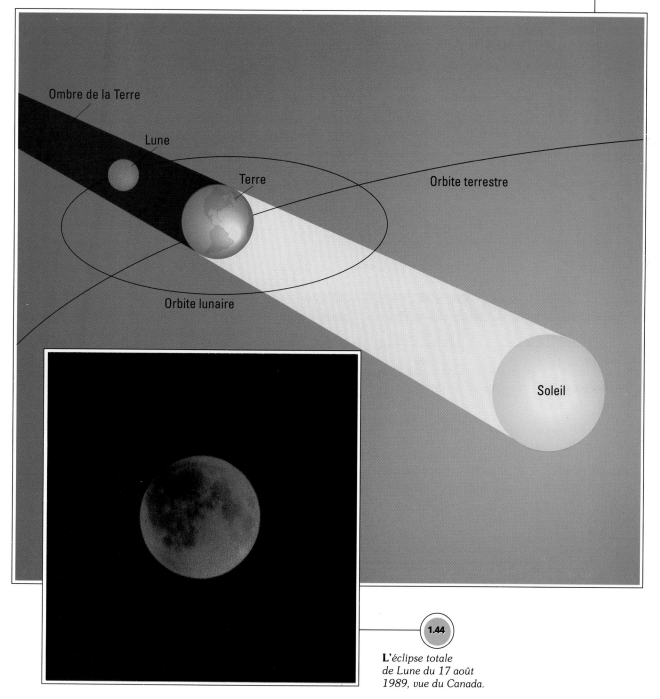

Ombre de la Terre

Lune

Terre

Orbite terrestre

Orbite lunaire

Soleil

1.44

L'éclipse totale
de Lune du 17 août
1989, vue du Canada.

La Terre, notre planète Section 1 **35**

8 **a.** Pourquoi dit-on que la Lune est le satellite naturel de la Terre ?

b. De quelle distance la Lune est-elle éloignée de la Terre ?

c. Nomme deux caractéristiques de la physionomie de la Lune.

d. Pourquoi n'y a-t-il pas de vie sur la Lune ?

e. Si tu te pesais sur la Lune, par quel nombre ton poids sur Terre serait-il divisé ?

f. Les mouvements de la Lune occasionnent deux phénomènes particuliers. Quels sont-ils ?

g. Qui a été le premier être humain à marcher sur la Lune ? Quand a eu lieu cet événement ?

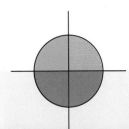

LES ÉCLIPSES DE LUNE DE L'AN 1993 À L'AN 2000   1.45

ANNÉES	TYPES	CONTINENTS
4 juin 1993	Totale	Eurasie
29 novembre 1993	Totale	Amérique du Nord, Amérique du Sud, Europe de l'Ouest, Asie (nord-est)
25 mai 1994	Partielle	Amériques, Europe de l'Ouest
15 avril 1995	Partielle	Asie, Amérique du Nord, Pacifique
4 avril 1996	Totale	Eurasie, Amériques (est)
27 septembre 1997	Totale	Amériques, Eurasie, Afrique
24 mars 1997	Partielle	Amériques, Afrique (ouest), Europe de l'Ouest
16 septembre 1997	Totale	Eurasie, Océanie, Afrique
28 juillet 1999	Partielle	Asie, Australie, Amérique du Nord
21 janvier 2000	Totale	Amériques, Afrique (ouest), Eurasie
16 juillet 2000	Totale	Australie, Asie, Antarctique

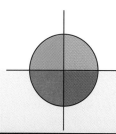

LES ÉCLIPSES DE SOLEIL DE L'AN 1993 À L'AN 2000   1.46

ANNÉES	TYPES	CONTINENTS
21 mai 1993	Partielle	Amérique du Nord, Europe de l'Ouest, Asie (nord-ouest)
13 novembre 1993	Partielle	Sud de l'Australie et de l'Amérique du Sud
10 mai 1994	Annulaire	Amérique du Nord, Amérique centrale, Europe de l'Ouest, Afrique (nord-ouest)
3 novembre 1994	Totale	Sud de l'Amérique du Sud et de l'Afrique, Antarctique (en partie)
29 avril 1995	Annulaire	Amérique du Sud, Amérique centrale, Atlantique (centre), Pacifique (ouest)
24 octobre 1995	Totale	Asie, Australie (nord)
14 avril 1996	Partielle	Pacifique (sud)
12 octobre 1996	Partielle	Amérique du Nord, Europe, Afrique du Nord
9 mars 1997	Totale	Asie, Pacifique (nord-ouest)
2 septembre 1997	Partielle	Australie, Pacifique (sud-ouest), Antarctique (en partie)
26 février 1998	Totale	Amériques (plus spécialement l'Amérique centrale)
22 août 1998	Annulaire	Asie (sud-est), Australie, Pacifique (sud-ouest)
16 février 1999	Annulaire	Pacifique, Asie (est), Australie, Amérique du Nord (nord-ouest)
11 août 1999	Totale	Amérique du Nord, Europe, Afrique du Nord, Asie (ouest)
5 février 2000	Partielle	Antarctique, sud de l'océan Atlantique et de l'océan Indien
1er juillet 2000	Partielle	Amérique du Sud, Pacifique (sud-ouest)
31 juillet 2000	Partielle	Nord de l'Amérique du Nord, nord de l'Arctique et de l'Asie
25 décembre 2000	Partielle	Amérique du Nord, Amérique centrale, Atlantique (nord-ouest)

EN MÉMOIRE

· 1 ·

Les divers éléments de l'Univers sont, en ordre décroissant de grandeur:
• les galaxies;
• le système solaire;
• les étoiles;
• les planètes;
• les satellites naturels.
(Voir le document 1.3 à la page 13.)

· 2 ·

L'Univers est constitué de l'ensemble des astres, ou corps célestes.

· 3 ·

Une galaxie est un gigantesque regroupement de milliards d'étoiles, de planètes, de poussières et de gaz. Ta galaxie se nomme la Voie lactée.

· 4 ·

Une étoile est un astre gazeux qui possède et diffuse sa propre lumière et sa propre énergie. Notre étoile est le Soleil.

· 5 ·

Le système solaire est un ensemble composé d'une étoile, le Soleil, autour de laquelle gravitent neuf planètes et leurs satellites naturels, de même qu'une ceinture d'astéroïdes.

· 6 ·

Les planètes sont des astres sans lumière propre qui, en plus de tourner sur elles-mêmes, gravitent autour du Soleil en décrivant un tracé à peu près circulaire appelé orbite.

· 7 ·

Les planètes du système solaire sont, en partant de la plus proche du Soleil: Mercure, Vénus, la Terre, Mars, Jupiter, Saturne, Uranus, Neptune et Pluton (voir le document 1.15 à la page 18).

· 8 ·

Les satellites naturels sont des corps célestes éteints et sans vie qui gravitent autour des planètes.

· 9 ·

La ceinture d'astéroïdes est formée de débris de planètes, de gaz et de glace.

· 10 ·

Les comètes sont des astres caractérisés par un noyau brillant, la tête, et une gigantesque traînée lumineuse, la queue.

· 11 ·

Les météorites sont des éléments rocheux du système solaire filant à grande vitesse qui se désintègrent au contact de l'atmosphère (étoiles filantes) ou s'écrasent au sol.

· 12 ·

La Terre, ta planète, a la forme d'une sphère plus ou moins régulière.

· 13 ·

Les dimensions de la Terre sont les suivantes:
• diamètre à l'équateur: 12 756 kilomètres;
• circonférence à l'équateur: 40 076 kilomètres.

· 14 ·

L'axe de rotation de la Terre est incliné de 23° 27′ par rapport au plan décrit par son orbite autour du Soleil.

· 15 ·

Les quatre composantes de la Terre sont:
• l'atmosphère (air): enveloppe gazeuse;
• l'hydrosphère (eaux): enveloppe liquide;
• la lithosphère (continents): enveloppe solide;
• la biosphère (vie): enveloppe vivante.

· 16 ·

La Terre a un satellite naturel, la Lune, sur lequel il n'y a pas de vie à cause de l'absence d'atmosphère et d'hydrosphère.

1 Associe chacun des mots ci-dessous à l'un des énoncés qui les suivent.

Univers	Étoile
Galaxie	Planète
Système solaire	Satellite naturel

– Corps céleste qui gravite autour du Soleil, dont il reçoit lumière et chaleur.

– Ensemble infini composé de milliards de galaxies ou de familles de galaxies.

– Corps céleste éteint et sans vie gravitant autour d'une planète.

– Astre gazeux qui possède et diffuse sa propre lumière et sa propre énergie.

– Gigantesque regroupement d'étoiles, de planètes, de poussières et de gaz retenus ensemble par gravitation.

– Ensemble formé du Soleil et de neuf planètes, de nombreux satellites naturels et d'une ceinture d'astéroïdes qui gravitent autour du Soleil.

2 Par quelle lettre chacune des planètes est-elle représentée dans le document 1.47 ?

– Pluton	– Mercure
– Neptune	– Uranus
– Saturne	– Jupiter
– Vénus	– Mars
– La Terre	

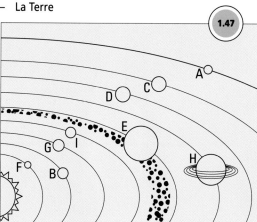

1.47

3 **a.** Quel est le nom de la galaxie à laquelle nous appartenons ?

b. Quelle étoile est l'élément déterminant de la présence de la vie sur la Terre ?

c. Quelles sont les deux planètes entre lesquelles la ceinture d'astéroïdes gravite ?

d. Quelle est la planète la plus rapprochée du Soleil ? la plus éloignée ?

e. Quel est le seul satellite naturel de la Terre ?

4 Complète le texte suivant.

La Terre se présente sous la forme d'une __①__ plus ou moins régulière dont le diamètre à l'équateur est de __②__ kilomètres et la circonférence, d'environ __③__ kilomètres. De plus, la Terre s'incline sur un __④__ imaginaire de __⑤°__ ' par rapport au plan décrit par son orbite.

5 **a.** Nomme les composantes de la Terre et décris-les sommairement.

b. À quelle composante de la Terre associes-tu chacun des énoncés suivants ?

– Je protège la Terre des écarts extrêmes de températures.

– On m'appelle aussi « l'enveloppe solide de la Terre ».

– Je couvre plus de 70 % de la surface de la Terre.

– On m'appelle aussi « l'enveloppe vivante de la Terre ».

– Je permets aux êtres humains de cultiver la terre.

– On m'appelle aussi « l'enveloppe gazeuse de la Terre ».

– Je fais de la Terre une planète unique dans le système solaire parce qu'elle engendre la vie.

– On m'appelle aussi « l'enveloppe liquide de la Terre ».

La Terre
en mouvement

1.3 À LA FIN DE
CETTE SECTION,
TU DEVRAIS ÊTRE
CAPABLE DE
DISTINGUER LES
MOUVEMENTS DE LA
TERRE ET LEURS
CONSÉQUENCES.

Au terme de longues années d'étude et de réflexion, Nicolas Copernic soumet, en 1543, une importante découverte au monde de l'astronomie. Il définit et prouve le double mouvement de la Terre : sa rotation sur elle-même en 24 heures et sa révolution autour du Soleil en 365 jours et un quart. Mais cette théorie soulève de nombreuses critiques et ce n'est qu'au moment de l'invention de la lunette, au début du XVIIe siècle, que sa validité est reconnue.

Aujourd'hui, tu peux comprendre facilement la portée de ces phénomènes, puisque tu les vis tous les jours. En effet, tes préoccupations quotidiennes (travail, loisirs, repos, habillement, logement, alimentation) sont rythmées par les mouvements de ta planète.

- ROTATION, P. 41
- FUSEAUX HORAIRES, P. 43
- RÉVOLUTION, P. 45
- ORBITE TERRESTRE, P. 45
- ÉQUINOXE, P. 46
- SOLSTICE, P. 46

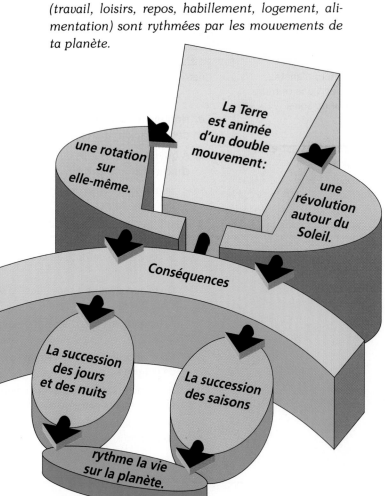

La Terre est animée d'un double mouvement :

une rotation sur elle-même.

une révolution autour du Soleil.

Conséquences

La succession des jours et des nuits

La succession des saisons

rythme la vie sur la planète.

LA ROTATION DE LA TERRE
SUR ELLE-MÊME

La Terre accomplit une rotation complète sur elle-même en 24 heures (plus précisément en 23 heures 56 minutes 4 secondes). Ce mouvement s'effectue de l'ouest vers l'est autour de l'axe de rotation. La rotation de la Terre entraîne plusieurs conséquences :

ROTATION

- la succession des jours et des nuits;
- le mouvement apparent du Soleil;
- la succession des heures.

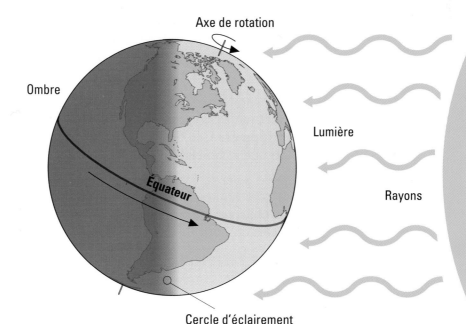

1.48

La rotation de la Terre sur elle-même.

La succession des jours et des nuits

Comme la Terre est ronde et opaque, le Soleil ne peut en éclairer qu'un côté à la fois. Le cercle d'éclairement divise la planète en deux parties égales : l'une inondée de lumière et l'autre plongée dans l'obscurité.

Lorsqu'elle tourne, la Terre ramène peu à peu dans la lumière la partie ombragée et, inversement, la partie éclairée retourne dans l'ombre. C'est ainsi que la rotation de la Terre sur elle-même détermine la succession des jours et des nuits.

1 Sur un dessin semblable au document 1.49:

a. désigne le Soleil et colorie-le en jaune;

b. dessine en rouge quelques rayons du Soleil;

c. trace l'axe de rotation de la Terre et indique à l'aide d'une flèche la direction du mouvement;

d. trace le cercle d'éclairement de la Terre; colorie en gris la zone plongée dans l'ombre et en jaune, la partie inondée de lumière;

e. dans les cases , indique les deux parties (jour et nuit) délimitées par le cercle d'éclairement;

f. parmi les trois points indiqués sur le document, nomme celui qui a reçu les rayons du Soleil en premier et celui qui est encore en pleine nuit.

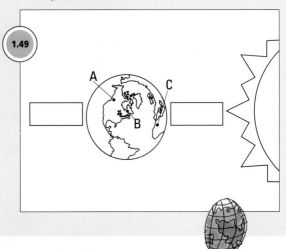

1.49

A
C
B

Le mouvement apparent du Soleil

Le mouvement de rotation de la Terre sur elle-même engendre une importante illusion que les géographes appellent le mouvement apparent du Soleil. Ce phénomène te donne l'impression que le Soleil bouge dans le ciel.

Ainsi, il semble se lever le matin, à l'est, puis s'élever pour atteindre sa plus haute trajectoire le midi, au sud. Enfin, on le voit se coucher, le soir, à l'ouest. On ne l'aperçoit cependant jamais au nord.

Le mouvement apparent du Soleil.

1.50

SUD
21 juin

EST

OUEST

La succession des heures

Puisque la Terre accomplit une rotation complète sur elle-même en une journée, soit 360 degrés en 24 heures, elle parcourt 15 degrés en une heure ; à cause de ce phénomène, les habitants de la Terre ne vivent pas tous le même moment de la journée en même temps. Cette réalité a donné naissance au système des heures.

Une entente internationale a permis de diviser le globe terrestre en 24 parties égales, les fuseaux horaires, qui correspondent aux 24 heures de la journée. Chaque fuseau horaire mesure, en théorie, 15° (degrés) de longitude et son heure est calculée d'après le méridien d'origine de Greenwich, près de Londres (London), au cœur du fuseau 0°. Ainsi, dans tous les lieux qui se situent à l'intérieur d'un même fuseau horaire, on a la même heure.

FUSEAUX HORAIRES

La division de la Terre en fuseaux horaires.

1.51

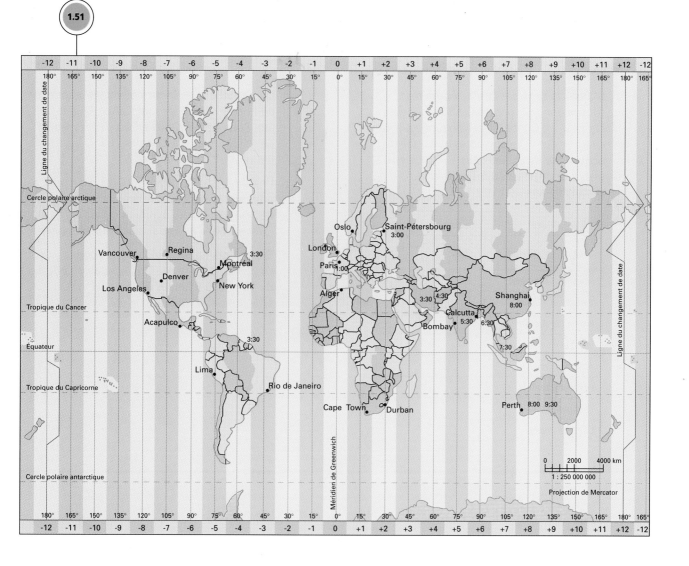

Comme la Terre tourne sur elle-même d'ouest en est, chaque fois que l'on passe d'un fuseau horaire à un autre, il faut avancer notre montre d'une heure si l'on se déplace vers l'est et la reculer d'une heure si l'on se déplace vers l'ouest. Ainsi, si tu traverses plus d'un fuseau horaire, tu dois avancer ou reculer ta montre d'un nombre d'heures égal au nombre de fuseaux horaires traversés.

Le décalage horaire est la différence d'heure entre deux endroits situés dans deux fuseaux horaires différents. Il n'y a pas de décalage horaire entre deux lieux situés dans le même fuseau horaire.

2 a. D'après la carte des fuseaux horaires (document 1.51, page 43), s'il est 7 heures chez toi, au Québec, quelle heure est-il dans chacune des villes suivantes et à quelles activités se livrent les gens à ce moment ? Inscris tes réponses dans un tableau semblable au document 1.52.

Villes	Heures	Activités
Chez moi, au Québec	7:00	Lever et déjeuner
Acapulco (Mexique)		
Vancouver (Canada)		
Rio de Janeiro (Brésil)		
Londres (Royaume-Uni)		
Alger (Algérie)		
Perth (Australie)		
Shanghai (Chine)		
Calcutta (Inde)		
Lima (Pérou)		
Durban (Afrique du Sud)		

1.52

b. Les Canadiens de Montréal jouent un match de hockey contre les Kings à Los Angeles, aux États-Unis. La partie est télédiffusée en direct au Québec à 22 heures 30. Quelle heure est-il à Los Angeles ?

c. Une de tes amies se rend à Lima, au Pérou, pour visiter ses grands-parents. Son avion décolle de Toronto à midi. À quelle heure arrivera-t-elle à Lima si le vol dure 9 heures ?

d. Tes parents partent en vacances pour Londres, au Royaume-Uni. Leur avion décolle de Mirabel à 6 heures 30. À quelle heure arriveront-ils à Londres si le vol dure 6 heures ?

LA RÉVOLUTION DE LA TERRE
AUTOUR DU SOLEIL

En même temps qu'elle tourne sur elle-même, la Terre effectue une révolution autour du Soleil en 365 jours et un quart (plus précisément en 365 jours 5 heures 48 minutes). Ce mouvement s'effectue selon une trajectoire en forme d'ellipse appelée orbite terrestre.

RÉVOLUTION

ORBITE TERRESTRE

On appelle année solaire le temps nécessaire à la Terre pour parcourir son orbite, soit 365 jours et un quart. Pour plus de commodité, l'année civile, celle du calendrier, dure 365 jours. Qu'advient-il alors des heures et des minutes en surplus? On ajoute, tous les quatre ans, une journée au calendrier, le 29 février. Il y a donc, tous les quatre ans, une année de 366 jours, appelée année bissextile.

La succession des saisons

Combiné à l'inclinaison de son axe de rotation, le mouvement de révolution de la Terre autour du Soleil détermine la succession des saisons. Comme l'inclinaison de la Terre reste constante pendant toute la durée de sa révolution autour du Soleil, les hémisphères Nord et Sud ne reçoivent pas les rayons du Soleil de la même manière en même temps. Ce phénomène entraîne un réchauffement inégal de la planète et une inversion des saisons d'un hémisphère à l'autre.

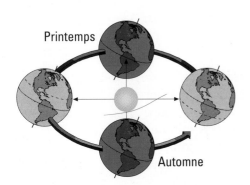

Le 21 mars et le 23 septembre, les rayons solaires frappent perpendiculairement l'équateur : le Soleil est au zénith. La Terre est alors éclairée d'un pôle à l'autre : c'est l'équinoxe de printemps ou d'automne. Les jours sont à peu près égaux aux nuits en tous les points du globe. Dans l'hémisphère Nord, les saisons de transition commencent.

ÉQUINOXE

SOLSTICE

Le 21 juin, l'hémisphère Nord est incliné vers le Soleil. Les rayons solaires frappent perpendiculairement le tropique du Cancer : c'est le solstice d'été. Partout dans l'hémisphère Nord, le jour est plus long que la nuit. Les régions situées à l'intérieur du cercle polaire arctique n'ont pas de nuit.

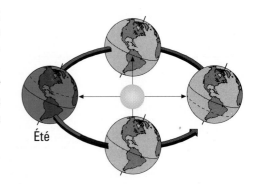

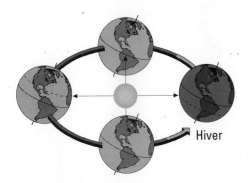

Le 22 décembre, l'hémisphère Sud est incliné vers le Soleil. Les rayons solaires frappent perpendiculairement le tropique du Capricorne : c'est le solstice d'hiver. Partout dans l'hémisphère Nord, la nuit est plus longue que le jour. Les régions situées à l'intérieur du cercle polaire arctique n'ont pas de jour.

PRINTEMPS

HIVER

Sens de la révolution de la Terre

ÉTÉ

AUTOMNE

1.55

Quelles activités pratiques-tu en été ?

Consulte le document 1.57 (page 48) pour mieux comprendre le déroulement des saisons dans l'hémisphère Nord et rappelle-toi qu'il y a inversion des saisons d'un hémisphère à l'autre.

1.56

Pourquoi l'automne est-il une saison de transition ?

La révolution de la Terre autour du Soleil.

1.57

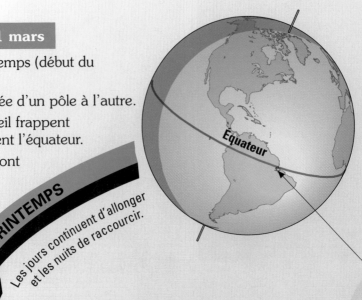

Position A — 21 mars

Équinoxe de printemps (début du printemps)

La Terre est éclairée d'un pôle à l'autre.

Les rayons du Soleil frappent perpendiculairement l'équateur.

Le jour et la nuit sont d'égale durée.

Équateur

PRINTEMPS

Les jours continuent d'allonger et les nuits de raccourcir.

HIVER

Les jours commencent à allon… et les nuits à raccourcir.

Soleil

Cercle polaire arctique

Tropique du Cancer

Équateur

Les jours commencent à raccourcir et les nuits à allonger.

ÉTÉ

Position B — 21 juin

Solstice d'été (début de l'été)

L'hémisphère Nord est incliné vers le Soleil.

Les rayons du Soleil frappent perpendiculairement le tropique du Cancer.

Le jour est plus long que la nuit.

Le 21 juin est le jour le plus long de l'année dans l'hémisphère Nord.

Les régions situées à l'intérieur du cercle polaire arctique n'ont pas de nuit.

Position D — 22 décembre

Solstice d'hiver (début de l'hiver)

L'hémisphère Sud est incliné vers le Soleil.

Les rayons du Soleil frappent perpendiculairement le tropique du Capricorne.

Le jour est plus court que la nuit.

Le 22 décembre est le jour le plus court de l'année dans l'hémisphère Nord.

Les régions situées à l'intérieur du cercle polaire arctique n'ont pas de jour.

1.58

VARIATIONS DE LA DURÉE DU JOUR DANS L'HÉMISPHÈRE NORD			
LATITUDE / POSITION	PÔLE NORD	45° NORD	ÉQUATEUR
Équinoxe de printemps	12 h	12 h	12 h
Solstice d'été	24 h	16 h	12 h
Équinoxe d'automne	12 h	12 h	12 h
Solstice d'hiver	0 h	8 h	12 h

AUTOMNE

Les jours continuent de raccourcir et les nuits d'allonger.

Position C — 23 septembre

Équinoxe d'automne (début de l'automne)

La Terre est éclairée d'un pôle à l'autre.

Les rayons du Soleil frappent perpendiculairement l'équateur.

Le jour et la nuit sont d'égale durée.

3 Sur un dessin semblable au document 1.59:

   a. colorie le Soleil en jaune;

   b. indique à l'aide d'une flèche le sens de la rotation de la Terre à chaque position;

   c. indique à l'aide d'une flèche le sens de la révolution de la Terre;

   d. colorie en jaune la partie inondée de lumière à chaque position;

   e. inscris à côté des lettres le nom et la date de chacune des positions;

   f. inscris dans les rectangles le nom des saisons;

   g. indique à l'aide d'un point rouge l'endroit de la Terre le plus réchauffé par le Soleil à chaque position.

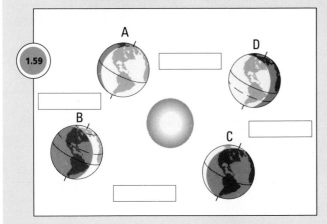

4 À l'aide du document 1.57 (page 48), remplis un tableau semblable au document 1.60 en y décrivant ce qui se produit dans l'hémisphère Nord à chacune des quatre positions de la Terre durant sa révolution autour du Soleil.

Note: Tu peux utiliser les symboles ⟩ , ⟨ et = pour caractériser la durée des jours et des nuits.

NOM DE LA POSITION	DATE	SAISON QUI COMMENCE	DURÉE DES JOURS ET DES NUITS	CARACTÉRISTIQUES DES RAYONS DU SOLEIL
A			Jour ☐ Nuit	
B			Jour ☐ Nuit 21 juin: le plus ⎯ jour de l'année	
C			Jour ☐ Nuit	
D			Jour ☐ Nuit 22 décembre: le plus ⎯ jour de l'année	

(document 1.60)

5 Complète un tableau semblable au document 1.61 en y résumant les connaissances que tu as acquises sur les mouvements de la Terre.

	ROTATION	RÉVOLUTION
Définition		
Direction		
Durée		
Principale conséquence		

(document 1.61)

6 Selon toi, pourquoi peut-on dire que les deux mouvements de la Terre rythment la vie sur cette planète?

EN MÉMOIRE

• 1 •

La Terre est animée d'un double mouvement:
- une rotation complète sur elle-même en 24 heures, de l'ouest vers l'est, autour de l'axe de rotation;
- une révolution autour du Soleil en 365 jours et un quart.

• 2 •

La rotation de la Terre détermine la succession des jours et des nuits (voir le document 1.48 à la page 41).

• 3 •

La rotation de la Terre engendre une illusion que les géographes appellent le mouvement apparent du Soleil. Ce phénomène donne l'impression que le Soleil bouge dans le ciel (voir le document 1.50 à la page 42).

• 4 •

La rotation de la Terre détermine également la succession des heures. Ainsi, le globe terrestre est divisé en 24 fuseaux horaires qui correspondent aux 24 heures de la journée (voir le document 1.51 à la page 43).

• 5 •

Dans tous les lieux situés à l'intérieur d'un même fuseau horaire, on a la même heure.

• 6 •

Chaque fois que l'on passe d'un fuseau horaire à un autre, il faut avancer notre montre d'une heure si l'on se déplace vers l'est et la reculer d'une heure si l'on se déplace vers l'ouest.

• 7 •

La révolution de la Terre détermine la succession des saisons (voir le document 1.57 à la page 48).

• 8 •

Quand les rayons du Soleil frappent l'équateur à la verticale, la Terre est éclairée d'un pôle à l'autre. Le jour et la nuit sont d'égale durée. La Terre est alors en position d'équinoxe. Ce phénomène survient au début du printemps et de l'automne.

• 9 •

Quand les rayons du Soleil frappent le tropique du Cancer à la verticale, la Terre présente son hémisphère Nord au Soleil: c'est le solstice d'été dans l'hémisphère Nord. Les jours sont alors plus longs que les nuits.

• 10 •

Quand les rayons du Soleil frappent le tropique du Capricorne à la verticale, la Terre présente son hémisphère Sud au Soleil: c'est le solstice d'hiver dans l'hémisphère Nord. Les jours sont alors plus courts que les nuits.

F·A·I·S L·E P·O·I·N·T

1 Autour de quoi la Terre effectue-t-elle une rotation ?
a. Autour du Soleil
b. Autour de l'axe de rotation
c. Autour de la Lune
d. Autour du système solaire

2 Quelle est la durée du mouvement de rotation de la Terre ?
a. 1 mois
b. 24 heures
c. 365 jours et un quart
d. 6 mois

3 Dans quel sens s'effectue la rotation de la Terre ?
a. De l'est à l'ouest
b. Du nord au sud
c. De l'ouest à l'est
d. Du sud au nord

4 Quelle est la principale conséquence de la rotation de la Terre ?
a. La succession des heures
b. Le mouvement apparent du Soleil
c. La succession des saisons
d. La succession des jours et des nuits

5 Parce que la Terre tourne sur elle-même, tout le monde ne peut pas voir le jour en même temps. À quel système cette réalité a-t-elle donné naissance ?

6 Sachant que cinq fuseaux horaires séparent Montréal de Greenwich, peux-tu dire quelle heure il est à Greenwich lorsqu'il est 14 heures à Montréal ?
a. 19 heures
b. 9 heures
c. 20 heures
d. 8 heures

7 Autour de quoi la Terre effectue-t-elle une révolution ?
a. Autour du Soleil
b. Autour de l'axe de rotation
c. Autour de la Lune
d. Autour du système solaire

8 Quelle est la durée du mouvement de révolution de la Terre ?
a. 1 mois
b. 24 heures
c. 365 jours et un quart
d. 6 mois

9 Comment se nomme la trajectoire que décrit la Terre au cours de sa révolution ?

10 Quelle est la principale conséquence du mouvement de révolution de la Terre ?
a. La succession des heures
b. Le mouvement apparent du Soleil
c. La succession des saisons
d. La succession des jours et des nuits

Note : Pour répondre aux questions 11 à 16, consulte le document 1.57 (page 48). Réponds par la ou les lettres correspondant à l'une ou l'autre des positions de la Terre.

11 À quelles positions de la Terre les rayons du Soleil frappent-ils perpendiculairement
   a. le tropique du Cancer ?
   b. le tropique du Capricorne ?
   c. l'équateur ?

12 À quelles positions la Terre est-elle éclairée d'un pôle à l'autre ?

13 À quelle position de la Terre vit-on
   a. le jour le plus court de l'année ?
   b. le jour le plus long de l'année ?

14 À quelles positions de la Terre le jour et la nuit sont-ils d'égale durée ?

15 À quelle position de la Terre
   a. les jours commencent-ils à raccourcir ?
   b. les jours commencent-ils à allonger ?
   c. l'été commence-t-il ?
   d. l'hiver commence-t-il ?
   e. l'équinoxe d'automne correspond-il ?
   f. l'équinoxe de printemps correspond-il ?

16 À quelle position de la Terre correspondent les moments de l'année pendant lesquels les régions situées à l'intérieur du cercle polaire arctique
   a. n'ont pas de jour ?
   b. n'ont pas de nuit ?

17 En faisant appel à tes connaissances sur les mouvements de rotation et de révolution de la Terre, indique à quel mouvement fait référence chacun des énoncés suivants. Réponds par A (rotation) ou par B (révolution).
   a. La durée d'un jour est de 24 heures.
   b. L'équinoxe de printemps a lieu le 21 mars.
   c. Les heures se succèdent.
   d. Les saisons sont inversées d'un hémisphère à l'autre.
   e. On compte 365 jours et un quart dans une année.
   f. Les saisons se succèdent.
   g. Le Soleil décrit un mouvement apparent dans le ciel.
   h. Le solstice d'été a lieu le 21 juin.
   i. Les jours et les nuits se succèdent.
   j. La Terre effectue un mouvement dont la trajectoire est appelée orbite terrestre.

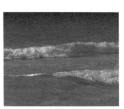

MODULE 2

Le globe terrestre, la carte du monde et l'atlas

À LA FIN DE CE MODULE, TU DEVRAIS SAVOIR SITUER DES RÉALITÉS GÉOGRAPHIQUES SUR LE GLOBE TERRESTRE, SUR LA CARTE DU MONDE ET DANS L'ATLAS.

Les coordonnées géographiques

2.1 À LA FIN DE CETTE SECTION, TU DEVRAIS ÊTRE CAPABLE D'UTILISER LES COORDONNÉES GÉOGRAPHIQUES DU GLOBE TERRESTRE.

Si tu as déjà joué à la bataille navale, tu sais qu'on repère les navires ennemis grâce au croisement de rangées horizontales et de colonnes verticales. Ce jeu est basé sur la localisation, l'une des notions les plus importantes en géographie.

Ainsi, pour nous permettre de localiser avec précision un endroit sur la Terre, les géographes ont mis au point le système des coordonnées géographiques. Il s'agit d'un réseau de lignes horizontales, les parallèles, et de lignes verticales, les méridiens, que l'on trace sur les globes et les cartes. Pour déterminer la position d'un lieu, on indique l'intersection entre un parallèle et un méridien où se trouve ce lieu: c'est ce qu'on appelle «faire le point».

MES MOTS

- ÉQUATEUR, P. 57
- PARALLÈLE D'ORIGINE, P. 57
- PARALLÈLES, P. 57
- LATITUDE, P. 58
- MÉRIDIENS, P. 61
- MÉRIDIEN D'ORIGINE, P. 61
- MÉRIDIEN DE GREENWICH, P. 61
- LONGITUDE, P. 62
- COORDONNÉES GÉOGRAPHIQUES, P. 65

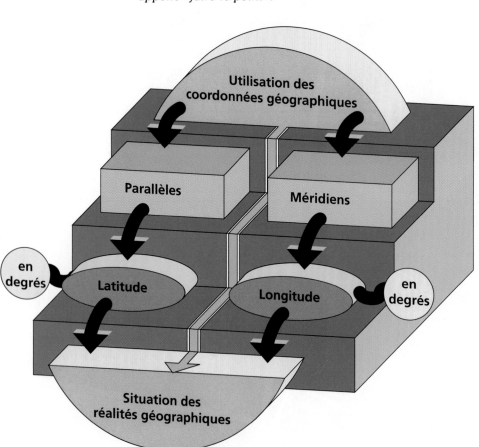

Utilisation des coordonnées géographiques

Parallèles

Méridiens

en degrés

Latitude

Longitude

en degrés

Situation des réalités géographiques

LE DÉCOUPAGE DU GLOBE TERRESTRE EN PARALLÈLES

Dans quel hémisphère habites-tu ?

Que signifie l'expression parallèle d'origine ?

En observant le globe terrestre, tu verras un cercle qui fait le tour de la Terre, à mi-chemin entre le pôle Nord et le pôle Sud : c'est l'équateur.

L'équateur, considéré comme le parallèle d'origine (parallèle 0°), divise la Terre en deux hémisphères : l'hémisphère Nord ou boréal, au nord de l'équateur, et l'hémisphère Sud ou austral, au sud de l'équateur (voir le document 2.1).

Les hémisphères sont traversés par des cercles imaginaires, parallèles à l'équateur, qui font le tour de la Terre à égale distance les uns des autres : ce sont les parallèles. Ces cercles sont de plus en plus petits à mesure qu'on se rapproche des pôles, à cause de la forme sphérique de la Terre (voir le document 2.2).

ÉQUATEUR

PARALLÈLE D'ORIGINE

PARALLÈLES

Quel parallèle est le plus long ? le plus court ?

Deux parallèles peuvent-ils se croiser ?

2.1

Il y a 180 parallèles, car la distance entre les deux pôles est de 180 degrés (180°). Il y a 90 parallèles au nord de l'équateur et 90 au sud de l'équateur. Ces parallèles sont tous accompagnés d'une indication de degré allant de 0° (équateur) à 90° (pôle Nord et pôle Sud) dans chaque hémisphère (voir le document 2.2). Pour nommer un parallèle, il faut indiquer, en plus du degré, s'il est au nord (N) ou au sud (S) de l'équateur. La mention N ou S n'accompagne cependant pas l'équateur.

2.2

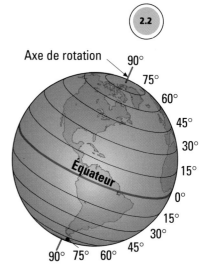

Cinq parallèles ont une importance particulière : ce sont les parallèles fondamentaux. Ces parallèles, en plus d'être accompagnés d'une indication de degré, portent un nom : l'équateur, le tropique du Cancer, le tropique du Capricorne, le cercle polaire arctique et le cercle polaire antarctique (voir le document 2.3).

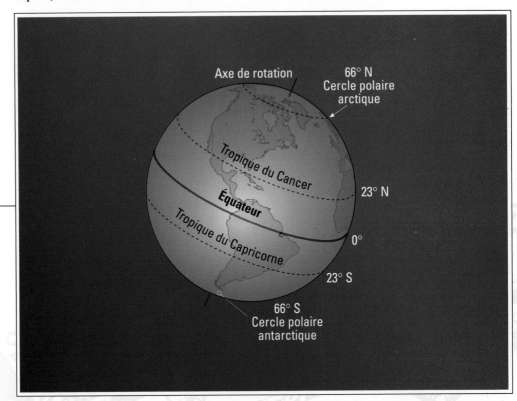

2.3

Dans l'hémisphère Nord, lequel des parallèles fondamentaux est associé au solstice d'été ? au solstice d'hiver ? à l'équinoxe d'automne et à l'équinoxe de printemps ?

La latitude

Les parallèles servent à déterminer la latitude d'un lieu, c'est-à-dire sa position par rapport à l'équateur. Autrement dit, la latitude est la distance, mesurée en degrés (°), qui sépare un endroit de l'équateur. La latitude est indiquée sur chacun des parallèles.

Pour mieux comprendre, prenons les points X et Y du document 2.4, qui ne sont pas situés à égale distance de l'équateur. Comme l'équateur correspond à 0°, c'est lui qui sert de guide, avec l'axe de rotation, pour calculer avec précision la distance d'un point en degrés. Ainsi, on découvre que le point X est situé 60° au nord de l'équateur et que le point Y est à 30° au sud de l'équateur. La ligne tracée autour de la Terre parallèlement à l'équateur à partir de X sera nommée 60e parallèle nord et celle tracée à partir de Y, 30e parallèle sud.

LATITUDE

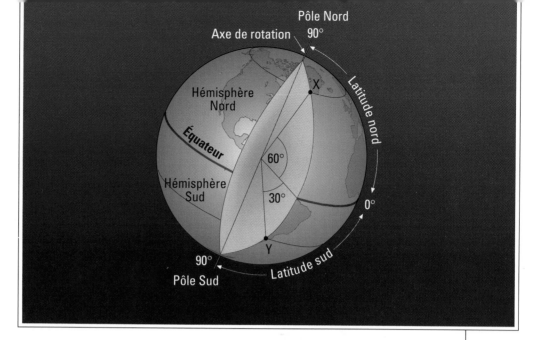

On dira d'un point situé entre l'équateur (0°) et le pôle Nord (90° nord) qu'il se trouve en latitude nord et d'un point situé entre l'équateur (0°) et le pôle Sud (90° sud) qu'il se trouve en latitude sud.

Qu'arrive-t-il lorsque deux points sont situés sur le même parallèle ? Pour bien comprendre, prenons deux points : le point A, situé sur le 60e parallèle nord, au Canada, et le point B, situé sur le 60e parallèle nord, en Norvège. La distance qui sépare ces deux points de l'équateur étant la même, 60°, leur latitude est la même (voir le document 2.5).

La latitude est la distance, mesurée en degrés, qui sépare un lieu de l'équateur.

Quelle distance sépare le pôle Nord de l'équateur ? le pôle Sud de l'équateur ? les deux pôles ?

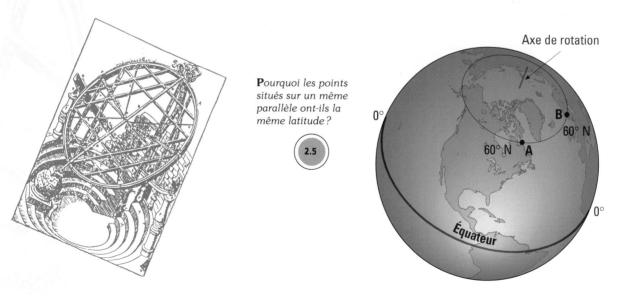

Pourquoi les points situés sur un même parallèle ont-ils la même latitude ?

Trouver la latitude d'un lieu, c'est donc situer ce lieu sur un parallèle ou trouver la distance en degrés qui le sépare de l'équateur.

1 À l'aide d'un globe terrestre, d'une carte du monde ou d'un atlas, désigne l'hémisphère (Nord ou Sud) dans lequel est situé chacun des pays suivants.

a. Bélarus

b. Australie

c. Canada

d. Madagascar

e. Arabie Saoudite

f. Argentine

g. Fidji

h. Japon

i. Angola

j. Afrique du Sud

2 *a.* À l'aide du document 2.6, indique la position (en degrés) de chacun des points. N'oublie pas de mentionner N ou S selon que le degré est au nord ou au sud de l'équateur.

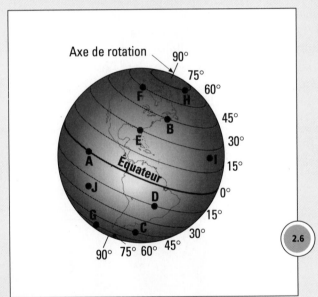

Axe de rotation
90°
75°
60°
45°
30°
15°
0°
15°
30°
45°
90° 75° 60°

F H B E A Équateur I J D G C

2.6

b. Comment nomme-t-on la position d'un lieu indiquée sur le globe terrestre par un parallèle ?

c. Qu'arrive-t-il lorsque deux points sont situés sur le même parallèle ?

3 À l'aide d'un globe terrestre, d'une carte du monde ou d'un atlas:

a. nomme cinq pays traversés par l'équateur;

b. nomme cinq pays traversés par le 40ᵉ parallèle nord;

c. nomme cinq pays traversés par le 20ᵉ parallèle sud;

d. nomme une ville connue traversée par chacun des parallèles suivants.

– 0°

– 45° nord

– 60° nord

– 20° sud

– Tropique du Capricorne

LE DÉCOUPAGE DU GLOBE TERRESTRE EN MÉRIDIENS

Sur le globe terrestre, en plus des parallèles, il y a des demi-cercles verticaux qui vont d'un pôle à l'autre : ce sont les méridiens. Ces demi-cercles perpendiculaires à l'équateur relient les deux pôles ; ils sont tous de la même longueur (20 000 kilomètres).

MÉRIDIENS

Une entente internationale survenue en Autriche en 1881 a établi que le méridien d'origine (méridien 0°) serait celui qui passe par l'observatoire de Greenwich, près de Londres (London), au Royaume-Uni. On l'appelle méridien de Greenwich. Le méridien de Greenwich et le 180e méridien se complètent pour former un cercle parfait autour de la Terre. Ce cercle divise le globe en deux hémisphères : l'hémisphère Est ou oriental, à l'est de Greenwich, et l'hémisphère Ouest ou occidental, à l'ouest de Greenwich (voir le document 2.7).

MÉRIDIEN D'ORIGINE

MÉRIDIEN DE GREENWICH

Contrairement aux parallèles, qui ne se touchent en aucun point, les méridiens se rejoignent au pôle Nord et au pôle Sud, tels les quartiers d'une orange. Ainsi, la distance entre deux méridiens est à son maximum à l'équateur et à son minimum aux pôles. Il y a 360 méridiens, chacun d'eux correspondant à l'un des 360 degrés de l'angle total d'un cercle.

2.7

Dans quel hémisphère habites-tu ?

Que signifie l'expression méridien d'origine ?

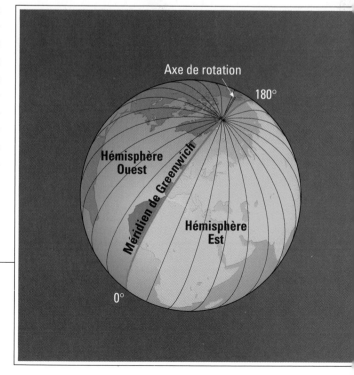

Il y a 180 méridiens à l'est du méridien de Greenwich et 180 à l'ouest de celui-ci. Ces méridiens sont tous accompagnés d'une indication de degré allant de 0° (méridien de Greenwich) à 180° dans chaque hémisphère. Pour nommer un méridien, il faut indiquer, en plus du degré, s'il est à l'est (E) ou à l'ouest (W*) du méridien de Greenwich. La mention E ou W n'accompagne cependant pas le méridien de Greenwich et le 180e méridien (voir le document 2.8).

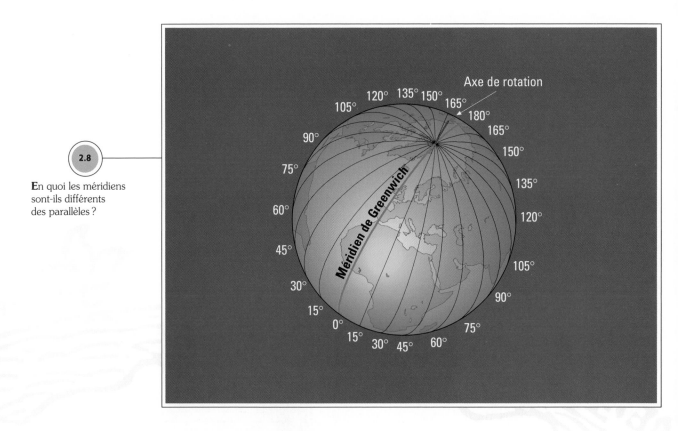

2.8

En quoi les méridiens sont-ils différents des parallèles ?

....

La longitude

Les méridiens servent à déterminer la longitude d'un lieu, c'est-à-dire sa position par rapport au méridien de Greenwich. Autrement dit, la longitude est la distance, mesurée en degrés, qui sépare un endroit du méridien de Greenwich. La longitude est indiquée sur chacun des méridiens.

LONGITUDE

Pour mieux comprendre, prenons les points A et B du document 2.9, qui ne sont pas situés à égale distance du méridien de Greenwich. Comme le méridien de Greenwich correspond à 0°, c'est lui qui sert de guide, avec l'axe de rotation, pour calculer avec précision la distance

* Selon une convention internationale, on utilise W plutôt que O comme abréviation de «ouest» pour éviter toute confusion avec le chiffre 0.

d'un point en degrés. Ainsi, on découvre que le point A est situé 90° à l'est de Greenwich et que le point B est situé 45° à l'ouest de Greenwich. La ligne tracée du pôle Nord au pôle Sud et passant par le point A sera nommée 90ᵉ méridien est et celle qui passe par le point B sera nommée 45ᵉ méridien ouest.

Ainsi, on dira d'un point situé entre le méridien de Greenwich et le 180ᵉ méridien qu'il se trouve en longitude est ou ouest, selon qu'il est à l'est ou à l'ouest de Greenwich.

Qu'arrive-t-il lorsque deux points sont situés sur le même méridien? Pour bien comprendre, prenons deux points : le point X, situé sur le 60ᵉ méridien ouest, au Canada, et le point Y, situé sur le 60ᵉ méridien ouest, au Brésil. La distance qui sépare ces deux points du méridien de Greenwich étant la même, 60°, leur longitude est la même (voir le document 2.10).

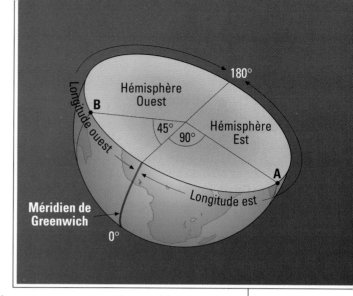

2.9

La longitude est la distance, mesurée en degrés, qui sépare un lieu du méridien de Greenwich.

Comment la longitude est-elle exprimée sur une carte ?

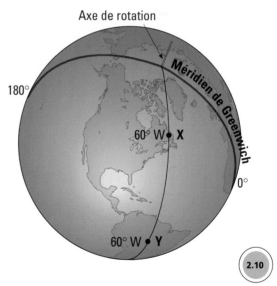

2.10

Pourquoi les points situés sur un même méridien ont-ils la même longitude ?

Trouver la longitude d'un lieu, c'est donc situer ce lieu sur un méridien ou trouver la distance en degrés qui le sépare du méridien de Greenwich.

4 À l'aide d'un globe terrestre, d'une carte du monde ou d'un atlas, nomme l'hémisphère (Est ou Ouest) dans lequel est situé chacun des pays suivants.

a. Mexique
b. Chine
c. Chili
d. Portugal
e. Iran

f. Inde
g. Nigeria
h. Bulgarie
i. Zaïre
j. Mali

b. Comment nomme-t-on la position d'un lieu indiquée sur le globe terrestre par un méridien ?

c. Qu'arrive-t-il lorsque deux points sont situés sur le même méridien ?

6 À l'aide d'un globe terrestre, d'une carte du monde ou d'un atlas :

a. nomme cinq pays traversés par le méridien de Greenwich ;

b. nomme cinq pays traversés par le 15e méridien est ;

c. nomme cinq pays traversés par le 60e méridien ouest ;

d. nomme une ville connue traversée par chacun des méridiens suivants.

   – 0°
   – 30° est
   – 140° est
   – 75° ouest
   – 105° ouest

5 *a.* À l'aide du document 2.11, indique la position (en degrés) de chacun des points. N'oublie pas de mentionner E ou W selon que le degré est à l'est ou à l'ouest de Greenwich.

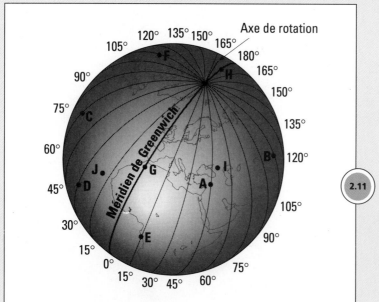

2.11

LA SITUATION DES RÉALITÉS GÉOGRAPHIQUES

Tu sais maintenant distinguer un parallèle d'un méridien; il t'est donc possible de faire le point, c'est-à-dire de situer un endroit à la surface du globe terrestre en déterminant ses coordonnées géographiques. Rappelle-toi que les coordonnées géographiques sont un système de repérage basé sur un réseau de lignes horizontales, les parallèles, et de lignes verticales, les méridiens. Ces lignes sont tracées sur les globes terrestres et les cartes géographiques pour indiquer avec précision la position de tout lieu sur la Terre.

COORDONNÉES GÉOGRAPHIQUES

 2.12

Trouver les coordonnées géographiques d'un lieu, c'est repérer l'intersection du parallèle et du méridien où il se trouve.

Est-ce que ce sont les parallèles ou les méridiens qui permettent de situer un lieu en latitude ? en longitude ?

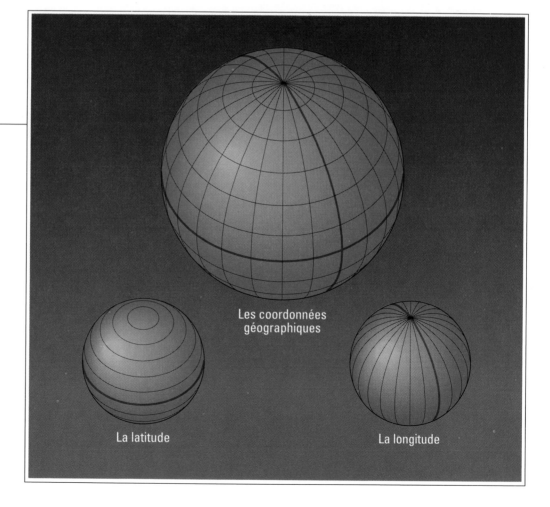

Les coordonnées géographiques

La latitude

La longitude

Quand on donne les coordonnées géographiques d'un lieu, on indique d'abord la latitude, puis la longitude. Ainsi, sur le document 2.13, on dira que les coordonnées sont :

- point A : 45° nord et 75° ouest ;
- point B : 30° sud et 60° ouest ;
- point C : 60° nord et 30° est ;
- point D : 30° sud et 105° est.

Il n'y a pas deux points sur la Terre qui aient les mêmes coordonnées géographiques.

Pourquoi ?

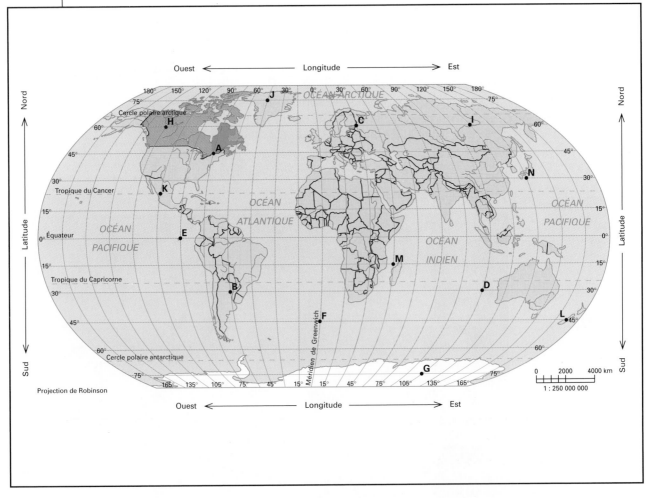

7 Sur un dessin semblable au document 2.14:

a. indique les coordonnées géographiques des points A, B, C, D, E, F, G, H, I et J;

b. désigne les points dont les coordonnées géographiques sont les suivantes.

- 60° nord et 120° ouest
- 45° nord et 90° ouest
- 60° nord et 120° est
- 20° nord et 80° ouest
- 75° sud et 120° est
- 45° sud et 0°
- 30° nord et 45° ouest
- 30° sud et 150° ouest
- 0° et 105° est
- 30° sud et 75° ouest

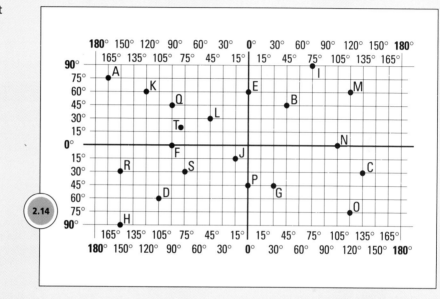

2.14

8 À l'aide du document 2.13 (page 66), indique les coordonnées géographiques des points E, F, G, H, I, J, K, L, M et N.

9 À l'aide d'un globe terrestre, d'une carte du monde ou d'un atlas:

a. indique les coordonnées géographiques des villes suivantes;

- Melbourne
- Tōkyō
- Ciudad de México
- Munich (München)
- Montréal
- Moscou (Moskva)
- Los Angeles
- Séoul (Soŭl)
- Barcelone (Barcelona)
- Atlanta

b. nomme les villes dont les coordonnées géographiques sont les suivantes.

- 6° sud et 107° est
- 34° sud et 18° est
- 31° nord et 121° est
- 23° sud et 43° ouest
- 1° sud et 37° est
- 62° nord et 114° ouest
- 51° nord et 0°
- 9° nord et 39° est
- 40° nord et 80° ouest
- 12° sud et 77° ouest

EN MÉMOIRE

· 1 ·

Les coordonnées géographiques sont un système de repérage basé sur le croisement de lignes horizontales, les parallèles, et de lignes verticales, les méridiens, qui indiquent la latitude et la longitude d'un lieu.

· 2 ·

L'équateur, aussi appelé parallèle d'origine (parallèle 0°), est un cercle imaginaire qui partage la Terre en deux parties égales : l'hémisphère Nord et l'hémisphère Sud.

· 3 ·

Les parallèles sont des cercles imaginaires parallèles à l'équateur. Il y en a 180, accompagnés d'une indication de degré allant de 0° à 90° de part et d'autre de l'équateur.

· 4 ·

La position d'un lieu indiquée par un parallèle s'appelle la latitude.

· 5 ·

La latitude est la mesure, exprimée en degrés (°), de la distance d'un lieu à partir de l'équateur (voir le document 2.4 à la page 59).

· 6 ·

Le méridien de Greenwich, aussi appelé méridien d'origine (méridien 0°), divise le globe en deux parties égales : l'hémisphère Est et l'hémisphère Ouest.

· 7 ·

Les méridiens sont des demi-cercles imaginaires qui passent par les pôles. Il y en a 360, accompagnés d'une indication de degré allant de 0° à 180° de part et d'autre du méridien de Greenwich.

· 8 ·

La position d'un lieu indiquée par un méridien s'appelle la longitude.

· 9 ·

La longitude est la mesure, exprimée en degrés (°), de la distance d'un lieu à partir du méridien de Greenwich (voir le document 2.9 à la page 63).

· 10 ·

Faire le point ou trouver les coordonnées géographiques d'un lieu, c'est donner avec précision sa position sur le globe (voir le document 2.13 à la page 66).

1 Je suis une ligne imaginaire qui fait le tour de la Terre, à mi-chemin entre les deux pôles.

 a. Le tropique du Cancer

 b. L'équateur

 c. Le tropique du Capricorne

 d. Le méridien de Greenwich

2 Je suis l'hémisphère situé au nord de l'équateur.

 a. L'hémisphère Nord

 b. L'hémisphère Sud

 c. L'hémisphère Est

 d. L'hémisphère Ouest

3 Combien y a-t-il de parallèles dans chacun des hémisphères Nord et Sud ?

 a. 90   *c.* 270

 b. 180   *d.* 360

4 Je suis la position d'un lieu déterminée par un parallèle.

 a. L'altitude

 b. La longitude

 c. La latitude

 d. Les coordonnées géographiques

5 Avec le 180ᵉ méridien, je forme un cercle parfait qui divise le globe en deux hémisphères.

 a. L'équateur

 b. Le méridien de Greenwich

 c. Le cercle polaire arctique

 d. Le cercle polaire antarctique

6 Je suis l'hémisphère situé à l'ouest du méridien de Greenwich.

 a. L'hémisphère Nord   *c.* L'hémisphère Sud

 b. L'hémisphère Est   *d.* L'hémisphère Ouest

7 Combien y a-t-il de méridiens dans chacun des hémisphères Est et Ouest ?

 a. 90   *c.* 270

 b. 180   *d.* 360

8 Je suis la position d'un lieu déterminée par un méridien.

 a. L'altitude

 b. La longitude

 c. La latitude

 d. Les coordonnées géographiques

9 Complète la phrase suivante.

 Les ① sont un système de repérage basé sur des lignes horizontales, les ②, et des lignes verticales, les ③, qui indiquent la ④ et la ⑤ d'un lieu.

10 À l'aide d'un globe terrestre, d'une carte du monde ou d'un atlas, trouve les villes dont les coordonnées géographiques sont les suivantes.

 a. 60° nord et 30° est

 b. 30° nord et 95° ouest

 c. 0° et 79° ouest

 d. 30° sud et 51° ouest

 e. 41° sud et 175° est

11 À l'aide d'un globe terrestre, d'une carte du monde ou d'un atlas, détermine les coordonnées géographiques des villes suivantes.

 a. Anchorage (États-Unis)

 b. Ouagadougou (Burkina-Faso)

 c. Christchurch (Nouvelle-Zélande)

 d. Santiago (Chili)

 e. Addis-Abeba (Éthiopie)

Des outils pour connaître le monde

2.2 À LA FIN DE CETTE SECTION, TU DEVRAIS ÊTRE CAPABLE D'UTILISER LE GLOBE TERRESTRE, LA CARTE DU MONDE ET L'ATLAS.

Tous les jours, les médias transmettent des nouvelles provenant du monde entier. Tu peux suivre en direct, à la télévision, les performances de nos athlètes aux Jeux olympiques et assister à des événements se déroulant n'importe où à la surface de la Terre. Ainsi, tu fais partie d'un ensemble beaucoup plus vaste que ta ville et ses alentours: tu appartiens à la planète Terre!

Afin de mieux comprendre ce qui se passe autour de toi, tu devras acquérir progressivement une connaissance générale du monde et de ses réalités. Le globe terrestre, la carte du monde et l'atlas t'aideront à bien situer les endroits où se déroule l'actualité.

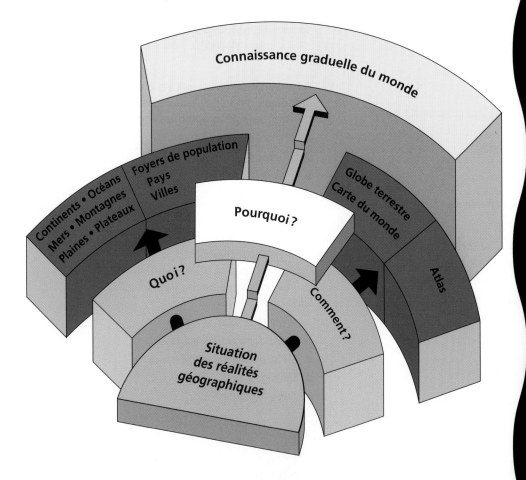

LE GLOBE TERRESTRE
ET LA CARTE DU MONDE

Le globe terrestre est la représentation la plus fidèle de la Terre, parce qu'il est en trois dimensions. Son utilisation comporte de nombreux avantages, mais aussi certains inconvénients.

GLOBE TERRESTRE

Est-il possible de tout représenter sur un globe terrestre ?

2.16

2.15	LE GLOBE TERRESTRE	
Avantages	**Inconvénients**
• Le globe terrestre représente la Terre au complet.	• Le globe terrestre est peu détaillé.
• Il correspond à la forme exacte de la Terre.	• Il est encombrant.
• Il ne déforme pas les continents.	• Son format est limité.
• Il aide à bien voir l'inclinaison de la Terre.	• Son échelle est petite.

Bien que le globe terrestre soit la seule représentation exacte de la Terre, il est souvent plus pratique de travailler avec un instrument à deux dimensions. On a alors recours à une carte du monde.

La carte du monde est une représentation à échelle réduite de la totalité de la surface terrestre. Elle comporte plusieurs avantages :

CARTE DU MONDE

- elle peut représenter la Terre en tout ou en partie ;
- elle peut donner divers types d'informations ;
- elle peut être présentée en divers formats ;
- elle peut être pliée et transportée facilement.

2.17

La carte du monde est l'un des outils les plus utiles en géographie.

Selon toi, quel est son principal avantage sur le globe terrestre ?

Quand on veut représenter une sphère comme la Terre sur une surface à deux dimensions, on doit résoudre un certain nombre de difficultés. La principale difficulté est de représenter une surface courbe sur une surface plane sans lui faire subir de déformations. Pour contrecarrer en partie ce problème, les cartographes utilisent des projections cartographiques, c'est-à-dire des plans sur lesquels sont projetés les tracés géographiques de la surface terrestre. Cependant, même si on utilise des méthodes aussi précises, les cartes ne sont pas parfaites.

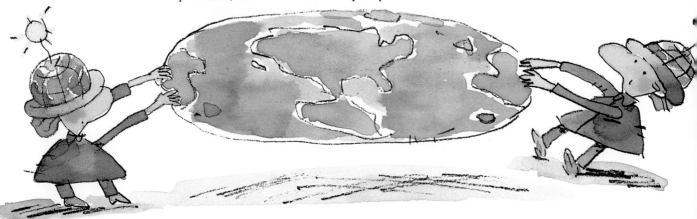

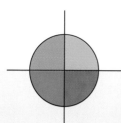

Les projections cartographiques

A partir des coordonnées géographiques, la surface terrestre est projetée sur l'une ou l'autre des surfaces suivantes: un cylindre, un cône ou un plan. Ces trois formes sont la base des trois principaux types de projections cartographiques.

La projection cartographique est faite de la façon suivante: on place une lumière au centre d'un globe terrestre transparent et, autour de celui-ci, un cylindre, un cône ou une feuille de papier. Le rayon de lumière traverse le globe et dessine, sur le cylindre, par exemple, la surface du globe. Comme tu peux le voir sur le document 2.18, à la page 74, la carte est très précise au point de contact entre la Terre et la surface choisie. Plus la surface de projection est éloignée du globe, plus la déformation est grande, un peu comme pour les ombres chinoises.

LA PROJECTION CYLINDRIQUE ⇒

Si la surface terrestre est projetée sur un cylindre qui touche à l'équateur, il s'agit d'une projection cylindrique. Ce type de projection déforme les surfaces à mesure qu'on s'éloigne de l'équateur. Les hautes latitudes sont considérablement agrandies par rapport aux régions équatoriales et tropicales. Ainsi, sur une carte présentant une projection cylindrique, le Groenland (2 millions de km^2) est exagérément grand: il semble presque aussi vaste que l'Afrique (28 millions de km^2). Aussi la projection cylindrique est-elle souvent utilisée pour représenter les régions équatoriales et tropicales.

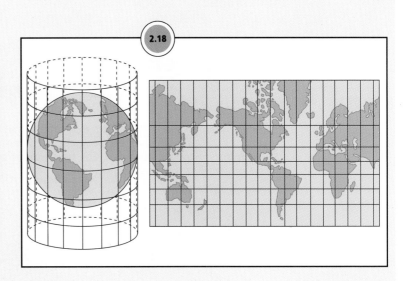

2.18

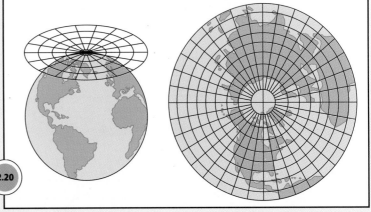

2.19

⇐ LA PROJECTION CONIQUE

Si la surface terrestre est projetée sur un cône qui touche à un parallèle, il s'agit d'une projection conique. Ce genre de projection respecte les surfaces et les formes près du parallèle de base (souvent le 45e degré), mais les déforme de plus en plus à mesure qu'on s'en éloigne. La projection conique est ainsi souvent utilisée pour représenter les régions de latitudes moyennes comme les États-Unis et le Canada.

LA PROJECTION PLANE OU AZIMUTALE ⇒

Si la surface terrestre est projetée sur un plan qui touche au pôle ou à un autre point du globe, il s'agit d'une projection plane ou azimutale. Avec ce type de projection, plus on s'éloigne du pôle ou du point de contact, plus les déformations sont importantes. C'est pourquoi on utilise la projection plane ou azimutale pour représenter les régions polaires Nord et Sud.

2.20

Aujourd'hui, des types de projections encore plus sophistiqués sont utilisés en cartographie. La mathématique et l'informatique accélèrent la fabrication des cartes et en améliorent la qualité et la précision.

L'ATLAS

À chaque discipline correspondent des ouvrages de base et des ouvrages de référence. En français, par exemple, il y a la grammaire et le dictionnaire. En géographie, il y a l'atlas, un recueil de cartes qui contient de précieuses informations. Tu le consulteras souvent pour localiser un endroit ou pour trouver des réponses aux nombreuses questions soulevées, notamment, par l'actualité. Pour y arriver, tu dois utiliser correctement l'atlas.

ATLAS

La table des matières

L'atlas est divisé en plusieurs parties. Il y a d'abord la table des matières, très importante, car elle présente le contenu de l'atlas, c'est-à-dire l'ordre des sujets traités et les pages où on peut trouver ces sujets.

TABLE DES MATIÈRES

2.21

La table des matières permet de voir le contenu de l'atlas.

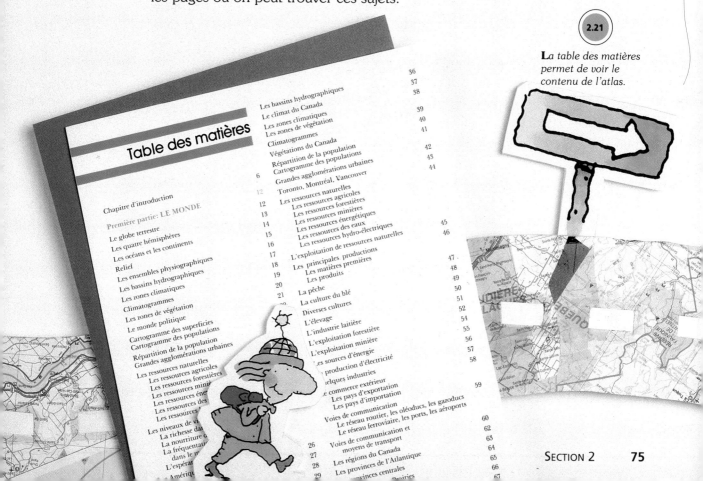

Table des matières

Chapitre d'introduction

Première partie: LE MONDE

Le globe terrestre
Les quatre hémisphères
Les océans et les continents
Relief
Les ensembles physiographiques
Les bassins hydrographiques
Les zones climatiques
Climatogrammes
Les zones de végétation
Le monde politique
Cartogramme des superficies
Cartogramme des populations
Répartition de la population
Grandes agglomérations urbaines
Les ressources naturelles
Les ressources agricoles
Les ressources forestières
Les ressources minières
Les ressources éner...
Les ressources des...
Les ressources...
Les niveaux de v...
La richesse da...
La nourriture...
La fréquenta...
dans le...
L'espéra...
Amériqu...

6
12
12
13
14
15
16
17
18
19
20
21
...
26
27
28
29

Les bassins hydrographiques
Le climat du Canada
Les zones climatiques
Les zones de végétation
Climatogrammes
Végétations du Canada
Répartition de la population
Cartogramme des populations
Grandes agglomérations urbaines
Toronto, Montréal, Vancouver
Les ressources naturelles
Les ressources agricoles
Les ressources forestières
Les ressources minières
Les ressources énergétiques
Les ressources des eaux
Les ressources hydro-électriques
Les ressources des ressources naturelles
L'exploitation de ressources naturelles
Les principales productions
Les matières premières
Les produits
La pêche
La culture du blé
Diverses cultures
L'élevage
L'industrie laitière
L'exploitation forestière
L'exploitation minière
...es sources d'énergie
...production d'électricité
...elques industries
...e commerce extérieur
Les pays d'exportation
Les pays d'importation
Voies de communication
Le réseau routier, les oléoducs, les gazoducs
Le réseau ferroviaire, les ports, les aéroports
Voies de communication et
moyens de transport
Les régions du Canada
Les provinces de l'Atlantique
...rovinces centrales
...rairies

36
37
38
39
40
41
42
43
44
45
46
47
48
49
50
51
52
54
55
56
57
58
59
60
62
63
64
65
66
67

Les
sections
de l'atlas

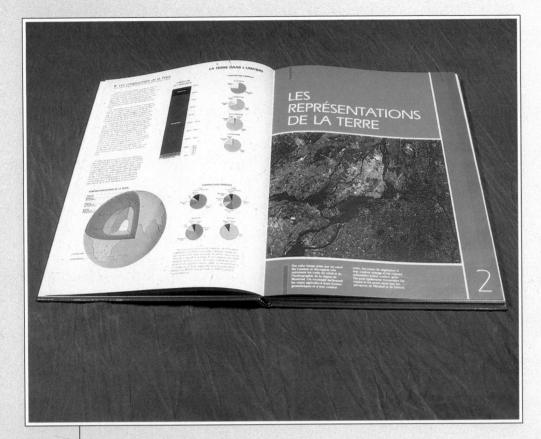

2.23

L'*atlas présente des portraits diversifiés de la surface terrestre.*

2.22

L'*atlas est une source d'informations indispensable pour élargir ton champ de connaissances en géographie.*

L'atlas comprend diverses sections consacrées aux notions :

- de cartographie (échelle, orientation, légende, etc.);
- d'astronomie (caractéristiques et composantes de la Terre);
- de géographie physique;
- de géographie humaine;
- de statistiques (informations sur les pays du monde).

Ces parties informatives sont généralement suivies de la section des cartes. Cette section est subdivisée en plusieurs parties : les cartes du monde, les cartes des continents, les cartes locales, etc. Chacune de ces cartes est accompagnée d'une légende qui en facilite la compréhension.

Les populations autochtones du Québec

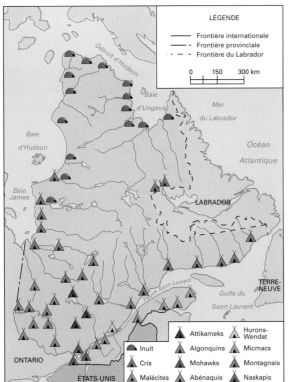

LÉGENDE

— Frontière internationale
– – Frontière provinciale
·–·– Frontière du Labrador

0   150   300 km

	Attikameks		Hurons-Wendat
Inuit	Algonquins		Micmacs
Cris	Mohawks		Montagnais
Malécites	Abénaquis		Naskapis

Les régions physiographiques du Québec

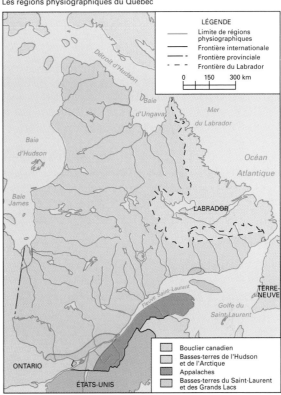

LÉGENDE

— Limite de régions physiographiques
— Frontière internationale
– – Frontière provinciale
·–·– Frontière du Labrador

0   150   300 km

	Bouclier canadien
	Basses-terres de l'Hudson et de l'Arctique
	Appalaches
	Basses-terres du Saint-Laurent et des Grands Lacs

Les zones climatiques du Québec

LÉGENDE

— Limite de zones climatiques
— Frontière internationale
– – Frontière provinciale
·–·– Frontière du Labrador

0   150   300 km

Les zones de végétation du Québec

LÉGENDE

— Limite de zones de végétation
— Frontière internationale
– – Frontière provinciale
·–·– Frontière du Labrador

0   150   300 km

Projection conique conforme de Lambert

L'index

L'atlas contient un ou plusieurs index qui nous aident à repérer les lieux et les toponymes (noms de lieux) sur les cartes, grâce à un système de repérage. Celui-ci peut être basé :

- sur les coordonnées géographiques, qui offrent une grande précision;

- sur les coordonnées en lettres et en chiffres, qui offrent une précision moyenne;

- sur les quadrants, portions d'une carte qui offrent peu de précision.

L'index, un répertoire des toponymes utilisés sur les cartes.

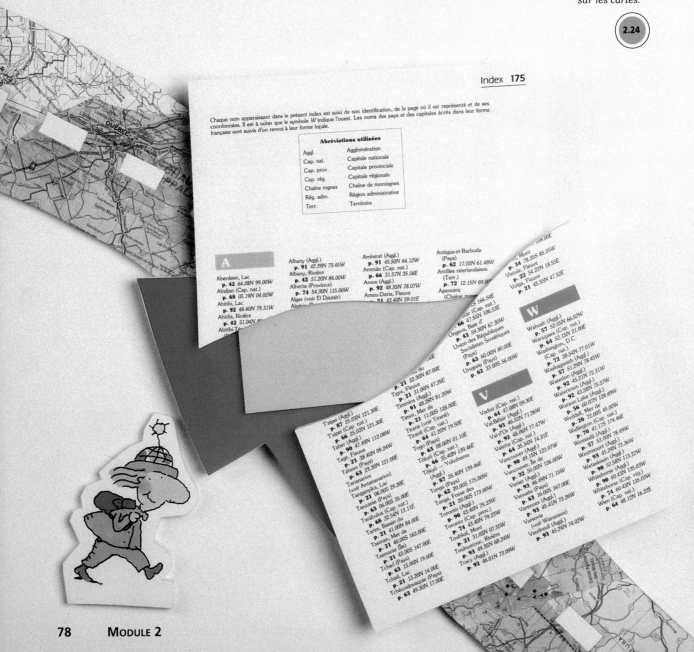

LES CONTINENTS, LES OCÉANS ET LES MERS

À l'aide d'un globe terrestre, observe les proportions de terre et d'eau à la surface de la Terre : une évaluation rapide te révélera qu'il y a environ trois fois plus d'eau que de terre. Cinq continents et quatre océans occupent la surface complète de la Terre (voir les documents 2.25 et 2.26).

Superficie des océans et des continents en millions de kilomètres carrés.

2.25

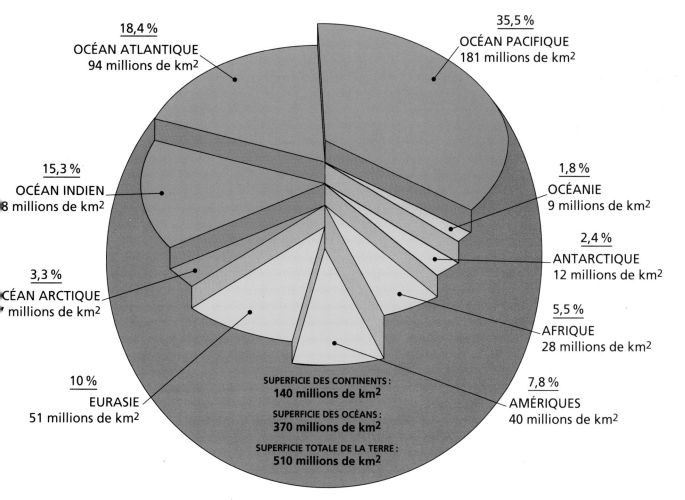

18,4 %
OCÉAN ATLANTIQUE
94 millions de km²

35,5 %
OCÉAN PACIFIQUE
181 millions de km²

15,3 %
OCÉAN INDIEN
8 millions de km²

1,8 %
OCÉANIE
9 millions de km²

2,4 %
ANTARCTIQUE
12 millions de km²

3,3 %
CÉAN ARCTIQUE
millions de km²

5,5 %
AFRIQUE
28 millions de km²

10 %
EURASIE
51 millions de km²

7,8 %
AMÉRIQUES
40 millions de km²

SUPERFICIE DES CONTINENTS :
140 millions de km²

SUPERFICIE DES OCÉANS :
370 millions de km²

SUPERFICIE TOTALE DE LA TERRE :
510 millions de km²

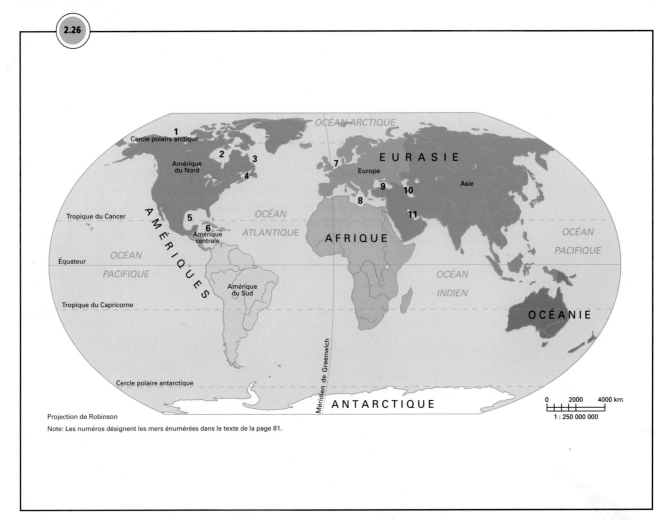

2.26

OCÉAN ARCTIQUE

1
Cercle polaire arctique

EURASIE

2   3

Amérique
du Nord

7

Europe

Asie

4

9

10

AMÉRIQUES

8

11

Tropique du Cancer

OCÉAN

5

ATLANTIQUE

Amérique
centrale

6

OCÉANIE

AFRIQUE

Équateur

OCÉAN

OCÉAN

PACIFIQUE

PACIFIQUE

Amérique
du Sud

OCÉAN

INDIEN

Tropique du Capricorne

Cercle polaire antarctique

Méridien de Greenwich

ANTARCTIQUE

0   2000   4000 km

1 : 250 000 000

Projection de Robinson

Note: Les numéros désignent les mers énumérées dans le texte de la page 81.

Les continents

Les cinq continents sont, par ordre décroissant, l'Eurasie, les Amériques, l'Afrique, l'Antarctique et l'Océanie.

Bien qu'on utilise souvent le mot continent pour désigner une grande étendue de terre limitée par un ou plusieurs océans, certains géographes utilisent l'expression partie du monde pour désigner un continent ou une partie de continent présentant des caractères distinctifs. Les principales parties du monde sont l'Amérique du Nord, l'Amérique du Sud, l'Amérique centrale, l'Europe, l'Asie, le Moyen-Orient et l'Australie.

CONTINENTS

Les océans et les mers

Les quatre océans sont, par ordre décroissant, l'océan Pacifique, l'océan Atlantique, l'océan Indien et l'océan Arctique.

OCÉANS

Par ailleurs, quelques géographes distinguent un cinquième océan, l'océan Antarctique, qui correspond à la partie des océans Pacifique, Atlantique et Indien comprise entre le cercle polaire antarctique et le continent antarctique.

En plus des océans, il existe de vastes étendues d'eau à l'intérieur ou en bordure des continents : ce sont les mers. Les mers les plus importantes sont :

MERS

- la mer de Beaufort (1);

- la baie d'Hudson (2);

- la mer du Labrador (3);

- le golfe du Saint-Laurent (4);

- le golfe du Mexique (5);

- la mer des Antilles ou mer des Caraïbes (6);

- la mer du Nord (7);

- la mer Méditerranée (8);

- la mer Noire (9);

- la mer Caspienne (10);

- le golfe Persique (11).

1 Sur une carte muette du monde:

   a. nomme et situe les quatre océans;

   b. nomme et colorie chacun des continents;

   c. nomme les subdivisions de l'Eurasie et
   des Amériques;

   d. nomme et situe chacune des mers suivantes.

   – Mer de Beaufort
   – Baie d'Hudson
   – Mer du Labrador
   – Golfe du Saint-Laurent
   – Golfe du Mexique
   – Mer des Antilles ou mer des Caraïbes
   – Mer du Nord
   – Mer Méditerranée
   – Mer Noire
   – Mer Caspienne
   – Golfe Persique

   Note: Consulte au besoin le document 2.26
   (page 80).

2 ***a.*** Quel est l'océan le plus étendu?

   b. Quel est le continent le plus étendu?

   c. Parmi les mers énumérées à l'activité 1 ***d,***
   lesquelles bordent le Canada?

LES PAYS
LES PLUS ÉTENDUS

Que tu entendes parler de la conquête de l'Everest ou d'une éclipse de Soleil au Mexique, l'actualité exige de toi une bonne connaissance de la carte du monde. Tous les pays n'ont pas la même superficie, la même population ou la même importance économique. Certains sont très étendus et très peuplés, comme les États-Unis, alors que d'autres sont aussi très étendus, mais très peu peuplés, comme le Canada.

PAYS

En comparant la superficie des différents pays du monde, tu découvriras des différences considérables. Par exemple, savais-tu que la Russie, avec 17 millions de kilomètres carrés, occupe 12 % des terres émergées, alors que Monaco n'occupe même pas 2 kilomètres carrés de superficie ?

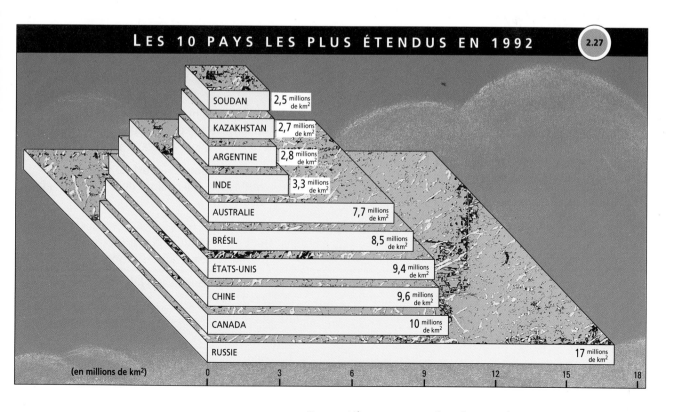

LES 10 PAYS LES PLUS ÉTENDUS EN 1992   2.27

SOUDAN	2,5 millions de km^2
KAZAKHSTAN	2,7 millions de km^2
ARGENTINE	2,8 millions de km^2
INDE	3,3 millions de km^2
AUSTRALIE	7,7 millions de km^2
BRÉSIL	8,5 millions de km^2
ÉTATS-UNIS	9,4 millions de km^2
CHINE	9,6 millions de km^2
CANADA	10 millions de km^2
RUSSIE	17 millions de km^2

(en millions de km^2)   0   3   6   9   12   15   18

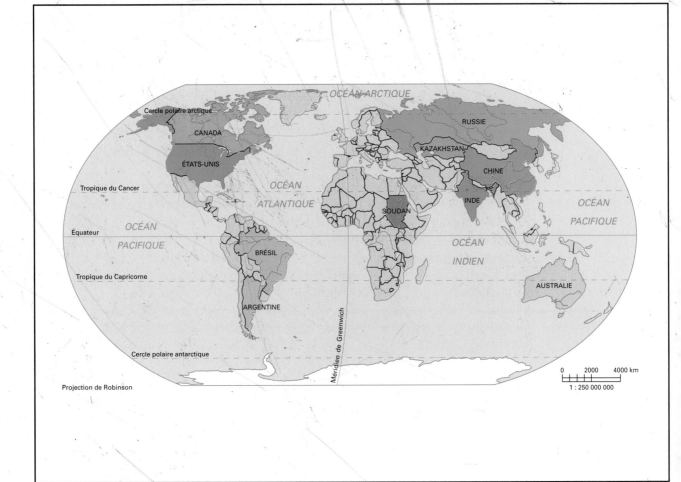

2.28 *Les dix pays les plus étendus en 1992.*

3 Sur une carte muette du monde:

  a. nomme les quatre océans,

  b. nomme et colorie de couleurs différentes les dix pays les plus étendus du monde.

Note: Consulte au besoin le document 2.28.

4 *a.* Quel continent regroupe le plus grand nombre de pays figurant parmi les plus étendus? Quels sont ces pays?

  b. Quelle fraction de la surface totale des continents (140 millions de km²) le Canada couvre-t-il?

  c. Parmi les dix pays les plus étendus, lesquels font présentement la manchette des journaux? Pour quelles raisons?

  d. De quel pays la Russie faisait-elle partie avant 1992?

LES ENSEMBLES PHYSIOGRAPHIQUES

Si tu pouvais survoler rapidement la Terre par temps clair, tu verrais une étonnante variété de paysages naturels : de hautes montagnes, de vieilles collines arrondies, de profondes vallées, de vastes plateaux et des plaines très étendues.

Ces paysages forment d'importants ensembles physiographiques : les chaînes de montagnes, les plaines et les plateaux.

ENSEMBLES PHYSIOGRAPHIQUES

Les grands ensembles physiographiques.

2.29

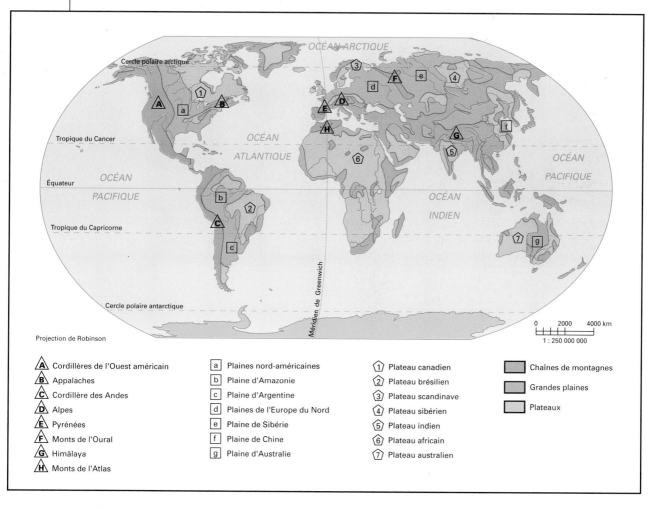

Ⓐ Cordillères de l'Ouest américain	a Plaines nord-américaines	① Plateau canadien
Ⓑ Appalaches	b Plaine d'Amazonie	② Plateau brésilien
Ⓒ Cordillère des Andes	c Plaine d'Argentine	③ Plateau scandinave
Ⓓ Alpes	d Plaines de l'Europe du Nord	④ Plateau sibérien
Ⓔ Pyrénées	e Plaine de Sibérie	⑤ Plateau indien
Ⓕ Monts de l'Oural	f Plaine de Chine	⑥ Plateau africain
Ⓖ Himālaya	g Plaine d'Australie	⑦ Plateau australien
Ⓗ Monts de l'Atlas		

Chaînes de montagnes

Grandes plaines

Plateaux

Projection de Robinson

0   2000   4000 km
1 : 250 000 000

Les chaînes de montagnes

Parmi les chaînes de montagnes les plus importantes, il y a, par ordre décroissant d'altitude, l'Himālaya, la cordillère des Andes, les cordillères de l'Ouest américain et les Alpes. C'est parmi ces grands massifs que se trouvent quelques-uns des plus hauts sommets du monde, comme le mont Everest (Himālaya), le mont Aconcagua (cordillère des Andes), le mont McKinley (cordillères de l'Ouest américain) et le mont Blanc (Alpes). D'autres chaînes de montagnes, comme les monts de l'Oural, les monts de l'Atlas, les Pyrénées et les Appalaches, sont également imposantes, quoique moins élevées.

2.30

Les majestueuses cordillères de l'Ouest.

Les plaines

Généralement uniformes et de basse altitude, les grandes plaines sont les endroits où se déroule l'essentiel de l'activité humaine. Les plus connues sont les vastes plaines nord-américaines, la grande plaine d'Europe du Nord, la plaine de Sibérie, la plaine de Chine, la plaine d'Argentine et la plaine d'Amazonie.

2.31

Les grandes plaines nord-américaines.

Les plateaux

Les plateaux sont de vastes plate-formes à l'altitude plus ou moins élevée et au relief assez uniforme. Ils sont formés de roches dures et anciennes, et souvent sillonnés par des vallées et des cours d'eau. Les plus connus sont les plateaux canadien, brésilien, africain, sibérien, indien, scandinave et australien.

PLATEAUX

2.32

Le vaste plateau canadien.

5 Sur une carte muette du monde:

a. nomme et situe les quatre océans;

b. désigne chacune des chaînes de montagnes par une lettre majuscule et colorie-les toutes de la même couleur;

- Himālaya
- Cordillère des Andes
- Cordillères de l'Ouest américain
- Alpes
- Monts de l'Oural
- Monts de l'Atlas
- Pyrénées
- Appalaches

c. désigne chacune des plaines suivantes par une lettre minuscule et colorie-les toutes de la même couleur;

- Plaines nord-américaines
- Plaine de l'Europe du Nord
- Plaine de Sibérie
- Plaine de Chine
- Plaine d'Argentine
- Plaine d'Amazonie

d. désigne chacun des plateaux suivants par un numéro et colorie-les tous de la même couleur;

- Plateau canadien
- Plateau africain
- Plateau indien
- Plateau australien
- Plateau brésilien
- Plateau sibérien
- Plateau scandinave

e. ajoute une légende.

Note: Consulte au besoin le document 2.29 (page 85).

6 **a.** Quelles sont les deux plus hautes chaînes de montagnes? Sur quels continents se trouvent-elles?

b. Parmi les chaînes de montagnes nommées à la page 86, lesquelles se trouvent au Canada?

c. Dans quel ensemble physiographique se déroule habituellement l'essentiel de l'activité humaine?

d. Parmi les plaines nommées à la page 86, laquelle se trouve au Canada?

e. Parmi les plateaux nommés à la page 87, lequel se trouve au Canada?

LES GRANDS FOYERS
DE POPULATION

En 1992, la population du monde s'élevait à environ 5,7 milliards d'habitants. La population est répartie de façon très inégale sur la Terre : certaines régions, comme l'Antarctique, sont presque vides, alors que d'autres, comme l'Asie du Sud-Est, sont très peuplées. La répartition des êtres humains est la conséquence d'un ensemble de facteurs comme l'histoire, l'économie, le relief, le climat, le site et la situation, la présence de cours d'eau, la fertilité des sols, etc.

Certains milieux sont naturellement hostiles à la présence des êtres humains. Ainsi, le quart de la surface de la Terre regroupant les régions polaires, les hautes montagnes, les déserts arides et les forêts tropicales humides, abrite moins de 2 % de la population mondiale.

À l'inverse, près des deux tiers de l'humanité habitent cinq grands foyers de population concentrés sur seulement un dixième des terres émergées. Ces foyers sont l'Est et le Sud-Est asiatique, le Nord-Ouest européen, le Nord-Est américain, l'Ouest américain et l'Amérique centrale.

FOYERS DE
POPULATION

POPULATION MONDIALE EN 1992		2.33
CONTINENTS	**POPULATION PAR CONTINENT**	**POURCENTAGE DE LA POPULATION MONDIALE**
Eurasie	4,300 milliards d'habitants	74,7 %
Amériques	740 millions d'habitants	12,9 %
Afrique	690 millions d'habitants	12,0 %
Océanie	27 millions d'habitants	0,4 %
Population totale de la Terre : 5,7 milliards d'habitants		

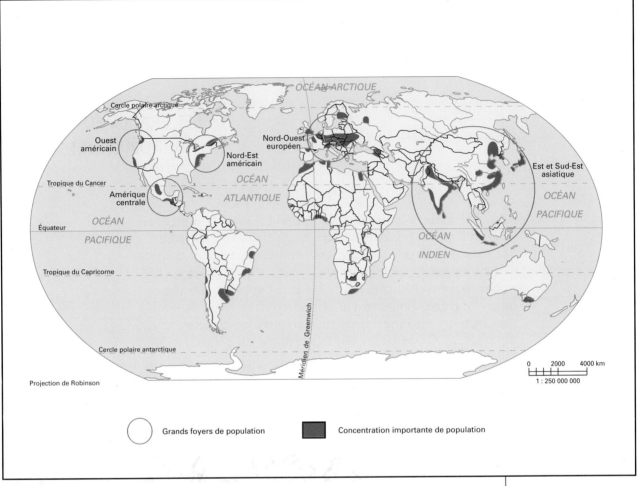

OCÉAN ARCTIQUE

Cercle polaire arctique

Ouest américain

Nord-Ouest européen

Nord-Est américain

OCÉAN ATLANTIQUE

Est et Sud-Est asiatique

OCÉAN PACIFIQUE

Tropique du Cancer

Amérique centrale

OCÉAN PACIFIQUE

Équateur

OCÉAN INDIEN

Tropique du Capricorne

Méridien de Greenwich

Cercle polaire antarctique

Projection de Robinson

0   2000   4000 km

1 : 250 000 000

○ Grands foyers de population

■ Concentration importante de population

2.34

Les grands foyers de population.

7 Sur une carte muette du monde :

a. nomme les quatre océans ;

b. nomme les cinq grands foyers de population de la Terre ;

c. colorie en rouge les zones les plus densément peuplées de chacun de ces foyers de population ;

d. colorie en orange les zones les plus densément peuplées situées à l'extérieur des cinq grands foyers de population ;

e. ajoute une légende.

Note : Consulte au besoin le document 2.34.

8 *a.* Nomme cinq pays qui font partie du plus grand foyer de population de la Terre.

b. Quels milieux sont naturellement hostiles à la présence des êtres humains ?

c. Sur quel continent vivent près des trois quarts de la population de la planète ?

d. De quel foyer de population le Québec fait-il partie ?

Note : Consulte au besoin le document 2.34.

LES PAYS
LES PLUS PEUPLÉS

Dans le monde, près de deux êtres humains sur cinq sont Chinois ou Indiens. En effet, la Chine et l'Inde regroupent à elles seules quelque 37 % de la population mondiale, ce qui place ces deux pays dans une classe à part. On prévoit même que la population de l'Inde atteindra un milliard d'habitants dès l'an 2000.

Le document 2.35 présente les dix pays les plus peuplés du monde. Ceux-ci regroupent plus de 60 % de la population mondiale. Pour sa part, le Canada arrive au 31e rang des pays les plus peuplés avec 27 millions d'habitants.

2.35

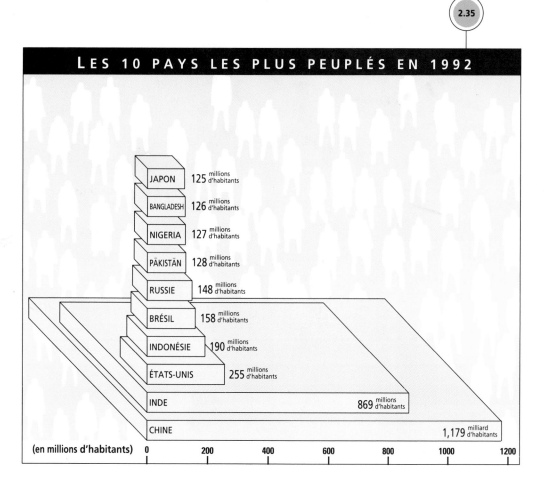

LES 10 PAYS LES PLUS PEUPLÉS EN 1992

JAPON	125 millions d'habitants
BANGLADESH	126 millions d'habitants
NIGERIA	127 millions d'habitants
PĀKISTĀN	128 millions d'habitants
RUSSIE	148 millions d'habitants
BRÉSIL	158 millions d'habitants
INDONÉSIE	190 millions d'habitants
ÉTATS-UNIS	255 millions d'habitants
INDE	869 millions d'habitants
CHINE	1,179 milliard d'habitants

(en millions d'habitants) 0   200   400   600   800   1000   1200

LES GRANDES VILLES

On trouve les plus grandes villes du monde dans les grands foyers de population et, la plupart du temps, dans les pays les plus peuplés. La majorité de ces grandes villes sont des centres politiques, industriels, financiers, commerciaux et administratifs, qui se développent à partir du centre vers la périphérie, donnant ainsi naissance à de multiples banlieues. La ville et sa ou ses banlieues constituent un ensemble qu'on appelle une agglomération. On y trouve généralement tous les accès aux transports : port, aéroport international, autoroute et gare ferroviaire.

Les dix agglomérations et les dix pays les plus peuplés en 1992.

2.36

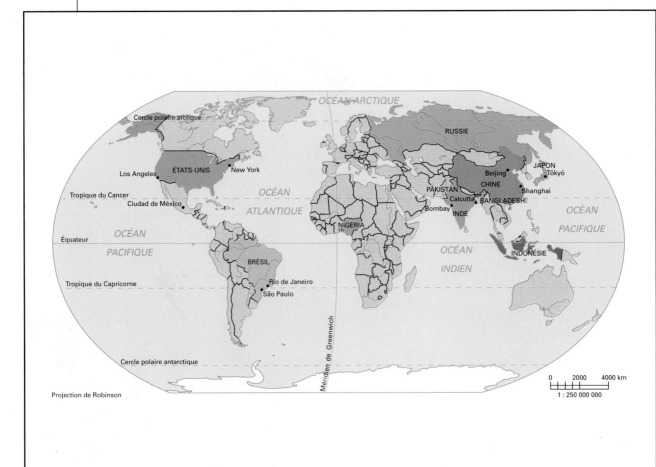

Bombay [INDE]	13,0 millions d'habitants
Calcutta [INDE]	13,1 millions d'habitants
Los Angeles [ÉTATS-UNIS]	13,5 millions d'habitants
Rio de Janeiro [BRÉSIL]	15,6 millions d'habitants
Pékin (Beijing) [CHINE]	16,2 millions d'habitants
Shanghai [CHINE]	18,7 millions d'habitants
São Paulo [BRÉSIL]	21,1 millions d'habitants
New York [ÉTATS-UNIS]	22,0 millions d'habitants
Tōkyō [JAPON]	23,6 millions d'habitants
Ciudad de México [MEXIQUE]	24,5 millions d'habitants

(en millions d'habitants)   5   10   15   20   25

Le document 2.37 présente les dix plus grandes agglomérations du monde en 1992. On pourrait ajouter à cette liste plus de 40 autres villes dont la population dépasse 3 millions d'habitants. De plus, on dénombre dans le monde plus de 200 villes dont la population dépasse un million d'habitants. Au Canada, trois villes font partie de ce groupe : Toronto (3,9 millions), Montréal (3,1 millions) et Vancouver (1,6 million).

9 Sur une carte muette du monde :

a. nomme les quatre océans ;

b. nomme et colorie les dix pays les plus peuplés du monde ;

c. désigne par une lettre chacune des dix villes les plus peuplées du monde ;

d. ajoute une légende.

Note : Consulte au besoin les documents 2.35 (page 91), 2.36 (page 92) et 2.37 (page 93).

10 *a.* Quel continent regroupe le plus grand nombre de pays figurant parmi les plus peuplés ? Quels sont ces pays ?

b. Quelle fraction de la population totale de la Terre (5,7 milliards d'habitants) la Chine représente-t-elle ?

c. Parmi les dix pays les plus peuplés, lesquels font présentement la manchette des journaux ? Pour quelles raisons ?

d. Parmi les dix villes les plus peuplées du monde, lesquelles font partie de l'un ou l'autre des pays les plus peuplés ? lesquelles font partie de l'un ou l'autre des grands foyers de population ?

EN MÉMOIRE

· 1 ·

En géographie, le globe terrestre, la carte du monde et l'atlas sont les principaux outils de référence.

· 2 ·

Le globe terrestre est la représentation la plus fidèle de la Terre, mais, à cause de son format plutôt encombrant, il est généralement plus facile d'utiliser une carte du monde.

· 3 ·

On utilise l'atlas pour localiser des lieux. Si on cherche un sujet précis, il faut consulter la table des matières; si on cherche un lieu précis, c'est l'index qu'il faut consulter.

· 4 ·

Cinq continents et quatre océans occupent la totalité de la surface de la Terre.

· 5 ·

Les continents sont, par ordre décroissant: l'Eurasie, les Amériques, l'Afrique, l'Antarctique et l'Océanie. Les continents occupent environ le quart de la surface terrestre (voir le document 2.26 à la page 80).

· 6 ·

Les océans sont, par ordre décroissant: l'océan Pacifique, l'océan Atlantique, l'océan Indien et l'océan Arctique. Les océans couvrent environ les trois quarts de la surface terrestre (voir le document 2.26 à la page 80).

· 7 ·

Les dix pays les plus étendus du monde sont, par ordre décroissant: la Russie, le Canada, la Chine, les États-Unis, le Brésil, l'Australie, l'Inde, l'Argentine, le Kazakhstan et le Soudan (voir le document 2.28 à la page 84).

· 8 ·

Les grands ensembles physiographiques de la Terre sont les chaînes de montagnes, les plaines et les plateaux (voir le document 2.29 à la page 85).

· 9 ·

Parmi les chaînes de montagnes les plus importantes, notons l'Himālaya, la cordillère des Andes, les cordillères de l'Ouest américain, les Alpes, les monts de l'Oural, les monts de l'Atlas, les Pyrénées et les Appalaches.

· 10 ·

Parmi les plaines les plus importantes, notons les plaines nord-américaines, la plaine d'Europe du Nord, la plaine de Sibérie, la plaine de Chine, la plaine d'Argentine et la plaine d'Amazonie.

· 11 ·

Parmi les plateaux les plus importants, notons les plateaux canadien, brésilien, sibérien, africain, australien, indien et scandinave.

· 12 ·

Les grands foyers de population, qui ne représentent que le dixième de la superficie terrestre, regroupent plus des deux tiers de l'humanité. Ces grands foyers sont l'Est et le Sud-Est asiatique, le Nord-Ouest européen, le Nord-Est américain, l'Ouest américain et l'Amérique centrale (voir le document 2.34 à la page 90).

· 13 ·

Les dix pays les plus peuplés du monde sont, par ordre décroissant: la Chine, l'Inde, les États-Unis, l'Indonésie, le Brésil, la Russie, le Pākistān, le Nigeria, le Bangladesh et le Japon (voir le document 2.36 à la page 92).

· 14 ·

Les dix villes les plus peuplées du monde sont, par ordre décroissant: Ciudad de México, Tōkyō, New York, São Paulo, Shanghai, Pékin (Beijing), Rio de Janeiro, Los Angeles, Calcutta et Bombay (voir le document 2.36 à la page 92).

1 **Indique si les énoncés suivants sont vrais ou faux. Lorsqu'ils sont faux, reformule-les pour qu'ils soient vrais.**

a. Sur notre planète, il y a trois fois plus d'eau que de terre.

b. Les trois plus grands océans sont l'océan Pacifique, l'océan Atlantique et l'océan Indien.

c. La mer des Caraïbes est aussi appelée mer des Antilles.

d. Le plus grand continent est l'Eurasie.

e. L'Australie fait partie de l'Antarctique.

f. Le Canada est le deuxième des pays les plus étendus du monde.

g. L'océan Pacifique borde l'est du Canada et des États-Unis.

h. L'Himalaya est la plus haute chaîne de montagnes du monde.

i. La mer Méditerranée est située au nord de l'Afrique et au sud-ouest de l'Eurasie.

j. La Chine et l'Inde font partie du plus important foyer de population de la Terre.

Note: Pour répondre aux questions 2 à 8, consulte le document 2.38.

2 Quels continents sont désignés par les lettres A et B ?

3 Quels océans sont désignés par les lettres C et D ?

4 Quelles mers sont désignées par les lettres E, F, G et H ?

5 Lesquels des pays les plus étendus sont désignés par les lettres I, J, K et L ?

6 Quels grands foyers de population sont désignés par les lettres M et N ?

7 Lesquels des pays les plus peuplés sont désignés par les lettres O, P, Q et R ?

8 Lesquelles des villes les plus peuplées sont désignées par les lettres S, T, U et V ?

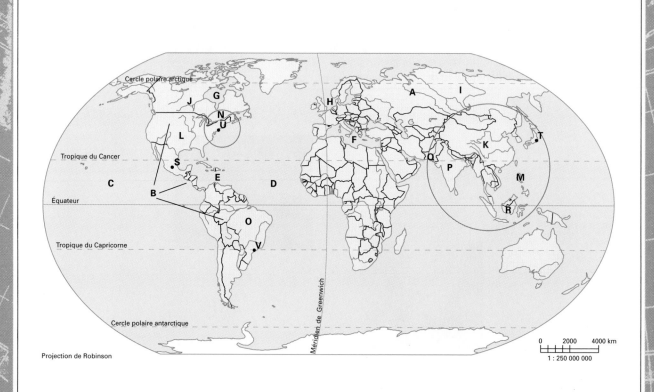

Note : Pour répondre aux questions 9 à 11, consulte le document 2.39.

9 Quelles chaînes de montagnes sont désignées par les lettres A, B, C et D ?

10 Quelles plaines sont désignées par les lettres E, F et G ?

11 Quels plateaux sont désignés par les lettres H, I et J ?

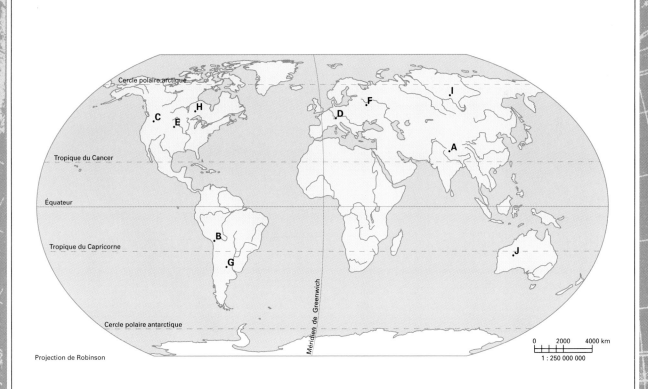

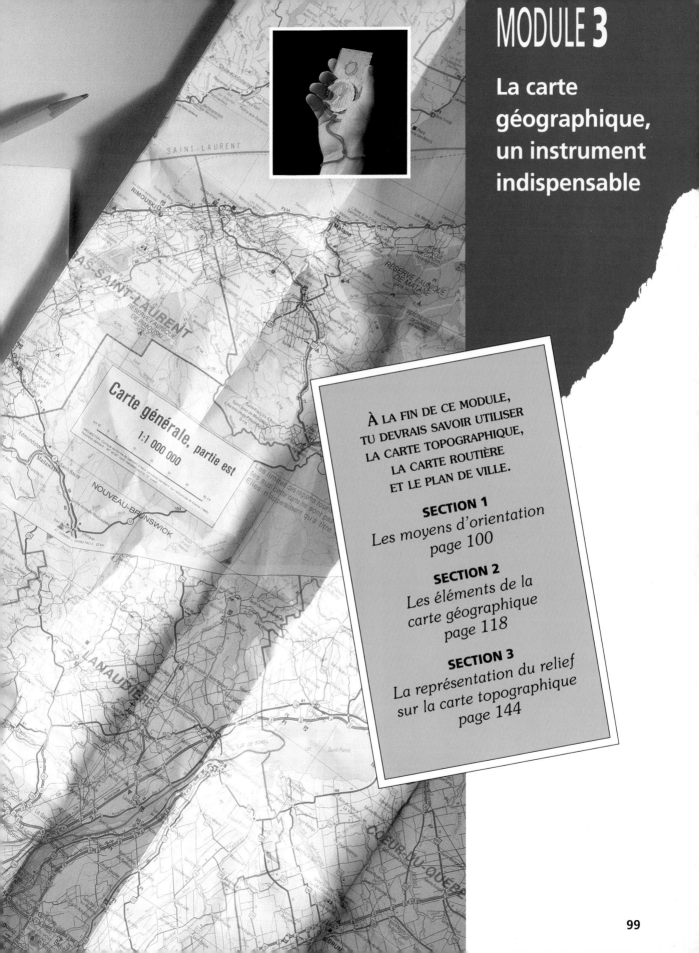

MODULE 3

La carte géographique, un instrument indispensable

Carte générale, partie est
1:1 000 000

Les moyens d'orientation

3.1 À LA FIN DE CETTE SECTION, TU DEVRAIS ÊTRE CAPABLE DE T'ORIENTER EN UTILISANT DIFFÉRENTS MOYENS.

De tout temps, l'être humain a éprouvé le besoin de s'orienter, de connaître sa position sur la Terre. Grâce à son sens de l'observation, il s'est d'abord orienté à l'aide de moyens naturels. Divers indices ou signes, comme le mouvement apparent du Soleil dans le ciel, les différentes positions de l'ombre au cours de la journée et la localisation de l'étoile Polaire, lui ont d'abord permis de situer les points cardinaux.

Par la suite, il s'est doté d'instruments fiables et d'usage facile, tels la rose des vents, la boussole et la carte géographique. Ces moyens techniques l'ont amené à parfaire son habileté à s'orienter par rapport aux points cardinaux ou à certains repères.

- POINTS CARDINAUX, P. 101
- ÉTOILE POLAIRE, P. 102
- ROSE DES VENTS, P. 104
- BOUSSOLE, P. 107
- NORD MAGNÉTIQUE, P. 107
- NORD GÉOGRAPHIQUE, P. 107
- AZIMUT, P. 108

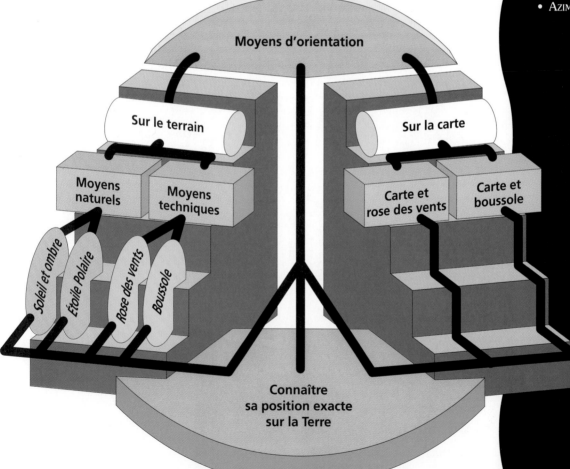

L'ORIENTATION
SUR LE TERRAIN

Il existe deux types de moyens permettant de s'orienter sur le terrain sans carte géographique :

- les moyens naturels, comme le mouvement du Soleil, l'ombre et l'étoile Polaire ;

- les moyens techniques, comme la rose des vents et la boussole.

Les moyens naturels

Le Soleil et l'ombre

L'observation du mouvement du Soleil est le moyen le plus naturel de s'orienter. À cause du mouvement de rotation de la Terre, le Soleil semble se lever le matin, à l'est, atteindre le plus haut point de sa trajectoire le midi, au sud, et finalement se coucher le soir, à l'ouest. Les directions déterminées par le mouvement apparent du Soleil sont les points cardinaux : le nord, le sud, l'est et l'ouest.

POINTS CARDINAUX

3.1

S'orienter selon la direction du Soleil est la méthode la plus familière, mais pas la plus précise.

8 heures

Quand il fait soleil, l'ombre des gens et des objets te permet de t'orienter sans difficulté, puisqu'elle apparaît dans la direction opposée à celle du Soleil. Le matin, le Soleil se lève à l'est : l'ombre est longue et projetée vers l'ouest (voir le document 3.1 à la page 101). Le midi, le Soleil est à son plus haut point dans le ciel (zénith), au sud : l'ombre est courte et dirigée vers le nord. En fin de journée, le Soleil se couche à l'ouest : l'ombre est longue et projetée vers l'est.

Au début de la colonisation du Canada, les Amérindiens et les coureurs des bois s'orientaient généralement à partir du Soleil. De plus, ils pouvaient déterminer les différents moments de la journée à l'aide de quelques pierres disposées en rond autour d'un bâton dont l'ombre indiquait l'heure. Ce dispositif constituait un véritable cadran solaire.

1 Pour faire cette activité, utilise le document 3.1 (page 101).

   a. Vers quel point cardinal l'ombre des enfants est-elle projetée ?

   b. Vers quel point cardinal la main droite de la jeune fille est-elle dirigée ?

   c. Vers quel point cardinal la main gauche du jeune garçon est-elle dirigée ?

   d. À quel moment de la journée l'ombre des enfants aura-t-elle été le plus courte ?

2 *a.* Pourquoi l'observation du mouvement du Soleil est-elle le moyen le plus naturel de s'orienter ?

   b. Dans quelle direction ne voit-on jamais le Soleil ?

   c. Pourquoi l'ombre est-elle plus courte à midi qu'en fin de journée ?

   d. Vers quelle direction l'ombre des personnes et des objets n'est-elle jamais projetée ?

L'étoile Polaire

L'observation de l'étoile Polaire est un autre moyen naturel de s'orienter si on habite l'hémisphère Nord. Cette étoile indique toujours le nord géographique car elle se trouve dans le prolongement de l'axe de rotation de la Terre.

ÉTOILE POLAIRE

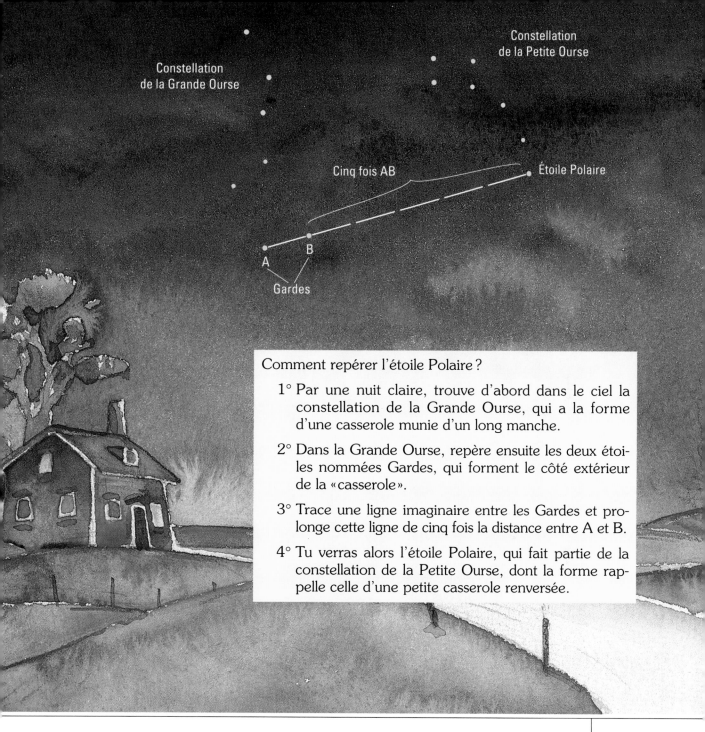

Constellation de la Grande Ourse

Constellation de la Petite Ourse

Cinq fois AB

Étoile Polaire

A

B

Gardes

Comment repérer l'étoile Polaire ?

1° Par une nuit claire, trouve d'abord dans le ciel la constellation de la Grande Ourse, qui a la forme d'une casserole munie d'un long manche.

2° Dans la Grande Ourse, repère ensuite les deux étoiles nommées Gardes, qui forment le côté extérieur de la «casserole».

3° Trace une ligne imaginaire entre les Gardes et prolonge cette ligne de cinq fois la distance entre A et B.

4° Tu verras alors l'étoile Polaire, qui fait partie de la constellation de la Petite Ourse, dont la forme rappelle celle d'une petite casserole renversée.

Pour te diriger à l'aide de l'étoile Polaire, imagine une ligne verticale reliant cette étoile au sol. Si tu marches vers le point où tombe cette ligne, tu te diriges vers le nord : l'est est à ta droite, l'ouest à ta gauche et tu tournes le dos au sud.

Du temps des grandes conquêtes maritimes, l'étoile Polaire constituait un point de repère sûr pour les navigateurs.

3.2

Pour s'orienter la nuit par temps clair, il suffit de se tourner vers l'étoile Polaire.

Si tu étais dans l'hémisphère Sud, pourrais-tu t'orienter à l'aide de l'étoile Polaire ? Pourquoi ?

Les moyens d'orientation

L'orientation au naturel

Il existe d'autres moyens naturels de s'orienter, mais ils sont moins fiables que les précédents.

- Le feuillage des arbres est généralement plus fourni du côté sud que du côté nord parce que ce côté reçoit plus de lumière. Le même phénomène s'applique aux fruits des arbres, qui sont plus gros du côté sud.

- Dans nos régions, les vents dominants sont les vents d'ouest. C'est pour cela que bien des arbres penchent du côté est.

- La mousse des arbres pousse bien du côté nord, à l'ombre et à l'humidité, là où le Soleil n'éclaire jamais.

L'orientation fait aussi l'objet de croyances populaires.

Connais-tu d'autres phénomènes naturels qui peuvent t'aider à t'orienter ?

Les moyens techniques

La rose des vents

La rose des vents a la forme d'une figure géométrique étoilée dont les pointes indiquent la direction des points cardinaux et des points intermédiaires. Sur certaines roses des vents, on peut trouver jusqu'à 32 positions, dont 28 positions intermédiaires. Il y a une rose des vents sur la plupart des cartes.

ROSE DES VENTS

Pour que la rose des vents permette d'orienter les éléments géographiques sur les cartes, on l'a divisée en 360 degrés. Cette division assure une plus grande précision dans la recherche de repères.

Par convention, les quatre pointes principales de la rose des vents correspondent au nord (N) à 0° ou à 360°, à l'est (E) à 90°, au sud (S) à 180° et à l'ouest (W) à 270°.

À partir de ces quatre positions, on peut déterminer les degrés correspondant aux principales positions intermédiaires :

- le nord-est, à 45°;
- le sud-est, à 135°;

- le sud-ouest, à 225°;
- le nord-ouest, à 315°.

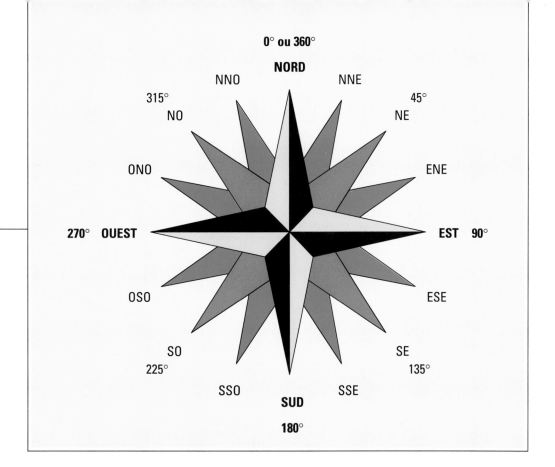

3.4

La rose des vents permet de déterminer une orientation sur la carte.

0° ou 360°
NORD
NNO   NNE
315°   45°
NO   NE
ONO   ENE
270° OUEST   EST   90°
OSO   ESE
SO   SE
225°   135°
SSO   SSE
SUD
180°

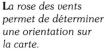

3.5

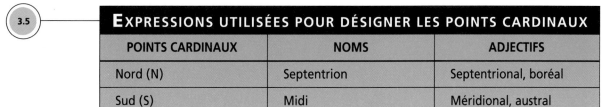

EXPRESSIONS UTILISÉES POUR DÉSIGNER LES POINTS CARDINAUX		
POINTS CARDINAUX	**NOMS**	**ADJECTIFS**
Nord (N)	Septentrion	Septentrional, boréal
Sud (S)	Midi	Méridional, austral
Est (E)	Orient, levant	Oriental
Ouest (W)	Occident, couchant	Occidental

3 Pour faire cette activité, utilise un dessin semblable au document 3.6.

   a. Écris les noms des quatre points cardinaux en noir.

   b. Écris les noms des douze principaux points intermédiaires en rouge.

   c. Donne l'équivalent en degrés des quatre points cardinaux et des quatre principaux points intermédiaires.

3.6

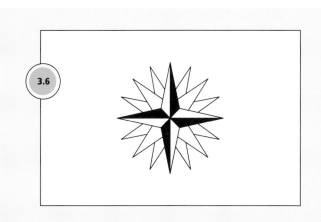

4 Associe chacun des points cardinaux suivants aux mots correspondants.

Nord	Sud	Est	Ouest

- Orient
- Austral
- Septentrional
- Midi
- Occidental
- Oriental

- Boréal
- Occident
- Méridional
- Levant
- Couchant
- Septentrion

5 Fabrique une rose des vents en suivant les étapes suivantes.

1° Utilise une feuille de papier d'environ 15 cm x 15 cm.

2° Plie-la en deux.

3° Plie-la de nouveau en deux.

4° Plie-la encore en deux dans le sens de la diagonale, de façon à obtenir un triangle dont l'un des côtés comporte huit épaisseurs.

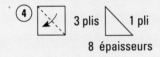

3 plis   1 pli

8 épaisseurs

5° Trouve le centre du côté à huit épaisseurs et trace une ligne allant de ce centre à la pointe supérieure du triangle.

6° Trace deux lignes qui partent des deux coins inférieurs du triangle pour rejoindre en son centre la ligne tracée à l'étape précédente.

7° Découpe le long de ces deux lignes, détache le morceau découpé, ouvre la feuille, aplatis-la et colle-la sur un morceau de carton de couleur.

8° Indique les points cardinaux, les points intermédiaires et les degrés.

9° Si tu le désires, tu peux donner du relief à ta rose des vents en la coloriant comme celle de ton manuel (voir le document 3.4 à la page 105).

6 Pour faire cette activité, utilise le document 3.7.

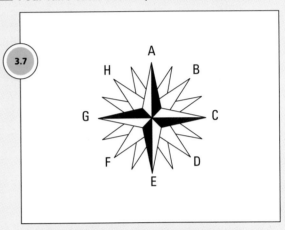

3.7

a. Une pilote d'hélicoptère demande à la tour de contrôle la permission de faire un atterrissage forcé. Si elle arrive du nord-est, quelle lettre désigne sa position ?

b. Un cycliste vient de l'est et se dirige vers Montréal (centre de la rose des vents). S'il décide de tourner à gauche, vers quelle direction roulera-t-il ? Par quelle lettre cette direction est-elle désignée ?

c. Un groupe d'amis descend en canot la rivière Croche, qui coule vers le sud-ouest. Par quelle lettre cette direction est-elle désignée ?

d. Le point de départ d'un rallye à bicyclette est l'entrée principale d'une école (centre de la rose des vents). Deux élèves partent simultanément, l'un vers le nord-ouest et l'autre vers le sud-est. Par quelles lettres ces directions sont-elles désignées ?

La boussole

La boussole est un instrument d'orientation qui ressemble à une montre. À l'intérieur du boîtier de la boussole, une aiguille aimantée pivote librement. La partie rouge de cette aiguille pointe toujours vers le nord magnétique à cause de l'existence, à la surface de la Terre, d'un champ magnétique naturel orienté selon la direction nord-sud.

BOUSSOLE

NORD MAGNÉTIQUE

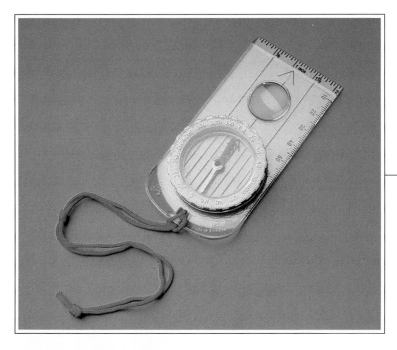

3.8

La boussole est un instrument indispensable pour les expéditions scientifiques sur le terrain et les excursions de plein air.

La position du nord magnétique est différente de celle du nord géographique.

3.9

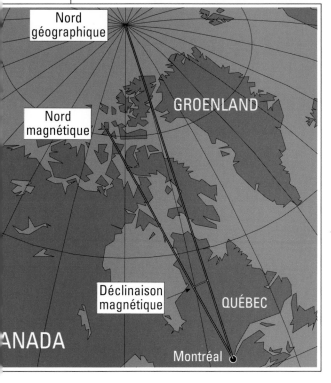

Nord géographique

GROENLAND

Nord magnétique

Déclinaison magnétique

QUÉBEC

ANADA

Montréal

NORD GÉOGRAPHIQUE

Le nord géographique est différent du nord magnétique: il indique le pôle Nord. La différence entre le nord géographique et le nord magnétique s'appelle la déclinaison magnétique. On la calcule en degrés et il faut en tenir compte si l'on veut s'orienter avec précision sur le terrain en utilisant une boussole (voir le document 3.9). Une confusion entre ces deux nords pourrait causer des problèmes d'orientation aux gens qui utiliseraient uniquement la boussole.

Une boussole comporte généralement les éléments suivants:

- un boîtier hermétique dans lequel une aiguille aimantée repose librement sur un pivot;
- une aiguille aimantée dont la partie rouge pointe toujours en direction du nord magnétique;
- une flèche d'orientation, généralement rouge et intégrée au fond du boîtier, qui indique le nord;
- une flèche de direction de marche;
- un cadran, divisé en 360 degrés, qui tourne sur lui-même;
- une rose des vents intégrée au cadran;
- une règle placée sur la base, servant à calculer sur la carte les distances à parcourir;
- une loupe servant à faciliter la lecture de la carte.

Les différentes parties d'une boussole.

3.10

Flèche de direction de marche

Règles

Loupe

Cadran gradué

Flèche d'orientation

Rose des vents

Boîtier ou habitacle

Aiguille aimantée

La boussole permet de bien s'orienter en donnant la mesure précise en degrés d'un azimut (direction à suivre, angle de marche). Elle nous permet ainsi de suivre facilement une direction donnée.

AZIMUT

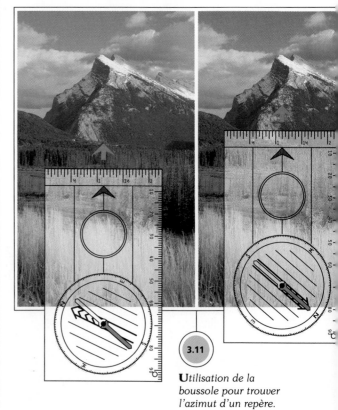

3.11

Utilisation de la boussole pour trouver l'azimut d'un repère.

Comment trouver l'azimut d'un repère ?
(Voir le document 3.11 à la page 108.)

1° Tiens la boussole à l'horizontale.

2° Pointe la flèche de direction vers le repère choisi.

3° Sans bouger la base de la boussole, tourne le cadran jusqu'à ce que la flèche d'orientation indiquant le nord coïncide avec l'aiguille aimantée.

4° Lis, vis-à-vis de la flèche de direction, l'azimut indiqué par le repère.

Comment t'orienter à partir d'un azimut ?

1° Tiens la boussole à l'horizontale.

2° Pointe la flèche de direction devant toi.

3° Tourne le cadran pour que l'azimut désiré se trouve vis-à-vis de la flèche de direction.

4° Tourne sur toi-même pour que l'aiguille aimantée coïncide avec la flèche d'orientation.

5° Dirige-toi vers le repère indiqué par la flèche de direction.

7 Pour faire cette activité, utilise un dessin semblable au document 3.12.

Nomme chacun des éléments d'une boussole désigné par une lettre.

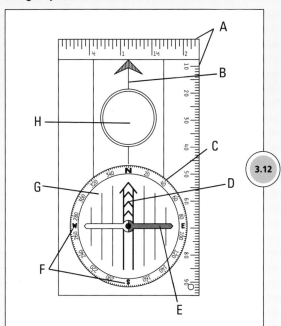

3.12

8 **a.** Pourquoi l'aiguille aimantée d'une boussole pointe-t-elle toujours vers le nord magnétique ?

b. Comment nomme-t-on la différence en degrés entre le nord magnétique et le nord géographique ?

c. Quel nom donne-t-on à la direction à suivre au moyen d'une boussole ?

9 Pour faire cette activité, utilise une boussole.

Trouve l'azimut, ou l'angle de marche, des repères suivants dans ta classe.

a.	La porte	**g.**	Le tableau d'affichage
b.	L'horloge		
c.	Le taille-crayon	**h.**	Le bureau de ton enseignant ou de ton enseignante
d.	Le globe terrestre		
e.	La carte du monde	**i.**	L'armoire
f.	La poubelle	**j.**	L'élève à ta gauche

10 Pour faire cette activité, utilise une boussole.

À l'aide de dix azimuts précis, désigne chacun des dix objets placés dans la classe par ton enseignant ou ton enseignante.

Note : Un seul objet doit correspondre à chacun des azimuts.

Exemple : Azimut 45° NE : le globe terrestre.

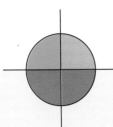

L'histoire de la boussole

3.13

Vers 2500 avant Jésus-Christ, un Chinois remarqua qu'une baguette de bois, sur laquelle avait été fixé un petit morceau de magnétite, flottait sur l'eau en pointant toujours vers le sud. Il en conclut que, si l'une des extrémités de la baguette de bois indiquait le sud, l'autre devait pointer vers le nord.

De ces observations naquit l'aiguille aimantée, qui fut, semble-t-il, perfectionnée par les Grecs vers l'an 800 avant Jésus-Christ. Ceux-ci connaissaient les effets du magnétisme, qui est à la base de la mesure des directions sur le terrain.

Boussole fabriquée en France au début du XVIᵉ siècle.

Selon les archives, la boussole a été utilisée par les navigateurs chinois, les marchands arabes, les Vikings et les Européens entre les années 1100 et 1300. C'est cependant au Portugais Ferrande que l'on doit la mise au point de la boussole de conception moderne, en 1480. Au même moment, les Italiens adaptaient la boussole à la navigation maritime en plaçant l'aiguille aimantée au-dessus d'une rose des vents dans une boîte métallique.

Boussole fabriquée aux États-Unis au début du XXᵉ siècle.

3.14

Plusieurs modèles ont été créés depuis la Renaissance, c'est-à-dire depuis le début du XVᵉ siècle. Les grands explorateurs comme Christophe Colomb, Vasco de Gama et Ferdinand de Magellan, ont profité du perfectionnement de la boussole dans leur exploration de nouvelles contrées et contribué ainsi à faire évoluer la science.

Mais les oscillations de l'aiguille aimantée empêchaient une lecture très précise. Il fallut attendre 1862 pour qu'un Britannique, E.S. Ritchie, fabrique une boussole insérée dans un boîtier rempli d'un liquide qui ralentit les oscillations de l'aiguille et la stabilise rapidement. Il y ajouta un cadran de 360 degrés, ce qui rendit la boussole plus précise. Aujourd'hui, la boussole comporte un boîtier pivotant hermétique, une base transparente, une loupe et un miroir de visée.

Ce genre de boussole réduit l'incertitude et se combine efficacement avec la carte.

L'ORIENTATION
SUR LA CARTE

La carte géographique permet de s'orienter sur le terrain parce que, par convention, on y trouve toujours le nord en haut. Les autres points cardinaux sont alors faciles à repérer : le sud est en bas de la carte, l'est est à droite et l'ouest est à gauche.

Comment t'orienter sur le terrain à l'aide d'une carte ?

1° Trouve des points de repère identiques sur la carte et le terrain.
2° Place la carte dans le même sens que les points de repère sur le terrain.
3° Marche dans la direction désirée pour atteindre ton repère.

Utilisation de la carte pour s'orienter sur le terrain.

3.15

La carte et la rose des vents

On trouve souvent sur la carte une rose des vents simplifiée ou, au moins, une indication du nord. La rose des vents donne plus de précision car elle indique les positions intermédiaires.

Comment déterminer une direction sur la carte à l'aide de la rose des vents ?

1° Place le centre de la rose des vents sur un point choisi (départ) de sorte que la pointe nord soit dirigée vers le haut de la carte.

2° À l'aide d'une règle, relie le centre de la rose des vents au point de la carte dont tu veux connaître la direction (arrivée).

3° Observe sur la rose des vents la direction ainsi déterminée.

Utilisation de la rose des vents pour s'orienter sur la carte.

3.16

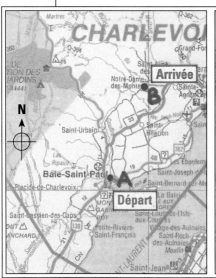

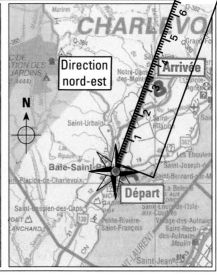

11 Pour faire cette activité, utilise une rose des vents et un globe terrestre, une carte du monde ou un atlas.

Donne la direction des pays suivants par rapport au Québec.

- **a.** États-Unis
- **b.** France
- **c.** Islande
- **d.** Brésil
- **e.** Japon
- **f.** Algérie
- **g.** Australie
- **h.** Afrique du Sud
- **i.** Italie
- **j.** Mexique

La carte et la boussole

Tu sais maintenant utiliser la boussole pour trouver l'azimut d'un repère et t'y diriger sans difficulté.

Comment utiliser la carte et la boussole ?

1° Place la boussole le long d'une ligne imaginaire allant d'un point de départ A à un repère B.

2° Tourne le cadran jusqu'à ce que les lignes intérieures soient parallèles aux méridiens de la carte et que la flèche d'orientation marquant le nord soit dirigée vers le haut de la carte.

3° Lis l'indication de degrés sur le cadran vis-à-vis de la flèche de direction.

Utilisation de la carte et de la boussole.

3.17

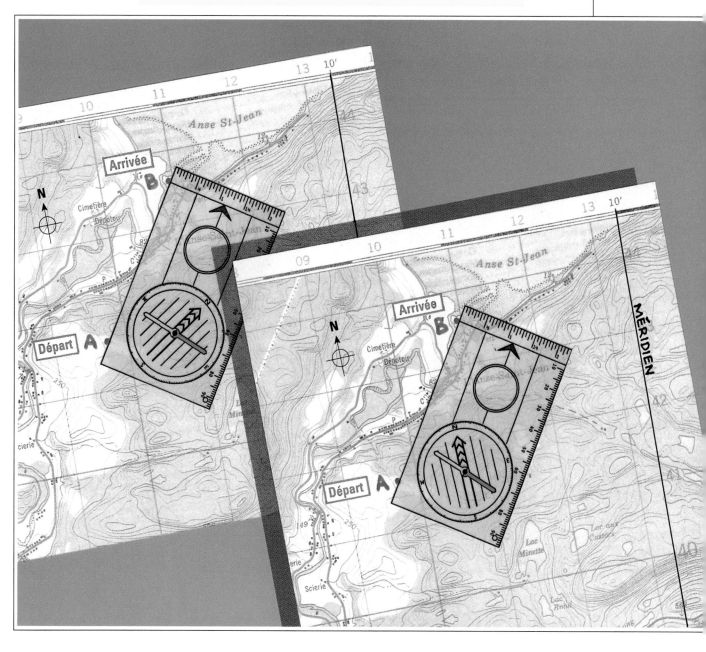

Comment utiliser la carte et la boussole sur le terrain?

1° Fais précéder les deux étapes suivantes des trois étapes de la page 113.

2° Sans bouger la boussole, tourne ensuite sur toi-même jusqu'à ce que l'aiguille aimantée coïncide avec la flèche d'orientation.

3° Repère un objet dans cette direction et rends-toi jusqu'à cet objet. De là, trouve un autre point de repère dans la même direction et procède ainsi jusqu'à destination.

Utilisation de la carte et de la boussole sur le terrain.

3.18

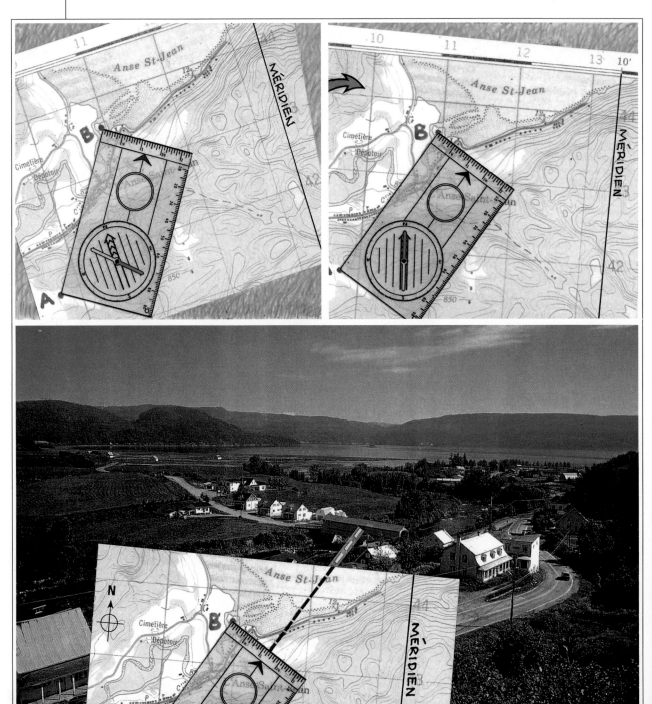

12 Pour faire cette activité, utilise une boussole.

Dans le circuit d'un rallye schématisé semblable au document 3.19, trouve les azimuts, ou angles de marche, des dix étapes suivantes.

a. BC

b. CD

c. DE

d. EF

e. FG

f. GH

g. HI

h. IJ

i. JK

j. KA

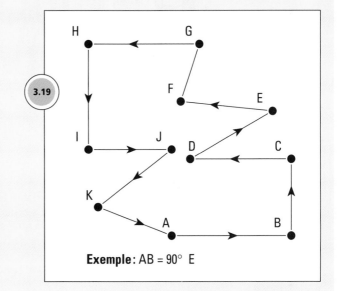

Exemple: AB = 90° E

EN MÉMOIRE

· 1 ·

Les moyens naturels de s'orienter sont le mouvement du Soleil, l'ombre et l'étoile Polaire; les moyens techniques sont la rose des vents et la boussole.

· 2 ·

À cause de la rotation de la Terre, le Soleil semble bouger dans le ciel. Son mouvement apparent détermine les points cardinaux: le nord, le sud, l'est et l'ouest.

· 3 ·

Quand il fait soleil, l'ombre des objets est projetée dans la direction opposée à celle du Soleil:

• quand le Soleil se lève à l'est, l'ombre est projetée vers l'ouest;

• quand le Soleil est au sud, l'ombre est projetée vers le nord;

• quand le Soleil se couche, à l'ouest, l'ombre est projetée vers l'est.

· 4 ·

L'étoile Polaire permet de s'orienter la nuit dans l'hémisphère Nord parce qu'elle indique toujours le nord géographique.

· 5 ·

La rose des vents indique la direction des points cardinaux et des points intermédiaires. Elle est divisée en 360 degrés pour une plus grande précision dans la recherche de repères.

· 6 ·

La boussole est un instrument de mesure qui permet de s'orienter à l'aide d'une aiguille aimantée indiquant toujours le nord magnétique (voir le document 3.10 à la page 108).

· 7 ·

Le nord magnétique, vers lequel pointe l'aiguille aimantée de la boussole, est différent du nord géographique, aussi appelé pôle Nord. Cette différence en degrés s'appelle la déclinaison magnétique.

· 8 ·

La boussole permet de s'orienter en donnant la mesure précise d'une direction à suivre, aussi appelée azimut ou angle de marche. Elle est utilisée sur le terrain et sur la carte (voir le document 3.11 à la page 108).

· 9 ·

La carte permet de s'orienter parce que, par convention, on y trouve toujours le nord en haut.

· 10 ·

Pour plus de précision, on peut déterminer les directions sur la carte à l'aide de la rose des vents et de la boussole (voir le document 3.16 à la page 112, le document 3.17 à la page 113 et le document 3.18 à la page 114).

1 Nomme trois moyens naturels de s'orienter.

2 Nomme deux moyens techniques de s'orienter.

3 Associe les points cardinaux aux différentes positions du Soleil décrites par son mouvement apparent.

Nord	Sud	Est	Ouest

- Le Soleil apparaît à l'horizon.
- Le Soleil disparaît à l'horizon.
- Le Soleil n'y apparaît jamais.
- Le Soleil est à son point le plus haut.

Pour répondre aux questions 4 à 8, utilise le document 3.20.

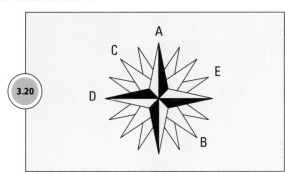

3.20

4 Quelle direction est désignée par la lettre A ?

5 Quelle direction est désignée par la lettre B ?

6 Quelle direction est désignée par la lettre C ?

7 Quelle direction est désignée par la lettre D ?

8 Quelle direction est désignée par la lettre E ?

Pour répondre aux questions 9 à 13, utilise le document 3.21.

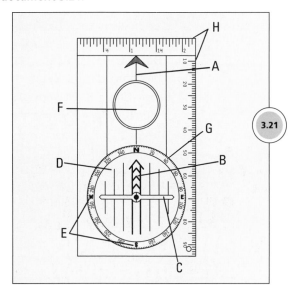

3.21

9 Quelle lettre désigne l'aiguille aimantée ?

10 Quelle lettre désigne la flèche de direction de marche ?

11 Quelle lettre désigne la flèche d'orientation ?

12 Quelle lettre désigne le boîtier ?

13 Quelle lettre désigne la rose des vents ?

14 Complète la phrase suivante.

Pour trouver l'azimut, ou l'angle de marche, d'un repère, il faut:

- tenir la ① à l'horizontale;
- pointer la ② vers le ③ choisi;
- sans bouger la base de la boussole, tourner le ④ jusqu'à ce que la ⑤ indiquant le ⑥ coïncide avec l' ⑦ ;
- lire vis-à-vis de la ⑧ l'azimut indiqué par le ⑨ .

Les éléments de la carte géographique

3.2 À LA FIN DE CETTE SECTION, TU DEVRAIS ÊTRE CAPABLE D'UTILISER LES PRINCIPAUX ÉLÉMENTS DE LA CARTE GÉOGRAPHIQUE.

La carte géographique est une représentation de la Terre ou d'une région donnée qui comporte tous ses éléments naturels et humains. C'est un outil essentiel à l'identification et à la compréhension de la surface terrestre.

Il faut savoir reconnaître et utiliser correctement ses principaux éléments: les symboles, la légende, l'échelle et le système de repérage. Pour parfaire ton apprentissage des éléments de la carte, utilise divers types de cartes, comme la carte topographique, la carte routière et le plan de ville, qui répondent à divers besoins.

MES MOTS

- SYMBOLE, P. 119
- LÉGENDE, P. 122
- ÉCHELLE, P. 125
- GRANDE ÉCHELLE, P. 125
- PETITE ÉCHELLE, P. 125
- ÉCHELLE VERBALE, P. 126
- ÉCHELLE GRAPHIQUE, P. 126
- ÉCHELLE NUMÉRIQUE, P. 128
- COORDONNÉES ALPHANUMÉRIQUES, P. 131
- COORDONNÉES TOPOGRAPHIQUES, P. 133

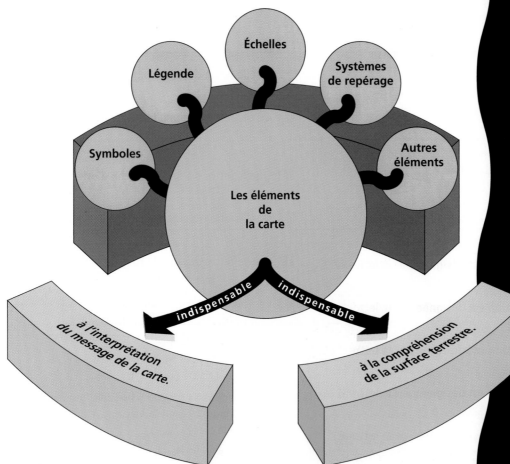

LES SYMBOLES
ET LA LÉGENDE

Les symboles

Si tu regardes une carte géographique, tu y verras plusieurs symboles qui représentent des faits géographiques existant à l'état naturel (rivières, marécages, forêts, etc.) ou créés par les êtres humains (usines, routes, frontières, etc.). Le décodage de ces symboles permet de lire et de comprendre la carte, et ainsi, de bien visualiser l'aspect réel d'un lieu.

3.22

La signalisation routière constitue un langage visuel à connaître.

Peux-tu donner la signification de ces panneaux routiers?

Un symbole est un signe conventionnel, c'est-à-dire un signe choisi par les cartographes pour représenter une réalité, une idée.

SYMBOLE

Lorsque les symboles d'une carte sont colorés, expressifs et faciles à décoder, la lecture de la carte est simple. En général, les symboles sont les mêmes sur toutes les cartes. Ils sont toujours expliqués dans la légende placée au bas de la carte.

3.23 SYMBOLES UTILISÉS SUR LES CARTES

SYMBOLES	DÉFINITIONS		
PICTOGRAMME	Dessin qui représente une chose concrète avec le plus de ressemblance possible. **Exemples**		
	⊕ Aéroport	? Bureau de renseignements touristiques	▲ Camping public aménagé
PONCIF	Élément graphique répétitif. **Exemples**		
	Marais	Ligne de transmission	Verger
SIGNE CONVENTIONNEL	Représentation schématisée d'un fait, d'une idée. **Exemples**		
	○ Ville de moins de 1 500 habitants	⊙ Ville de 1 500 à 5 000 habitants	⊖ Ville de 5 000 à 10 000 habitants
SYMBOLE PROPORTIONNEL	Signe représentant l'importance d'un fait. **Exemple**		
	Aéroport		
	⊕ 1 000 000 à 5 000 000 de passagers	⊕ 5 000 000 à 10 000 000 de passagers	⊕ Plus de 10 000 000 de passagers
ZONE DE COULEUR	Couleur utilisée pour représenter une grande surface. **Exemples**		
	Régions physiographiques du Québec		
	Bouclier canadien	Basses-terres du Saint-Laurent	Basses-terres de la baie d'Hudson	Appalaches

3.24 COULEURS UTILISÉES SUR LES CARTES

COULEURS	SIGNIFICATIONS	COULEURS	SIGNIFICATIONS
	Zones déboisées		Constructions humaines, noms de pays et de villes
	Hydrographie		Routes secondaires
	Relief (courbes de niveau)		Agglomérations
	Limites régionales et municipales, zones industrielles		Routes principales
	Agglomérations		Régions boisées (végétation, parcs et réserves)

Note: Les couleurs n'ont pas la même signification sur toutes les cartes. Par exemple, sur la carte routière du Québec, le jaune symbolise une agglomération de plus de 30 000 habitants, alors que le rose symbolise cet élément sur la carte topographique.

1 Les symboles suivants sont fréquemment utilisés dans la vie de tous les jours.

Donnes-en la signification.

a.
f.
k.
b.
l.
g.
m.
c.
h.
d.
i.
n.
e.
j.

2 Pour faire cette activité, consulte la carte routière du Québec.

a. Quelle est la signification du vert dans le code de la route ? du rouge ?

b. Sur les cartes, quelles couleurs représentent généralement les éléments suivants ?

- Zones déboisées
- Relief
- Constructions humaines
- Routes secondaires
- Parcs et réserves

- Hydrographie
- Agglomérations
- Routes principales
- Régions boisées
- Noms de villes et de pays

Pour faire les activités 3 et 4, consulte la carte routière du Québec des pages 172 et 173, la carte topographique des pages 174 et 175 ainsi que les documents 3.25 (page 122) et 3.26 (pages 123 et 124).

3 Quelle est la signification des symboles suivants ?

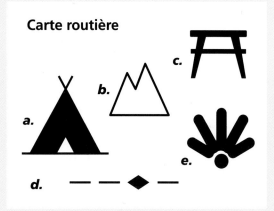

Carte routière

c.
b.
a.
e.
d.

Carte topographique

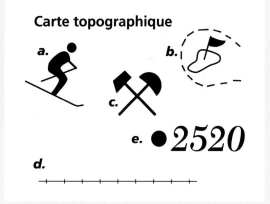

a.
b.
c.
e. ●2520
d.

4 Dessine les symboles correspondant aux réalités géographiques suivantes.

Carte routière
- Hôpital
- Centre de service
- Ski alpin
- Autoroute en construction
- Ville de 5 000 à 10 000 habitants

Carte topographique
- École
- Balise lumineuse
- Ligne électrique
- Pont
- Église

La légende

La légende est un élément-clé qui te donne la signification des symboles utilisés sur la carte géographique. Elle te permet donc de décoder les informations qui y figurent. La légende est généralement encadrée et placée au bas de la carte. Les symboles y sont classés en éléments naturels et en éléments humains.

Observe la légende de la carte routière du Québec (document 3.25) et celle de la carte topographique (document 3.26, page 123) pour apprendre à reconnaître et à décrire l'information transmise sur ces cartes.

LÉGENDE

ROUTES

CLASSIFICATION

Autoroute	73
- échangeur-sortie	25
- en construction	
Route transcanadienne	
Route principale	108
- à chaussées séparées	
- gravelée	
Route secondaire	236
- à chaussées séparées	
- gravelée	

Route tertiaire	
- locale	
- municipale	
Chemin forestier	
- numéroté	G-123
- non numéroté	barrière
Distance kilométrique	
- distance entre les localités et les jonctions de routes numérotées	40
- distance totalisée entre les bornes	40

ÉQUIPEMENT PARA-ROUTIER

Sûreté du Québec, police	
Centre de service	
Halte routière	
Pont couvert	
Belvédère	
Poste d'accueil	
Poste de douane	
- annuel	
- saisonnier	

ÉQUIPEMENTS TOURISTIQUES

Bureau de renseignements touristiques	
Gouvernemental	
-permanent	
-saisonnier	
-bureau de change	
Régional ou Local	
-permanent	
-saisonnier	
Camping public	
- aménagé	
- rustique	
Port de plaisance	
Ski alpin	
Centre éducatif forestier	
Mont	
Point d'intérêt	
Artisanat amérindien et activités touristiques	Maria

LIMITES

Internationale	++++++	Parc	
Provinciale		Réserve	
Région touristique		Rivière à saumons	

MODES DE TRANSPORT

FERROVIAIRE	
Une ou plusieurs voies	CN
TRAVERSIER	
Annuel	
Saisonnier	
Temps de traversée	1 h 15 min.
AÉRIEN	
Aéroport	
-horaire fixe	
-homologué	
-autres	
Base d'hydravion	

POPULATION

Moins de 1,500	
1 500 - 5 000	
5 000 - 10 000	
10 000 - 30 000	
30 000 - 50 000	
50 000 - 100 000	
100 000 et plus	
Agglomération de 30 000 habitants et plus	

3.25

Légende de la carte routière du Québec.

TRANSPORT

Route à deux chaussées séparées

Route, revêtement dur, plus de 2 voies

Route, revêtement dur 2 voies

Route de gravier, aggloméré, toute saison, 2 voies ou plus

Route de gravier, aggloméré, toute saison, moins de 2 voies

Chemin de terre ou d'hiver

Sentier ou portage

Route en construction

Rond-point

Échangeur avec numéro

Numéros de route

Déblai

Remblai

Traverse

Tunnel

Pont

Passerelle

Barrière

Gué

Chemin de fer, voie unique

Chemin de fer, voies multiples

Terrain d'aviation: pistes revêtues, non revêtues

Terrain d'aviation, position approximative

Héliport

Hydrobase

FRONTIÈRES/LIMITES

Frontière internationale

Limite de première classe

Limite de deuxième classe

Réserve indienne, petite

Repère de nivellement

Point de contrôle planimétrique

Terrain de camping

Terrain de pique-nique

Station de ski, tremplin de ski

Terrain de golf

Champ d'exercice – golf

Ciné-parc

Champ de tir avec buttes

Cimetière

Sablière, gravière, glaisière

Mine

Carrière

HYDROGRAPHIE

Rive: précise, imprécise ou position approximative

Estrans

Barre rocheuse, récif

Rochers dans l'eau ou petites îles

Quai, mur de protection, jetée

Cours d'eau: précis, imprécis

Cours d'eau disparaissant sous terre

Flèche de direction du courant

Chute

Rapides

Barrage: grand, petit

Barrage portant une route

Écluses

3.26 **L**égende de carte topographique.

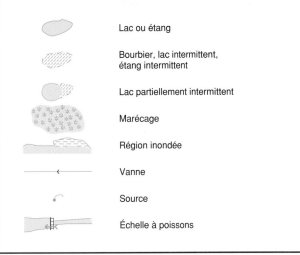

Lac ou étang	
Bourbier, lac intermittent, étang intermittent	
Lac partiellement intermittent	
Marécage	
Région inondée	
Vanne	
Source	
Échelle à poissons	

Ligne électrique, lignes multiples	
Ligne téléphonique	
Téléphérique, remontée mécanique, convoyeur	
Installations pétrolières ou de gaz naturel	
Piste de course	
Clôture	
Digue ou levée	
Puits de pétrole ou de gaz naturel	
Réservoir	
Balise lumineuse	
Silo	
Éolienne	
Piscine	

BÂTIMENTS/CONSTRUCTIONS

Bâtiment	
Bâtiment désigné	
École	
Église	
Élévateur	
Caserne de pompiers	
Centre de service	
Gare	
Agglomération	
Serre	
Stade	
Élément-repère	
Lieu historique ou lieu d'intérêt	

AUTRES

Courbe de niveau maîtresse	
Courbe de niveau intermédiaire	
Point coté, imprécis	675
Altitude de la surface de l'eau	2520±
Altitude précise	515
Falaise ou escarpement	
Sable	
Caverne	
Région boisée	
Verger	
Vignoble ou houblonnière	

5 Pour faire cette activité, consulte la carte routière du Québec des pages 172 et 173, la carte topographique des pages 174 et 175 ainsi que les documents 3.25 (page 122) et 3.26 (pages 123 et 124).

a. Choisis dix symboles apparaissant sur chacune de ces cartes.

b. Détermine une légende donnant la signification des symboles choisis à l'étape précédente.

Exemple

Carte routière
⊙ Ville de 1 000 à 5 000 habitants

Carte topographique
École

L'ÉCHELLE

Pour représenter de vastes territoires sur une carte, il faut réduire leurs dimensions tout en respectant leurs proportions. Cette réduction proportionnée s'appelle l'échelle.

L'échelle est le rapport entre les dimensions réelles d'un territoire et les dimensions figurées sur la carte. Selon les besoins, cette réduction peut être petite ou grande. Si elle est petite, la carte sera dite à grande échelle; si elle est grande, elle sera dite à petite échelle.

ÉCHELLE

GRANDE ÉCHELLE
PETITE ÉCHELLE

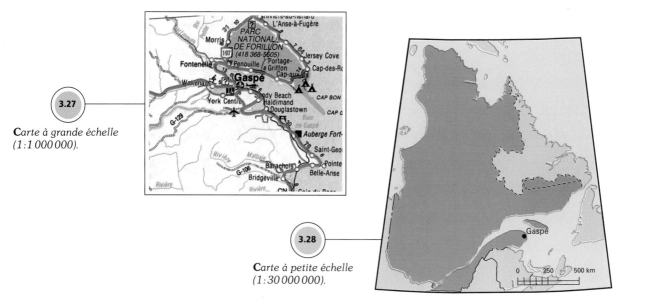

3.27

Carte à grande échelle
(1:1 000 000).

3.28

Carte à petite échelle
(1:30 000 000).

La carte du monde de ta classe représente une réduction d'environ 30 millions de fois la surface terrestre: c'est donc une carte à petite échelle. La surface représentée est très grande et on y trouve peu de détails.

Par contre, la carte routière du Québec représente une réduction de un million de fois la surface du Québec: c'est donc une carte à grande échelle par rapport à la carte du monde. La surface représentée est limitée et on y trouve beaucoup de détails.

Les éléments de la carte géographique

Pour avoir une vue d'ensemble d'un phénomène particulier, comme par exemple le volcanisme dans le monde, on utilise une carte à petite échelle. Pour illustrer des informations spécifiques, comme par exemple le réseau routier du Québec, on utilise une carte à grande échelle.

Toutefois, la carte routière du Québec pourra être dite à petite échelle si on la compare, par exemple, à un plan de ton quartier, qui sera dit à grande échelle.

3.29	L'ÉCHELLE	
	CARTE DU MONDE	**CARTE ROUTIÈRE DU QUÉBEC**
ÉCHELLE	1 : 30 000 000	1 : 1 000 000
RÉDUCTION	Grande	Petite
FRACTION	Petite	Grande
SUPERFICIE	Grand territoire	Petit territoire
INFORMATIONS	Peu de détails	Beaucoup de détails

Trois types d'échelles sont utilisés en cartographie : l'échelle verbale, l'échelle graphique et l'échelle numérique.

L'échelle verbale

La construction de plans ou de cartes suppose la réduction d'une grande surface sur une petite surface. Comme l'échelle de la carte exprime le rapport entre celle-ci et la réalité, l'échelle verbale se lira par exemple comme suit : 1 cm = 10 km, c'est-à-dire que 1 centimètre sur la carte équivaut à 10 kilomètres sur le terrain. On peut aussi exprimer en premier la longueur réelle et la faire suivre de la longueur sur la carte : 10 km = 1 cm.

ÉCHELLE VERBALE

L'échelle graphique

L'échelle graphique, ou linéaire, est présentée sous la forme d'une ligne droite divisée en sections de longueurs égales. Cette échelle permet de mesurer facilement des distances réelles à l'aide des distances entre deux points sur une carte.

ÉCHELLE GRAPHIQUE

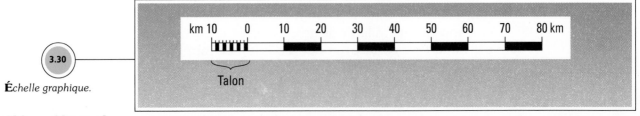

| 3.30 |

Échelle graphique.

La première partie de cette échelle est subdivisée en petites sections qui permettent une plus grande précision dans le calcul des distances. Cette partie de l'échelle graphique se nomme le talon et est souvent placée à gauche du zéro.

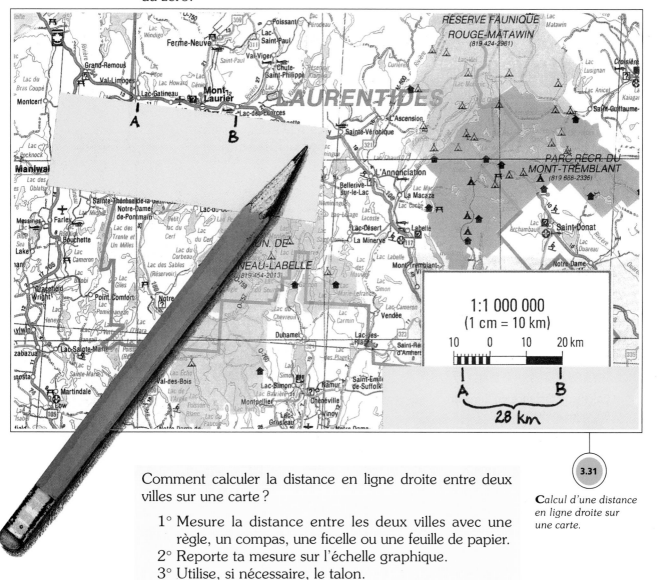

3.31

Calcul d'une distance en ligne droite sur une carte.

Comment calculer la distance en ligne droite entre deux villes sur une carte ?

1° Mesure la distance entre les deux villes avec une règle, un compas, une ficelle ou une feuille de papier.
2° Reporte ta mesure sur l'échelle graphique.
3° Utilise, si nécessaire, le talon.
4° Calcule la distance représentée.

Comment calculer des tracés irréguliers ou des courbes ?

1° Mesure la distance par segments à l'aide d'une bande de papier.
2° Reporte la mesure observée sur l'échelle graphique.
3° Utilise, si nécessaire, le talon.
4° Calcule la distance représentée.

L'échelle numérique

L'échelle numérique, ou fractionnaire, représente le rapport entre la carte et la réalité à l'aide de chiffres, sous forme de fraction :

$$1 : 1\,000\,000 \quad \text{ou} \quad \frac{1}{1\,000\,000}$$

L'échelle $1 : 1\,000\,000$ signifie qu'une unité de mesure sur la carte correspond à $1\,000\,000$ d'unités de la même mesure sur le terrain. Voici deux échelles numériques : $1 : 25\,000\,000$ et $1 : 1\,000\,000$. Dans le premier cas, il s'agit d'une petite échelle, car la réduction est grande. Dans le deuxième cas, il s'agit d'une grande échelle, car la réduction est petite.

L'échelle numérique est assez difficile à utiliser ; c'est pourquoi on la convertit souvent en échelle verbale. On trouve généralement les échelles verbale, graphique et numérique au bas de la carte.

6 Pour faire cette activité, consulte la carte routière du Québec des pages 172 et 173.

Calcule la distance en ligne droite qui sépare les villes suivantes.

a. Saint-Hyacinthe et Granby

b. Cowansville et Magog

c. Sorel et Drummondville

d. Joliette et Saint-Jérôme

e. Sherbrooke et Victoriaville

7 Pour faire cette activité, consulte la carte topographique des pages 174 et 175.

Calcule la distance en ligne droite qui sépare les faits géographiques suivants.

a. L'église de Lac-Saint-Joseph et celle de Fossambault-sur-le-Lac.

b. L'île du lac Sergent et la scierie de Duchesnay.

c. Le centre commercial de Saint-Raymond et l'hôpital de Saint-Raymond.

d. Les deux terrains de camping du lac Saint-Joseph.

e. Le sommet du mont Laura-Plamondon et l'île Desrochers du lac Sept-Îles.

8 Pour faire cette activité, consulte un globe terrestre, une carte du monde ou un atlas.

Calcule la distance en ligne droite qui sépare les grandes villes suivantes.

a. Brasília (Brésil) et Lima (Pérou)

b. Ottawa (Canada) et Ciudad de México (Mexique)

c. Pretoria (Afrique du Sud) et Tripoli (Libye)

d. Pékin (Chine) et Tōkyō (Japon)

e. Wellington (Nouvelle-Zélande) et Canberra (Australie)

f. Moscou (Russie) et Berlin (Allemagne)

LES SYSTÈMES DE REPÉRAGE

Pour localiser des réalités géographiques sur un globe terrestre, sur une carte du monde, sur une carte routière, sur un plan de ville ou sur une carte topographique, on utilise un système de repérage. Pour déterminer la position exacte d'un lieu, il faut croiser deux coordonnées, l'une horizontale, l'autre verticale, comme au jeu de bataille navale.

Trois types de coordonnées sont utilisés en géographie :

- les coordonnées géographiques ;
- les coordonnées alphanumériques ;
- les coordonnées topographiques.

Les coordonnées géographiques

Les coordonnées géographiques sont un système de repérage basé sur les parallèles et les méridiens. Les parallèles donnent la latitude d'un lieu et les méridiens en donnent la longitude.

Les parallèles ceinturent le globe terrestre de l'équateur aux deux pôles. L'équateur partage le globe terrestre en deux hémisphères : l'hémisphère Nord et l'hémisphère Sud. Un lieu est situé au nord ou au sud de l'équateur, c'est-à-dire en latitude nord ou en latitude sud.

Les méridiens ceinturent le globe terrestre en passant par les deux pôles. Le méridien de Greenwich et le 180ᵉ méridien partagent le globe en deux hémisphères : l'hémisphère Est et l'hémisphère Ouest. Un lieu est situé à l'est ou à l'ouest de Greenwich, c'est-à-dire en longitude est ou en longitude ouest.

Trouver la latitude et la longitude d'un lieu, c'est en trouver les coordonnées géographiques ou faire le point.

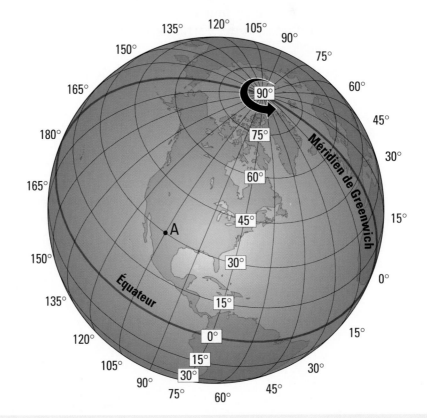

Trouver les coordonnées géographiques d'un lieu, c'est repérer l'intersection du parallèle et du méridien où il se trouve.

Quelles sont les coordonnées géographiques du point A ?

9 Pour faire cette activité, consulte un globe terrestre, une carte du monde ou un atlas.

a. Trouve les coordonnées géographiques des villes suivantes.

– Acapulco (Mexique) – Brisbane (Australie)
– Paris (France) – Bagdad (Iraq)
– São Paolo (Brésil)

b. Quelles villes correspondent aux coordonnées géographiques suivantes ? Dans quels pays se trouvent-elles ?

– 63° N 114° W – 19° S 65° W
– 60° N 25° E – 45° N 73° W
– 12° S 131° E

Les coordonnées alpha-numériques

Les coordonnées alphanumériques, composées de lettres et de chiffres, sont un système de repérage surtout utilisé sur les cartes routières, les plans de ville et les cartes touristiques. Moins précises que les coordonnées géographiques, ces coordonnées permettent tout de même de localiser des réalités géographiques dans un secteur plus ou moins vaste de la carte.

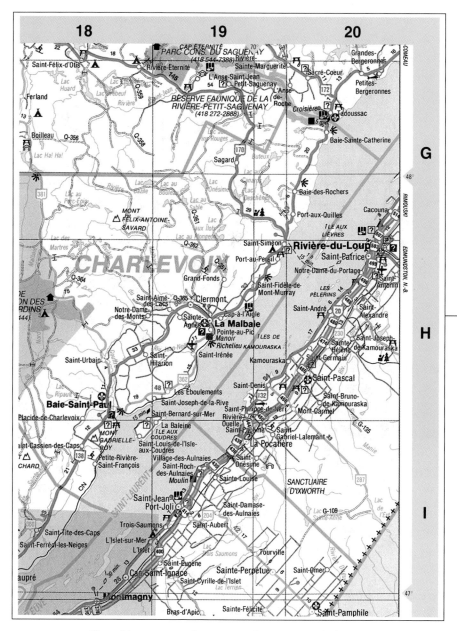

3.33

Sur la carte routière du Québec, on utilise le système des coordonnées alphanumériques.

Quelles sont les coordonnées alpha-numériques du mont Félix-Antoine-Savard ?

On détermine les coordonnées alphanumériques à l'aide d'une série de cases d'égale grandeur formant une sorte de damier. À chaque rangée de cases horizontales correspond une lettre et à chaque rangée de cases verticales, un chiffre. Une coordonnée alphanumérique représente la case délimitée par l'intersection de ces rangées.

Par exemple, si tu veux repérer Baie-Saint-Paul sur la carte routière du Québec, tu dois d'abord consulter l'index de la carte, qui t'indiquera que l'emplacement de cette ville correspond aux coordonnées H 18 (voir le document 3.34). Sur la carte de la page 131, dans la case H 18, tu trouveras l'emplacement de Baie-Saint-Paul. Ce système de repérage est facile à comprendre et à utiliser.

3.34

Les coordonnées alphanumériques de chaque localité figurent dans l'index de la carte.

B

Baie-Comeau	D	23
Baie-de-Shawinigan	H	27
Baie-des-Bacon	F	21
Baie-des-Rochers	G	20
Baie-des-Sables	E	23
Baie-du-Febvre	J	27
Baie-d'Urfé	M	23
Baie-Johan-Beetz	B	31
Baie-Ste-Catherine	G	20
Baie-St-Paul	H	18
Baie-Trinité	D	24
Baldwin Mills	O	29
Barachois	E	28
Barkmere	J	21
Barnston	N	29
Barraute	F	7
Barrington	N	24
Barville	E	7
Bassin	D	32
Batiscan	H	28
Beaconsfield	M	23

10 Pour faire cette activité, consulte la carte routière du Québec des pages 172 et 173.

a. Donne le nom des réalités géographiques qui se trouvent aux coordonnées alphanumériques suivantes.

 – M 23 : quel parc ?
 – N 27 : quelle ville ?
 – M 28 : quel parc ?
 – J 27 : quelle rivière ?
 – N 28 : quelle autoroute ?
 – K 24 : quelle autoroute ?
 – K 25 : quel cours d'eau ?
 – N 23 : quel canal ?
 – J 29 : quelle ville ?
 – N 29 : quel lac ?
 – N 25 : quelle rivière ?
 – K 28 : quel équipement touristique ?

b. Quelles sont les coordonnées alphanumériques des villes québécoises suivantes ?

 – Saint-Jérôme   – Magog
 – Joliette   – Granby
 – Sorel   – Drummondville
 – Sherbrooke   – Victoriaville
 – Saint-Hyacinthe   – Saint-Jean-sur-Richelieu

c. Nomme les trois types de cartes sur lesquelles on utilise les coordonnées alphanumériques.

Les coordonnées topographiques

Les coordonnées topographiques, aussi appelées coordonnées militaires, sont essentiellement utilisées sur les cartes topographiques. On les détermine à l'aide d'une grille formée de lignes bleues, les lignes verticales correspondant aux méridiens et les lignes horizontales, aux parallèles. Les lignes verticales et horizontales sont numérotées de 00 à 99. Les coordonnées topographiques permettent de localiser rapidement et avec précision un point sur une carte.

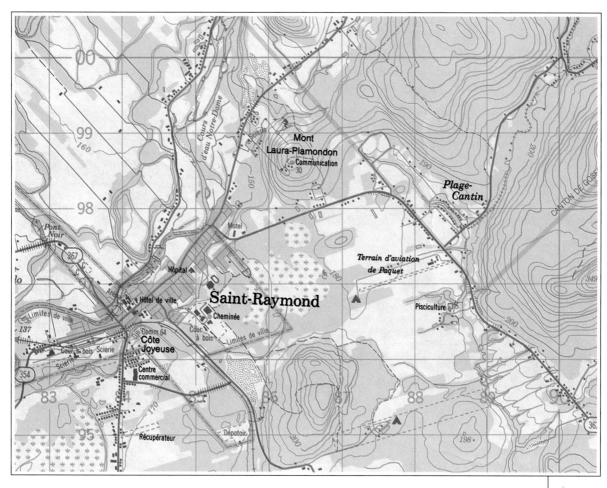

Il existe des coordonnées topographiques à quatre chiffres et d'autres à six chiffres. Les coordonnées à quatre chiffres permettent de situer un lieu sur la carte dans une case. Les coordonnées à six chiffres permettent de situer ce lieu sur un point plus précis à l'intérieur de la case.

3.35

Sur les cartes topographiques, le système de repérage est basé sur une grille de lignes bleues numérotées.

Quelles sont les coordonnées topographiques à quatre chiffres de la plage Cantin ?

Comment déterminer les coordonnées topographiques à quatre chiffres ?

1° Sur le document 3.36, repère le numéro de la ligne verticale à gauche de l'école : 54.
2° Repère le numéro de la ligne horizontale au-dessous de l'école : 24.
3° Réunis les deux numéros pour obtenir les coordonnées à quatre chiffres de l'école : 5424.

Par convention, les chiffres représentant les lignes verticales sont toujours placés en premier.

Localisation d'un lieu à l'aide des coordonnées à quatre chiffres.

Quelles sont les coordonnées de la balise lumineuse et de la mine ?

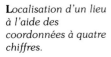

3.36

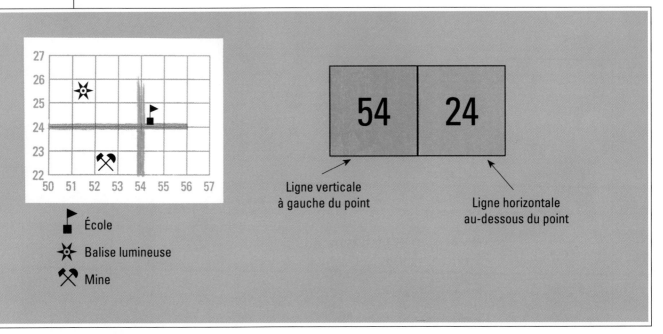

École

Balise lumineuse

Mine

Ligne verticale à gauche du point

Ligne horizontale au-dessous du point

Comment déterminer les coordonnées topographiques à six chiffres ?

1° Sur le document 3.37, repère le numéro de la ligne verticale à gauche de l'école : 54.
2° Divise l'intervalle entre les lignes 54 et 55 en dix parties égales. L'école se situe aux trois dixièmes dans l'intervalle entre 54 et 55 : 543.
3° Repère le numéro de la ligne horizontale au-dessous de l'école : 24.

4° Divise l'intervalle entre les lignes 24 et 25 en dix parties égales. L'école se situe aux quatre dixièmes dans l'intervalle entre 24 et 25 : 244.

5° Réunis les deux numéros pour obtenir les coordonnées topographiques à six chiffres de l'école : 543244.

Localisation d'un lieu à l'aide des coordonnées à six chiffres.

Quelles sont les coordonnées de l'église et du silo ?

3.37

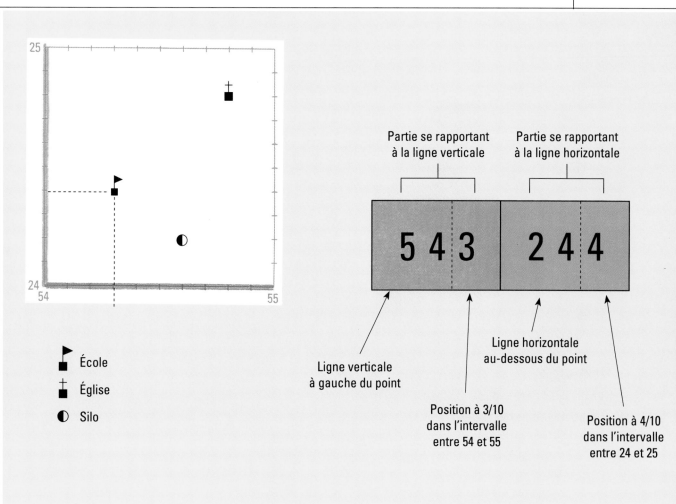

▶ École
+■ Église
◑ Silo

Partie se rapportant à la ligne verticale

Partie se rapportant à la ligne horizontale

5 4 3   2 4 4

Ligne verticale à gauche du point

Position à 3/10 dans l'intervalle entre 54 et 55

Ligne horizontale au-dessous du point

Position à 4/10 dans l'intervalle entre 24 et 25

En pratique, les dixièmes de coordonnées s'évaluent à l'œil sur la carte, mais pour plus de précision, on peut utiliser une équerre (voir le document 3.38 à la page 136). Il est d'ailleurs très simple de s'en fabriquer une en utilisant un coin de carton à angle droit qu'on place sur le talon de l'échelle graphique de la carte. On divise en dix parties égales les deux droites perpendiculaires numérotées de 1 à 10 à partir du coin.

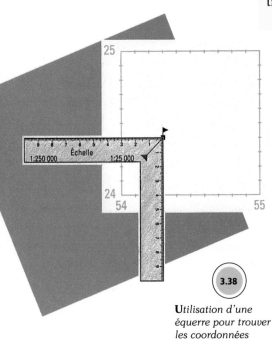

Comment te servir d'une équerre pour trouver les coordonnées topographiques ?

1° Place le coin de l'équerre sur le point dont tu veux connaître les coordonnées, par exemple ton école.

2° Lis le numéro de la ligne verticale à gauche du point (54) et ajoutes-y le nombre de dixièmes qui la séparent de la ligne 54 (3).

3° Lis le numéro de la ligne horizontale au-dessous du point (24) et ajoutes-y le nombre de dixièmes qui la séparent de la ligne 24 (4).

4° Réunis les numéros pour obtenir les coordonnées topographiques à six chiffres de ton école : 543244.

3.38

Utilisation d'une équerre pour trouver les coordonnées topographiques d'un lieu.

11 Pour faire cette activité, consulte la carte topographique des pages 174 et 175.

a. Quelles sont les coordonnées topographiques à quatre chiffres des réalités géographiques suivantes ?

– L'île Desrochers du lac Sept-Îles
– La scierie de Duchesnay
– Le pont du Canadien National à Bourg-Louis
– Le centre commercial de Saint-Raymond
– Le lac au Cèdre

b. Quelles sont les coordonnées topographiques à six chiffres des réalités géographiques suivantes ?

– L'église de Lac-Saint-Joseph
– Le terrain de pique-nique de Sainte-Catherine-de-la-Jacques-Cartier

– L'hôtel de ville de Saint-Raymond
– Le terrain de camping de Fossambault-sur-le-Lac
– L'île du lac Sergent

c. Quelles réalités géographiques trouve-t-on aux coordonnées topographiques suivantes ?

– 0092
– 8493
– 9791
– 931933
– 948938

– 8697
– 8797
– 896917
– 902011
– 002941

LES AUTRES ÉLÉMENTS DE LA CARTE GÉOGRAPHIQUE

D'autres éléments de la carte géographique peuvent te sembler moins importants que les précédents, mais tous ont une fonction précise et rendent la carte beaucoup plus fiable, lisible et utile.

LES AUTRES ÉLÉMENTS DE LA CARTE 3.39	
ÉLÉMENTS	**FONCTIONS**
TITRE	Le titre renseigne sur le contenu de la carte.
CADRE	Le cadre limite la partie cartographiée.
TOPONYMES	Les toponymes servent à nommer des lieux: villes, rivières, montagnes, etc.
CHIFFRES	Les chiffres servent à quantifier certaines données, par exemple, les distances.
ROSE DES VENTS	La rose des vents sert à orienter la carte par rapport aux points cardinaux.
CARTONS	Les cartons servent à représenter une portion de la carte de façon détaillée. Le carton occupe une petite partie de la carte (voir le document 3.40 à la page 138).
INDEX	L'index donne la liste des localités que l'on peut trouver sur une carte routière, de même que leurs coordonnées (voir le document 3.42 à la page 139).
TABLE DES DISTANCES	La table des distances donne les distances calculées sur la base des itinéraires routiers les plus fréquentés. On la trouve sur la carte routière (voir le document 3.41 à la page 138).
COURBES DE NIVEAU	Les courbes de niveau servent à représenter l'altitude des reliefs sur la carte topographique.

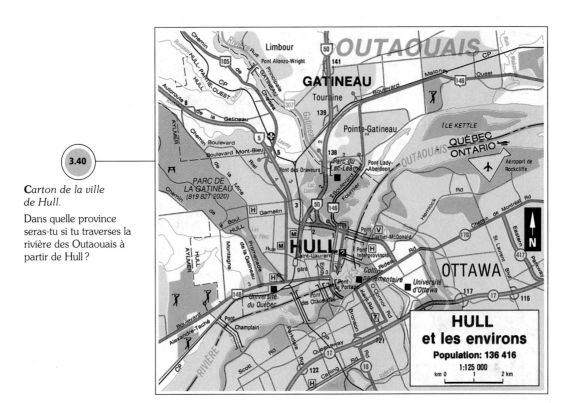

3.40

Carton de la ville de Hull.

Dans quelle province seras-tu si tu traverses la rivière des Outaouais à partir de Hull ?

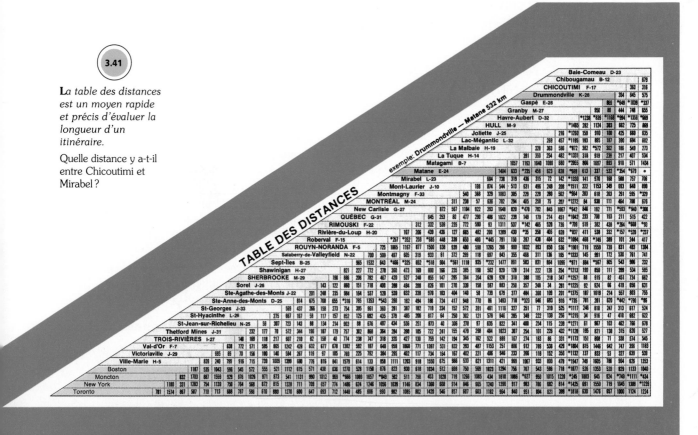

3.41

La table des distances est un moyen rapide et précis d'évaluer la longueur d'un itinéraire.

Quelle distance y a-t-il entre Chicoutimi et Mirabel ?

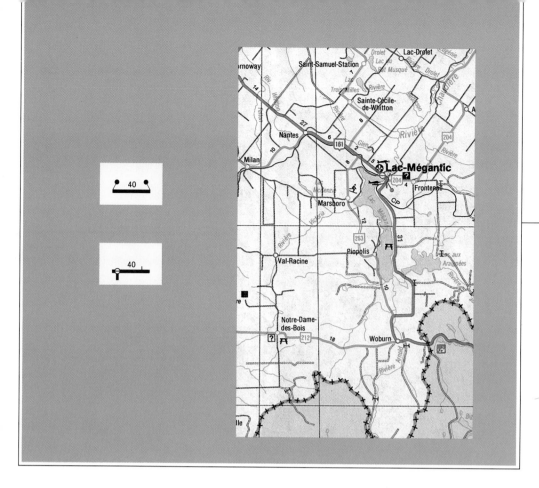

3.42

En plus de l'échelle et de la table des distances, les chiffres en rouge et en noir permettent de calculer la longueur d'un trajet.

Quelle est la distance entre Woburn et Notre-Dame-des-Bois ?

12 **Pour faire cette activité, consulte les documents 3.25 (page 122) et 3.40 (page 138).**

a. Dans quelle province est située la ville de Hull ?

b. Quelle distance en ligne droite y a-t-il entre la Colline parlementaire et l'aéroport de Rockliffe ?

c. Quelle rivière importante sépare Hull et Ottawa ?

d. Nomme deux autres rivières et un canal célèbre qui baignent la région.

e. Nomme les cinq ponts qui relient Hull à Ottawa.

f. Quelles autoroutes donnent accès à Hull et à Ottawa ?

g. Quelles routes principales traversent la région ?

h. Quels sont les trois noms de la route 148 à Hull ?

i. Quel parc provincial est situé dans la région de Hull ?

j. Nomme quatre points d'intérêt dans la région de Hull et d'Ottawa.

k. Quel sport peut-on pratiquer surtout à Hull ? Quel en est le symbole ?

l. Quelle est la population de Hull et des environs ?

m. Quelle compagnie ferroviaire sillonne la région ?

13 Pour faire cette activité, consulte le document 3.41 (page 138).

Quelle distance sépare les villes suivantes ?

a. Hull et Trois-Rivières

b. Québec et Boston

c. Val-d'Or et Mirabel

d. Montréal et Toronto

e. Chicoutimi et Chibougamau

f. Rouyn-Noranda et Thetford Mines

g. Drummondville et Sherbrooke

h. Gaspé et Moncton

i. Sept-Îles et New York

j. La Tuque et Saint-Georges

14 Pour faire cette activité, consulte le document 3.42 (page 139) et la carte routière du Québec des pages 172 et 173.

À l'aide des bornes rouges et des nombres noirs, trouve

a. la distance qui sépare Drummondville (K 28) et Richmond (L 29).

b. la distance qui sépare Saint-Antoine (K 23) et Saint-Esprit (K 24).

c. la distance qui sépare Saint-Antoine (K 23) et Sainte-Thérèse (L 23).

d. la distance qui sépare Chesterville (J 29) et Arthabaska (J 29).

e. la distance qui sépare Sorel (J 26) et Yamaska (J 26).

f. la distance qui sépare Pike River (N 26) et Cowansville (N 27).

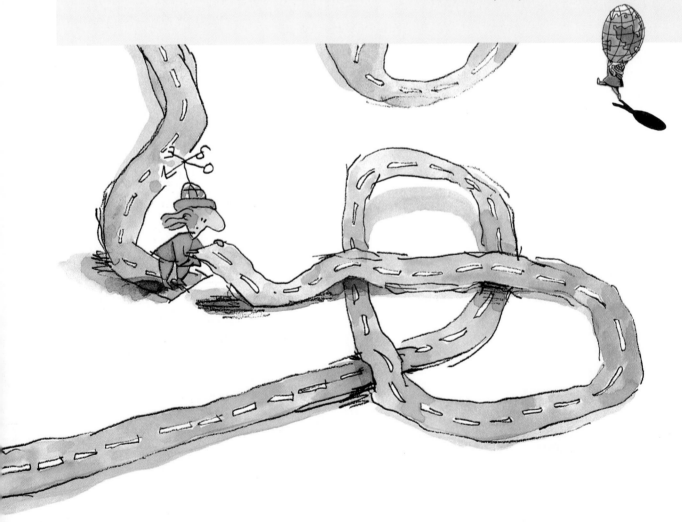

EN MÉMOIRE

· 1 ·

Les principaux éléments de la carte géographique sont les symboles, la légende, l'échelle et le système de repérage.

· 2 ·

Les symboles sont des signes conventionnels qui permettent de représenter des éléments de la réalité et des idées sur une carte. Ils sont groupés dans la légende.

· 3 ·

La légende donne la signification des symboles, ce qui permet de décoder les informations de la carte. La légende est généralement placée au bas de la carte.

· 4 ·

L'échelle est le rapport entre les dimensions réelles d'un territoire et les dimensions figurées sur la carte.

· 5 ·

Une carte peut être à petite ou à grande échelle. Elle est à petite échelle quand elle représente une grande région sans en montrer les détails. Elle est à grande échelle quand elle représente une petite région en montrant beaucoup de détails.

· 6 ·

L'échelle verbale est le rapport simplifié de l'échelle numérique d'une carte (**exemple : 1 cm = 10 km**).

· 7 ·

L'échelle graphique, ou linéaire, est présentée sous la forme d'une ligne droite divisée en sections de longueurs égales. Cette échelle permet de mesurer avec précision des distances sur la carte (voir le document 3.30 à la page 126).

· 8 ·

L'échelle numérique, ou fractionnaire, représente le rapport entre la carte et la réalité à l'aide de chiffres (**exemple : 1 : 1 000 000**).

· 9 ·

Les coordonnées géographiques sont un système de repérage basé sur les parallèles et les méridiens. Les parallèles donnent la latitude d'un lieu et les méridiens en donnent la longitude.

· 10 ·

Les coordonnées alphanumériques, composées de lettres et de chiffres, sont un système de repérage basé sur une série de cases d'égale grandeur désignées par des lettres et des chiffres.

· 11 ·

Les coordonnées topographiques, ou coordonnées militaires, sont un système de repérage basé sur une grille formée de lignes verticales et horizontales bleues numérotées de 00 à 99.

· 12 ·

D'autres éléments de la carte ont aussi de l'importance : le titre, le cadre, les toponymes, les chiffres, la rose des vents, les cartons, l'index, la table des distances et les courbes de niveau.

1 Quels sont les quatre principaux éléments d'une carte géographique ?

Pour répondre aux questions 2 à 5, consulte les documents 3.25 (page 122) et 3.26 (page 123).

2 Quelle est la signification de chacun de ces symboles de la carte routière du Québec ?

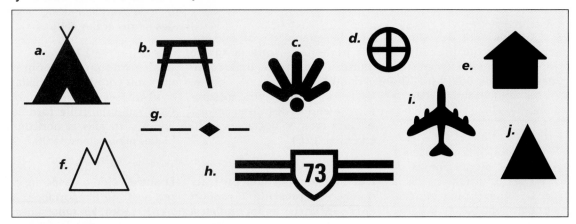

3 Quelle est la signification de chacun de ces symboles de carte topographique ?

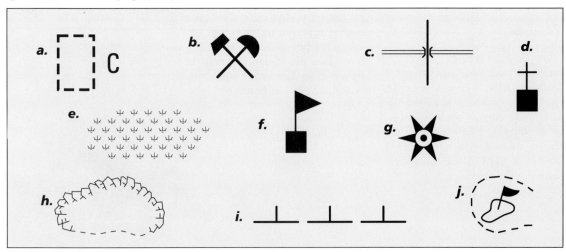

4 **Par quels symboles représente-t-on les éléments suivants sur la carte routière du Québec ?**

- Poste de douane annuel
- Ski alpin
- Hôtel de ville
- Point d'intérêt
- Parc

5 **Par quels symboles représente-t-on les éléments suivants sur une carte topographique ?**

- Frontière internationale
- Ligne électrique
- Parc
- Forêt
- Verger

6 **Complète la phrase suivante.**

L'échelle est le ① entre les dimensions ② d'un territoire et les dimensions ③ sur la ④ .

7 **Associe les types de réductions aux cartes correspondantes.**

Grande échelle	Petite échelle

- Carte du Canada
- Plan d'un centre de ski
- Carte du Québec
- Carte de la Gaspésie
- Plan de ville
- Carte du monde

8 **Associe les types d'échelles aux définitions correspondantes.**

Échelle numérique	Échelle verbale
Échelle graphique	

- Échelle exprimée par un énoncé tel que 1 cm = 10 km.

- Échelle présentée sous la forme d'une ligne divisée en sections de longueurs égales

  Exemple

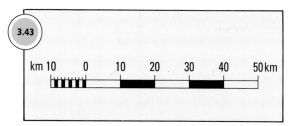

3.43

- Échelle exprimée par une fraction ou un rapport comme 1 : 1 000 000.

9 **Associe les systèmes de repérage aux définitions correspondantes.**

Coordonnées alphanumériques
Coordonnées géographiques
Coordonnées topographiques

- Système de repérage basé sur les parallèles et les méridiens qui donnent la latitude et la longitude d'un lieu.

- Système de repérage basé sur une série de cases d'égales dimensions, désignées par des lettres et des chiffres.

- Système de repérage basé sur une grille de lignes verticales et horizontales bleues numérotées de 00 à 99.

La représentation du relief sur la carte topographique

3.3 À LA FIN DE CETTE SECTION, TU DEVRAIS ÊTRE CAPABLE DE LIRE LA REPRÉSENTATION DU RELIEF SUR LA CARTE TOPOGRAPHIQUE.

La carte topographique illustre les éléments du relief d'une région. Ces éléments sont symbolisés par les courbes de niveau, le procédé le plus précis pour représenter des reliefs.

La carte topographique est un outil de qualité pour repérer, comprendre, aménager et protéger un milieu.

Elle est aussi utilisée par les adeptes de plein air lors d'expéditions de canot-camping, de voyages de chasse et de pêche, de randonnées à ski ou de promenades en forêt.

MES MOTS

- COURBE DE NIVEAU, P. 145
- ÉQUIDISTANCE, P. 147
- ALTITUDE, P. 148
- NIVEAU MOYEN DES MERS, P. 150
- COURBES MAÎTRESSES, P. 150
- COURBES INTERMÉDIAIRES, P. 151
- COUPE TOPOGRAPHIQUE, P. 153
- PENTE, P. 155

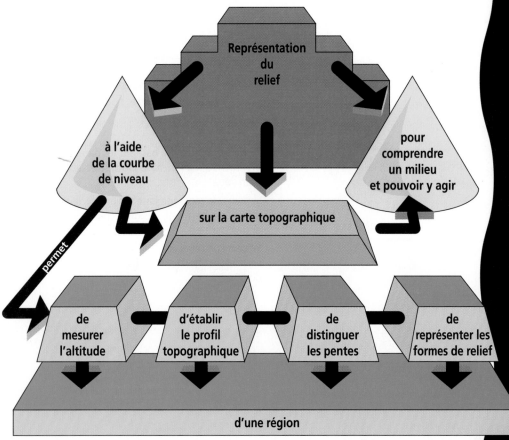

Représentation du relief

à l'aide de la courbe de niveau

sur la carte topographique

pour comprendre un milieu et pouvoir y agir

permet

de mesurer l'altitude

d'établir le profil topographique

de distinguer les pentes

de représenter les formes de relief

d'une région

LES CARACTÉRISTIQUES
DE LA COURBE DE NIVEAU

La courbe de niveau

Pour représenter l'altitude des reliefs sur la carte topographique, les cartographes utilisent la courbe de niveau. Il s'agit d'une ligne sinueuse de couleur brune qui relie tous les points de même altitude par rapport au niveau moyen des mers. Ces lignes courbes sont espacées si le relief est doux (pente faible) et rapprochées si le relief est accidenté ou abrupt (pente forte).

COURBE DE NIVEAU

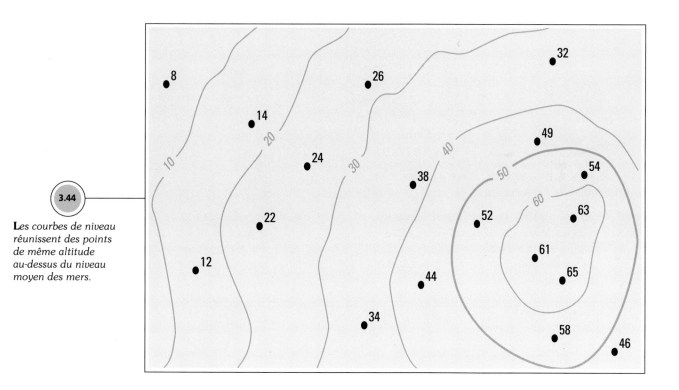

3.44

Les courbes de niveau réunissent des points de même altitude au-dessus du niveau moyen des mers.

Comme le montre le document 3.45 (page 146), la courbe de niveau est le procédé le plus précis pour représenter sur une surface plane des reliefs à trois dimensions. Elle a été conçue à partir du calcul du niveau moyen des mers (NMM), qui est le calcul de base universel pour établir des courbes de niveau.

La représentation du relief sur la carte topographique

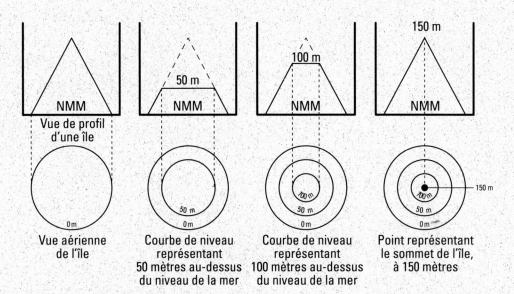

Vue de profil
d'une île

Vue aérienne
de l'île

Courbe de niveau
représentant
50 mètres au-dessus
du niveau de la mer

Courbe de niveau
représentant
100 mètres au-dessus
du niveau de la mer

Point représentant
le sommet de l'île,
à 150 mètres

Les courbes de niveau que tu peux observer sur la carte topographique représentent les formes du relief sur le terrain.

3.45

1 Pour faire cette activité, utilise des illustrations semblables au document 3.46.

a. Sur l'illustration de gauche, relie en brun tous les points de même altitude, puis applique une couleur sur chacun des intervalles pour bien observer les courbes de niveau.

b. Sur l'illustration de droite, trace les courbes de niveau en brun et colorie de la même couleur que sur l'illustration de gauche les intervalles correspondants.

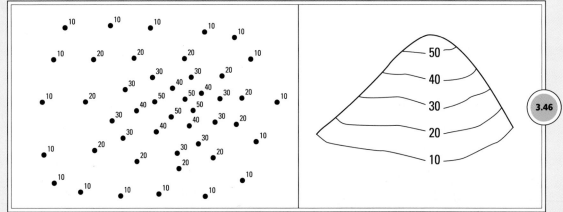

3.46

2 **a.** Sur quel type de carte trouve-t-on des courbes de niveau ?

b. Par quelle couleur les courbes de niveau sont-elles représentées ?

c. Qu'est-ce que les courbes de niveau t'aident à représenter ?

d. Selon toi, est-il possible que deux courbes de niveau se coupent sur une carte topographique ? Pourquoi ?

e. Complète la phrase suivante.

La courbe de niveau est une ligne ___①___ de couleur ___②___ qui relie tous les ___③___ de même ___④___ à partir du niveau moyen des ___⑤___ .

f. Comment sont disposées les courbes de niveau si le relief est doux ? si le relief est accidenté ?

....

L'équidistance   En observant la coupe d'un relief, tu remarqueras que la distance verticale entre les courbes de niveau est toujours égale, puisque la courbe de niveau relie des points de même altitude. Cette distance verticale constante entre deux courbes de niveau successives se nomme l'équidistance.

ÉQUIDISTANCE

Par exemple, le document 3.47 comporte six courbes de niveau correspondant respectivement à des altitudes de 10 mètres, 20 mètres, 30 mètres, 40 mètres, 50 mètres et 60 mètres. L'équidistance est donc de 10 mètres entre chacune de ces courbes de niveau.

L'équidistance peut varier d'une carte à l'autre, mais elle apparaît toujours au bas de la carte topographique.

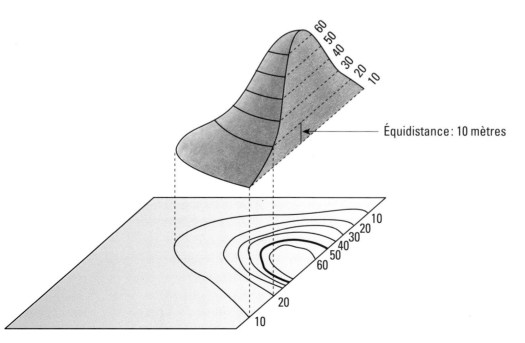

Équidistance : 10 mètres

(3.47)

Pour calculer l'équidistance des courbes de niveau sur une carte topographique, soustrais la distance verticale la plus basse de la plus élevée entre deux courbes de niveau successives.

La représentation du relief sur la carte topographique   SECTION 3   **147**

3 Quelle est l'équidistance (en mètres) des courbes de niveau dans chacun des documents suivants?

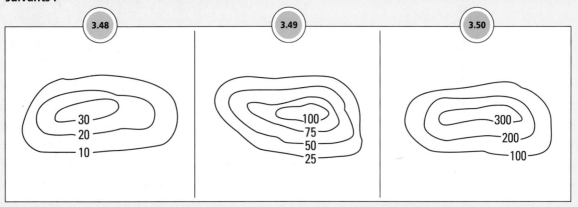

3.48   3.49   3.50

30
20
10

100
75
50
25

300
200
100

4 **a.** Qu'est-ce que l'équidistance des courbes de niveau?

b. Quelle est l'équidistance des courbes de niveau sur la carte topographique des pages 174 et 175?

c. Sur une même carte, l'équidistance des courbes de niveau varie-t-elle?

d. L'équidistance des courbes de niveau est-elle la même d'une carte à l'autre?

L'altitude

Sur une carte topographique, les formes du relief, comme les collines par exemple, sont mesurées selon leur hauteur à partir du niveau moyen des mers (NMM). Cette mesure verticale se nomme l'altitude.

ALTITUDE

On dit que l'altitude est absolue quand le calcul est effectué à partir du niveau moyen des mers et qu'elle est relative quand le calcul est effectué à partir de points de référence autres que le niveau moyen des mers. L'altitude relative est aussi appelée dénivellation.

3.51

L'*altitude de lieux à partir du niveau moyen des mers.*

Outre les courbes de niveau, il existe diverses façons d'indiquer l'altitude d'un relief sur une carte topographique. Une élévation mesurée avec précision est représentée sur la carte par un point et une cote d'altitude (point coté). Parfois, la cote d'altitude est accompagnée du signe + ou - pour signifier que la hauteur d'un plan d'eau, par exemple, est approximative et qu'elle varie selon les saisons. Les repères de nivellement marquent également les altitudes intermédiaires entre les courbes de niveau. Le symbole ↑ permet de les distinguer aussi bien sur les cartes que sur le terrain.

●515
Altitude précise

2520±
Altitude à la surface de l'eau

514
Repère de nivellement

3.52

Divers symboles illustrent l'altitude sur une carte topographique.

5 **a.** Qu'est-ce que l'altitude?

b. Complète les phrases suivantes.

L'altitude est ___①___ lorsque le calcul est effectué à partir du niveau moyen des ___②___ . L'altitude est ___③___ lorsque le calcul est effectué à partir de ___④___ autres que le niveau moyen des mers.

Pour répondre aux questions _c_ et _d_, utilise le document 3.51 (page 149).

c. À quelle altitude se trouve le phare ? le bateau ? le chalet ? À quelle altitude se trouvent les enfants ? le sapin ?

d. Quelle est la dénivellation entre le phare et le bateau ? entre les enfants et le phare ? entre le bateau et le sapin ? entre les enfants et le chalet ? entre le chalet et le phare ? entre le bateau et le chalet ? entre le chalet et le sapin ?

Pour répondre à la question _e_, utilise la carte topographique des pages 174 et 175.

e. Quelle est l'altitude des points A, B, C, D, E et F?

Le niveau moyen des mers

Pour tracer des courbes de niveau qui représentent l'altitude du relief terrestre, on se base sur un point de référence : la mer. À cause des mouvements de l'eau, le niveau de la mer n'est pas constant. Les cartographes ont donc calculé la moyenne des différents niveaux de la mer et ainsi obtenu le niveau moyen des mers, correspondant à 0 mètre.

Sur une carte, on désigne ce niveau de base, aussi appelé niveau 0, par les lettres majuscules NMM, pour niveau moyen des mers. Ainsi, si tu observes un point dont la cote d'altitude est 238, l'endroit représenté par ce point est situé 238 mètres au-dessus du niveau moyen des mers.

NIVEAU MOYEN DES MERS

La courbe maîtresse

Pour permettre une lecture rapide du relief et un calcul juste de l'altitude, certaines courbes de niveau sont représentées par un trait brun foncé. Elles se répètent généralement toutes les cinq courbes et sont la plupart du temps cotées, c'est-à-dire accompagnées de l'altitude en mètres. Ces courbes se nomment courbes maîtresses.

Les cotes d'altitude des courbes maîtresses permettent de calculer facilement la hauteur d'un lieu de même que la différence d'altitude entre deux points, la dénivellation.

COURBES MAÎTRESSES

Les courbes intermédiaires

Les courbes intermédiaires, de couleur brun pâle sur la carte, relient tous les points de même altitude entre deux courbes maîtresses. Ces courbes sont présentées par groupes de quatre et ne sont généralement pas cotées.

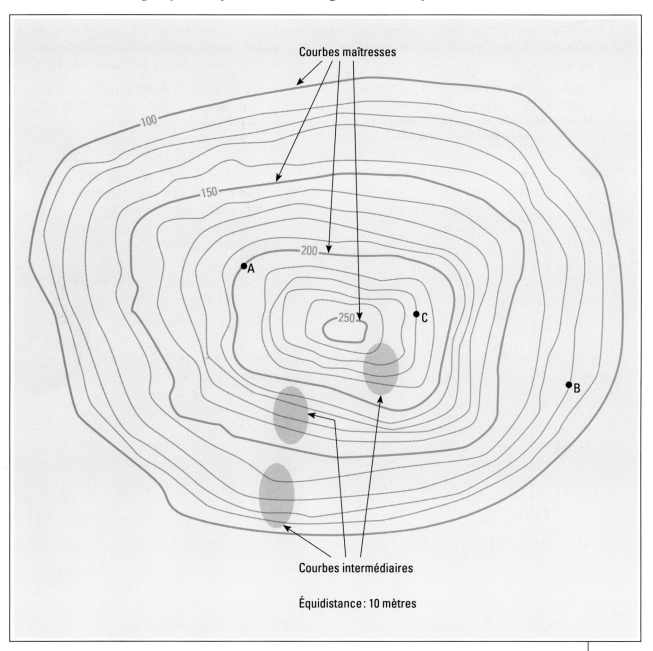

Courbes maîtresses

100

150

200

•A

250

•C

•B

Courbes intermédiaires

Équidistance : 10 mètres

3.53

Les courbes de niveau maîtresses et les courbes de niveau intermédiaires.

Quelle est l'altitude des points A, B et C ?

6 **a.** À quelle altitude le niveau moyen des mers correspond-il ?

b. Quelles sont les caractéristiques des courbes de niveau maîtresses et des courbes de niveau intermédiaires ? Réponds dans un tableau semblable au document 3.54.

3.54		Courbes maîtresses	Courbes intermédiaires
Caractéristiques	1		
	2		
	3		

Pour répondre aux questions **c** et **d**, consulte la carte topographique des pages 174 et 175.

c. Quelle est l'altitude de la courbe maîtresse située aux coordonnées topographiques suivantes ?

– 9891   – 8401
– 8598   – 9791

d. Quelle est l'altitude de la courbe intermédiaire située aux coordonnées topographiques suivantes ?

– 916958   – 861949
– 002989   – 958005

LA COUPE
TOPOGRAPHIQUE

Pour bien lire et interpréter le relief à partir des courbes de niveau, on peut effectuer une coupe topographique, c'est-à-dire une coupe de terrain. Il est alors facile de distinguer les différentes formes du relief de la région étudiée. Faire une coupe de terrain, c'est comme trancher une montagne avec un couteau pour pouvoir en regarder le profil.

COUPE TOPOGRAPHIQUE

La coupe topographique permet de visualiser les différentes formes du relief.

3.55

Comment tracer une coupe topographique ?

1° Trace une ligne AB en largeur sur la section de la carte à étudier. Cette ligne, qui doit croiser les courbes de niveau, se nomme la ligne de coupe AB.

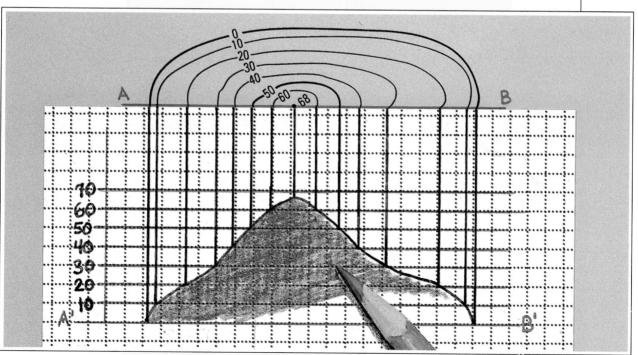

2° Au bas d'une feuille de papier quadrillé placée sous la ligne AB, trace une ligne de base A′B′ parallèle à la ligne de coupe AB et un peu plus longue du côté gauche. ▪▶

3° Sur la feuille de papier quadrillé, trace en haut de la ligne de base A′B′ un nombre de lignes parallèles correspondant aux courbes de niveau. Ces lignes doivent être placées à 0,5 centimètres les unes des autres.

4° À gauche de ces lignes parallèles, trace une ligne verticale dont l'échelle représente l'altitude, la ligne A′B′ désignant l'altitude la plus basse.

5° En partant des points de contact entre les courbes de niveau et la ligne de coupe AB, trace des lignes verticales rejoignant les lignes parallèles de même altitude.

6° Relie à main levée tous les points reportés, ce qui donnera le profil du relief entre les points A et B.

7° Colorie en brun le profil de la coupe pour bien distinguer les différentes formes.

Sur une coupe topographique, l'échelle horizontale est la ligne horizontale qui donne la distance réelle sur le terrain. L'échelle verticale est la ligne verticale qui donne l'altitude du terrain. Ainsi, dans le document 3.55 (page 153), l'échelle horizontale est de 1 cm = 100 m et l'échelle verticale, de 1 cm = 20 m (ou 0,5 cm = 10 m).

7 Sur un graphique semblable à celui du document 3.56, trace la coupe topographique de la colline représentée et colorie-la.

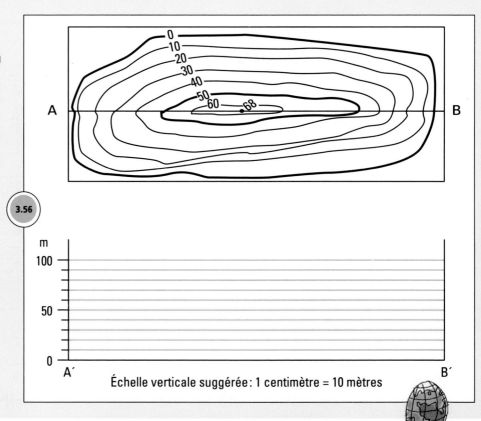

3.56

Échelle verticale suggérée: 1 centimètre = 10 mètres

LES TYPES DE PENTES

En observant la disposition des courbes de niveau sur une carte topographique, tu constateras qu'elles sont espacées, rapprochées ou équidistantes les unes des autres. En outre, la distance entre les courbes de niveau varie selon le type de pente. La pente est l'inclinaison d'un terrain par rapport au plan de l'horizon.

PENTE

Comme il est assez difficile d'interpréter une carte topographique, tu devras t'habituer à imaginer la représentation exacte et précise du terrain en observant la disposition des courbes de niveau sur la carte.

Lorsque les courbes de niveau sont rapprochées, on dit que la pente est raide ou abrupte, c'est-à-dire que son inclinaison par rapport à la ligne d'horizon est forte. Plus les courbes de niveau sont rapprochées, plus la pente est forte.

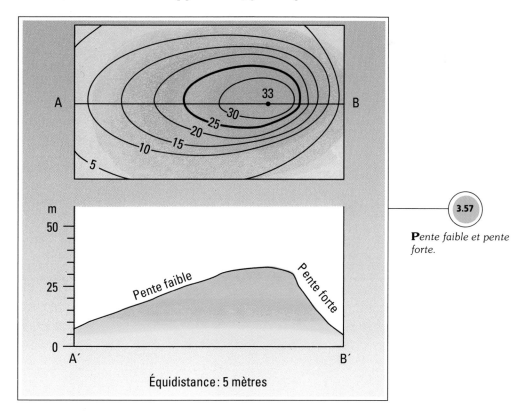

3.57

Pente faible et pente forte.

La représentation du relief sur la carte topographique SECTION 3 **155**

Lorsque les courbes de niveau sont espacées, la pente est plutôt douce et l'inclinaison par rapport à la ligne d'horizon est faible. Plus les courbes de niveau sont espacées, plus la pente est faible.

Lorsque les courbes de niveau sont à égale distance les unes des autres, la pente est régulière ou uniforme. La pente peut être régulière et faible ou régulière et forte, selon la distance entre les courbes de niveau. Lorsque les courbes de niveau ne sont pas à égale distance les unes des autres, la pente est irrégulière.

Pente régulière et pente irrégulière.

3.58

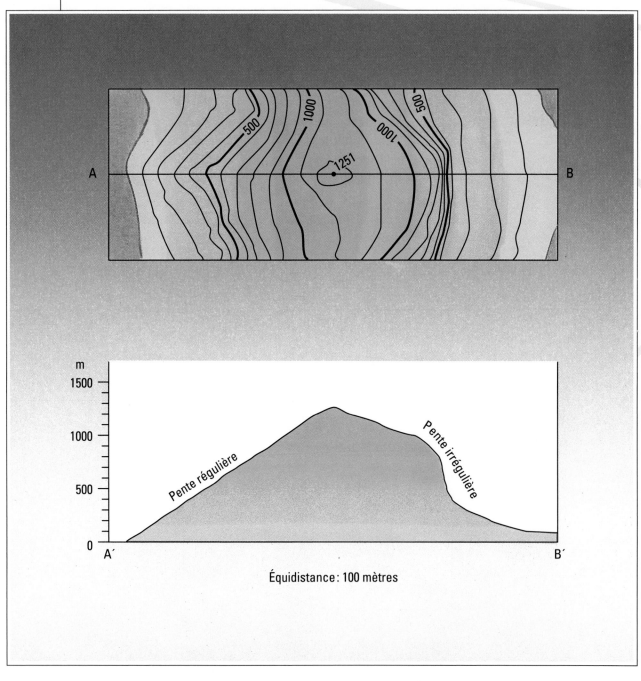

Équidistance : 100 mètres

Lorsque les courbes de niveau sont rapprochées à la base et espacées au sommet, la pente est dite convexe: elle est raide à la base et s'adoucit peu à peu vers le sommet.

Lorsque les courbes de niveau sont rapprochées au sommet et espacées à la base, la pente est dite concave: elle est faible à la base et s'accentue progressivement vers le sommet.

Pente convexe et pente concave.

3.59

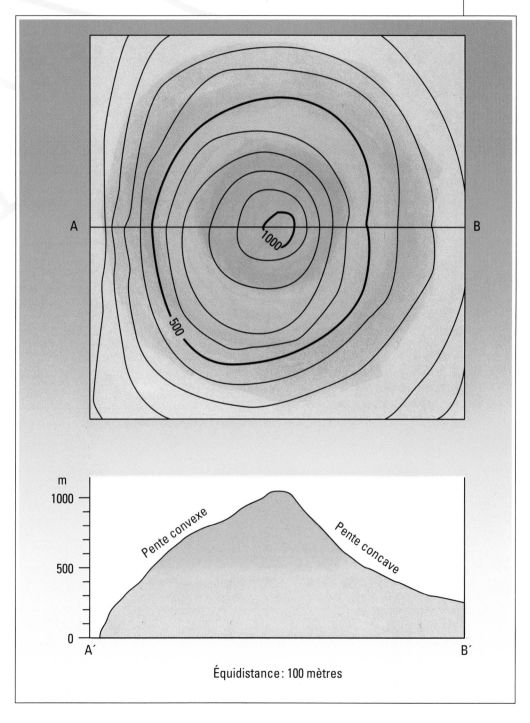

Équidistance: 100 mètres

8 Associe chacun des types de pentes à sa définition.

Convexe	Forte	Faible
Régulière	Concave	Irrégulière

- – Pente dont les courbes de niveau ne sont pas à égale distance les unes des autres.
- – Pente dont les courbes de niveau sont rapprochées.
- – Pente dont les courbes de niveau sont à égale distance les unes des autres.
- – Pente dont les courbes de niveau sont espacées.
- – Pente dont les courbes de niveau sont rapprochées au sommet et espacées à la base.
- – Pente dont les courbes de niveau sont rapprochées à la base et espacées au sommet.

9 Pour faire cette activité, utilise des dessins semblables aux documents 3.60, 3.61 et 3.62.

Trace la coupe topographique des trois reliefs de ces documents et colorie en brun les profils obtenus.

Dans chaque cas, détermine sur la coupe topographique s'il s'agit d'une pente faible, forte, régulière, concave ou convexe.

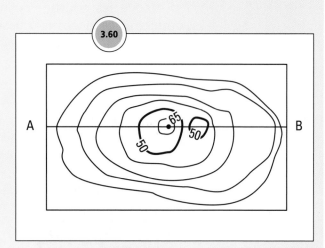

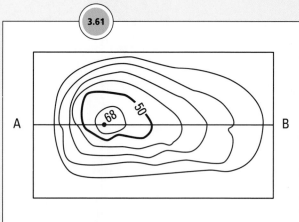

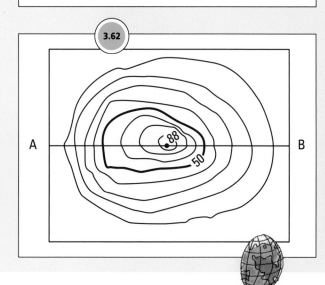

LES FORMES
DU RELIEF

Sur une carte topographique, les courbes de niveau représentent les différentes formes du relief. Selon leur disposition – espacées, rapprochées, circulaires ou allongées – ces courbes de niveau désignent des plaines, des plateaux, des collines, des montagnes ou des vallées.

La représentation du relief sur la carte topographique

La plaine

La plaine est une surface de basse altitude, généralement étendue et uniforme. Elle est caractérisée par des courbes de niveau irrégulières, très espacées et légèrement ondulées.

Le terrain des plaines est généralement plat et les pentes douces. Ces étendues sont souvent traversées de cours d'eau et offrent des conditions idéales pour la construction de voies de communication, la mise en valeur des exploitations agricoles et l'installation de nombreux et importants foyers de population.

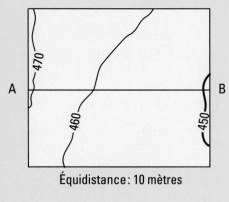

Équidistance: 10 mètres

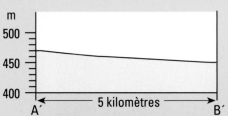

3.63

La plaine.
(MacGregor, Manitoba)

Le plateau

Le plateau est une surface isolée, surélevée et ondulée, sise au-dessus d'une plaine. De nombreuses courbes de niveau sinueuses et rapprochées représentent les rebords escarpés et usés du plateau, tandis que des courbes de niveau espacées illustrent son sommet.

La surface d'un plateau peut être entaillée, érodée par des cours d'eau et entrecoupée de vallées. Les plateaux peuvent s'étendre sur de très grandes distances et sont généralement exploités par les industries forestière et minière.

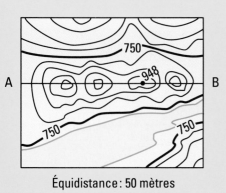

Équidistance : 50 mètres

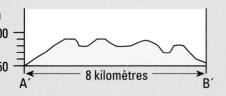

3.64 **L**e plateau.
(Mont Tremblant, Québec)

La colline

La colline présente une forme arrondie dont l'altitude ne dépasse guère 500 mètres et est habituellement isolée dans une région unie et plane. Elle est représentée sur la carte topographique par une série de courbes de niveau presque circulaires et plus ou moins rapprochées.

La colline dessert bien les industries forestière et minière; elle constitue aussi un site de loisirs, avec ses sentiers, ses pistes de ski de randonnée et ses aires de détente.

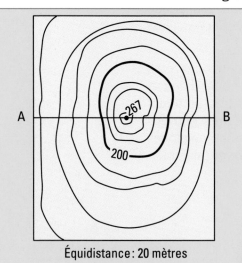

Équidistance : 20 mètres

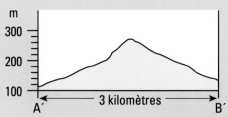

La colline.
(Mont Saint-Grégoire, Québec)

La montagne

La montagne présente un relief très élevé, caractérisé par de fortes pentes et de nombreux escarpements et dénivellations. Sur la carte topographique, la montagne est représentée par des courbes de niveau sinueuses et très rapprochées les unes des autres, qui désignent de fortes pentes et de nombreuses dénivellations. Les altitudes des courbes de niveau sont très élevées.

La montagne est exploitée par les industries forestière et minière; on y fait également du camping, de l'escalade et du ski.

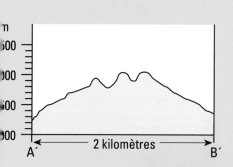

A   2500   3000 3000   B

Équidistance: 100 mètres

m

500

000

500

000

A´ ← 2 kilomètres → B´

3.66

La montagne.
(Lac Louise, Alberta)

La vallée

La vallée est une étendue basse et allongée, généralement située entre deux collines ou deux montagnes. Elle présente des versants plus ou moins raides. Les courbes de niveau qui caractérisent une vallée sont allongées et disposées en pointe. Elles sont rapprochées si elles représentent une vallée aux fortes pentes et plutôt espacées si elles décrivent une vallée aux faibles pentes.

Un cours d'eau coule généralement au fond de la vallée, qui constitue un site privilégié pour les installations humaines.

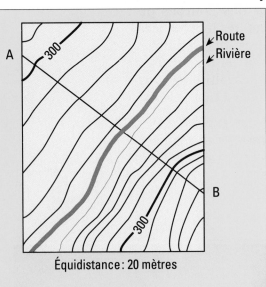

Équidistance : 20 mètres

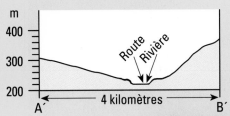

3.67

La vallée.
(Saint-Zénon, Québec)

10 À quelle forme de relief chacun des documents suivants correspond-il ?

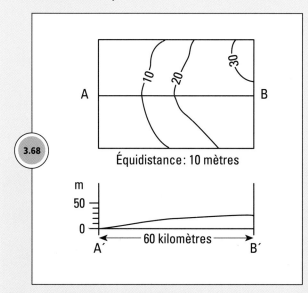

3.68

Équidistance : 10 mètres

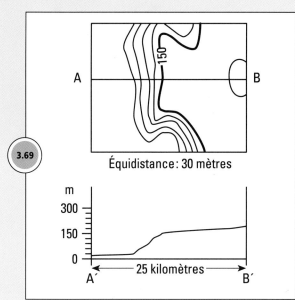

3.69

Équidistance : 30 mètres

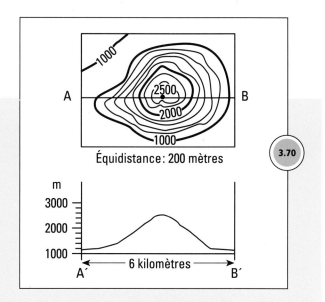

3.70

Équidistance : 200 mètres

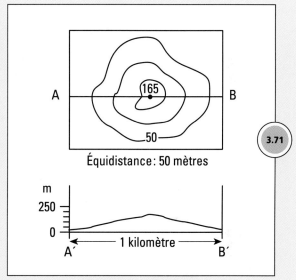

3.71

Équidistance : 50 mètres

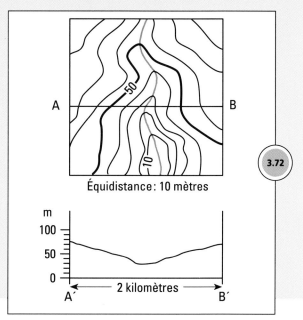

3.72

Équidistance : 10 mètres

De la carte à la réalité

La carte routière, le plan de ville et la carte topographique prennent vraiment de l'importance lorsqu'ils sont utilisés pour faciliter divers déplacements de la vie courante, comme un voyage à l'étranger, un tour du Québec, une visite dans une ville voisine ou une excursion en forêt.

LA CARTE ROUTIÈRE La carte routière contient des indications sur le système routier d'une province ou d'un pays. Le Québec a développé un réseau routier de 60 000 kilomètres: la carte routière permet aux automobilistes de découvrir les nombreuses facettes du paysage québécois visibles de la route.

La carte routière est la garantie d'un voyage sans embûches, que ce soit au Québec, au Canada ou ailleurs dans le monde. En plus d'indiquer les routes à suivre, elle donne des informations sur les distances à parcourir, les directions à prendre, les différents itinéraires possibles, les équipements touristiques, les équipements pararoutiers, les cours d'eau, les frontières, les territoires des autochtones, les parcs et les réserves ainsi que l'emplacement des différentes municipalités.

3.73

La carte routière est l'un des types de cartes les plus utilisés, notamment par les vacanciers.

Principales caractéristiques de la
CARTE ROUTIÈRE

- Pliage permettant le repérage rapide des lieux
- Encarts et cartons
- Index des noms de villes
- Table des distances
- Moyenne échelle (1 : 1 000 000)

LE PLAN DE VILLE   Le plan de ville présente le réseau de communication d'une ville – autoroutes, boulevards, rues. Il permet également de situer les divers quartiers, les édifices publics, les espaces verts et la majorité des services publics.

Le plan de ville te permet de découvrir le visage de ton quartier, de ta ville ou d'une autre ville, à l'aide de plusieurs symboles. Il décrit sa forme et ses dimensions, localise ses éléments naturels et humains, ses équipements de loisirs et son réseau routier, tout en transmettant des renseignements sur l'utilisation du sol.

Le plan de ville est l'outil idéal pour découvrir les moindres facettes d'une ville.

3.74

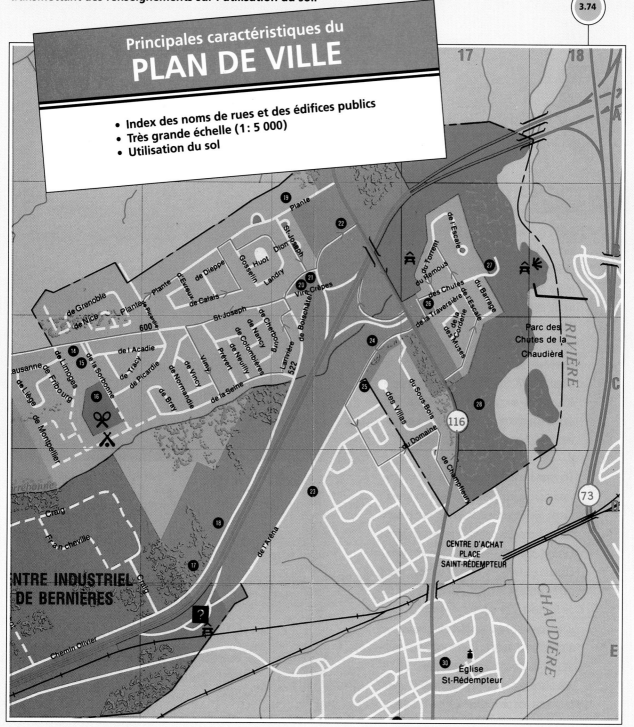

Principales caractéristiques du
PLAN DE VILLE

- Index des noms de rues et des édifices publics
- Très grande échelle (1 : 5 000)
- Utilisation du sol

LA CARTE TOPOGRAPHIQUE La carte topographique représente le relief d'une région à l'aide de courbes de niveau. En outre, elle fournit des informations sur la délimitation de la région, le paysage, les activités économiques, les activités récréatives et les services publics.

La carte topographique est le guide par excellence pour les excursions sur le terrain. Après une lecture éclairée de la carte topographique, tu peux éviter une pente trop raide ou un marécage, suivre le courant d'une rivière ou d'un torrent, distinguer une plaine d'une montagne et repérer les espaces habités.

Principales caractéristiques de la
CARTE TOPOGRAPHIQUE

- Deux systèmes de repérage : coordonnées géographiques et coordonnées topographiques
- Représentation du relief à l'aide de courbes de niveau
- Grande échelle (1 : 50 000)

3.75

La carte topographique est le guide par excellence des excursions sur le terrain.

L'UTILITÉ DES CARTES La carte est une représentation fidèle de la réalité. Elle présente les frontières, les pays, les capitales, les villes, le relief, les cours d'eau, etc. Il existe des cartes climatiques, démographiques, économiques, historiques, politiques et physiques.

Les cartes sont des outils indispensables à plusieurs activités humaines: l'enseignement, la planification des voyages, les loisirs de plein air, l'exploitation des ressources, l'ouverture de nouvelles voies de communication, la mise en valeur de l'espace, etc. L'utilisation fréquente de la carte te confirmera sa fiabilité et sa grande utilité.

EN MÉMOIRE

• 1 •

Les courbes de niveau représentent les reliefs du terrain à l'aide d'une série de lignes brunes sinueuses reliant tous les points de même altitude par rapport au niveau moyen des mers (NMM).

• 2 •

La distance verticale constante entre les courbes de niveau sur une carte topographique se nomme l'équidistance.

• 3 •

L'altitude est la mesure verticale des formes du relief à partir du niveau moyen des mers. L'altitude est absolue lorsque le calcul est effectué à partir du niveau moyen des mers; elle est relative lorsque le calcul est effectué à partir d'un autre point de référence que le niveau moyen des mers. L'altitude relative est aussi appelée dénivellation.

• 4 •

Le niveau moyen des mers, ou niveau 0, est le point de référence à partir duquel sont tracées les courbes de niveau.

• 5 •

La coupe topographique est le dessin du profil d'un terrain permettant de visualiser les formes du relief d'une région à partir des courbes de niveau.

• 6 •

La pente d'un terrain est son inclinaison par rapport au plan de l'horizon. On peut savoir que la pente est faible, forte, régulière, irrégulière, convexe ou concave, en observant la disposition des courbes de niveau.

• 7 •

Sur une carte topographique, la disposition des courbes de niveau définit les formes du relief. Ainsi, on reconnait:

- la plaine à ses courbes de niveau irrégulières, très espacées et légèrement ondulées;
- le plateau à ses courbes de niveau rapprochées sur les rebords et très espacées sur le dessus;
- la colline à ses courbes de niveau fermées quasi circulaires et plus ou moins rapprochées (altitude ne dépassant guère 500 mètres);
- la montagne à ses courbes de niveau sinueuses et très rapprochées (altitude très élevée);
- la vallée à ses courbes de niveau allongées, disposées en pointe et plus ou moins rapprochées selon la pente des versants.

1 Associe chacune des expressions suivantes à sa définition.

Courbe de niveau	Carte topographique
Équidistance	Altitude absolue
Altitude relative	Coupe topographique
Courbe maîtresse	Courbe intermédiaire
Pente	Niveau moyen des mers

- Carte qui représente les principaux traits du paysage.

- Ligne brune sinueuse qui relie tous les points de même altitude par rapport au niveau moyen des mers.

- Dessin du profil d'un terrain qui permet de visualiser les différentes formes du relief d'une région.

- Distance verticale constante entre deux courbes de niveau.

- Courbe de niveau cotée représentée par un trait brun foncé.

- Altitude d'un relief calculée à partir du niveau moyen des mers.

- Altitude d'un relief calculée à partir d'un point de référence autre que le niveau moyen des mers.

- Courbe de niveau simple représentée par un trait brun pâle.

- Inclinaison de la surface d'un terrain par rapport au plan de l'horizon.

- Moyenne des différents niveaux de la mer à partir de laquelle on évalue l'altitude d'un lieu.

2 Quel type de pente est représenté par chacune des lettres sur les documents 3.76, 3.77 et 3.78 ?

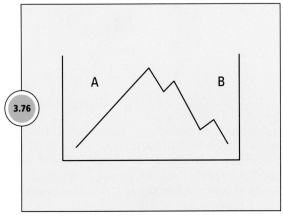

3.76

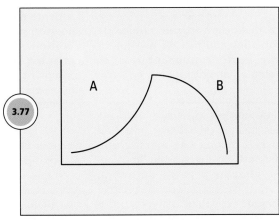

3.77

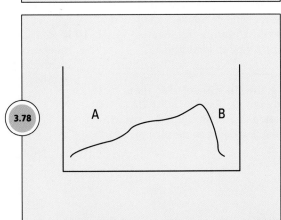

3.78

3 **Associe chaque type de pente à sa définition.**

Convexe	Concave	Forte
Régulière	Faible	Irrégulière

- Pente dont les courbes de niveau ne sont pas à égale distance les unes des autres.
- Pente dont les courbes de niveau sont très rapprochées.
- Pente dont les courbes de niveau sont à égale distance les unes des autres.
- Pente dont les courbes de niveau sont très espacées.
- Pente dont les courbes de niveau sont rapprochées au sommet et espacées à la base.
- Pente dont les courbes de niveau sont rapprochées à la base et espacées au sommet.

4 **Fais la coupe topographique suivante.**

1° Imagine une série de huit courbes de niveau.

2° Détermine l'altitude de chacune d'elles.

3° Fais la coupe topographique en suivant les étapes apprises précédemment.

4° Observe et colorie le profil tracé.

5 **Associe chaque forme de relief à la disposition de ses courbes de niveau et indique par quelle photo elle est représentée.**

Plaine	Plateau	Colline
Montagne	Vallée	

- Courbes de niveau fermées, de formes variées et très rapprochées, dont l'altitude est très élevée.
- Courbes de niveau allongées, disposées en pointe et plus ou moins rapprochées selon la pente des versants.
- Courbes de niveau très espacées et légèrement ondulées.
- Courbes de niveau fermées, quasi circulaires et plus ou moins rapprochées, dont l'altitude ne dépasse guère 500 mètres.
- Courbes de niveau rapprochées sur les bords et très espacées sur le dessus.

a.

b.

c.

d.

e.

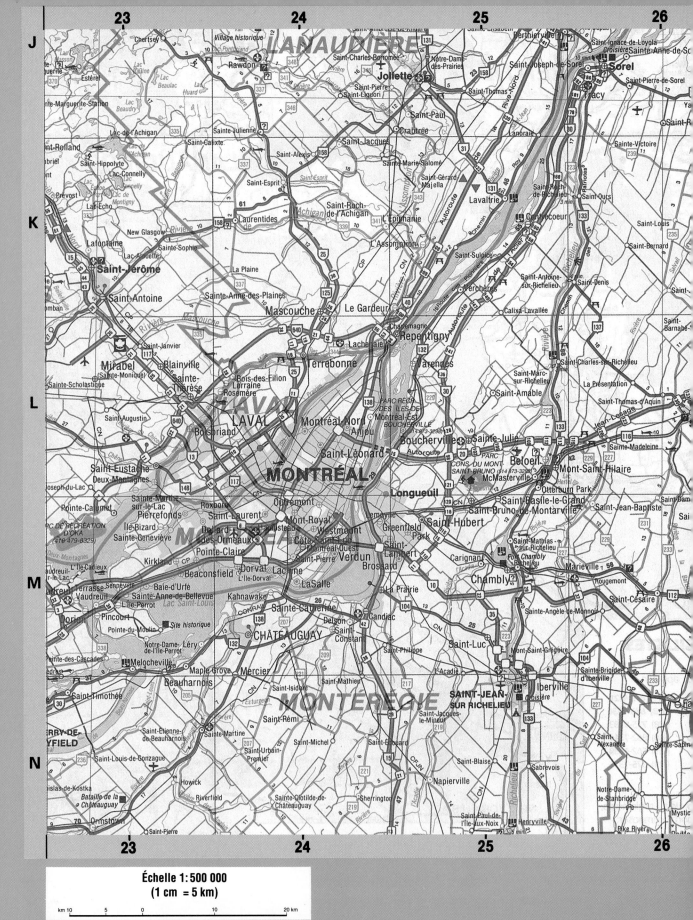

Échelle 1:500 000
(1 cm = 5 km)

km 10   5   0   10   20 km

Carte routière du sud du Québec

Carte topographique de Saint-Raymond

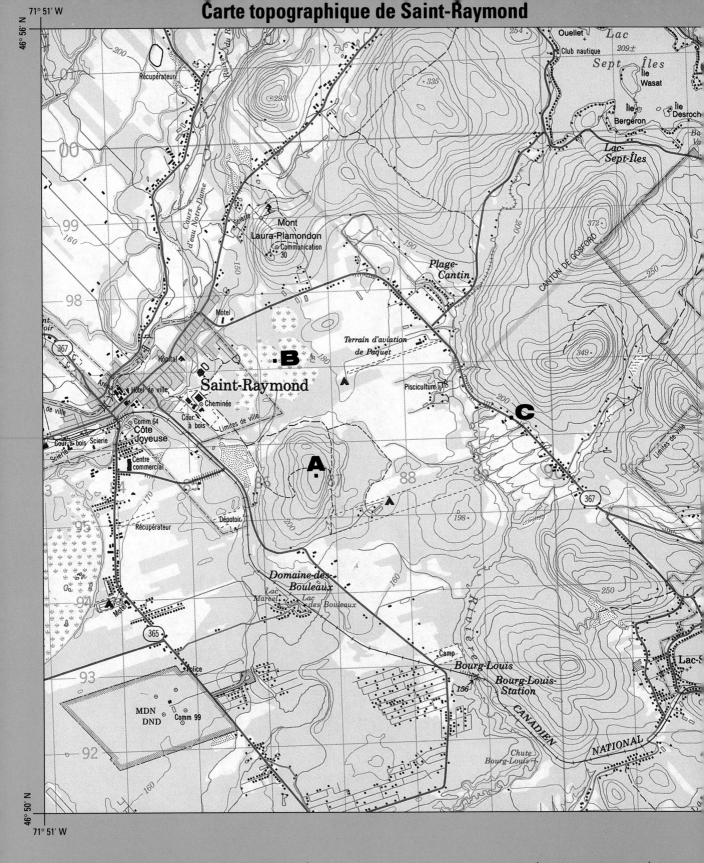

ÉQUIDISTANCE DES COURBES 10 MÈTRES

Altitudes en mètres

Système de référence géodésique nord-américain, 1927
Projection transverse de Mercator

Échelle 1: 50 000   (1 cm = 0,5 km)

Mètres 1000   0   1000   2000   3000   4000 mètres

SAINT-RAYMOND

21 L/13

ÉDITION 5

Afrique

États-Unis

États-Unis

Les Maldives

Népal

La formation du relief terrestre

4.1 À LA FIN
DE CETTE SECTION,
TU DEVRAIS ÊTRE
CAPABLE DE DÉCRIRE
LE PROCESSUS DE
FORMATION DU RELIEF
TERRESTRE.

Notre planète est vivante et très active. Sa structure interne, le dynamisme qui l'anime et la nature des matériaux qui la composent provoquent la formation des grands reliefs terrestres.

Sous l'écorce terrestre, marquée et découpée de nombreux reliefs, la Terre est animée de chaleurs élevées et de grandes pressions. De puissantes forces internes soulèvent, plissent et fracturent l'écorce terrestre. Ces forces engendrent de violents tremblements de terre et de furieux volcans qui contribuent à maintenir le visage de la Terre en perpétuelle évolution.

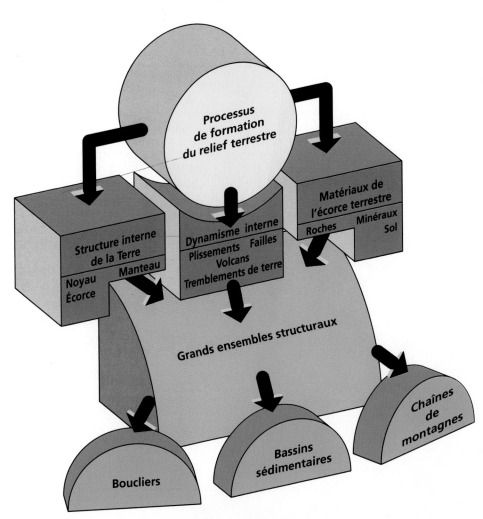

La structure interne de la Terre

Qu'y a-t-il à l'intérieur de la Terre? Les géologues et les géophysiciens affirment que notre planète est formée d'une série d'enveloppes successives d'épaisseur inégale et de composition différente. La densité et la chaleur de chacune de ces enveloppes augmentent à mesure qu'on se dirige vers le centre de la Terre.

La composition de la structure interne de la Terre et les forces qui agissent dans ses profondeurs et à sa surface modèlent le visage de notre planète. La structure interne de la Terre comporte trois composantes:

- le noyau, partie centrale de la Terre;   NOYAU

- le manteau, partie située entre le noyau et l'écorce;   MANTEAU

- l'écorce, aussi appelée croûte, partie superficielle de   ÉCORCE
  la Terre.

4.1

La structure interne de la Terre.

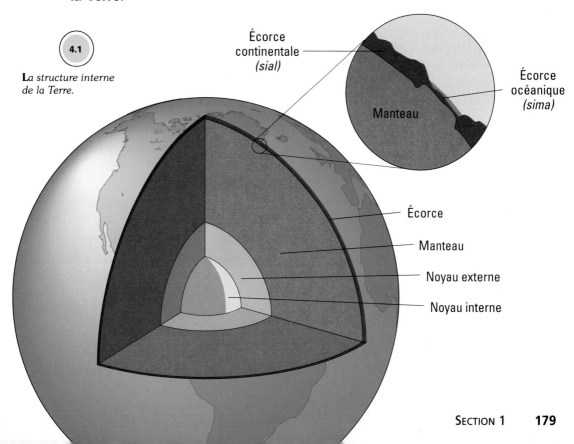

Écorce continentale *(sial)*

Écorce océanique *(sima)*

Manteau

Écorce

Manteau

Noyau externe

Noyau interne

	NOYAU	MANTEAU	ÉCORCE
Épaisseur moyenne	Environ 3 400 km	Environ 2 900 km	Environ 35 km
Pourcentage du volume terrestre	14 %	83 %	3 %
Température moyenne	4 000 °C et plus	Environ 3 000 °C	Environ 16 °C
Caractéristiques	Le noyau est en grande partie composé de fer et de nickel, d'où son nom, *nife*. Il forme la partie la plus chaude et la plus dense de la Terre. Il est divisé en deux parties: • un noyau interne solide, aussi appelé graine; • un noyau externe liquide.	Le manteau est composé en majeure partie d'une substance visqueuse en fusion, le magma. À cause des variations de sa température et de sa consistance, il s'y établit de lents mouvements appelés courants de convection. Les courants de convection sont responsables du mouvement des plaques tectoniques, des tremblements de terre et des éruptions volcaniques.	L'écorce est composée de deux zones distinctes: • l'écorce continentale, constituée de roches granitiques qui forment les continents. On l'appelle aussi *sial* parce qu'elle est principalement composée de silicium et d'aluminium. Son épaisseur moyenne est de 30 kilomètres; • l'écorce océanique, qui touche le manteau, constituée de roches basaltiques qui forment le fond des océans et s'étendent sous les continents. On l'appelle aussi *sima* parce qu'elle est principalement composée de silicium et de magnésium. Son épaisseur moyenne est de 6 kilomètres. Sous l'effet des forces provenant du manteau, l'écorce se divise en panneaux rigides, les plaques tectoniques.

1 Sur un dessin semblable au document 4.3, nomme et colorie les différentes parties de la structure interne de la Terre.

– Le noyau interne
– Le noyau externe
– Le manteau
– L'écorce

Note: Consulte le document 4.1 (page 179).

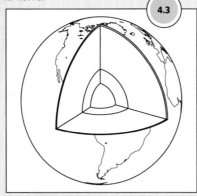

2 Pour faire cette activité, consulte le document 4.2.

a. Quelles sont les deux parties du noyau terrestre ?

b. Quelle composante de la structure terrestre est la plus volumineuse ? la plus chaude ? la plus mince ?

c. Comment nomme-t-on la substance visqueuse en fusion qui compose le manteau de la Terre ?

d. Comment nomme-t-on les lents mouvements qui se produisent à l'intérieur du manteau de la Terre ?

e. Quelles manifestations se déroulant à la surface de la Terre proviennent du manteau de la Terre ?

f. Comment nomme-t-on les deux zones successives qui composent l'écorce terrestre ?

LE DYNAMISME INTERNE DE LA TERRE

En 1912, un scientifique allemand, Alfred Wegener, affirma que les continents bougeaient et s'étaient séparés à partir d'un seul continent, la Pangée. Il avait perçu la Terre comme un immense puzzle dont les éléments sont en constant mouvement. Son hypothèse, qu'il appela la dérive des continents, fut rejetée par la plupart des scientifiques de l'époque, car il n'avait pas trouvé de forces responsables de la dérive des continents.

La *dérive des continents.*

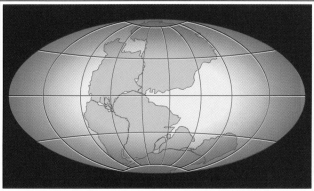

Il y a 200 millions d'années, il existait un seul grand continent : la Pangée.

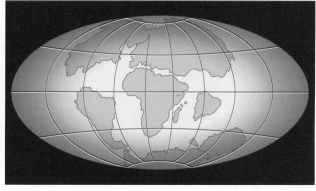

Il y a 65 millions d'années, l'Amérique du Sud devenait une île, l'Australie était encore unie à l'Antarctique et l'Inde allait entrer en collision avec l'Asie.

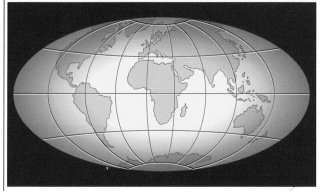

Aujourd'hui, l'Inde ne se déplace plus vers le nord et elle est soudée à l'Asie. L'Australie est séparée de l'Antarctique et l'Amérique du Nord de l'Eurasie, isolant ainsi le Groenland.

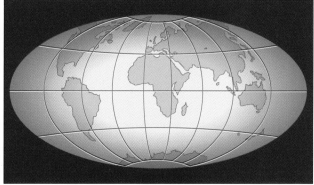

Dans 50 millions d'années, les Amériques se détacheront l'une de l'autre, la Californie se séparera de l'Amérique du Nord, l'océan Atlantique s'agrandira et l'océan Pacifique rétrécira. L'Australie pourrait continuer son déplacement vers le nord et la mer Méditerranée serait destinée à disparaître.

On sait aujourd'hui que l'écorce terrestre, qui repose sur le manteau, est divisée en plusieurs panneaux rigides, les plaques tectoniques. L'exploration des fonds sous-marins a révélé que ce sont ces plaques, et non les continents, qui se déplacent lentement sur le magma en fusion. Comme le manteau est en majeure partie composé de magma, il y règne de fortes chaleurs et de hautes pressions. Celles-ci créent à l'intérieur du manteau de lents mouvements appelés courants de convection, qui sont responsables des mouvements des plaques tectoniques. Ces mouvements constituent le dynamisme interne de la Terre.

Les courants de convection constituent les forces qui déplacent les plaques tectoniques.

Dans quelle composante de la structure terrestre les courants de convection sont-ils créés?

4.5

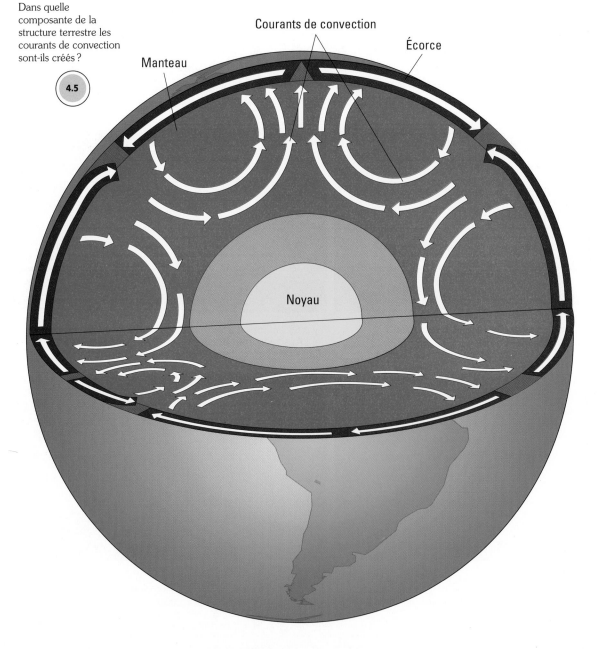

La théorie des plaques tectoniques propose une explication logique de la formation des grands reliefs de la Terre. Parce que les plaques tectoniques sont en mouvement, il arrive qu'elles s'éloignent les unes des autres, faisant alors agir des forces de tension ; il arrive aussi qu'elles se rapprochent, faisant alors agir des forces de compression. Le dynamisme interne de la Terre dépend de ces forces.

Les plaques tectoniques.

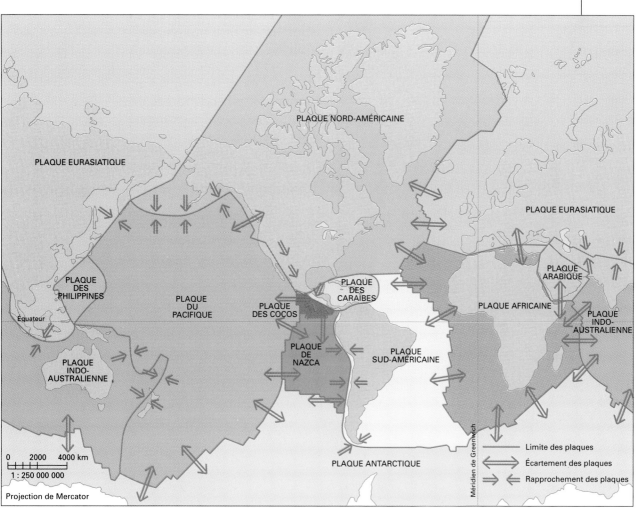

Les quatre principales manifestations du dynamisme interne de la Terre sont les plissements, les failles, les volcans et les tremblements de terre.

Les plissements

Les chaînes de montagnes – comme les montagnes Rocheuses, les Andes, les Alpes et l'Himālaya – sont constituées de masses de roches qui ont été soulevées sur plusieurs milliers de mètres de hauteur. Leur processus de formation, qui résulte du choc entre deux plaques tectoniques, est très lent et nécessite plusieurs millions d'années.

Les chaînes de montagnes sont formées d'une succession de plis : c'est pourquoi elles sont appelées plissements. Les plissements sont provoqués par des forces de compression qui s'exercent dans les régions de l'écorce terrestre composées de roches sédimentaires habituellement disposées en couches ou en strates. Ces régions sont très flexibles : elles se plissent vigoureusement sous ces puissantes forces de compression.

Les plis sont des ondulations des couches de roches sédimentaires. Plus l'écorce terrestre est flexible, plus les plis sont droits et réguliers. Selon l'intensité des forces et la malléabilité des roches, les plis peuvent être droits, obliques ou couchés.

4.7

À quel type de forces les chaînes de montagnes doivent-elles leur formation ?

(Montagnes Rocheuses, Alberta)

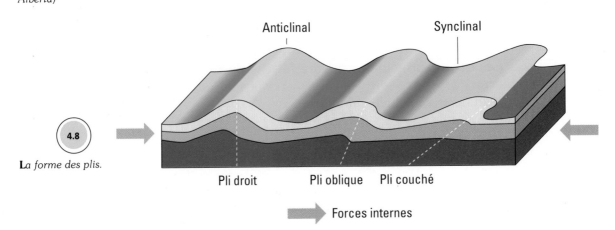

4.8

La *forme des plis.*

Anticlinal · Synclinal

Pli droit · Pli oblique · Pli couché

→ Forces internes

Lorsqu'un pli est en forme de bosse, on le dit anticlinal (pli convexe). Ce sommet correspond généralement à une colline ou à un mont.

Lorsqu'un pli est en forme de creux, on le dit synclinal (pli concave). Cette dépression constitue habituellement une vallée.

3 **a.** Qu'est-ce qu'un pli ?

b. Dans quel type de roches les plissements se produisent-ils ?

c. Comment nomme-t-on un pli en forme de bosse ? en forme de creux ?

d. Nomme les trois types de plis de l'écorce terrestre.

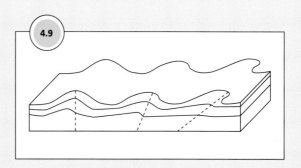

4.9

4 Sur un dessin semblable au document 4.9 :

a. désigne à l'aide de flèches rouges le sens de la poussée des forces internes ;

b. inscris aux bons endroits, les mots anticlinal et synclinal ;

c. colorie les différentes couches de roches comme dans le document 4.8 (page 184).

Les failles

Lorsque l'écorce terrestre subit la poussée de forces internes sans se plisser, elle se casse. Ce processus donne naissance à une faille, qui peut être de longueur réduite ou s'étendre sur tout un continent, comme la faille de San Andreas, en Californie, qui s'allonge sur 1 500 kilomètres.

4.10

La *faille de San Andreas, aux États-Unis.*

Qu'arrive-t-il lorsque l'écorce terrestre subit la poussée de forces internes sans y obéir ?

Les failles sont des cassures de l'écorce terrestre, suivies d'un déplacement horizontal ou vertical des blocs formés le long du plan de faille. D'abruptes falaises résultent du glissement de ces blocs : ce sont des escarpements de failles.

Au cours du processus de formation des failles, des blocs se soulèvent, d'autres s'abaissent, créant ainsi des môles et des fossés d'effondrement. Ces éléments sont reconnaissables à la présence d'escarpements et de chutes d'eau.

Formation d'un môle et d'un fossé d'effondrement.

4.11

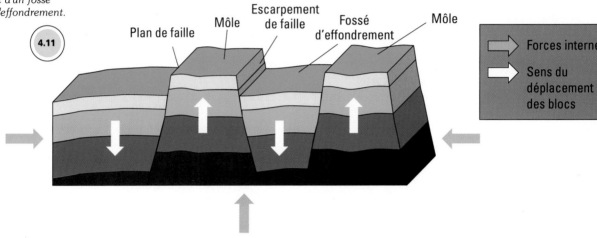

Plan de faille • Môle • Escarpement de faille • Fossé d'effondrement • Môle

Forces internes

Sens du déplacement des blocs

Les failles s'étendent parfois sur des continents entiers, les découpant et créant des reliefs escarpés et irréguliers. On trouve des failles dans les régions où l'écorce terrestre est très solide et très rigide, comme les grandes zones volcaniques et sismiques de la Terre, et dans les lieux de rencontre des plaques tectoniques.

5 *a.* **Qu'est-ce qu'une faille ?**

b. **Dans quelles régions de la Terre trouve-t-on des failles ?**

c. **Quels éléments du relief permettent de reconnaître la présence d'une faille ?**

d. **Quelle célèbre faille trouve-t-on en Californie, aux États-Unis ?**

6 **Sur un dessin semblable au document 4.12 :**

a. **désigne à l'aide de flèches rouges la provenance des forces internes ;**

4.12

b. **inscris aux bons endroits les mots escarpement de faille, fossé d'effondrement et môle ;**

c. **colorie les différentes couches de roches comme dans le document 4.11.**

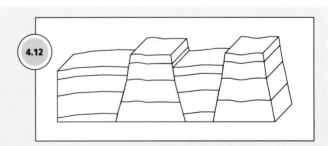

Les volcans

À certains endroits, l'écorce terrestre est fragile, ce qui permet aux gaz sous pression de pousser le magma en fusion vers la surface. Ce phénomène donne naissance aux volcans, l'une des manifestations les plus violentes du dynamisme interne de la Terre.

4.13

Le *Piton de la Fournaise, à La Réunion, est considéré comme l'un des plus beaux volcans du monde.*

Quelle est la cause des éruptions volcaniques ?

4.14

Le *Mauna Loa, à Hawaï, est le plus grand volcan actif de la Terre. Ses coulées de lave atteignent parfois plus de 30 kilomètres de longueur.*

Quels types de dégâts peuvent provoquer les coulées de lave ?

Un volcan est un type de relief en forme de cône, érigé à partir d'une matière visqueuse et chaude appelée magma ou lave, qui est poussée par de puissantes forces internes vers la surface. Un volcan se compose habituellement des éléments suivants :

- un cône principal;
- une cheminée principale;
- un cratère;
- un réservoir magmatique;
- des cônes secondaires;
- des cheminées secondaires;
- des coulées de lave;
- des projections volcaniques.

La structure d'un volcan.

4.15

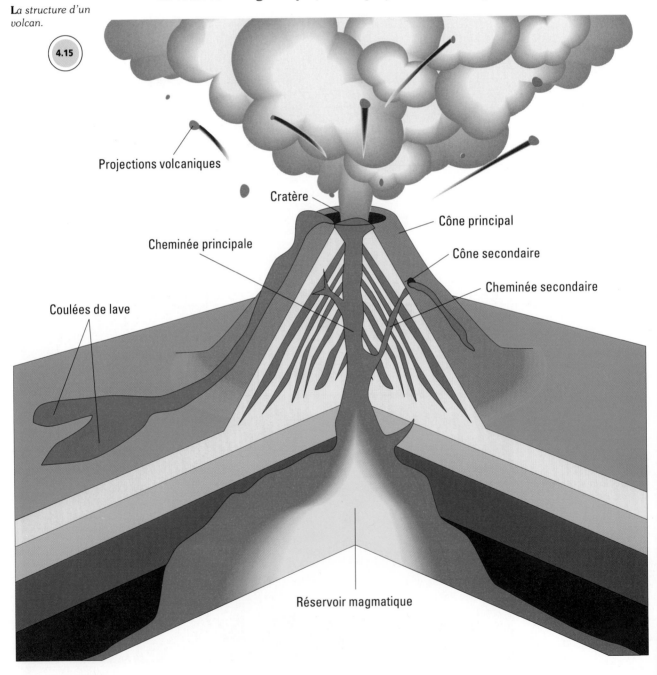

Projections volcaniques

Cratère

Cône principal

Cheminée principale

Cône secondaire

Cheminée secondaire

Coulées de lave

Réservoir magmatique

Montagnes de feu qui surgissent du sol, les volcans se caractérisent par des grondements sourds, des tremblements de terre, de violentes explosions, des coulées de lave et diverses projections volcaniques. On distingue plusieurs types d'activité volcanique en fonction de la fluidité du magma, de l'endroit où il jaillit et de la violence de l'explosion.

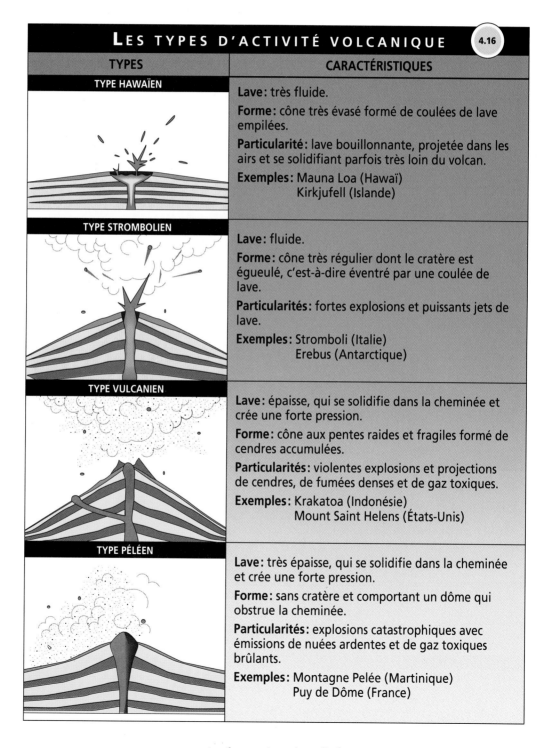

LES TYPES D'ACTIVITÉ VOLCANIQUE 4.16

TYPES	CARACTÉRISTIQUES
TYPE HAWAÏEN	**Lave:** très fluide. **Forme:** cône très évasé formé de coulées de lave empilées. **Particularité:** lave bouillonnante, projetée dans les airs et se solidifiant parfois très loin du volcan. **Exemples:** Mauna Loa (Hawaï) Kirkjufell (Islande)
TYPE STROMBOLIEN	**Lave:** fluide. **Forme:** cône très régulier dont le cratère est égueulé, c'est-à-dire éventré par une coulée de lave. **Particularités:** fortes explosions et puissants jets de lave. **Exemples:** Stromboli (Italie) Erebus (Antarctique)
TYPE VULCANIEN	**Lave:** épaisse, qui se solidifie dans la cheminée et crée une forte pression. **Forme:** cône aux pentes raides et fragiles formé de cendres accumulées. **Particularités:** violentes explosions et projections de cendres, de fumées denses et de gaz toxiques. **Exemples:** Krakatoa (Indonésie) Mount Saint Helens (États-Unis)
TYPE PÉLÉEN	**Lave:** très épaisse, qui se solidifie dans la cheminée et crée une forte pression. **Forme:** sans cratère et comportant un dôme qui obstrue la cheminée. **Particularités:** explosions catastrophiques avec émissions de nuées ardentes et de gaz toxiques brûlants. **Exemples:** Montagne Pelée (Martinique) Puy de Dôme (France)

La plupart des 400 volcans de la Terre – en activité ou endormis – sont répartis dans quatre grandes zones volcaniques situées aux limites des plaques tectoniques:

- la ceinture de feu du Pacifique, où ont lieu plus de 80 % des éruptions;

- la dorsale médio-atlantique;

- le pourtour méditerranéen;

- la ligne de fracture africaine.

Les zones volcaniques et sismiques.

4.17

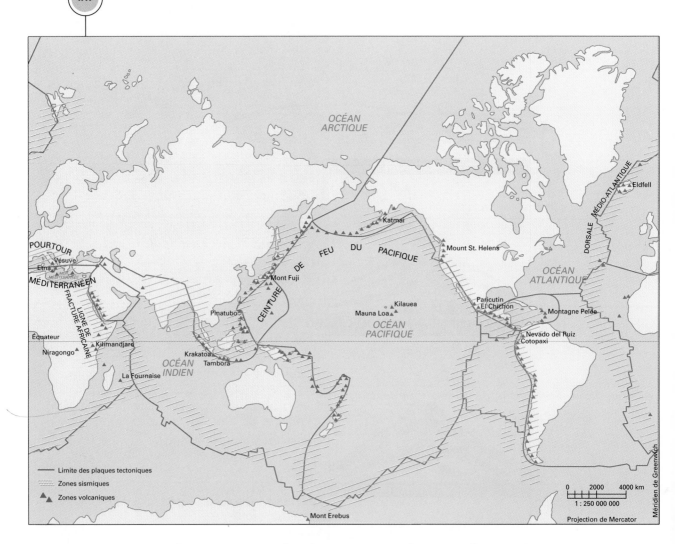

Les éruptions volcaniques peuvent détruire villes et villages, anéantir la flore et la faune, polluer les lacs et les rivières et tuer de nombreux êtres humains. Mais les volcans ne sont pas seulement destructeurs: ils nous apportent aussi certains bienfaits. Ils contribuent notamment à la formation des continents et sont à l'origine de nombreux gisements de métaux. De plus, les cendres volcaniques projetées par les éruptions contiennent des sels minéraux indispensables aux plantes et contribuent à la fertilisation des sols.

4.18

Le sol déjà riche des rizières d'Indonésie est régulièrement fertilisé par les cendres volcaniques.

Pour quelle raison peut-on dire que les cendres volcaniques sont un engrais venu du ciel?

Le magma réchauffe aussi des nappes d'eau souterraines qui montent à la surface sous forme de sources, les geysers. Dans certains endroits du globe, notamment en Islande, on utilise cette eau chaude pour le chauffage et les besoins quotidiens.

4.19

Un geyser dans le parc Yellowstone, aux États-Unis.

Pourquoi les geysers jaillissent-ils à la surface de la Terre à intervalles réguliers?

La volcanologie, ou étude des volcans, permet de prévoir les éruptions volcaniques avec précision, sans cependant renseigner sur leur degré d'intensité. Divers instruments peuvent aider les volcanologues dans leur tâche. Ainsi, le thermomètre indique la chaleur des gaz qui émergent de la terre, le clinomètre mesure la déformation du cratère et le sismographe enregistre l'amplitude des tremblements de terre.

QUELQUES ÉRUPTIONS VOLCANIQUES CATASTROPHIQUES

VOLCANS	PAYS	ANNÉES	NOMBRE DE VICTIMES
Tambora	Indonésie	1815	92 000
Krakatoa	Indonésie	1883	36 500
Montagne Pelée	Martinique	1902	28 000
Nevado del Ruiz	Colombie	1985	25 000
Unzen	Japon	1792	14 300
Laki	Islande	1783	9 350
Kelud	Indonésie	1918	5 100
El Chichõn	Mexique	1982	3 638
Papandaya	Indonésie	1772	3 000
Cameroun	Cameroun	1896	1 746

4.20

Note : Depuis le XVIIe siècle, les éruptions volcaniques ont causé plus de 270 000 décès, dont 58 % en Indonésie.

Islande

7 *a.* Quel phénomène donne naissance aux volcans ?

b. Qu'est-ce qu'un volcan ?

c. Énumère quelques exemples de dégâts causés par un volcan.

d. Énumère quelques exemples de bienfaits apportés par les volcans.

e. Où sont surtout localisés les volcans ?

f. Quel nom donne-t-on à la science qui étudie les volcans ?

g. Quels instruments les volcanologues utilisent-ils pour étudier les éruptions volcaniques ?

8 Sur un dessin semblable au document 4.21:

   a. place les éléments suivants;

      – Cône principal

      – Cheminée principale

      – Cratère

      – Réservoir magmatique

      – Coulée de lave

      – Cône secondaire

      – Cheminée secondaire

      – Projections volcaniques

   b. colorie ces éléments comme dans le document 4.15 (page 188).

9 Sur une carte muette du monde, trace en rouge les quatre grandes zones volcaniques de la Terre et nomme-les.

   Note: Consulte le document 4.17 (page 190).

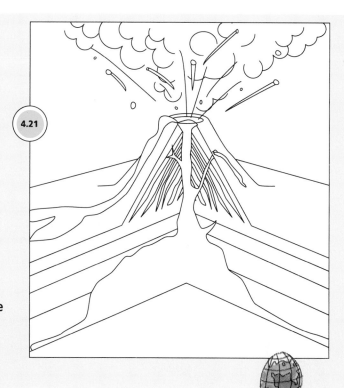

4.21

Les tremblements de terre

Les tremblements de terre, aussi appelés séismes ou secousses sismiques, se produisent lorsque deux plaques tectoniques entrent en collision, s'écartent ou glissent l'une contre l'autre. Ces frottements produisent des ondes de choc plus ou moins intenses qui peuvent dévaster des régions entières et tuer des milliers de personnes.

4.22

Quelques secondes suffisent pour causer des milliards de dollars de dommages, comme ce fut le cas à San Francisco, aux États-Unis, en 1989.

Quelle est la cause des tremblements de terre?

Un tremblement de terre est un ensemble de secousses et de déformations brusques de l'écorce terrestre qui se font sentir à la surface de la Terre. L'hypocentre, ou foyer du séisme, est le point intérieur du globe où se produit le tremblement de terre. Il peut se situer quelque part entre la surface et 720 kilomètres de profondeur. L'épicentre est le point de la surface de la Terre situé à la verticale de l'hypocentre.

4.23

L'hypocentre et l'épicentre d'un séisme.

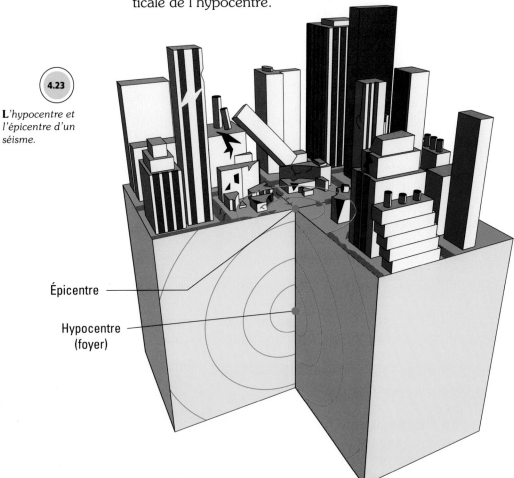

Épicentre

Hypocentre (foyer)

Les vibrations du sol sont détectées et enregistrées par un appareil appelé sismographe. Pour évaluer la magnitude d'un tremblement de terre, c'est-à-dire la quantité d'énergie libérée à son foyer, les spécialistes utilisent comme référence l'échelle de Richter. Cette échelle est divisée en neuf degrés depuis la secousse la plus violente jamais enregistrée, qui était de magnitude 8.9. Chaque degré correspond à une énergie dix fois supérieure au degré qui le précède. Ainsi, un séisme de magnitude 8 est-il dix fois plus fort qu'un séisme de magnitude 7.

L'intensité de l'activité sismique peut aussi être mesurée à l'aide de l'échelle de Mercalli, basée sur l'importance des dommages infligés aux constructions.

4.24

Le sismographe enregistre l'heure, la durée et la magnitude d'un tremblement de terre.

(Pinatubo, Philippines)

QUELQUES TREMBLEMENTS DE TERRE CATASTROPHIQUES 4.25

VILLES ET PAYS	ANNÉES	MAGNITUDE	NOMBRE DE VICTIMES
Kan-sou (Chine)	1556	8,3	830 000
	1920	7,3	180 000
	1932	7,6	70 000
T'ang-chan (Chine)	1976	7,8	650 000
Achkhabad (Turkménistan)	1948	7,3	110 000
Yokohama (Japon)	1970	7,3	99 000
Ancash (Pérou)	1970	7,8	67 000
Yun-nan (Chine)	1970	7,5	55 000
Manjl (Iran)	1990	7,7	50 000
Spitak (Arménie)	1988	6,9	25 000
Ciudad de México (Mexique)	1985	8,1	35 000
Tabas (Iran)	1978	7,3	20 000

Note : Après la Chine, qui bat tous les records du nombre de victimes, l'Iran est l'un des pays les plus durement touchés par les tremblements de terre. Depuis 1960, ils ont fait plus de 200 000 morts, plus de 1 000 000 de blessés et autant de sans-abri dans ce pays.

Les grandes zones sismiques, comme les grandes zones volcaniques, sont situées aux limites des plaques tectoniques, qui représentent des zones de faiblesse de l'écorce terrestre (voir le document 4.17 à la page 190). Ces zones sismiques sont :

- la ceinture de feu du Pacifique ;
- la dorsale médio-atlantique ;
- le pourtour méditerranéen ;
- la ligne de fracture africaine.

La sismologie est l'étude des tremblements de terre. Cette science a pour but de les détecter et de déterminer leur ampleur. De plus en plus, les spécialistes tentent de prévoir les séismes afin de protéger la population, mais il n'y a pas, à l'heure actuelle, de méthode véritablement fiable pour prédire un séisme.

10 *a.* Comment les tremblements de terre se produisent-ils ?

b. Nomme l'échelle la plus fréquemment utilisée pour enregistrer l'énergie libérée lors d'un tremblement de terre.

c. Qu'est-ce que l'hypocentre d'un tremblement de terre ?

d. Qu'est-ce que l'épicentre d'un tremblement de terre ?

e. Où se produisent principalement les tremblements de terre ?

f. Quel rapprochement peux-tu établir entre les grandes zones sismiques et les grandes zones volcaniques de la Terre ?

g. Quel nom donne-t-on à la science qui étudie les tremblements de terre ?

LES MATÉRIAUX DE L'ÉCORCE TERRESTRE

Une excursion près de chez toi te permettrait peut-être de trouver des amoncellements de sable, d'escalader une paroi de granite, de découvrir un mince filet d'eau s'engouffrant dans le calcaire ou encore d'observer les couches du sol.

L'observation de la nature t'apporterait alors la preuve que les roches constituent la matière solide de l'écorce terrestre et que le sol en est la couche superficielle.

ROCHES

4.26

De quelle composante de la structure terrestre les roches sont-elles la matière solide ?

Les roches et les minéraux

Si tu observes une roche à l'aide d'un microscope, tu verras qu'elle est constituée d'un assemblage de petits fragments distincts : ce sont les minéraux. Les minéraux sont des substances naturelles non vivantes qui ont une composition chimique et des propriétés physiques définies. Dans chaque type de roche, les minéraux sont disposés d'une façon particulière. Ce sont les minéraux qui donnent aux roches leurs caractéristiques : couleur, éclat, dureté, texture, densité, etc.

Actuellement, environ 3 000 espèces minérales sont connues et de nouveaux minéraux sont régulièrement répertoriés. Certains d'entre eux sont précieux, comme l'or et l'uranium, tandis que d'autres sont plus communs, comme le fer et l'amiante. Il y a des minéraux combustibles, des minéraux rares, des minéraux faciles à sculpter, des minéraux résistants et des minéraux comestibles.

L'écorce terrestre est composée d'une grande variété de roches. Celles-ci se détruisent et se renouvellent au cours d'un processus appelé le cycle des roches.

Le cycle des roches.

4.27

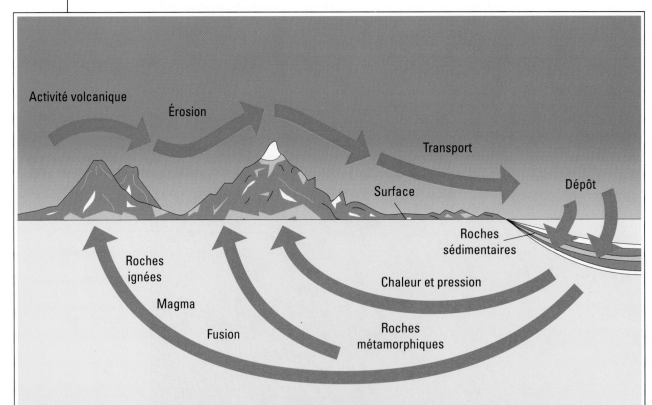

Activité volcanique — Érosion — Transport — Dépôt — Surface — Roches sédimentaires — Roches ignées — Magma — Fusion — Chaleur et pression — Roches métamorphiques

Les roches ignées en provenance du magma sont soumises à l'érosion, puis déposées par sédimentation et transformées ainsi en roches sédimentaires. Tôt ou tard, ces roches se trouvent enfouies plus ou moins profondément dans l'écorce terrestre et sont transformées en roches métamorphiques sous l'effet des hautes températures et des pressions qui règnent dans les profondeurs. Ces roches sont parfois entraînées dans des zones profondes où elles fondent, se solidifient à nouveau et sont transformées en roches ignées. Et le cycle recommence...

Selon leur processus de formation, les roches sont divisées en trois grandes classes :

- les roches ignées ;

- les roches sédimentaires ;

- les roches métamorphiques.

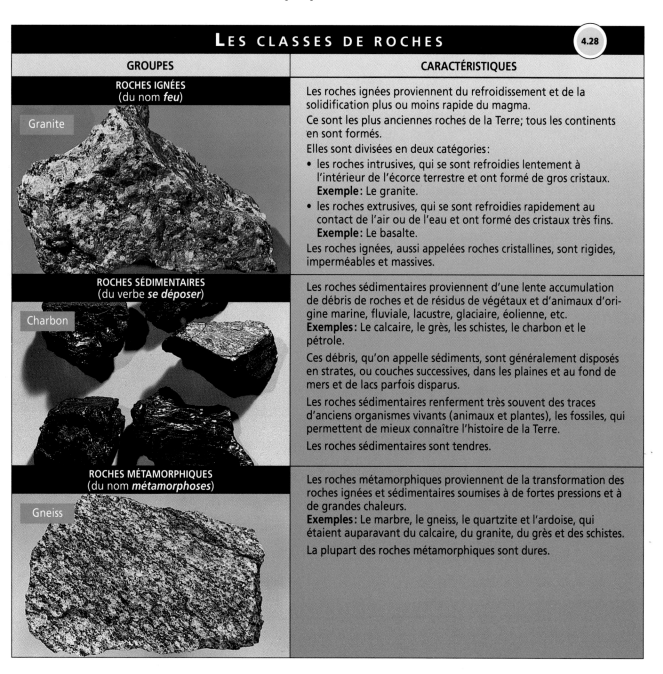

LES CLASSES DE ROCHES	4.28
GROUPES	**CARACTÉRISTIQUES**
ROCHES IGNÉES (du nom *feu*) Granite	Les roches ignées proviennent du refroidissement et de la solidification plus ou moins rapide du magma. Ce sont les plus anciennes roches de la Terre ; tous les continents en sont formés. Elles sont divisées en deux catégories : • les roches intrusives, qui se sont refroidies lentement à l'intérieur de l'écorce terrestre et ont formé de gros cristaux. **Exemple :** Le granite. • les roches extrusives, qui se sont refroidies rapidement au contact de l'air ou de l'eau et ont formé des cristaux très fins. **Exemple :** Le basalte. Les roches ignées, aussi appelées roches cristallines, sont rigides, imperméables et massives.
ROCHES SÉDIMENTAIRES (du verbe *se déposer*) Charbon	Les roches sédimentaires proviennent d'une lente accumulation de débris de roches et de résidus de végétaux et d'animaux d'origine marine, fluviale, lacustre, glaciaire, éolienne, etc. **Exemples :** Le calcaire, le grès, les schistes, le charbon et le pétrole. Ces débris, qu'on appelle sédiments, sont généralement disposés en strates, ou couches successives, dans les plaines et au fond de mers et de lacs parfois disparus. Les roches sédimentaires renferment très souvent des traces d'anciens organismes vivants (animaux et plantes), les fossiles, qui permettent de mieux connaître l'histoire de la Terre. Les roches sédimentaires sont tendres.
ROCHES MÉTAMORPHIQUES (du nom *métamorphoses*) Gneiss	Les roches métamorphiques proviennent de la transformation des roches ignées et sédimentaires soumises à de fortes pressions et à de grandes chaleurs. **Exemples :** Le marbre, le gneiss, le quartzite et l'ardoise, qui étaient auparavant du calcaire, du granite, du grès et des schistes. La plupart des roches métamorphiques sont dures.

La science qui étudie la formation et la composition des roches et des minéraux est la géologie.

4.29

Pourquoi les roches sédimentaires sont-elles généralement disposées en strates ?

(Grand Canyon, États-Unis)

4.30

Qu'est-ce que l'étude des fossiles nous permet d'apprendre ?

11 À l'aide du document 4.28 (page 199), associe les classes de roches suivantes aux caractéristiques correspondantes.

> Roches ignées
>
> Roches sédimentaires
>
> Roches métamorphiques

– Elles proviennent d'une lente accumulation de débris de roches et de résidus de vie animale et végétale.

– Elles proviennent de la transformation des roches sédimentaires et ignées soumises à de fortes pressions et à de grandes chaleurs.

– Elles proviennent de la solidification plus ou moins rapide du magma.

– Ces roches sont les plus anciennes de la Terre.

– Elles contiennent souvent des fossiles d'animaux et de plantes.

– Elles sont généralement disposées en strates, ou couches successives, au fond des mers et des lacs.

Le sol

Outre les roches, l'écorce terrestre est composée du sol, qui est la partie superficielle de la surface terrestre dans laquelle s'enfoncent les racines des arbres et des plantes.

Le sol est une substance meuble formée de débris de la roche-mère (voir le document 4.32 à la page 202) et de l'humus, constitué de matières végétales et animales partiellement décomposées. Le sol est d'une importance majeure pour l'être humain: parce qu'il est propice aux diverses formes d'agriculture, il abrite nos réserves alimentaires. Le sol est un riche héritage que nous devons préserver pour les générations futures.

Sᴏʟ

4.31

Plus un sol contient d'humus, plus il est fertile.

De quels types de débris l'humus est-il constitué?

Les éléments qui composent le sol ne sont pas tous de la même grosseur : plus on s'éloigne de la surface, plus les particules sont grosses. Selon la grosseur des particules et des éléments qui s'y trouvent, on distingue différentes couches superposées ou horizons du sol. Généralement, le profil du sol se présente en trois horizons.

Le profil d'un sol.

4.32

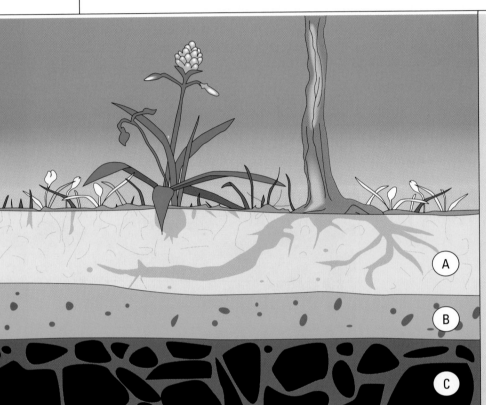

L'horizon A est l'horizon de dépôts de matières végétales et animales qui se transforment lentement en humus. Cette couche de terre meuble est propice aux diverses formes d'agriculture.

L'horizon B est l'horizon d'accumulation des sédiments de l'horizon A à l'aide des eaux d'infiltration.

L'horizon C est l'horizon de la roche-mère, c'est-à-dire celui qui supporte les couches supérieures, comme les fondations d'une maison. La partie supérieure de l'horizon C est à l'origine de la formation du sol.

La pédologie et l'agrologie sont les sciences qui étudient la composition, la structure, l'évolution et la culture des sols.

12 *a.* **Nomme deux éléments qui entrent dans la composition du sol.**

b. **Nomme deux facteurs démontrant l'importance majeure du sol pour l'être humain.**

c. **Quelles sont les deux sciences qui étudient la composition, la structure, l'évolution et la culture des sols ?**

d. **Quel horizon du sol est le plus riche ? Pourquoi ?**

e. **Quel horizon est à l'origine de la formation du sol ?**

LES GRANDS
ENSEMBLES STRUCTURAUX

Les grands ensembles structuraux sont à l'origine des principaux reliefs terrestres : les montagnes, les plaines et les plateaux. Ces grands ensembles résultent de la combinaison de trois facteurs : la nature des roches qui les constituent, le dynamisme interne de la Terre qui les façonne et l'érosion qui les transforme. On parle de structure quand on désigne la façon dont ces grands ensembles ont été construits.

Les grands ensembles structuraux sont :

- les boucliers ;

- les bassins sédimentaires ;

- les chaînes de montagnes.

Les grands ensembles structuraux.

4.33

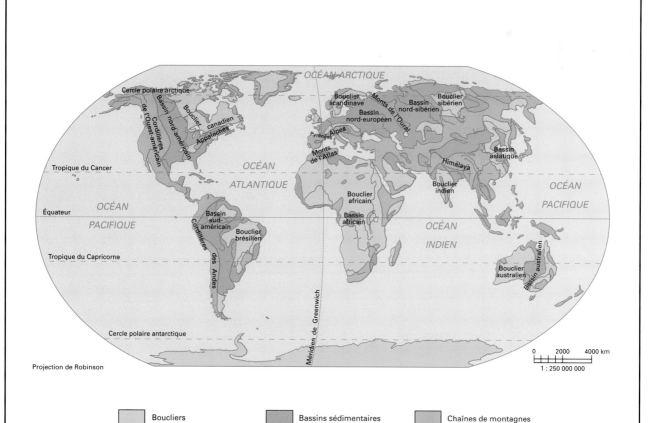

| Boucliers | Bassins sédimentaires | Chaînes de montagnes |

Les boucliers

Les boucliers, ou socles, sont d'immenses plates-formes constituées de roches ignées dures et anciennes sur lesquelles reposent les continents. Les matériaux de ces boucliers datent des débuts de l'histoire géologique de la Terre : ils sont âgés d'environ 4,5 milliards d'années.

Ces grandes plates-formes aplanies par l'érosion ont résisté aux violentes poussées et aux pressions venues de l'intérieur de la Terre. Elles sont légèrement ondulées et ont la forme d'immenses plateaux. C'est dans les boucliers que l'on trouve souvent de riches gisements miniers alimentant l'industrie de transformation. Les sept principaux boucliers de la Terre sont présentés dans le document 4.33 (page 203).

4.34

Le *bouclier canadien au Québec.*

Les bassins sédimentaires

À la suite de l'érosion des boucliers au cours des temps géologiques, il y a eu sédimentation de leurs débris au fond d'anciennes mers. À la phase de soulèvement des grandes chaînes de montagnes, les bassins sédimentaires ont émergé. Ceux-ci sont de grandes régions planes recouvertes d'une couche plus ou moins épaisse de sédiments.

Les bassins sédimentaires prennent généralement la forme d'une plaine légèrement ondulée, au relief peu marqué et de faible altitude. Ce sont des endroits recherchés pour l'établissement d'exploitations agricoles. Plus des deux tiers de la population mondiale vit dans ces régions au relief doux et au sol fertile. Les sept principaux bassins sédimentaires de la Terre sont présentés dans le document 4.33 (page 203).

4.35

Le *bassin nord-américain en Saskatchewan.*

Les chaînes de montagnes

Les montagnes, isolées ou en chaînes, ont pour origine le dynamisme interne de la Terre. Elles proviennent des plissements, des failles ou des volcans et sont généralement situées aux limites des plaques tectoniques. Les chaînes de montagnes sont principalement composées de roches sédimentaires.

Un ensemble très vaste de chaînes de montagnes entrecoupées de hauts plateaux constitue une cordillère. L'altitude des montagnes permet aux êtres humains de pratiquer certaines activités de loisir, comme le ski alpin et l'escalade. Les huit principales chaînes de montagnes de la Terre sont présentées dans le document 4.33 (page 203).

Les montagnes Rocheuses en Alberta.

13 Associe les grands ensembles structuraux aux définitions correspondantes.

> Bouclier
>
> Bassin sédimentaire
>
> Chaîne de montagnes

- Suite de montagnes rattachées les unes aux autres.
- Grande région généralement plane recouverte d'une couche plus ou moins épaisse de sédiments.
- Immense plate-forme constituée de roches ignées dures et anciennes formant la base des continents.

14 À l'aide d'un globe terrestre, d'une carte du monde ou d'un atlas et du document 4.33 (page 203) réponds aux questions suivantes.

a. Quel bouclier se trouve dans chacun des pays suivants?
- Canada
- Brésil
- Australie
- Niger
- Suède

b. Quel bassin sédimentaire se trouve dans chacun des pays suivants?
- États-Unis
- Argentine
- Mozambique
- Russie
- Chine

c. Quelle chaîne de montagnes se trouve dans chacun des pays suivants?
- Mexique
- France
- Maroc
- Népal
- Chili

EN MÉMOIRE

• 1 •

La planète Terre est formée d'une série d'enveloppes successives d'épaisseur inégale et de composition différente : le noyau, le manteau et l'écorce (voir le document 4.1 à la page 179).

• 2 •

L'écorce terrestre est divisée en blocs qui se déplacent sur le magma en fusion, les plaques tectoniques.

• 3 •

Les courants de convection sont responsables du mouvement des plaques tectoniques et donc, de la dérive des continents.

• 4 •

Les principales manifestations du dynamisme interne de la Terre sont les plissements, les failles, les volcans et les tremblements de terre.

• 5 •

Les matériaux flexibles se plissent : il en résulte des bosses (anticlinaux) et des creux (synclinaux). Les plissements surviennent généralement dans les régions de l'écorce terrestre composées de roches sédimentaires.

• 6 •

Les matériaux rigides se cassent ou se fracturent, créant ainsi des failles. Il en résulte des môles (soulèvements) et des fossés d'effondrement.

• 7 •

Le volcan est un type de relief en forme de cône, érigé à partir d'une matière visqueuse et chaude, appelée magma ou lave, qui est poussée par de violentes forces internes vers la surface (voir le document 4.15 à la page 188).

• 8 •

Le volcanisme touche surtout les régions où l'écorce terrestre est fragile. Les volcans sont répartis dans quatre zones situées aux limites des plaques tectoniques : la ceinture de feu du Pacifique, la dorsale médio-atlantique, le pourtour méditerranéen et la ligne de fracture africaine (voir le document 4.17 à la page 190).

• 9 •

Les tremblements de terre, ou séismes, se produisent lorsque deux plaques tectoniques, à la dérive sur le manteau, entrent en collision, s'écartent ou glissent l'une contre l'autre. Les grandes zones de tremblements de terre, comme les grandes zones volcaniques, sont localisées le long des plaques tectoniques.

• 10 •

Les roches sont divisées en trois grandes classes, selon leur processus de formation : les roches ignées, les roches sédimentaires et les roches métamorphiques (voir le document 4.28 à la page 199).

• 11 •

L'écorce terrestre se compose aussi du sol, une substance meuble formée de débris de la roche-mère et de matières végétales et animales partiellement décomposées. Le sol se présente en trois horizons, selon la grosseur des particules et des éléments qui le composent (voir le document 4.32 à la page 202).

• 12 •

À l'origine des principaux reliefs terrestres, il y a les ensembles structuraux : les boucliers, les bassins sédimentaires et les chaînes de montagnes (voir le document 4.33 à la page 203).

1 Sur un dessin semblable au document 4.37, désigne les grandes parties de la structure interne de la Terre.

- Le noyau interne
- Le noyau externe
- Le manteau
- L'écorce

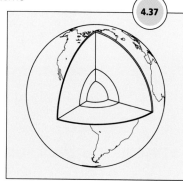

4.37

2 Comment nomme-t-on les lents mouvements qui se produisent dans le manteau de la Terre et sont responsables du déplacement des plaques tectoniques ?

3 Quel scientifique allemand avança la théorie de la dérive des continents ?

4 Quelles sont les quatre principales manifestations du dynamisme interne de la Terre ?

5 Associe les mots suivants aux définitions correspondantes.

Fossé d'effondrement	Synclinal
Anticlinal	Môle
Plissement	Faille

- Fracture de l'écorce terrestre engendrée par des forces internes.
- Ensemble de plis des couches géologiques causés par des forces de compression et formant une chaîne de montagnes.
- Pli en forme de bosse, aussi appelé mont ou colline.
- Pli en forme de creux, aussi appelé vallée.
- Bloc soulevé lors de la création d'une faille.
- Fosse profonde résultant de l'effondrement de blocs lors de la création d'une faille.

6 Donne la définition d'un volcan.

7 Sur un dessin semblable au document 4.38, indique les principales parties d'un volcan.

- Le cône principal
- La cheminée principale
- Le réservoir magmatique
- Une coulée de lave
- Un cône secondaire
- Le cratère
- Une cheminée secondaire
- Des projections volcaniques

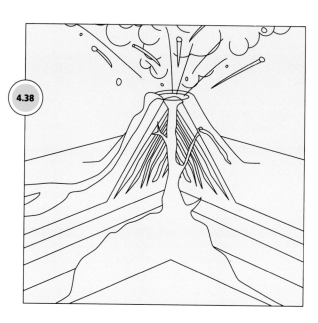

4.38

8 Quelles régions de la Terre le volcanisme touche-t-il surtout ?

La formation du relief terrestre SECTION 1 **207**

9 Sur une carte semblable au document 4.39, indique par quelle lettre est désignée chacune des grandes zones volcaniques et sismiques de la Terre.

- – Ceinture de feu du Pacifique
- – Dorsale médio-atlantique
- – Pourtour méditerranéen
- – Ligne de fracture africaine

10 Associe les mots suivants aux énoncés correspondants.

> Sismologie
> Épicentre
> Tremblement de terre
> Sismographe
> Richter
> Séisme

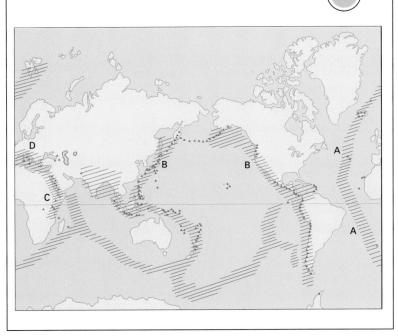

- – Vibration secouant et déformant violemment l'écorce terrestre.
- – Point de la surface de la Terre situé à la verticale de l'hypocentre.
- – Synonyme de tremblement de terre.
- – Échelle utilisée pour évaluer la quantité d'énergie libérée lors d'un tremblement de terre.
- – Science qui étudie les tremblements de terre.
- – Appareil qui détecte et enregistre les vibrations du sol.

11 Quel rapprochement peux-tu établir entre les grandes zones sismiques et les grandes zones volcaniques de la Terre ?

12 Associe les mots suivants aux définitions correspondantes.

> Roche   Sol   Minéraux

- – Substance meuble formée de débris de la roche-mère et de matières végétales et animales.
- – Substances naturelles non vivantes ayant une composition chimique et des propriétés physiques définies et constituant les roches de l'écorce terrestre.
- – Matière solide de l'écorce terrestre formée d'un assemblage de différents minéraux.

13 Réponds par *vrai* ou *faux* et reformule les énoncés erronés.

a. Les roches ignées proviennent d'une accumulation lente de débris de roches et de résidus de la vie animale et végétale.

b. Le granite est une roche ignée.

c. Les roches sédimentaires sont généralement disposées en strates, ou couches successives, au fond des mers et des lacs.

d. Le calcaire, le grès et les schistes sont des roches sédimentaires.

e. Les roches métamorphiques proviennent de la transformation des roches sédimentaires et ignées soumises à de fortes pressions et à de grandes chaleurs.

f. Le marbre et le basalte sont des roches métamorphiques.

g. Les roches ignées contiennent souvent des fossiles d'animaux et de plantes.

14 **a.** Nomme deux éléments qui entrent dans la composition du sol.

b. Quel horizon du sol est le plus propice aux diverses formes d'agriculture ?

c. Quel horizon est à l'origine de la formation du sol ?

15 Associe les mots suivants aux définitions correspondantes.

> Bouclier
> Bassin sédimentaire
> Chaîne de montagnes

– Suite de montagnes rattachées les unes aux autres.

– Immense plate-forme constituée de roches ignées dures et anciennes formant la base des continents, et recouverte d'une couche plus ou moins épaisse de sédiments.

– Grande région, généralement plane et de faible altitude, couverte d'une couche plus ou moins épaisse de sédiments provenant de l'érosion des boucliers.

16 **a.** Quel bouclier se trouve au Canada ?

b. Quel bassin sédimentaire se trouve au Canada ?

c. Quelles chaînes de montagnes se trouvent au Canada ?

SECTION 2

L'évolution du relief terrestre

4.2 À LA FIN DE CETTE SECTION, TU DEVRAIS ÊTRE CAPABLE DE DÉCRIRE LE PROCESSUS D'ÉVOLUTION DU RELIEF TERRESTRE.

Le processus d'évolution de la surface terrestre est une immense industrie de transformation du relief. Pendant que de puissantes forces internes provoquent la formation des grands reliefs, des forces externes modifient progressivement la surface de notre planète en découpant, sculptant et aplanissant les roches et les reliefs.

Ces forces s'affrontent dans un duel permanent depuis la formation des continents. Les reliefs de la Terre portent les marques de batailles qui les ont opposés à différentes époques des temps géologiques. La variété des formes de ces reliefs confère à chaque partie du globe son originalité.

MES MOTS

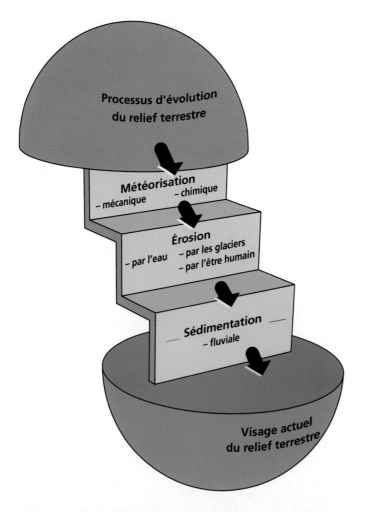

Processus d'évolution du relief terrestre

Météorisation
– mécanique   – chimique

Érosion
– par l'eau   – par les glaciers
– par l'être humain

Sédimentation
– fluviale

Visage actuel du relief terrestre

LA MÉTÉORISATION

Sous l'action d'agents atmosphériques comme la température et l'humidité, les roches de l'écorce terrestre se fragmentent et se décomposent. Ce processus de détérioration est appelé météorisation et il peut être mécanique ou chimique. La météorisation est l'amorce du cycle d'érosion du relief terrestre.

MÉTÉORISATION

La météorisation mécanique

DÉSAGRÉGATION

La météorisation mécanique, qu'on appelle aussi désagrégation, est la fragmentation des matériaux de l'écorce terrestre. Ses agents sont surtout les variations de température, le gel et le dégel, la gravité ainsi que l'action des plantes et de certains animaux fouisseurs.

Sous l'effet de ces agents, les roches se fendillent, se fracturent et éclatent en morceaux. Lorsque les roches subissent une météorisation mécanique, leur taille diminue, mais la nature des matériaux qui les composent n'est pas modifiée.

4.40

Le gel et le dégel de l'eau infiltrée dans les fissures des roches provoquent le fendillement et l'éclatement de ces roches.

(Gaspésie, Québec)

Pour quelle raison ?

Cette forme d'altération des roches se produit surtout dans les régions désertiques et dans les régions aux altitudes et aux latitudes élevées, où les écarts de température quotidiens sont importants (souvent plus de 30 °C) et le gel et le dégel quotidiens.

Chez nous, les agents de météorisation mécanique les plus actifs sont le gel et le dégel. Comme le gel de l'eau provoque une augmentation de 10 % de son volume, la pression due à son expansion provoque l'éclatement des roches. Les nombreux trous et bosses qui parsèment nos routes au printemps sont un bon exemple de l'action du gel et du dégel sous nos latitudes.

La météorisation chimique

La météorisation chimique, qu'on appelle aussi décomposition, est la transformation de la roche par oxydation, hydratation ou dissolution. Ses agents sont l'air, l'eau et les acides atmosphériques et organiques. Ce type de météorisation est le plus répandu sur la Terre.

DÉCOMPOSITION

L'oxygène de l'air et l'humidité provoquent l'oxydation du fer contenu dans les roches.

(Lanaudière, Québec)

Quelle autre appellation peut-on donner à l'oxydation ?

Contrairement à la météorisation mécanique, la météorisation chimique s'attaque à la composition chimique de la roche : elle la dissout et en sépare les différents éléments.

4.43

L'eau acide dissout le calcaire et creuse des grottes dans la roche.

(Nouveau-Mexique, États-Unis)

Sous quelles formes le calcaire dissous se redépose-t-il ?

La météorisation chimique se produit surtout dans les régions tempérées et tropicales, où la chaleur et l'humidité sont importantes.

1 **a.** Qu'est-ce que la météorisation mécanique ?

b. Qu'est-ce que la météorisation chimique ?

c. Quels sont les agents de la météorisation mécanique ?

d. Quels sont les agents de la météorisation chimique ?

e. Quel type de météorisation observe-t-on en général dans les régions nordiques et dans les régions montagneuses ?

f. Quel type de météorisation observe-t-on le plus souvent dans les régions tempérées et dans les régions tropicales ?

g. Désigne à l'aide d'un M les énoncés qui décrivent une météorisation mécanique et à l'aide d'un C, ceux qui décrivent une météorisation chimique.

- Les pluies acides rongent une statue.
- Une falaise est fendillée par le gel.
- Les racines des arbres brisent des tuyaux.
- Le toit de cuivre d'une église verdit.
- Les roches éclatent dans le désert.
- Une marmotte creuse des terriers.
- Les rails des voies ferrées rouillent.
- Une grotte se forme dans une région calcaire.

L'ÉROSION

Une fois les roches désagrégées ou décomposées sous l'effet de la météorisation, leurs débris sont transportés par divers agents qui participent activement au processus d'érosion.

L'érosion est le processus d'usure, de transformation et d'aplanissement du relief terrestre. Les principaux agents d'érosion sont :

ÉROSION

- l'eau, qui érode et transporte des sédiments au bas des pentes ;

- les glaciers, qui, en se déplaçant, aplanissent le paysage, creusent des vallées et arrondissent les montagnes ;

- l'être humain, qui marque la surface de la Terre de multiples manières, notamment en y construisant des villes.

L'action de l'eau

L'eau, sous toutes ses formes, est l'agent d'érosion le plus actif et le plus efficace. Au Canada, 80 % de l'érosion du relief est le résultat du travail de l'eau courante, c'est-à-dire de l'eau animée d'un mouvement. Ce type de transformation du relief sous l'action des eaux courantes est l'érosion fluviale.

ÉROSION FLUVIALE

4.44

Qu'est-ce que le travail d'arrachage et de transport des cours d'eau provoque à long terme?

(Maligne River, Alberta)

Pour bien comprendre ce phénomène, il faut savoir que toutes les eaux de la Terre ont tendance à retourner à la mer. À partir du moment où les précipitations atteignent le sol, l'eau parcourt, sous forme de torrents, de rivières et de fleuves, un long chemin au cours duquel elle ruisselle, creuse, arrache, transporte et dépose de grandes quantités de débris de toutes sortes, les alluvions. Parvenue à la mer, elle s'évapore, se condense sous forme de nuages et retombe au sol, puis le cycle recommence.

ALLUVIONS

Le cycle de l'eau est un incessant voyage de la mer vers l'atmosphère (évaporation), puis vers la Terre (condensation et précipitations) et enfin vers la mer (écoulement).

Selon la pente du terrain (raide ou douce) et sa nature (perméable ou imperméable), la vitesse de l'eau (rapide ou lente) et son volume (fort ou faible), les cours d'eau ont des effets différents sur le paysage.

4.45

Ce cours d'eau transporte-t-il une petite ou une grande quantité de débris ? Pour quelle raison ?

(Banff, Alberta)

Ce cours d'eau transporte-t-il une petite ou une grande quantité de débris ? Pour quelle raison ?

(Rivière aux Lièvres, Québec)

4.46

Ainsi, un torrent de montagne, dont les eaux coulent avec violence à cause de la forte pente du terrain, arrache et transporte une grande quantité d'alluvions, creusant une vallée en V, étroite et profonde, parsemée de rapides, de cascades et de chutes. Le torrent est un agent d'érosion fluviale très important parce qu'il exerce des frictions sur les côtés et au fond des cours d'eau.

Par contre, dans les régions de plaines où le torrent abandonne ses alluvions, le cours d'eau coule lentement, décrivant dans le paysage de longs tracés sinueux aux rives concaves et convexes, les méandres. Les rives concaves subissent une érosion de tous les instants, alors que de nombreuses alluvions s'accumulent sur les rives convexes. Parce qu'un grand nombre d'affluents l'alimentent, le cours d'eau peut sortir de son lit à cause des crues printanières et tout inonder sur son passage.

2 **a.** Qu'est-ce que l'érosion fluviale ?

b. Comment nomme-t-on les débris arrachés, transportés et déposés par les torrents, les rivières et les fleuves ?

c. Quelles sont les différentes phases du cycle de l'eau dans son travail d'érosion ?

d. Les effets des cours d'eau sur le paysage dépendent de quatre facteurs. Quels sont-ils ?

e. Associe chacun des types d'action de l'eau aux énoncés correspondants.

> Action de l'eau dans la montagne
>
> Action de l'eau dans la plaine

– Les eaux coulent lentement.
– Le torrent.
– Le creusage d'une vallée étroite et profonde.
– L'abandon d'alluvions.
– L'arrachage et le transport de matériaux.
– Le long tracé sinueux (méandres) aux rives concaves et convexes.
– Les crues printanières causent des inondations.
– Les eaux coulent violemment.

L'action des glaciers

Tout comme l'eau, les glaciers sont de puissants agents d'érosion. Ils creusent des lacs et des rivières, entaillent et découpent de profondes vallées, arrachent des flancs de montagnes et transportent les débris, émiettent, polissent et strient les matériaux de l'écorce terrestre. Comment se forment ces géants de glace ?

4.47

Quelles actions d'un glacier permettent de le comparer à un rabot ?

(Glacier Llewellyn, Colombie-Britannique)

Les glaciers, qui recouvrent 10 % de la surface terrestre, se trouvent dans des régions froides où une partie de la neige ne fond pas, telles les régions polaires et les sommets des hautes montagnes. La neige s'accumule alors en couches successives et se transforme lentement en glace.

Avec le temps, les couches de glace superposées forment un glacier. Peu à peu, sous l'action de son propre poids, le glacier se met en mouvement en laissant son empreinte tout au long de sa descente. L'érosion glaciaire ressemble aux effets combinés d'une charrue qui creuse, d'une lime qui use par frottement, d'une luge qui glisse le long d'une pente et d'un *bulldozer* qui pousse des matériaux.

ÉROSION GLACIAIRE

Selon l'endroit où ils se trouvent, les glaciers sont classés en deux catégories : les glaciers continentaux et les glaciers de montagne.

Les glaciers continentaux

Les glaciers continentaux, ou inlandsis, sont des glaciers qui recouvrent de vastes territoires dans les régions polaires. Il existe deux inlandsis sur la Terre :

- l'inlandsis du Groenland (1,7 million de kilomètres carrés), dont l'épaisseur moyenne est de 1 790 mètres ;

- l'inlandsis de l'Antarctique (12,3 millions de kilomètres carrés), dont l'épaisseur moyenne est de 2 200 mètres. On estime que si cet inlandsis venait à fondre, le niveau mondial des océans s'élèverait de 59 mètres : toutes les installations portuaires du monde seraient inondées.

L'inlandsis de l'Antarctique représente 90 % des glaces de la planète Terre.

4.48

Ces glaciers ont déjà occupé une superficie beaucoup plus importante. Au cours des deux derniers millions d'années, le climat s'est refroidi à plusieurs reprises sur la Terre. La neige et la glace se sont accumulées au point de recouvrir presque le tiers de la surface terrestre. Lors de la dernière période glaciaire, il y a environ 25 000 ans, une immense calotte de glace recouvrait une partie de l'Amérique du Nord jusqu'au site actuel de la ville de New York. Cet immense glacier a modelé une grande partie du paysage de nos régions, arrondissant nos vieilles montagnes et creusant des milliers de lacs, dont les Grands Lacs.

Nous pouvons reconnaître dans le paysage les marques du passage des glaciers continentaux : de gros blocs rocheux isolés, les blocs erratiques, et de grandes quantités de débris rocailleux, les moraines. Les glaciers continentaux, qui glissent lentement vers la mer, forment aussi de spectaculaires icebergs, ces immenses blocs de glace qui se détachent du glacier et dérivent sur les océans.

MORAINES

Les blocs erratiques sont parfois perchés sur des affleurements rocheux ou posés sur des piédestaux.

(Red Bay, Labrador)

4.49

4.50

Les icebergs constituent un danger pour la navigation parce que leur partie visible ne représente qu'un cinquième de leur hauteur totale.

Les glaciers de montagne

Les glaciers de montagne se trouvent sous toutes les latitudes, là où il y a de hautes montagnes. Plus on se dirige vers les pôles, plus la limite des neiges éternelles est située à basse altitude. Alors que, dans les régions équatoriales, cette limite dépasse 5 000 mètres, elle est située entre 2 000 et 3 000 mètres dans les régions tempérées et entre 0 et 600 mètres dans les régions polaires.

4.51

On peut voir de grandes quantités de moraines au fond, à l'avant et sur les côtés d'un glacier.

(Glacier Edith-Cavell, Alberta)

4.52

Le glacier Saskatchewan, dans les montagnes Rocheuses.

(Alberta et Colombie-Britannique)

La formation d'un glacier de montagne s'amorce en haute montagne, là où de fortes chutes de neige recouvrent vallées et reliefs. Cette neige s'accumule au fond d'un creux en forme d'amphithéâtre appelé cirque glaciaire. Couche après couche, année après année, cette neige est transformée en glace par tassement. Sous l'action de la gravité, cette masse de glace amorce lentement sa descente vers le bas de la pente en formant une langue glaciaire qui, tel un fleuve de glace, s'allonge parfois sur des dizaines de kilomètres.

Pendant sa descente, le glacier emporte des morceaux de roches, des cailloux, des galets et du sable arrachés au fond et aux parois de la vallée. Lors de son retrait, il dépose un peu partout ces débris, les moraines. L'énorme masse

des glaciers creuse des vallées profondes, les auges glaciaires. Celles-ci ont la forme d'un U partiellement comblé par les moraines et les alluvions provenant des torrents de montagnes environnantes. Parfois, après le retrait des glaciers, ces vallées glaciaires aux parois abruptes sont envahies par la mer et forment des fjords. On en voit beaucoup en Norvège et en Colombie-Britannique.

4.53

Qu'est-ce qui permet à un glacier de creuser une auge glaciaire ?
(Massif Jungfrau, Alpes suisses)

4.55

La côte norvégienne présente de nombreux fjords très profonds.

4.54

Les eaux de fonte d'un glacier donnent parfois naissance à un lac glaciaire.
(Lac Peyto, Alberta)

3 *a.* Quel pourcentage de la surface terrestre les glaciers actuels recouvrent-ils ?

b. Comment se forment les glaciers continentaux ?

c. Dans quelles régions se trouvent-ils ?

d. Nomme deux effets des glaciers continentaux sur le paysage.

e. Comment se forment les glaciers de montagne ?

f. Dans quelles régions se trouvent-ils ?

g. Nomme deux effets des glaciers de montagne sur le paysage.

h. Associe les mots suivants aux définitions correspondantes.

Auge glaciaire	Glacier de montagne
Inlandsis	Moraine
Iceberg	Cirque glaciaire
Fjord	Bloc erratique

– Creux en forme d'amphithéâtre où s'accumulent la neige et la glace année après année.

– Bloc rocheux de fort volume transporté par un glacier.

– Glacier qui recouvre un vaste territoire dans une région polaire.

– Débris de roches arrachés et transportés par un glacier.

– Immense bloc de glace qui se détache d'un glacier et tombe à la mer.

– Vallée glaciaire envahie par la mer.

– Accumulation de neige et de glace éternelles sur les sommets des montagnes.

– Profonde vallée glaciaire en forme de U.

L'action de l'être humain

L'apparition de l'être humain sur la Terre, il y a environ 2 millions d'années, a eu pour effet d'y introduire un nouvel agent modificateur du paysage. L'être humain a non seulement transformé de nombreux aspects de notre planète, mais il s'est également révélé capable de domestiquer les éléments. Il suffit de penser à l'établissement des grands barrages hydroélectriques qui retiennent de vastes lacs artificiels.

L'être humain peut s'enorgueillir d'avoir souvent amélioré son milieu naturel. En Israël, par exemple, on irrigue des terres désertiques autrefois inhospitalières. En Indonésie, on aménage des terrasses pour augmenter la production agricole dans des zones densément peuplées ou dans des régions montagneuses.

Cependant l'être humain contribue souvent à l'érosion du milieu naturel par ses actions négatives sur l'environnement. À cause d'un manque d'information sur la

Connais-tu un endroit où s'opère présentement un saccage de la forêt qui menace d'être catastrophique ?

4.56

fragilité des écosystèmes et de l'exploitation abusive des ressources naturelles, il brise parfois l'équilibre entre les éléments du milieu naturel.

L'être humain peut par exemple représenter un véritable danger pour les forêts. Quand il procède à des coupes à blanc sur les pentes des montagnes, il permet aux eaux de ruissellement de provoquer de l'érosion. Ces eaux ravinent la montagne dénudée et transportent vers le bas de la pente les nouvelles racines génératrices de forêts. Ces régions déboisées subissent aussi les effets de fortes pluies qui causent d'importants glissements de terrain et amorcent le processus d'érosion des sols devenus fragiles.

L'être humain est un agent d'érosion dévastateur lorsqu'il exploite des gisements miniers à ciel ouvert, comme par exemple les gisements de charbon et d'amiante. Il modifie l'environnement en installant ses équipements lourds, en déboisant pour établir des usines de transformation et en découpant la forêt pour y construire des voies de communication. De plus, il pollue l'environnement par l'émission de gaz toxiques dans l'atmosphère et par l'accumulation de déchets toxiques.

L'être humain contribue aussi à bouleverser l'équilibre entre les éléments naturels d'un milieu lorsqu'il détruit des terres agricoles fertiles pour agrandir des villes, en créer de nouvelles ou construire des autoroutes. Cet empiètement cause de graves problèmes au milieu rural en le privant de terres cultivables.

Il est désormais indispensable pour notre survie que nous usions avec sagesse de notre pouvoir sur la nature.

4.57

Peux-tu nommer deux types d'intervention humaine qui représentent une menace pour l'environnement dans le secteur de l'exploitation minière ?

(Havre-Saint-Pierre, Québec)

Savais-tu qu'aux États-Unis, 60 kilomètres carrés de terres sont urbanisés ou asphaltés chaque jour ?

(Los Angeles, États-Unis)

4.58

LA SÉDIMENTATION

Les débris arrachés et transportés par les cours d'eau disparaissent d'un lieu pour réapparaître ailleurs. En effet, quand la vitesse de l'eau devient trop faible pour les conduire plus loin, les alluvions se déposent le long des rives d'un cours d'eau ou au fond de son lit en couches successives, les plus petites sur les plus grosses ou les plus légères sur les plus lourdes. Ce processus d'accumulation se nomme la sédimentation fluviale et il contribue à la formation de nouveaux reliefs.

SÉDIMENTATION FLUVIALE

L'accumulation d'alluvions à l'embouchure d'un cours d'eau favorise l'émergence d'une nouvelle terre qui prolonge le continent, le delta. À cause de son sol riche en matières organiques et du renouvellement constant de ses éléments, le delta permet une agriculture de qualité.

4.59

Pourquoi les deltas permettent-ils une agriculture de qualité ?
(Fleuve Fraser, Colombie-Britannique)

La sédimentation fluviale s'effectue aussi le long des rivières qui serpentent dans les vallées. Lors de fortes crues printanières, une rivière peut déborder et occuper la vallée tout entière : c'est la plaine inondable. Quand les eaux se retirent, la rivière dépose sa charge d'alluvions. Cette importante sédimentation enrichit le sol de ces plaines et, d'une crue à l'autre, le sol se renouvelle et sa fertilité s'améliore.

Pourquoi les plaines inondables sont-elles très fertiles ?

(Rivière Chaudière, Québec)

4.60

Les deltas et les plaines inondables sont cependant des terrains propices aux inondations printanières, qui causent parfois de lourds dégâts aux régions habitées.

4 ***a.*** Qu'est-ce que la sédimentation fluviale ?

b. Quelles sont les deux principales formes de relief déterminées par la sédimentation fluviale ? Quelle est leur caractéristique commune ?

EN MÉMOIRE

• 1 •

La météorisation est la fragmentation des roches causée par les agents atmosphériques. La météorisation peut être mécanique, si elle réduit la taille des roches, ou chimique, si elle s'attaque à leur composition.

• 2 •

Les principaux agents de la météorisation mécanique sont les variations de température, le gel et le dégel ainsi que l'action des plantes et de certains animaux fouisseurs. Les principaux agents de la météorisation chimique sont l'oxydation, l'hydratation et la dissolution.

• 3 •

L'érosion est le processus d'usure, de transformation et d'aplanissement du relief terrestre. Les principaux agents d'érosion sont les eaux courantes, les glaciers et l'être humain.

• 4 •

Au Canada, 80 % de l'érosion du relief est le résultat de l'action des eaux courantes.

• 5 •

En montagne, les torrents creusent des sillons, ravinent les pentes, détruisent la végétation et entaillent profondément le paysage. Dans les régions de plaines, les rivières transportent et déposent de grandes quantités de sédiments. Elles forment de longs tracés aux rives concaves (érosion) et convexes (accumulation), les méandres.

• 6 •

Les glaciers continentaux et les glaciers de montagne contribuent à l'érosion de nos reliefs en les rabotant, en creusant de larges et profondes vallées, en arrachant et en transportant au loin de grandes quantités de débris de toutes sortes.

• 7 •

Les glaciers recouvrent 10 % de la surface terrestre; ils sont surtout situés en Antarctique et au Groenland, mais aussi dans les hautes montagnes et les régions à latitudes élevées.

• 8 •

Les moraines, les blocs erratiques et les icebergs résultent du passage des glaciers continentaux alors que les moraines, les cirques glaciaires, les auges glaciaires et les fjords sont quelques-unes des marques du passage des glaciers de montagne.

• 9 •

L'être humain contribue aussi à l'érosion et à la transformation du milieu naturel, notamment par les coupes à blanc qui laissent le champ libre à l'érosion des sols, par l'exploitation de gisements miniers à ciel ouvert qui détruisent le milieu naturel et par l'empiètement de la ville sur le milieu rural qui détruit des terres cultivables.

• 10 •

La sédimentation fluviale est le processus d'accumulation d'alluvions le long des rives d'un cours d'eau ou au fond de son lit. Elle détermine de nouvelles formes de terrain très fertiles, les deltas et les plaines inondables.

1 Qu'est-ce que la météorisation ?

2 Associe le type de météorisation aux caractéristiques correspondantes.

> Météorisation mécanique
>
> Météorisation chimique

– Cette forme de décomposition est la transformation de la roche par oxydation, hydratation ou dissolution. Ses agents sont l'air, l'eau et les acides atmosphériques et organiques.

– Cette forme de désagrégation est la fragmentation des matériaux de l'écorce terrestre. Ses agents sont les variations de température, le gel et le dégel ainsi que l'action des plantes et de certains animaux fouisseurs.

3 À quel type de météorisation les photos 4.61 et 4.62 correspondent-elles ?

4.61

4 Qu'est-ce que l'érosion ?

5 Quels sont les trois agents d'érosion les plus actifs ?

6 Quel agent d'érosion chacun des énoncés suivants désigne-t-il ?

   a. Construction de villes sur des terres agricoles.

   b. Importantes inondations dans les régions basses au printemps.

   c. Creusage de nombreuses vallées en U.

   d. Accumulation de déchets toxiques.

   e. Arrachage et transport de grandes quantités de débris de toutes sortes (alluvions).

   f. Creusement des Grands Lacs canadiens et américains.

   g. Présence de méandres dans les plaines.

   h. Recouvrement d'une grande partie de l'Amérique du Nord par un inlandsis.

   i. Coupes à blanc sur les pentes des montagnes.

7 Qu'est-ce que la sédimentation fluviale ?

8 Nomme les principales formes de relief déterminées par la sédimentation fluviale.

4.62

Le climat et la végétation

4.3 À LA FIN DE CETTE SECTION, TU DEVRAIS ÊTRE CAPABLE D'ÉTABLIR DES RELATIONS ENTRE LE CLIMAT ET LA VÉGÉTATION.

Les climats du monde agissent comme une gigantesque machine mue par l'énergie du Soleil. La façon dont les rouages de cette machine s'assemblent et fonctionnent explique les perpétuels changements de conditions météorologiques.

Les conditions climatiques des diverses régions du globe favorisent différents types de végétation et influencent la vie des êtres humains et des animaux. La répartition des zones de végétation et des espèces animales dans le monde est liée à celle des zones climatiques. Les plantes, les arbres et les animaux dépendent de leur environnement naturel: ils ne peuvent subsister qu'en s'adaptant aux conditions climatiques de leur région, tout comme les êtres humains.

MES MOTS

- TEMPS, P. 237
- CLIMAT, P. 238
- CLIMATOGRAMMES, P. 239
- TEMPÉRATURE, P. 241
- AMPLITUDE THERMIQUE, P. 241
- PRESSION ATMOSPHÉRIQUE, P. 242
- VENT, P. 244
- HUMIDITÉ, P. 246
- CONTINENTALITÉ, P. 251

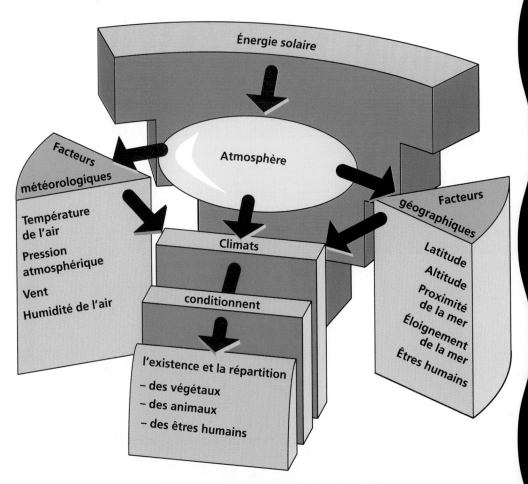

LE SOLEIL,
SOURCE DE VIE

Dans un passé très lointain, la Terre était une immense boule de feu. Puis notre planète s'est peu à peu refroidie, et l'écorce créée par ce refroidissement a constitué une mince mais efficace protection isolante. Depuis, c'est le rayonnement solaire qui procure à notre planète presque toute sa chaleur superficielle.

Même s'il n'est qu'une étoile parmi bien d'autres, le Soleil est pour la Terre tout à fait extraordinaire : c'est une fantastique source de chaleur et d'énergie.

Savais-tu que le Soleil produit plus d'énergie en une minute que nous n'en utilisons sur toute la Terre en un an ?

4.63

L'énergie solaire captée par la surface de la Terre s'accumule sous forme de chaleur dans le sol et les océans.
Ceux-ci libèrent cette chaleur dans l'atmosphère, ce qui
permet le maintien d'une température ambiante favorable
au développement de la vie. La Terre renvoie dans l'espace autant de chaleur qu'elle en reçoit du Soleil. S'il en
allait autrement, la température de notre planète augmen-
terait régulièrement et la vie y deviendrait impossible.

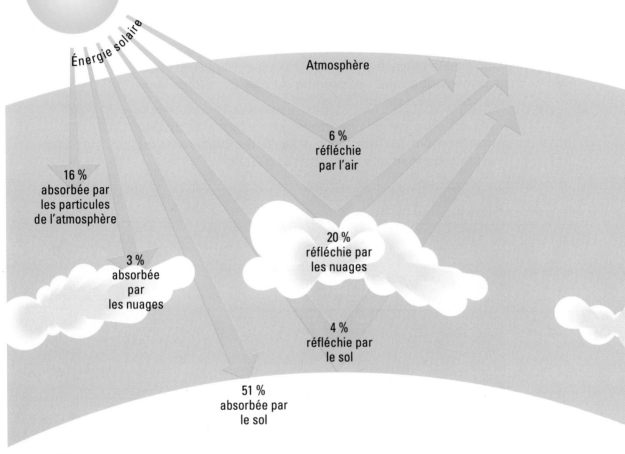

Énergie solaire

Atmosphère

6 %
réfléchie
par l'air

16 %
absorbée par
les particules
de l'atmosphère

20 %
réfléchie par
les nuages

3 %
absorbée
par
les nuages

4 %
réfléchie par
le sol

51 %
absorbée par
le sol

4.64

*Seulement la moitié
des rayons solaires
atteignent la surface
de la Terre. L'autre
moitié est renvoyée
dans l'espace ou
absorbée dans
l'atmosphère.*

Cependant, le réchauffement varie d'une région à
l'autre, selon l'angle que décrivent les rayons du Soleil
avec la surface terrestre. Cela s'explique par le fait que la
Terre est sphérique et que les rayons du Soleil se concen-
trent sur la bande comprise entre les deux tropiques, de
part et d'autre de l'équateur. À proximité des pôles, en
revanche, les rayons solaires se répartissent sur une
superficie plus vaste, et sont par conséquent moins concentrés (voir le document 4.85 à la page 249).

B

L'ATMOSPHÈRE, ENVELOPPE DE LA TERRE

L'atmosphère, qui a une épaisseur de plusieurs centaines de kilomètres, est l'enveloppe gazeuse de la Terre. Elle est constituée de 78 % d'azote, de 21 % d'oxygène, de gaz rares (néon, hélium, etc.), de vapeur d'eau et de gaz carbonique.

Élément-clé du processus de distribution de la chaleur solaire sur la Terre, l'atmosphère laisse passer les rayons de lumière et l'énergie provenant du Soleil mais, à la manière d'une serre, elle empêche la plus grande partie de la chaleur dégagée par la Terre de s'échapper dans l'espace.

L'atmosphère est indispensable à la vie sur Terre, non seulement parce qu'elle contient l'air que nous respirons, mais aussi parce qu'elle protège la Terre contre l'excès de rayonnement et contre les radiations dangereuses du Soleil. Elle empêche aussi les températures de tomber trop bas lorsque la Terre ne reçoit pas beaucoup d'énergie solaire. Sans atmosphère, la Terre aurait une température semblable à celle de la Lune : 100 °C au milieu du jour et -150 °C la nuit.

Parmi les couches gazeuses qui constituent l'atmosphère, la plus proche de nous est la troposphère, qui entoure la Terre jusqu'à une altitude d'environ 16 kilomètres. C'est une couche turbulente, faite de masses d'air en mouvement dont chacune a une température, une pression, une humidité et des mouvements, les vents.

De quelle façon peut-on comparer le rôle du verre d'une serre au rôle de l'atmosphère sur la Terre ?

4.65

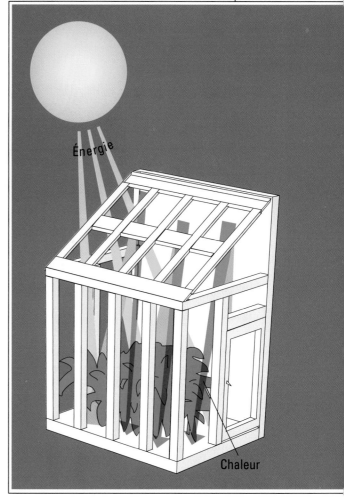

Énergie

Chaleur

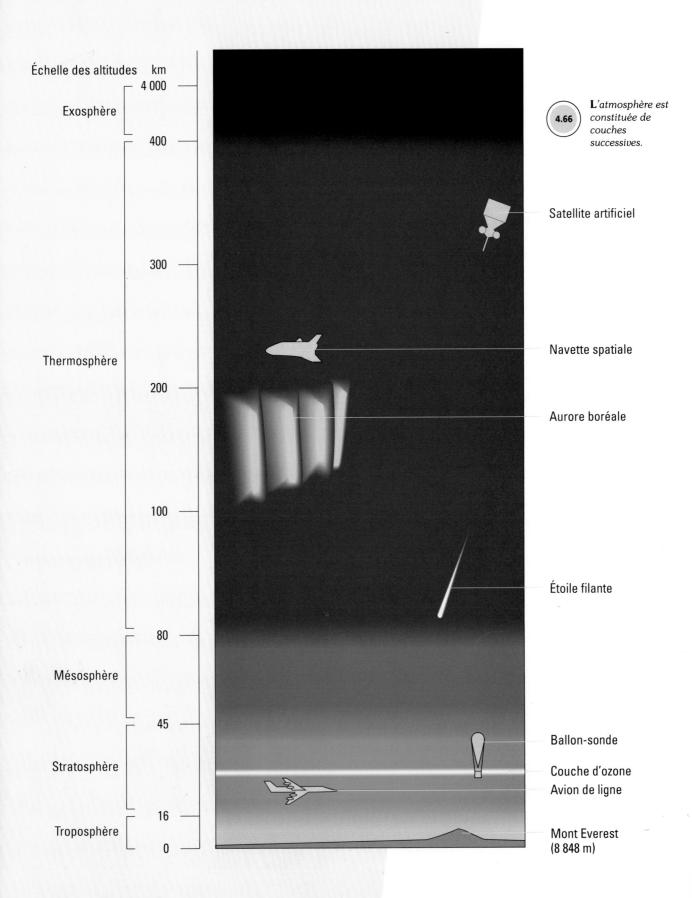

Échelle des altitudes km

Exosphère

4 000

400

Thermosphère

300

200

100

Mésosphère

80

45

Stratosphère

Troposphère

16

0

4.66 **L**'atmosphère est constituée de couches successives.

Satellite artificiel

Navette spatiale

Aurore boréale

Étoile filante

Ballon-sonde

Couche d'ozone

Avion de ligne

Mont Everest
(8 848 m)

La troposphère est le siège des phénomènes météorologiques comme les nuages, la neige, la pluie et les ouragans. Les conditions de l'air dans la troposphère déterminent le temps et le climat des diverses régions de la planète.

L'*ouragan Andrew a frappé violemment la côte est des États-Unis en août 1992.*

Connais-tu les noms d'autres ouragans qui ont été particulièrement violents ?

Au-dessus de la troposphère s'étend la stratosphère, dont la couche d'ozone constitue un barrage indispensable contre les rayons ultraviolets du Soleil. Au-delà de la stratosphère, il y a la mésosphère, la thermosphère et l'exosphère, où l'air est de plus en plus rare et les températures très variables. Il n'y a plus d'atmosphère à partir d'environ 4 000 kilomètres d'altitude.

1 **a.** Pourquoi le Soleil est-il essentiel à la Terre ?

b. Pourquoi toutes les régions de la Terre ne connaissent-elles pas un réchauffement égal ?

c. Quel est le rôle de l'atmosphère sur la Terre ?

d. Quelles sont les deux plus importantes couches gazeuses de l'atmosphère ?

e. Quel rôle important l'atmosphère joue-t-elle dans le processus de distribution de la chaleur sur la Terre ?

LE TEMPS ET LE CLIMAT

Le temps et le climat alimentent régulièrement les conversations et engendrent souvent des opinions contradictoires. De plus, bien des gens affirment que les caprices du temps et du climat affectent leur comportement.

Le temps

Si nous nous préoccupons beaucoup du temps, c'est que la température et les précipitations déterminent notre façon de travailler, d'occuper nos loisirs, de nous loger, de nous vêtir, bref, notre façon de vivre.

4.68

(Rio de Janeiro, Brésil)

4.69

(Îles-de-la-Madeleine, Québec)

Selon toi, quels services la météorologie peut-elle rendre aux producteurs agricoles ? aux vacanciers ? aux responsables des travaux de voirie ?

Le temps est l'état passager de l'atmosphère à un moment précis et en un lieu donné.

> **À Québec, le 14 décembre 1992 à midi, la température s'élevait à -3 °C, la pression atmosphérique était à la baisse, les vents venaient de l'est, à 20 km/h, l'humidité relative était de 60 % et les probabilités de précipitations, de 35 %.**

Les données à partir desquelles la météorologie peut prédire et décrire le temps sont la température de l'air, la pression atmosphérique, la direction et la vitesse des vents ainsi que l'humidité de l'air.

Les météorologues disposent aujourd'hui d'outils sophistiqués pour prévoir le temps : ballons-sondes, bouées automatiques et surtout, satellites météorologiques. Même si nous subissons le temps, les progrès dans les prévisions météorologiques et une meilleure connaissance des climats nous permettent d'y adapter nos activités. D'ici la fin du siècle, on pourra prédire le temps dix jours à l'avance.

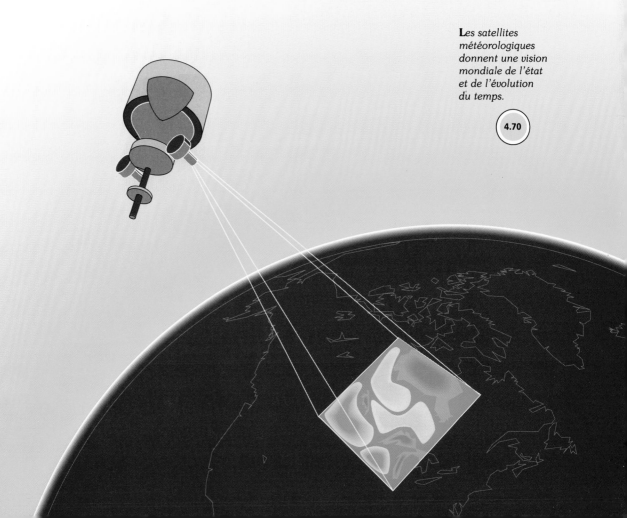

Les satellites météorologiques donnent une vision mondiale de l'état et de l'évolution du temps.

4.70

Le climat

Le climat a une influence sur la flore, la faune et le mode de vie des êtres humains. Il se définit comme l'ensemble des conditions du temps accumulées sur une longue période – la période de référence courante étant de 30 ans – et propres à une région donnée.

Le sud du Québec jouit d'un climat continental, ce qui amène un hiver froid et plutôt long, un été chaud et plutôt court ainsi que des précipitations abondantes tout au long de l'année.

4.71

(Alpes, France)

Pourquoi certaines régions du monde ont-elles un climat très différent de celui de ta région ?

4.72

(Parc Paul-Sauvé, Québec)

Pour décrire le climat d'une région, on établit des moyennes à partir des variations annuelles de températures et de la répartition des précipitations au cours de l'année. La climatologie est la science qui étudie les climats. Cette science rend de précieux services, notamment aux producteurs agricoles, en leur permettant d'établir, par exemple, les probabilités de réussite d'une culture.

Les climatogrammes sont d'une grande utilité lorsqu'on veut connaître le climat d'une région. Les données enregistrées sur ces graphiques – des moyennes mensuelles – nous renseignent sur l'évolution des températures (courbes) et sur la quantité de précipitations (colonnes) de cette région.

CLIMATOGRAMMES

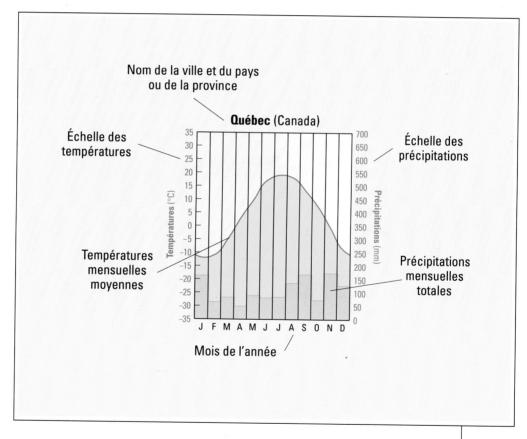

La comparaison entre des graphiques climatiques provenant de stations météorologiques installées sous divers climats nous en apprend beaucoup sur la plus forte température moyenne, les précipitations les plus faibles, etc. Ces graphiques, parce qu'ils sont établis à partir de moyennes calculées sur de longues périodes, sont aussi utiles pour expliquer les différences de végétation entre les régions.

4.73

Le climatogramme est le portrait annuel du climat d'une région.

Quel est le mois le plus froid à Québec ? le mois le plus chaud ? le mois le plus humide ? le mois le plus sec ?

2 **a.** Qu'est-ce que le temps ?

b. Qu'est-ce que le climat ?

c. Les énoncés suivants se rapportent-ils au temps (T) ou au climat (C) ?

– Le 10 janvier 1993, le Soleil était resplendissant à Tijuana, au Mexique.

– Les hivers canadiens sont souvent caractérisés par des froids très rigoureux.

– Il neigeait au moment de notre départ pour Tōkyō, au Japon.

– La semaine dernière, le gel a endommagé la récolte de fruits et de légumes.

– Les météorologues prédisent une saison estivale des plus chaudes cette année.

– À mon arrivée au mont Sainte-Anne, le mercure indiquait -2 °C, ce qui annonçait une belle journée de ski.

– Les vents violents et la pluie ont retardé de nombreux départs vers les îles du sud à Mirabel.

– C'est au printemps que nous dégustons le délicieux sirop d'érable québécois.

– Je pars pour un an en Australie : je dois choisir mes vêtements en conséquence.

– Le match de hockey entre les Sénateurs et les Nordiques a dû être annulé à cause de la pluie et du verglas.

d. Quel nom donne-t-on à la science qui étudie le temps ?

e. Quel nom donne-t-on à la science qui étudie les climats ?

3 **Les statistiques suivantes correspondent aux températures et aux précipitations mensuelles moyennes de trois villes. Sur une feuille de papier quadrillé, fais le climatogramme de chacune de ces villes.**

Note : Cette activité se poursuit à l'activité 10 (page 274).

Statistiques de la ville A

	J	F	M	A	M	J	J	A	S	O	N	D
Températures (°C)	-24,1	-24,3	-25,0	-16,4	-7,0	0,7	4,9	5,4	1,9	-6,6	-17,0	-21,4
Précipitations (mm)	20,0	13,0	17,0	9,0	11,0	23,0	32,0	46,0	42,0	21,0	14,0	18,0

Statistiques de la ville B

	J	F	M	A	M	J	J	A	S	O	N	D
Températures (°C)	25,8	26,2	26,3	25,4	25,7	23,1	21,3	22,9	24,7	25,8	25,8	25,6
Précipitations (mm)	143,0	174,0	146,0	237,0	132,0	17,0	2,0	3,0	33,0	156,0	181,0	169,0

Statistiques de la ville C

	J	F	M	A	M	J	J	A	S	O	N	D
Températures (°C)	4,9	5,7	8,8	12,0	15,0	17,6	19,9	20,3	17,6	13,4	7,9	6,1
Précipitations (mm)	137,0	124,0	126,0	61,0	42,0	40,0	7,0	13,0	42,0	86,0	133,0	129,0

LES FACTEURS DU CLIMAT

Le climat est déterminé par deux types de facteurs : les facteurs météorologiques et les facteurs géographiques.

Les facteurs météo-rologiques

Les facteurs météorologiques du climat correspondent aux données qui caractérisent le temps : la température de l'air, la pression atmosphérique, la vitesse et la direction du vent ainsi que l'humidité de l'air.

La température de l'air

La température est le degré de chaleur de l'atmosphère d'un lieu. Sur la Terre, la température de l'air varie beaucoup d'une région à une autre, voire même d'un quartier de la ville à un autre. Plusieurs relevés effectués au cours d'une même journée permettent de calculer l'amplitude thermique, c'est-à-dire la différence entre la plus forte et la plus faible température de la journée. L'amplitude thermique peut aussi être calculée sur un mois ou sur une année.

TEMPÉRATURE

AMPLITUDE THERMIQUE

Le Soleil étant pratiquement la seule source de chaleur de la Terre, la température peut changer selon la durée du jour et l'angle que décrivent les rayons du Soleil avec la surface terrestre. Ainsi, en hiver, le sud du Canada bénéficie de huit heures de soleil chaque jour, alors que le nord en est privé. La différence entre les températures du sud et celles du nord du pays est donc très grande.

TEMPÉRATURES COMPARÉES	Nord du Canada (Resolute)	Sud du Canada (Vancouver)
	Températures maximales moyennes	
Janvier	− 32,1 °C	2,9 °C
Juillet	4,1 °C	17,7 °C
Amplitude thermique	36,2 °C	14,8 °C

4.74

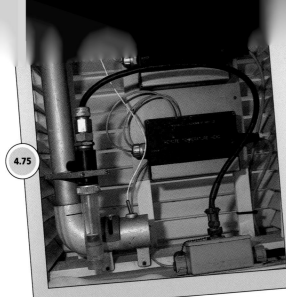

Définition: Degré de chaleur de l'atmosphère d'un lieu.

Unité de mesure: Le degré Celsius (°C).

Instrument de mesure: Le thermomètre.

Particularité: Les météorologues dressent des moyennes de températures journalières, mensuelles et annuelles qui servent à caractériser les climats. En réunissant les moyennes mensuelles d'une année sur un climatogramme, ils obtiennent la courbe thermique d'un lieu.

4.75

La pression atmosphérique

L'être humain vit au fond d'un océan d'air dont le poids s'exerce sur toutes les faces des choses et des êtres vivants. Ce poids de l'air, que l'on appelle la pression atmosphérique, varie selon l'altitude: au niveau de la mer, la pression atmosphérique est maximale; plus on s'élève, plus elle décroît.

La pression atmosphérique détermine les différents types de temps. Pour prévoir le temps, il faut donc connaître les variations de la pression atmosphérique.

4.76

Plus on monte, plus l'atmosphère se raréfie. À une altitude de 5 500 mètres, la pression est deux fois moins élevée qu'au niveau de la mer. Pour cette raison, les alpinistes emportent souvent des réserves d'oxygène.

(Mont Everest, Népal)

L'air est soumis à l'action de la température et peut se dilater ou se comprimer. Quand l'air se réchauffe, il se dilate, il augmente de volume. L'air dilaté devient plus léger que l'air environnant : il s'élève donc et exerce sur le sol une faible pression. Il se crée alors une zone de basse pression, aussi appelée dépression. Quand l'air se refroidit, il se comprime, son volume diminue. L'air comprimé devient plus lourd que l'air environnant : il descend donc et exerce sur le sol une forte pression. Il se crée alors une zone de haute pression, aussi appelée anticyclone.

Comment un deltaplane peut-il monter et redescendre ?

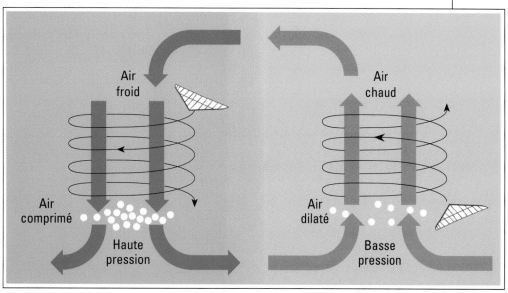

La pression atmosphérique n'est pas constante : elle varie en fonction du mouvement et de la température des masses d'air d'une région à l'autre.

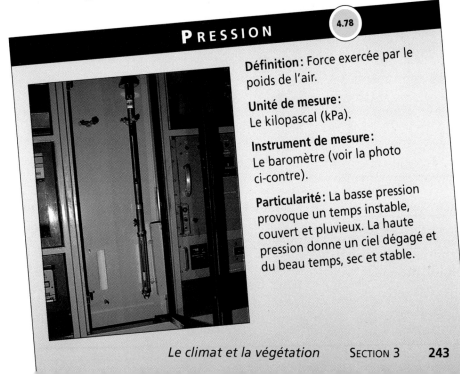

PRESSION 4.78

Définition : Force exercée par le poids de l'air.

Unité de mesure : Le kilopascal (kPa).

Instrument de mesure : Le baromètre (voir la photo ci-contre).

Particularité : La basse pression provoque un temps instable, couvert et pluvieux. La haute pression donne un ciel dégagé et du beau temps, sec et stable.

La vitesse et la direction du vent

Le vent est un déplacement d'air qui s'établit à partir des différences de températures dans l'air. Plus la différence de température entre deux zones est élevée, plus le vent est fort; plus la différence est faible, plus le vent est léger.

Vent

Les vents jouent un rôle très important dans la répartition de la température à la surface de la Terre : à la manière d'une soufflerie, ils réchauffent ou refroidissent l'atmosphère. À cause des différences de températures entre les régions chaudes et les régions froides du globe, les masses d'air se déplacent en suivant des trajectoires à peu près constantes. On observe ainsi des vents caractéristiques dans chacune des zones climatiques.

La circulation des vents.

Pourquoi les masses d'air se déplacent-elles en suivant des trajectoires à peu près constantes ?

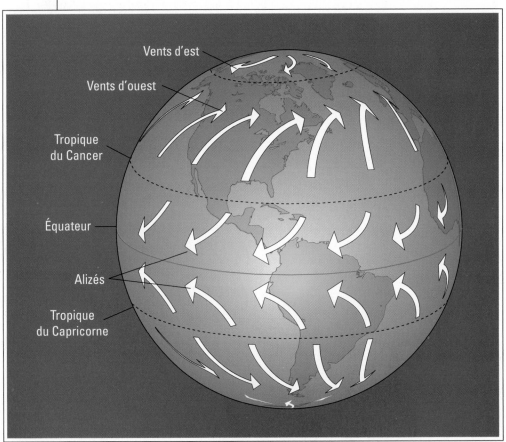

- Dans les régions intertropicales, des vents doux et réguliers soufflent à partir des tropiques vers l'équateur : ce sont les alizés.

- Dans les régions tempérées, les vents d'ouest prédominent. Ces vents, très instables, proviennent de la circulation des masses d'air chaud et humide des régions tropicales.

- Dans les régions polaires, les masses d'air froid se déplacent vers les régions tempérées, donnant naissance aux vents d'est. Ces vents causent de fréquents changements de temps.

VITESSE ET DIRECTION DU VENT

4.80

Définition: Déplacement d'air qui s'établit à partir des différences de températures dans l'air.

Unité de mesure: Le kilomètre par heure (km/h).

Instruments de mesure:
L'anémomètre (vitesse) [voir la photo ci-contre].
La girouette (direction).
La manche à air (direction).

Particularité: La direction du vent est indiquée à partir de son origine.

L'humidité de l'air

Sous l'effet de la chaleur, l'eau se transforme en vapeur qui constitue la transpiration de la Terre. La vapeur d'eau est un élément très important car elle provoque la formation des nuages et des précipitations.

4.81

Savais-tu que si on gardait les précipitations annuelles dans des baignoires, cette eau permettrait à chaque habitant ou habitante de la Terre de prendre quarante bains par jour?

Selon sa température, l'air a tendance à absorber de l'eau jusqu'à saturation, c'est-à-dire jusqu'à ce qu'il contienne 100 % de vapeur d'eau, comme c'est le cas à l'intérieur des nuages ou du brouillard. Lorsque le degré d'humidité est élevé, le temps est lourd et l'on se sent mal à l'aise.

L'humidité de l'air est la quantité de vapeur d'eau contenue dans l'air. Au sol, cette manifestation crée le brouillard, alors qu'en altitude, elle donne les nuages. Plus l'air humide se rafraîchit, plus sa capacité de contenir de la vapeur d'eau diminue. Si la température de l'air descend, il y a condensation et apparition d'une précipitation liquide (pluie) ou solide (neige ou grêle).

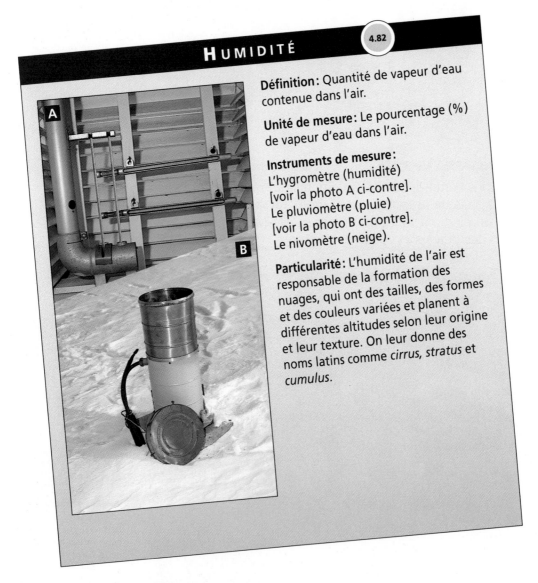

HUMIDITÉ

4.82

Définition: Quantité de vapeur d'eau contenue dans l'air.

Unité de mesure: Le pourcentage (%) de vapeur d'eau dans l'air.

Instruments de mesure:
L'hygromètre (humidité)
[voir la photo A ci-contre].
Le pluviomètre (pluie)
[voir la photo B ci-contre].
Le nivomètre (neige).

Particularité: L'humidité de l'air est responsable de la formation des nuages, qui ont des tailles, des formes et des couleurs variées et planent à différentes altitudes selon leur origine et leur texture. On leur donne des noms latins comme *cirrus*, *stratus* et *cumulus*.

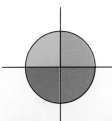

La formation d'un nuage

Au-dessus des zones chaudes, de grosses bulles d'air chaud se forment puis s'élèvent tels d'invisibles ballons. Cet air chaud ascendant chargé de vapeur d'eau est à l'origine de la formation des nuages.

En s'élevant, l'air chaud se dilate et se refroidit. Ce refroidissement s'accompagne de condensation: de minuscules gouttelettes d'eau ou de petits cristaux de glace se forment sur des particules de poussière en suspension dans l'air. C'est la naissance d'un nuage...

Que nous annoncent en général les *cumulus*, ces gros nuages qui ont l'aspect du coton?

4.83

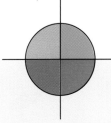

La formation de la pluie

Les gouttelettes d'eau contenues dans les nuages sont en général fines et légères: elles flottent dans l'air. Certaines de ces gouttelettes sont plus lourdes. Elles se mettent alors à tomber et, au cours de leur chute, s'unissent à d'autres gouttelettes pour former des gouttes. Ces gouttes finissent par tomber sous forme de pluie.

Lorsque la couche nuageuse est peu épaisse, les gouttelettes d'eau n'ont pas le temps de devenir grosses avant d'atteindre le sol. Elles tombent alors en pluie très fine, que l'on appelle la bruine.

Lorsque les nuages sont de bonnes dimensions, les gouttelettes d'eau ont un plus long chemin à parcourir: les gouttes deviennent donc plus grosses. Les averses qui naissent à partir de ces nuages sont lourdes et nécessitent un bon imperméable!

Comment appelle-t-on de fortes pluies souvent accompagnées d'éclairs et de tonnerre?

4.84

4 **a.** Associe les facteurs météorologiques aux énoncés correspondants.

> Température de l'air
> Pression atmosphérique
> Vitesse et direction du vent
> Humidité de l'air

– Déplacement d'air créé par des différences de températures dans l'air.

– Quantité de vapeur d'eau contenue dans l'air.

– Force exercée par le poids de l'air.

– Degré de chaleur de l'atmosphère d'un lieu.

b. Qu'est-ce que l'amplitude thermique ?

c. Quel autre nom donne-t-on à une zone de basse pression ?

d. Quel autre nom donne-t-on à une zone de haute pression ?

e. Quel rôle important le vent joue-t-il dans la répartition de la température à la surface de la Terre ?

f. Quel élément important provoque la formation des nuages et des précipitations ?

g. De quel instrument météorologique s'agit-il ?

– Je mesure la quantité de pluie tombée en une journée.

– J'enregistre la vitesse du vent.

– Je mesure la température de l'air.

– J'indique le pourcentage d'humidité de l'air.

– Je détermine la direction du vent.

– Je mesure la pression atmosphérique.

– Je mesure la quantité de neige tombée en une journée.

Les facteurs géographiques

En plus des facteurs météorologiques, des facteurs géographiques agissent sur le climat. Ces facteurs sont la latitude, l'altitude, la proximité de la mer et l'éloignement de la mer.

La latitude

La latitude est le plus important facteur géographique du climat, car elle a une influence sur la distribution de la chaleur à la surface de la Terre.

La Terre étant ronde, elle n'est pas réchauffée également par les rayons du Soleil. Ces rayons frappent la Terre perpendiculairement dans la zone intertropicale et obliquement aux pôles, ce qui provoque une diminution de la température quand on quitte l'équateur pour se rapprocher des pôles.

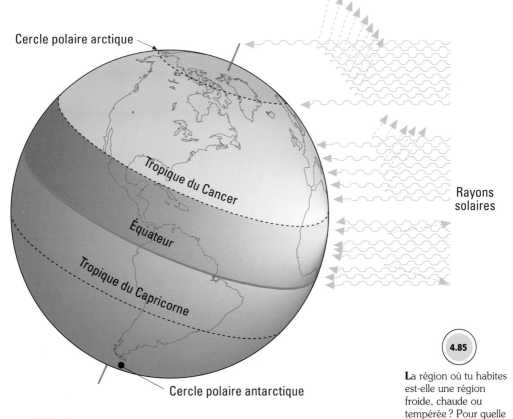

Cercle polaire arctique

Tropique du Cancer

Équateur

Tropique du Capricorne

Cercle polaire antarctique

Rayons solaires

4.85

La région où tu habites est-elle une région froide, chaude ou tempérée ? Pour quelle raison ?

L'altitude

La température diminue avec l'altitude, car plus on s'élève, moins la couche d'air est dense et moins elle retient la chaleur du Soleil. Comme la végétation dépend de la température, elle varie aussi en fonction de l'altitude. On estime que la température s'abaisse en général de 6 °C pour chaque élévation de 1 000 mètres.

4.86

Le mont Kilimandjaro, le plus haut sommet d'Afrique (5 895 mètres), est couvert en permanence d'une calotte de glace et de neige, bien qu'il soit situé à l'équateur.

Les précipitations sont habituellement abondantes sur les versants des montagnes exposés aux vents marins. Le vent pousse l'air humide le long du versant et, en s'élevant, se refroidit et se condense, ce qui entraîne des précipitations appelées pluies de relief. Par contre, les versants opposés ne sont pratiquement pas arrosés parce que l'air se réchauffe et s'assèche en s'abaissant.

Une pluie de relief.

Quelle région canadienne connaît plus de précipitations que toute autre région du pays ?

4.87

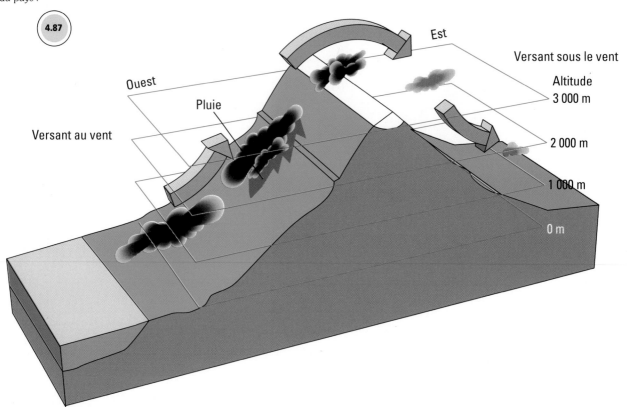

La proximité de la mer

Les océans et les mers se refroidissent et se réchauffent lentement, parce qu'ils absorbent la chaleur du Soleil en profondeur.

Il en résulte une influence adoucissante sur les régions côtières. Ces régions connaissent de faibles amplitudes thermiques : l'hiver y est plus doux et l'été plus frais que dans les régions de même latitude situées à l'intérieur des continents. De même, les précipitations y sont plus abondantes, particulièrement sur les côtes ouest des continents.

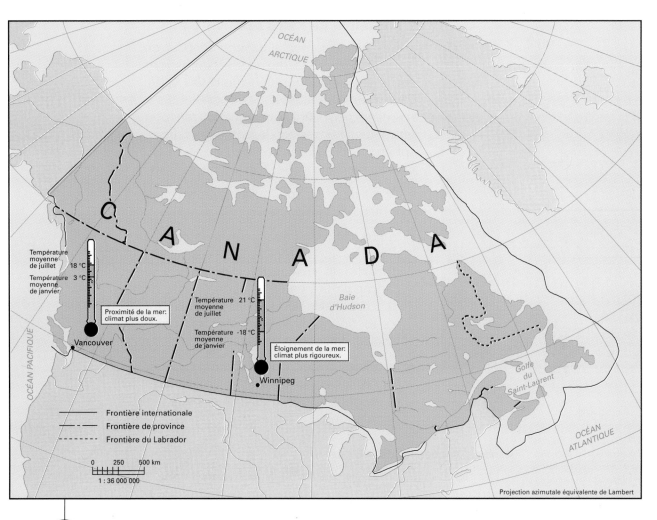

Projection azimutale équivalente de Lambert

4.88

Quelle est l'amplitude thermique de Vancouver et de Winnipeg ?

Quelle caractéristique de l'océan amène un climat plus doux à Vancouver qu'à Winnipeg ?

Quelle caractéristique du continent amène un climat plus rigoureux à Winnipeg qu'à Vancouver ?

L'éloignement de la mer

Les continents se réchauffent et se refroidissent plus rapidement que les océans et les mers. Ce phénomène est dû au fait que la Terre n'absorbe les rayons du Soleil qu'en surface.

Ainsi, les régions situées à l'intérieur des continents connaissent des amplitudes thermiques plus grandes que les régions côtières et battent des records de chaleur et de froid. Ces régions connaissent des hivers longs et rigoureux et des étés courts et chauds. L'éloignement de la mer, ou continentalité, agit principalement sur le climat de pays très étendus comme le Canada, la Russie et la Chine.

CONTINENTALITÉ

L'influence de l'être humain

Les êtres humains posent de plus en plus de gestes qui ont des répercussions sur le climat. L'agrandissement des villes, l'agriculture, l'industrie, les opérations minières et pétrolières ainsi que le transport entraînent l'émission de gaz dans l'atmosphère et font peser des menaces sur l'environnement terrestre. Ces menaces sont :

- l'effet de serre, qui entraîne le réchauffement de la planète ;

- la réduction de l'épaisseur de la couche d'ozone, qui protège la Terre des rayons ultraviolets susceptibles de causer le cancer de la peau et d'altérer, voire de détruire la vie animale et végétale sur les continents et dans les couches superficielles de l'océan ;

- les pluies acides, qui mettent en danger les écosystèmes aquatiques et terrestres et peuvent porter atteinte à la santé des populations.

4.89

Les nombreux polluants industriels font de l'air un dangereux cocktail chimique qui s'attaque aux forêts, aux cours d'eau, et ronge même la pierre des bâtiments.

Autres facteurs du climat

Depuis quelques années, il semble y avoir une augmentation du nombre de catastrophes climatiques (inondations, sécheresses, ouragans, etc.). Plusieurs météorologues ont émis l'hypothèse que des modifications de l'activité solaire, le courant marin El Niño ou encore le volcan philippien Pinatubo (voir «Les feux de la Terre» à la page 253) pourraient être responsables des maux climatiques dont souffre le monde. Mais les catastrophes climatiques résultent peut-être d'évolutions naturelles que nous ne pouvons encore ni expliquer ni prévoir...

5 **a.** Pourquoi fait-il plus chaud à l'équateur qu'aux pôles ?

b. Pourquoi fait-il plus chaud au pied d'une montagne qu'à son sommet ?

c. Qu'est-ce qu'une pluie de relief ?

d. Pourquoi l'océan a-t-il une influence adoucissante sur les régions côtières ?

e. Pourquoi les régions situées à l'intérieur des continents connaissent-elles souvent des records de températures ?

f. Donne un exemple de gestes posés par l'être humain qui se répercutent sur le climat.

g. D'autres facteurs influencent les climats. Nommes-en deux.

Note : Consulte les documents 4.85 à 4.89 (pages 249 à 252).

Les feux de la Terre

Lowell Ponte

*L'éruption d'un lointain volcan affecte
notre vie d'une manière insoupçonnée*

L'ancien volcan sommeillait depuis plus de 600 ans. En juin 1991, le réveil du Pinatubo, aux Philippines, est terrible. Une série de violentes éruptions projette dans la stratosphère plus de 15 millions de tonnes d'anhydride sulfureux. Une pluie de ponces brûlantes s'abat sur le sol. Un panache de fumée grise, haut de 30 kilomètres, masque le Soleil. Sous les cendres, le paysage prend une couleur pâle et lunaire. Plus de 1 000 000 de personnes fuient la région. «On croyait voir la fin du monde», dira l'une d'elles.

Les vents entraînent le nuage volcanique vers l'ouest et autour de la Terre. Quelques semaines plus tard, des millions de Nord-Américains observent des couchers de Soleil spectaculaires, l'astre prenant des colorations étranges sous l'effet du fin nuage de poussières.

Plus grave, ce voile circumplanétaire empêche de grandes quantités de lumière solaire d'atteindre la Terre et de la réchauffer. Des chercheurs américains ont estimé que son épaisseur était suffisante pour refroidir le climat du globe d'environ un demi-degré Celsius pendant plusieurs années. «Les particules volcaniques, explique l'un d'eux, se trouvent trop haut dans l'atmosphère pour que la pluie puisse les éliminer.»

[...] Les quelque 15 millions de tonnes d'anhydride sulfureux projetées dans la stratosphère par le Pinatubo se sont changées en fines gouttelettes d'acide sulfurique. Certaines de ces gouttes seront portées par des vents circulaires durant trois ans et modifieront la chimie de la haute atmosphère. Des chercheurs du Colorado ont estimé que cet acide pourrait détruire de 5 % à 6 % de la couche d'ozone qui surplombe le nord des États-Unis et le sud du Canada. Située à 23 kilomètres d'altitude, la couche d'ozone contribue à protéger la Terre des rayons ultraviolets, principale cause du cancer de la peau.

Extrait de *Sélection*, avril 1992, avec la permission des Périodiques Reader's Digest, © 1992.

4.90

L'*éruption du Pinatubo (16 juin 1991, Philippines).*

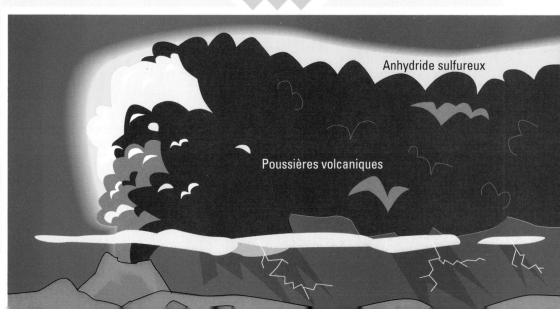

Rayons solaires

Anhydride sulfureux

Poussières volcaniques

4.91

À *court terme, les poussières et les gaz émis par le Pinatubo ont eu un effet néfaste sur le climat en formant un écran entre la Terre et le rayonnement solaire.*

LE CLIMAT
ET LA VÉGÉTATION

Des pôles à l'équateur, de l'Himālaya aux rives de la Méditerranée, la Terre présente une mosaïque de climats qui jouent un rôle fondamental dans l'organisation et la répartition des êtres vivants.

4.92

4.94

4.93

Observe attentivement les photos 4.92 à 4.94.

À quelle grande zone climatique associes-tu chacune d'elles?

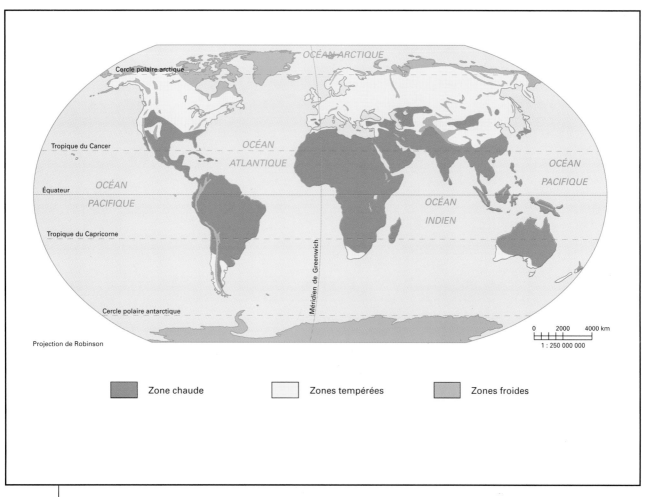

Zone chaude Zones tempérées Zones froides

4.95

Les grandes zones climatiques.

Pourquoi les zones froides sont-elles situées au-delà des cercles polaires ?

Pourquoi la zone chaude est-elle située entre les deux tropiques ?

Les climats sont groupés en trois grandes zones climatiques :

- la zone chaude, située entre les deux tropiques ;
- les deux zones tempérées, situées dans les moyennes latitudes des deux hémisphères ;
- les deux zones froides, situées dans les hautes latitudes.

Dans toutes ces zones, il existe des régions de montagnes dont le climat varie avec l'altitude.

Les documents 4.96 et 4.97 (page 256) démontrent que la distribution de la végétation correspond à celle des climats. Les plantes, les arbres et les animaux dépendent de leur environnement naturel : ils ne peuvent donc subsister qu'en s'adaptant aux conditions climatiques de leur région, tout comme les êtres humains.

Dans chacune des trois grandes zones climatiques, il existe des milieux de vie, répartis entre les pôles et l'équateur, qui correspondent aux principales divisions climatiques de notre planète. Chaque milieu abrite un climat, une flore, une faune et des activités humaines spécifiques.

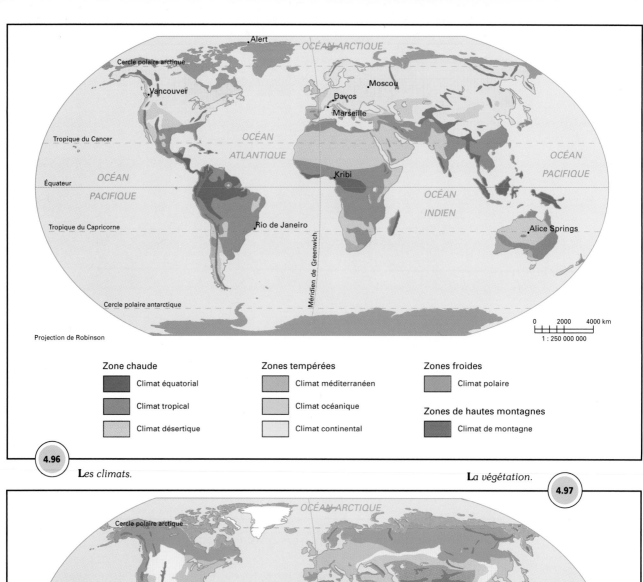

4.96 **L**es climats.

Zone chaude
- Climat équatorial
- Climat tropical
- Climat désertique

Zones tempérées
- Climat méditerranéen
- Climat océanique
- Climat continental

Zones froides
- Climat polaire

Zones de hautes montagnes
- Climat de montagne

Projection de Robinson

0   2000   4000 km
1 : 250 000 000

*L*a végétation. **4.97**

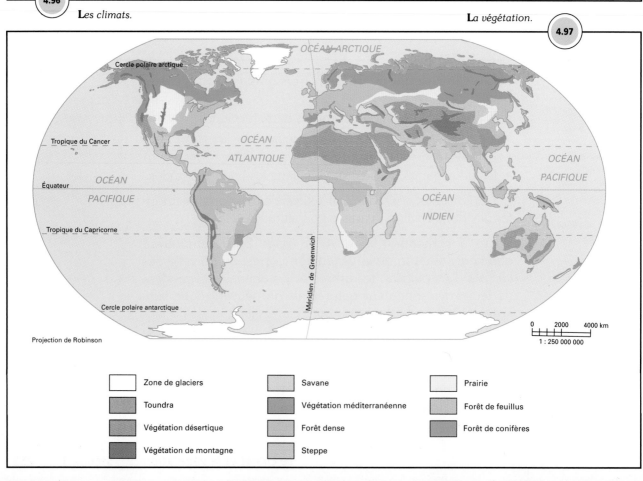

Projection de Robinson

0   2000   4000 km
1 : 250 000 000

- Zone de glaciers
- Toundra
- Végétation désertique
- Végétation de montagne
- Savane
- Végétation méditerranéenne
- Forêt dense
- Steppe
- Prairie
- Forêt de feuillus
- Forêt de conifères

La zone chaude

Quand tu penses à la zone chaude, tu te vois sûrement au pied de cocotiers inclinant leurs palmes sur une plage déserte. Cette image idéale ne te révèle cependant qu'un des aspects de la zone chaude...

La zone chaude est située de part et d'autre de l'équateur, entre le tropique du Cancer (23° N) et le tropique du Capricorne (23° S). Les températures y sont assez élevées durant toute l'année (plus de 18 °C). Quand on s'éloigne de l'équateur pour aller vers les tropiques, la forêt dense qui ceinture la planète cède la place aux hautes herbes de la savane et aux surfaces dénudées du désert. Les moyennes mensuelles de précipitations différencient les trois principaux climats de la zone chaude :

- le climat équatorial;
- le climat tropical
- le climat désertique.

Les climats de la zone chaude.

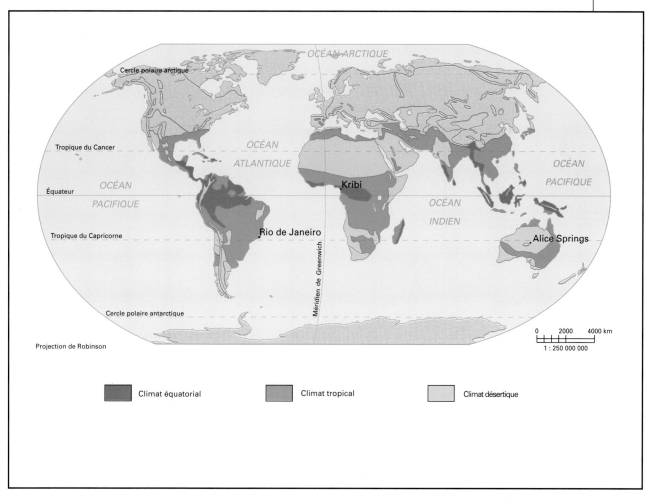

TYPES DE ▽ CLIMAT	CARACTÉRISTIQUES	TEMPÉRATURES ET PRÉCIPITATIONS	STATIONS MÉTÉOROLOGIQUES
ÉQUATORIAL	• Températures très élevées toute l'année (25 °C) • Région sans hiver • Précipitations abondantes presque chaque jour	• Température moyenne de janvier: 26 °C • Température moyenne de juillet: 24 °C • Température moyenne annuelle: 24,8 °C • Amplitude thermique: 2 °C • Précipitations totales: 3 176 mm	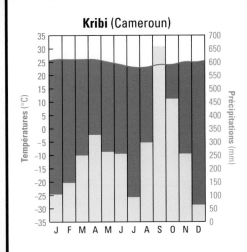
TROPICAL	• Très grande chaleur • Alternance d'une saison sèche et d'une saison humide • Vents permanents: les alizés • Vent saisonnier: la mousson	• Température moyenne de janvier: 25 °C • Température moyenne de juillet: 20 °C • Température moyenne annuelle: 23,5 °C • Amplitude thermique: 5 °C • Précipitations totales: 1 102 mm	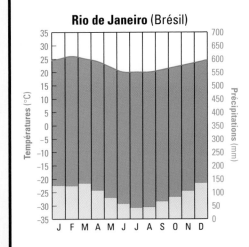
DÉSERTIQUE	• Temps sec et très chaud • Grande amplitude thermique entre le jour et la nuit (parfois 50 °C) • Pluies rares et irrégulières (+ ou – 200 mm par an)	• Température moyenne de janvier: 28 °C • Température moyenne de juillet: 11 °C • Température moyenne annuelle: 19,8 °C • Amplitude thermique: 17 °C • Précipitations totales: 236 mm	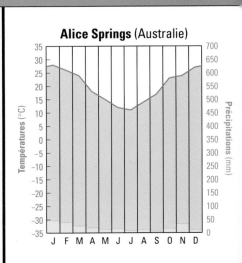

LA ZONE CHAUDE

- **Forêt dense:** végétation luxuriante constituée d'espèces variées croissant sur plusieurs étages. Aussi appelée forêt vierge ou jungle.

- «Ceinture verte» autour de la Terre, le long de l'équateur.

- Milieu hostile pour l'être humain.

- **Savane:** étendue de hautes herbes dominées par des arbres isolés. Aussi appelée brousse.

- **Steppe:** plaine composée de touffes d'herbes courtes et espacées.

- Pendant la saison sèche, les arbres perdent leurs feuilles.

- Buissons épineux et **cactus**.

- Milieu hostile pour l'être humain.

TYPES DE ▽ CLIMAT	ESPÈCES D'ARBRES ET DE PLANTES	
ÉQUATORIAL	• Santals • Bambous • Bananiers • Ébéniers • Acajous • Lianes • **Orchidées** • Beaumiers 	• Oiseaux (**perroquets**, aras) • Singes • Serpents • Insectes • etc.
TROPICAL	• Hautes herbes • Palmiers • **Baobabs** • Cocotiers • Tecks • Cèdres aromatiques • Palétuviers 	• Antilopes • Girafes • Buffles • Zèbres • Lions • Léopards • Guépards • Éléphants • Rhinocéros • Crocodiles • **Tigres** • etc.
DÉSERTIQUE	Rares, sauf dans les oasis : palmiers **dattiers**, acacias, etc. 	• **Dromadaires** • Gazelles • Kangourous • Serpents • Lézards • Scorpions • Araignées • etc.

PÈCES D'ANIMAUX	ACTIVITÉS PARTICULIÈRES	

- Culture de l'hévéa pour le caoutchouc
- Exploitation de bois de qualité : acajou, ébène, palissandre
- **Plantation de bananiers** et de cocotiers

- Défrichage de la forêt par brûlis
- Culture du manioc
- Culture du riz
- **Plantation de coton**

- Nomadisme pastoral
- **Culture irriguée dans le désert**

6 À l'aide des documents 4.96 à 4.99 (pages 256 à 261), réponds aux questions suivantes.

a. À quel climat associes-tu chacune des caractéristiques suivantes ?

Climat équatorial	Climat désertique
Climat tropical	

- Précipitations rares
- Steppe
- Perroquets
- Baobabs
- Saison sèche, saison humide
- Dromadaires
- Palmiers dattiers
- Températures contrastantes
- Culture du riz
- Savane
- Précipitations quotidiennes
- Vents alizés
- Girafes
- Acajou
- Forêt dense
- Buissons épineux
- Nomadisme
- Culture de l'hévéa

b. Pourquoi n'y a-t-il pas beaucoup d'arbres dans le milieu désertique ?

c. Qu'est-ce qui favorise la croissance de la forêt dense dans le milieu équatorial ?

d. Quel climat de la zone chaude connaît les précipitations les plus fortes ? les plus faibles ?

e. Lequel des trois climats de la zone chaude est le plus agréable pour l'être humain ?

f. Quel climat de la zone chaude présente la température moyenne annuelle la plus élevée ? la moins élevée ?

g. Quel facteur géographique explique la grande chaleur qui règne dans la zone chaude ?

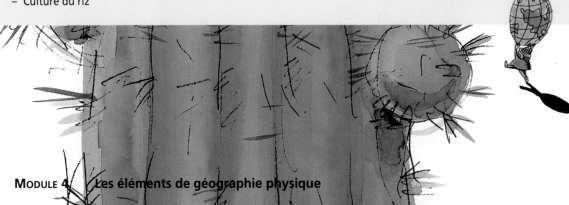

Les zones tempérées

Les paysages des zones tempérées sont accueillants : ils constituent souvent un cadre de vie favorable aux êtres humains.

Les zones tempérées, qui sont situées dans les moyennes latitudes des deux hémisphères, entre les tropiques et les cercles polaires, présentent des milieux de vie caractérisés par des températures modérées, un temps plus variable que les autres zones et une végétation très diversifiée. Les contrastes de températures et les précipitations modérées créent deux saisons extrêmes, l'été et l'hiver, et deux saisons intermédiaires, le printemps et l'automne. L'alternance de la chaleur et du froid différencie les trois principaux climats des zones tempérées :

- le climat méditerranéen ;
- le climat océanique ;
- le climat continental.

Les climats des zones tempérées.

4.100

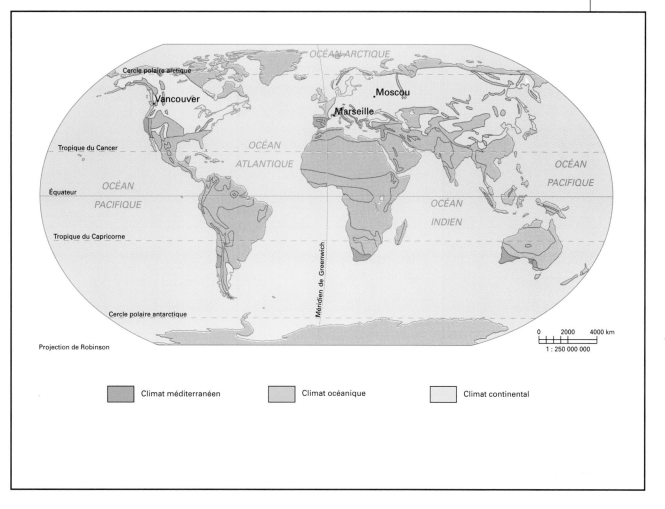

| Climat méditerranéen | Climat océanique | Climat continental |

Le climat et la végétation SECTION 3 **263**

TYPES DE ▽ CLIMAT	CARACTÉRISTIQUES	TEMPÉRATURES ET PRÉCIPITATIONS	STATIONS MÉTÉOROLOGIQUES
MÉDITERRANÉEN	• Été sec et chaud • Hiver doux et humide • Précipitations irrégulières, abondantes surtout en hiver	• Température moyenne de janvier: 6 °C • Température moyenne de juillet: 22 °C • Température moyenne annuelle: 13,7 °C • Amplitude thermique: 16 °C • Précipitations totales: 573 mm	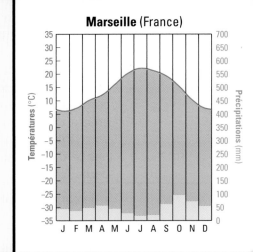
OCÉANIQUE	• Été frais • Hiver doux • Influence adoucissante de la mer • Précipitations abondantes toute l'année, mais davantage en hiver • Longue saison végétative	• Température moyenne de janvier: 3 °C • Température moyenne de juillet: 18 °C • Température moyenne annuelle: 10,4 °C • Amplitude thermique: 15 °C • Précipitations totales: 1 438 mm	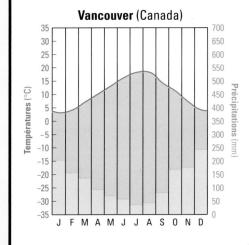
CONTINENTAL	• Climat de contrastes • Été court et chaud • Hiver long et froid • Fortes amplitudes thermiques • Précipitations assez abondantes (pluie et neige)	• Température moyenne de janvier: -9 °C • Température moyenne de juillet: 18 °C • Température moyenne annuelle: 4,2 °C • Amplitude thermique: 27 °C • Précipitations totales: 513 mm	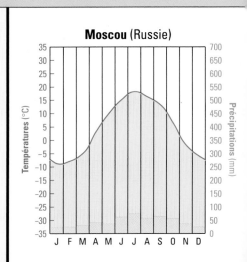

- Végétation méditerranéenne.
- Maquis : arbustes et buissons enchevêtrés.
- **Garrigue** : broussailles couvrant des sols arides.

- Forêt de feuillus.
- **Forêt de conifères**. Aussi appelée forêt boréale.
- Dans certaines conditions, les conifères sont énormes, comme sur la côte du Pacifique au Canada.

- Forêt de feuillus.
- Forêt de conifères :
  - au nord, elle borde la toundra. C'est la taïga, forêt constituée de conifères clairsemés de petite taille ;
  - au sud, elle borde la forêt de feuillus. C'est la **forêt mixte**, forêt peuplée de conifères et de feuillus.
- Prairie : étendue couverte d'herbes.

4.101

TYPES DE ▽ CLIMAT	ESPÈCES D'ARBRES ET DE PLANTES	
MÉDITERRANÉEN	• Citronniers • Oliviers • **Vignes** • Cyprès • Cèdres • Chênes-lièges • Arbousiers		• Faune rare à cause de la forte densité de population • Troupeaux de chèvres et de **moutons**
OCÉANIQUE	• Chênes • Hêtres • Érables • Sapins • Épinettes • Mélèzes • Pins • Pins de Douglas • Séquoias • Épinettes de Sitkas • **Cèdres rouges**		• Couguars • Ours • Chèvres de montagne • **Mouflons** • Loups • Coyotes • Cerfs • Lièvres
CONTINENTAL	• Épinettes • Sapins • **Pins** • Mélèzes • Peupliers • Bouleaux • Herbes		• **Ours** • Loups • Renards • Ratons laveurs • Castors • Visons • Loutres • Cerfs de Virginie • Wapitis • Orignaux • Caribous

ÈCES D'ANIMAUX	ACTIVITÉS PARTICULIÈRES

- **Plantation d'orangers,** d'oliviers et de citronniers
- Vignobles
- Tourisme (Côte d'Azur, Californie, Costa del Sol)

- Exploitation forestière
- **Pêche commerciale sur les côtes**
- Agriculture (sols très fertiles)

- Exploitation forestière (pâtes et papiers)
- Tourisme d'aventure (pêche, chasse, canot, camping)
- **Culture du blé**

7 À l'aide des documents 4.96, 4.97, 4.100 et 4.101 (pages 256 à 267), réponds aux questions suivantes.

a. À quel climat associes-tu chacune des caractéristiques suivantes?

Climat méditerranéen	Climat océanique Climat continental

- Prairie
- Pêche commerciale
- Castors
- Climat de contrastes

- Séquoias
- Maquis
- Précipitations abondantes
- Culture du blé

- Hiver doux et humide
  Été sec et chaud

- Mouflons

- Vignobles
- Troupeaux de moutons
- Bouleaux

- Oliviers
- Taïga
- Fortes amplitudes thermiques

- Été frais
  Hiver doux

- Été court et chaud
  Hiver long et froid

b. Pourquoi la faune n'est-elle pas très présente dans le milieu méditerranéen?

c. Pourquoi trouve-t-on des arbres de très haute taille dans le milieu océanique?

d. Quel climat des zones tempérées présente les précipitations les plus fortes? les plus faibles?

e. Quel climat des zones tempérées est le plus rigoureux pour l'être humain?

f. Quel climat des zones tempérées présente la température moyenne annuelle la plus élevée? la moins élevée?

g. Quel facteur géographique explique la douceur du climat océanique? la rigueur du climat continental?

Les zones froides

Des températures extrêmement basses (jamais plus de 10 °C), de gigantesques masses de glace et une nuit interminable font des zones froides des régions à la fois fascinantes et hostiles. Aujourd'hui, ces zones ne sont plus totalement évitées mais bien au contraire de plus en plus convoitées, parcourues et même habitées. Les zones froides, où le froid intense, la glace et les vents violents imposent de sévères contraintes aux êtres vivants, sont situées au-delà des cercles polaires. Elles sont caractérisées par le climat polaire.

Le climat des zones froides et le climat des régions de hautes montagnes.

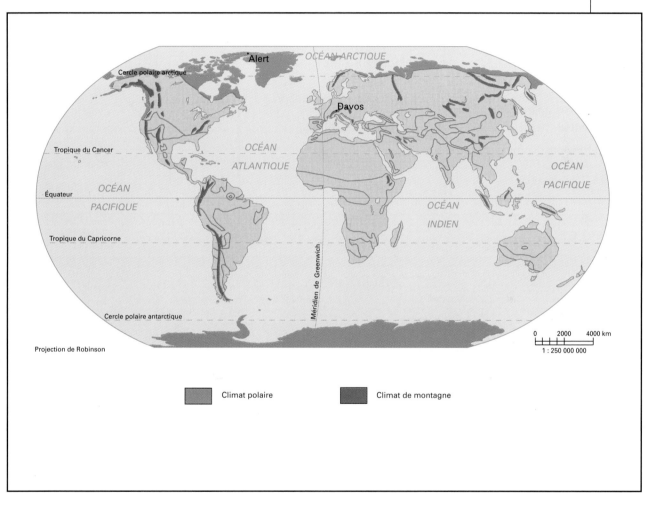

Projection de Robinson

1 : 250 000 000

☐ Climat polaire   ■ Climat de montagne

Les régions de hautes montagnes

Les régions de hautes montagnes sont présentes sur tous les continents et dans toutes les grandes zones de températures. Selon l'altitude, les conditions climatiques y varient, de même que la végétation et les êtres vivants.

La haute montagne impose bien des contraintes à la vie, mais celle-ci subsiste, bien adaptée aux conditions du climat de montagne, marqué par l'altitude.

TYPE DE ▽ CLIMAT	CARACTÉRISTIQUES	TEMPÉRATURES ET PRÉCIPITATIONS	STATION MÉTÉOROLOGIQUE

4.103 A — LES ZONES FROIDES

TYPE DE ▽ CLIMAT	CARACTÉRISTIQUES	TEMPÉRATURES ET PRÉCIPITATIONS	STATION MÉTÉOROLOGIQUE
P O L A I R E	• Quasi absence d'été • Hiver très froid et très long (10 mois) • Très fortes amplitudes thermiques • Précipitations faibles • Sol toujours gelé en profondeur: pergélisol • Vents violents: les blizzards	• Température moyenne de janvier: –34 °C • Température moyenne de juillet: 4 °C • Température moyenne annuelle: –15,4 °C • Amplitude thermique: 38 °C • Précipitations totales: 161 mm	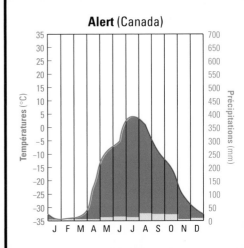 **Alert** (Canada)

4.103 B — LES RÉGIONS DE HAUTES MONTAGNES

TYPE DE ▽ CLIMAT	CARACTÉRISTIQUES	TEMPÉRATURES ET PRÉCIPITATIONS	STATION MÉTÉOROLOGIQUE

D E M O N T A G N E	• Rôle de l'altitude:
	  – baisse de température;
	  – augmentation des précipitations;
	  – importants écarts de température entre le jour et la nuit.
	• Présence de plusieurs climats entre le pied et le sommet d'une montagne (climats étagés)
		• Température moyenne de janvier: –7 °C
		• Température moyenne de juillet: 12 °C
		• Température moyenne annuelle: 13,8 °C
		• Amplitude thermique: 19 °C
		• Précipitations totales: 889 mm
			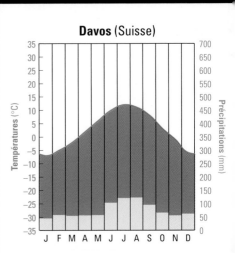
			Davos (Suisse)

LES ZONES FROIDES

TYPE DE VÉGÉTATION

- **Toundra**: formation végétale caractérisée par des fleurs naines, des mousses, des lichens et des arbres nains

- Milieu hostile pour l'être humain

LES RÉGIONS DE HAUTES MONTAGNES

TYPE DE VÉGÉTATION

- **Végétation de montagne** étagée
- Milieu contraignant pour l'être humain

LES ZONES FROIDES

4.103 A

TYPE DE ▽ CLIMAT	ESPÈCES D'ARBRES ET DE PLANTES	

P O L A I R E

- Buissons
- Saules nains
- Mousses
- Lichens
- **Fleurs naines**
- Arbres nains

- Otaries
- **Manchots**
- Ours blancs
- Phoques
- Rennes
- Boeufs musqués
- Caribous
- Oiseaux migrateurs

LES RÉGIONS DE HAUTES MONTAGNES

4.103 B

TYPE DE ▽ CLIMAT	ESPÈCES D'ARBRES ET DE PLANTES	

D E   M O N T A G N E

- Feuillus
- Conifères
- Arbustes
- Arbres nains
- Mousses et lichens
- **Fleurs alpines**

- **Chèvres de montagne**
- Lamas
- Mouflons
- Chamois
- Alpagas
- Aigles
- Vautours
- Chinchillas
- Couguars

ÈCES D'ANIMAUX	ACTIVITÉS PARTICULIÈRES

- Activités traditionnelles des autochtones (chasse, pêche, piégeage)
- **Élevage du renne**
- Exploitation pétrolière sur la plate-forme continentale

LES RÉGIONS DE HAUTES MONTAGNES

ÈCES D'ANIMAUX	ACTIVITÉS PARTICULIÈRES

- **Sports d'hiver**
- Alpinisme
- Construction de barrages
- Culture en terrasses

8 À l'aide des documents 4.96, 4.97, 4.102, 4.103 A et 4.103 B, réponds aux questions suivantes.

a. Quel facteur géographique explique la quasi absence d'été dans le climat polaire ?

b. Pourquoi n'y a-t-il pas d'arbres dans le climat polaire ?

c. Selon toi, pourquoi n'y a-t-il pas beaucoup de précipitations dans le climat polaire ?

d. Pourquoi peut-on observer plusieurs climats différents entre le pied et le sommet d'une montagne ?

e. Que veut dire l'expression «végétation étagée» ?

f. Pourquoi les précipitations augmentent-elles avec l'altitude ?

g. Pourquoi la montagne est-elle un milieu contraignant pour l'être humain ?

9 Pour faire cette activité, utilise les trois climatogrammes que tu as faits à l'activité 3 (page 240).

a. Associe chacun des climatogrammes à l'une des trois villes suivantes.
– Dikson (Russie), 74° N 8° E
– Portland (États-Unis), 45° N 122° W
– Kinshasha (Zaïre), 4° S 15 °E

b. Pour chacun des climatogrammes que tu as faits, relève ou calcule:
– le mois le plus chaud et sa température;
– le mois le plus froid et sa température;
– l'amplitude thermique;
– la température moyenne annuelle;
– le mois le plus humide;
– le mois le plus sec;
– le total des précipitations.

c. Selon toi, quel climat chacun de ces climatogrammes caractérise-t-il ? Lequel de ces climats est le plus chaud ? Lequel est le plus rigoureux ? Lequel ressemble le plus au climat de la région que tu habites ? À quelle zone climatique associes-tu chacun d'eux ?

Donne les caractéristiques générales de la température et des précipitations de ces trois climats.

10 Pour faire cette activité, consulte les documents 4.96 à 4.103 A et B (pages 256 à 273).

Sur la Terre, il existe de grands milieux de vie caractérisés par une flore, une faune et un climat particuliers.

Première étape

Sur une carte muette du monde semblable au document 4.104, désigne à l'aide de couleurs différentes les huit principaux climats de la Terre et complète la légende.

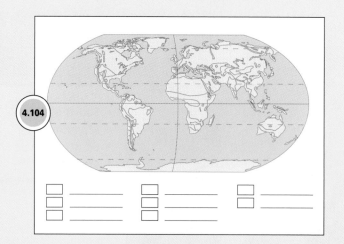

4.104

Deuxième étape

Sur une carte muette du monde semblable au document 4.105, désigne à l'aide de couleurs différentes les onze principaux types de végétation de la Terre et complète la légende. Laisse en blanc les régions recouvertes de glaciers.

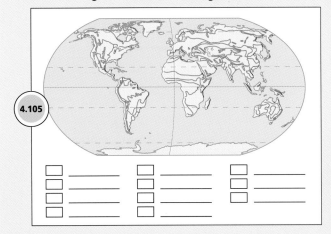

4.105

Troisième étape

Pour faire cette étape, utilise un tableau semblable au document 4.106.

a. Indique, dans la légende, les numéros des cases qui correspondent aux conditions climatiques, au type de végétation et au groupe d'animaux de chacun des climats.

b. Colorie, de la même couleur que sur la carte utilisée à la première étape, les trois cases de chacun des climats.

4.106

CLIMATS				LÉGENDE			
CONDITIONS CLIMATIQUES		**TYPES DE VÉGÉTATION**		**GROUPES D'ANIMAUX**			
Été sec et chaud Hiver doux et humide	**1**	Maquis Garrigue	**9**	Girafes Lions Éléphants	**17**	**CLIMAT**	CONDITIONS CLIMATIQUES / TYPES DE VÉGÉTATION / GROUPES D'ANIMAUX
Températures élevées et constantes	**2**	Toundra	**10**	Couguars Mouflons Cerfs	**18**	équatorial	☐ ☐ ☐
Été court et chaud Hiver long et froid	**3**	Savane Steppe	**11**	Troupeaux de chèvres et de moutons	**19**	tropical	☐ ☐ ☐
Temps sec et très chaud	**4**	Végétation étagée	**12**	Ours Castors Orignaux	**20**	désertique	☐ ☐ ☐
Climats variables selon l'altitude	**5**	Buissons épineux et cactus	**13**	Lamas Chamois Aigles	**21**	méditerranéen	☐ ☐ ☐
Été frais Hiver doux	**6**	Forêt dense	**14**	Ours blancs Phoques Caribous	**22**	océanique	☐ ☐ ☐
Absence d'été Hiver très froid et très long	**7**	Forêt de feuillus Forêt de conifères géants	**15**	Dromadaires Lézards Scorpions	**23**	continental	☐ ☐ ☐
Saison sèche Saison humide	**8**	Forêt de conifères Prairie	**16**	Singes Oiseaux Serpents	**24**	polaire	☐ ☐ ☐
						de montagne	☐ ☐ ☐

EN MÉMOIRE

• 1 •

L'énergie solaire captée par la surface de la Terre s'accumule sous forme de chaleur dans le sol et les océans, qui libèrent cette chaleur dans l'atmosphère.

• 2 •

L'atmosphère est l'enveloppe gazeuse de la Terre. Elle protège la Terre contre un excès de rayonnement et contre les radiations dangereuses du Soleil. C'est dans la première couche de l'atmosphère, appelée la troposphère, que circulent l'air, la vapeur d'eau, le gaz carbonique et l'azote indispensables à la vie.

• 3 •

Le temps est l'état passager de l'atmosphère à un moment précis et en un lieu donné. Le climat est l'ensemble des conditions du temps accumulées sur une longue période et propres à une région donnée.

• 4 •

Le climat est déterminé par deux principaux types de facteurs : des facteurs météorologiques et des facteurs géographiques.

• 5 •

Les principaux facteurs météorologiques du climat sont la température de l'air, la pression atmosphérique, la vitesse et la direction du vent, l'humidité de l'air. Les principaux facteurs géographiques du climat sont la latitude, l'altitude, la proximité de la mer et l'éloignement de la mer.

• 6 •

Les êtres humains posent de plus en plus de gestes qui se répercutent sur le climat : agrandissement des villes, agriculture, industrie, transport, etc.

• 7 •

Les climats sont groupés en trois grandes zones climatiques selon leur latitude : la zone chaude, les zones tempérées et les zones froides.

• 8 •

Les principaux climats de la zone chaude sont :
– le climat équatorial ;
– le climat tropical ;
– le climat désertique.

• 9 •

Les principaux climats des zones tempérées sont :
– le climat méditerranéen ;
– le climat océanique ;
– le climat continental.

• 10 •

Le climat des zones froides est le climat polaire.

• 11 •

Dans toutes ces zones, on trouve le climat de montagne.

1 Pourquoi le Soleil est-il essentiel à la Terre ?

2 Quel est le rôle de l'atmosphère sur la Terre ?

3 Quelle couche gazeuse de l'atmosphère est la plus importante ? Pour quelle raison ?

4 Donne la définition du temps et celle du climat.

5 Associe chacun des facteurs météorologiques du climat à la définition correspondante.

> Température de l'air
> Pression atmosphérique
> Vitesse et direction du vent
> Humidité de l'air

– Déplacement de l'air créé par des différences de températures entre deux zones distinctes.

– Force exercée par le poids de l'air.

– Quantité de vapeur d'eau contenue dans l'air.

– Degré de chaleur de l'atmosphère en un lieu donné.

6 Associe chacun des facteurs géographiques du climat à l'énoncé correspondant

> Latitude   Proximité de la mer
> Altitude   Continentalité

– Adoucissement de la température des régions côtières.

– Régions qui connaissent de fortes amplitudes thermiques.

– Températures qui diminuent à mesure qu'on s'éloigne de l'équateur pour se diriger vers les pôles.

– Plus on s'élève, moins la couche d'air est dense et moins elle retient la chaleur du Soleil.

7 **a.** Quels sont les trois types de climats de la zone chaude ? des zones tempérées ?

b. Quel type de climat observe-t-on dans les zones froides ?

c. Quel type de climat peut-on observer dans chacune des zones climatiques ?

8 Associe chaque type de climat à l'énoncé correspondant.

> Climat polaire   Climat tropical
> Climat équatorial   Climat désertique
> Climat de hautes   Climat continental
> montagnes
>   Climat océanique

– Climat caractérisé par de grandes chaleurs, l'alternance de saisons humides et sèches et des vents permanents, les alizés.

– Climat caractérisé par un temps sec et très chaud et des pluies rares et irrégulières.

– Climat caractérisé par un été sec et chaud et des pluies irrégulières, abondantes surtout en hiver.

– Climat caractérisé par des températures constantes de 25 °C et des pluies très abondantes, presque quotidiennes.

– Climat caractérisé par des étés courts et chauds et des hivers longs et rigoureux.

– Climat caractérisé par la rigueur des températures, l'absence d'été et la rareté des précipitations.

– Climat caractérisé par d'abondantes précipitations en altitude et d'importants écarts de température entre le jour et la nuit.

– Climat caractérisé par des étés frais et des hivers doux, ainsi que par des précipitations abondantes toute l'année, mais davantage en hiver.

L'importance de l'eau

4.4 À LA FIN DE
CETTE SECTION,
TU DEVRAIS ÊTRE
CAPABLE DE MONTRER
L'IMPORTANCE DE
L'EAU SUR LA TERRE.

Les premiers astronautes ont surnommé la Terre la «planète bleue». Le bleu est en effet la couleur dominante de notre planète, parce que l'eau est très abondante à sa surface.

Sous toutes ses formes, l'eau est indispensable à la vie sur la Terre. Chaque jour, nous buvons de l'eau; nous l'utilisons aussi pour cuisiner, pour nous laver ou tout simplement pour jouir du plaisir de la baignade. Elle est également utilisée dans plusieurs autres secteurs. L'eau est vitale pour tous les êtres humains: c'est pourquoi il est essentiel de mettre en œuvre tous les moyens possibles afin de sauvegarder cette précieuse ressource.

- SALINITÉ, P. 283
- COURANTS MARINS, P. 286
- VAGUES, P. 288
- HOULE, P. 288
- MARÉES, P. 288
- RIVAGE MARIN, P. 290
- FALAISE, P. 290
- PLAGE, P. 291
- CYCLE DE L'EAU, P. 292
- RÉSEAU HYDROGRAPHIQUE, P. 294
- BASSIN HYDROGRAPHIQUE, P. 294
- DÉBIT, P. 295
- RÉGIME, P. 296

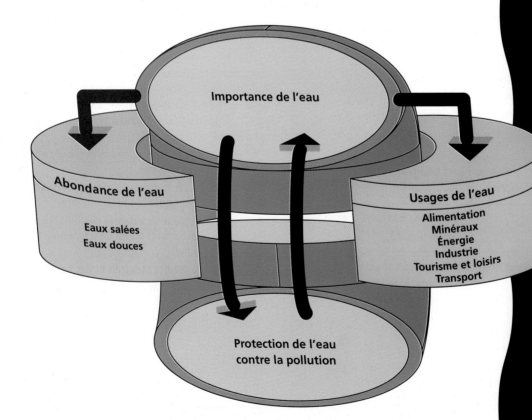

L'ABONDANCE DE L'EAU

(Colorado, États-Unis)

4.107

L'hydrosphère est constituée de l'ensemble des eaux de la Terre : océans, mers, rivières, lacs, glaciers, geysers, rosée… Sur notre planète, les eaux recouvrent plus de 80 % de l'hémisphère Sud et environ 60 % de l'hémisphère Nord.

(Parc national de Banff, Alberta)

4.108

4.109

(Orégon, États-Unis)

L'eau est essentielle au développement et au maintien de la vie sur Terre.

Quel pourcentage de la surface terrestre les océans, les rivières et les lacs occupent-ils ?

Quel pourcentage les eaux salées occupent-elles ? les eaux douces ?

Les quatre océans – l'océan Pacifique, l'océan Atlantique, l'océan Indien et l'océan Arctique – couvrent près des trois quarts de la surface de la Terre. L'océan Pacifique, qui couvre plus du tiers de la superficie terrestre, est plus vaste que la totalité des terres émergées et pourrait contenir dix-huit fois le Canada !

Les océans et les mers.

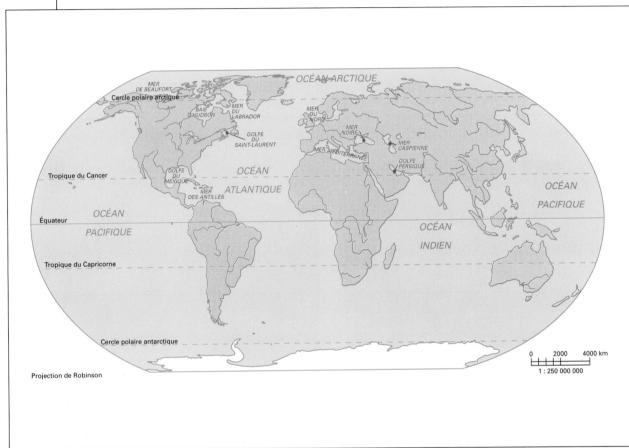

4.111	LES OCÉANS		
OCÉANS	**SUPERFICIE (EN MILLIONS DE km²)**	**POURCENTAGE DE LA SURFACE TERRESTRE**	**PROFONDEUR MOYENNE (EN m)**
Pacifique	181	35,5	3 940
Atlantique	94	18,4	3 575
Indien	78	15,3	3 840
Arctique	17	3,3	1 117
	Total : 370	Total : 72,5	Moyenne : 3 729

Plus petites et moins profondes que les océans, les mers peuvent être :

- bordières, c'est-à-dire situées en bordure d'un continent comme la mer de Beaufort et la mer du Labrador ;

- intérieures, c'est-à-dire situées à l'intérieur d'un continent et reliées à l'océan par un détroit comme la mer Méditerranée et la mer Rouge ;

- fermées, c'est-à-dire situées à l'intérieur d'un continent et sans lien avec un océan comme la mer Morte et la mer Caspienne.

L'eau nous semble une ressource inépuisable. Il est vrai que la vie animale et végétale de l'océan dispose d'un immense réservoir d'eau, puisque l'eau salée constitue 97 % de la quantité totale d'eau de la Terre. Cependant, sur les continents, les organismes vivants ont besoin d'eau douce, qui ne représente que 3 % du volume total de l'eau. De plus, la majeure partie de l'eau douce est située dans des lieux éloignés, tels l'Antarctique et le Groenland, ou se présente sous des formes inaccessibles, comme la glace et la vapeur d'eau. Les seules ressources en eau douce disponibles sont les cours d'eau, les lacs et les nappes souterraines.

1 Sur une carte muette du monde :

a. nomme et situe les quatre océans ;

b. nomme et situe chacune des mers suivantes.

- – Mer de Beaufort
- – Mer des Antilles
- – Golfe du Mexique
- – Golfe du Saint-Laurent
- – Mer du Labrador
- – Baie d'Hudson
- – Mer du Nord
- – Mer du Japon
- – Mer Baltique
- – Mer Noire
- – Mer Méditerranée
- – Mer Rouge
- – Mer Caspienne
- – Golfe Persique
- – Mer de Chine

2 **a.** Quelle fraction de la surface terrestre les océans couvrent-ils ?

b. Quelle fraction de la surface terrestre l'océan Pacifique couvre-t-il ?

c. Dans quel hémisphère se trouve la plus grande partie des eaux océaniques ?

d. Quel pourcentage de la quantité totale d'eau de la Terre les eaux salées représentent-elles ?

e. Pourquoi la plus grande partie des eaux douces n'est-elle pas accessible ?

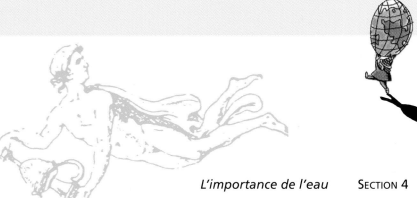

LES EAUX OCÉANIQUES

Les eaux des océans et des mers diffèrent des eaux des cours d'eau à cause de leur étendue, mais aussi à cause de leurs propriétés, de leur relief sous-marin, de leurs mouvements et de leur action sur le littoral.

Les propriétés des eaux océaniques

Les eaux océaniques se différencient d'abord des eaux douces par leur température et leur salinité.

La température

La température moyenne de l'eau de surface est influencée par la latitude. À l'équateur, où les rayons du Soleil frappent directement l'océan, l'eau est chaude (environ 27 °C); dans les zones polaires, où les rayons du Soleil frôlent la surface terrestre, la température de l'eau s'abaisse à -2 °C, point de congélation de l'eau salée. À -2 °C, l'eau gèle donc pour former une croûte continue de glace, ou banquise. La banquise prolonge le continent sur la mer et présente une surface bosselée à cause des mouvements de l'eau.

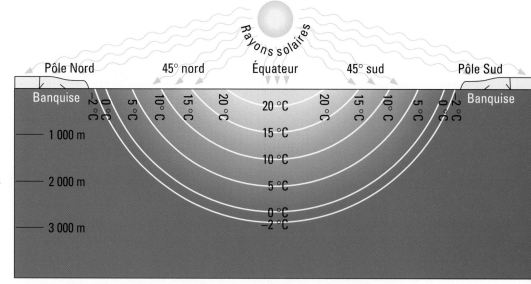

4.112

Quels sont les deux facteurs qui influencent la température des eaux océaniques ?

La température varie également selon la profondeur de l'eau : elle diminue à mesure qu'on s'éloigne de la surface. À partir de 3 000 mètres cependant, la température des eaux océaniques se maintient autour de 0 °C.

La salinité

La mer recèle divers minéraux provenant du sol; ils ont été dissous par l'eau des rivières qui les a transportés jusqu'à la mer. Ces minéraux, comme par exemple le calcium, le brome et le magnésium, se sont mélangés et ont formé des sels. Quand la chaleur du Soleil provoque l'évaporation de l'eau de surface, ces sels demeurent dans la mer.

La quantité de sels contenus dans l'eau de mer est la salinité. Le chlorure de sodium, ou sel de table, est le plus abondant de ces sels. Savais-tu que l'eau de mer fournit plus du tiers du sel utilisé dans le monde ?

SALINITÉ

En moyenne, la salinité de l'eau de mer est de 3,5 %, ou 35 grammes par litre d'eau. Les mers chaudes sont en général plus salées que les mers froides parce que l'évaporation y est plus grande. C'est au niveau des tropiques que l'on trouve les plus fortes concentrations de sel dans l'eau de mer. Certaines mers fermées chaudes ont une salinité très élevée : la mer Morte, par exemple, contient 27 % de sel, ou 270 grammes par litre d'eau. Il est plus difficile de nager dans cette mer que d'y flotter en lisant son journal !

4.113

L'importante salinité de la mer Morte, en Israël, permet aux baigneurs de flotter comme des billes de bois.

3 **a.** Pourquoi la latitude influence-t-elle la température moyenne de l'eau de surface ?

b. Pourquoi la profondeur influence-t-elle la température de l'eau ?

c. Pourquoi l'eau de mer est-elle salée ?

d. Quel est le plus abondant des sels contenus dans l'eau de mer ?

e. Pourquoi les mers froides sont-elles moins salées que les mers chaudes ?

Le relief sous-marin

On croyait autrefois que le fond des océans et des mers était semblable à une immense baignoire à fond plat. En explorant les fonds marins, on a découvert qu'ils s'apparentent au relief terrestre : grandes plaines, montagnes très élevées, profondes crevasses et abruptes falaises.

Le relief sous-marin en coupe.

Quel zone du relief sous-marin prolonge le continent sous la mer ?

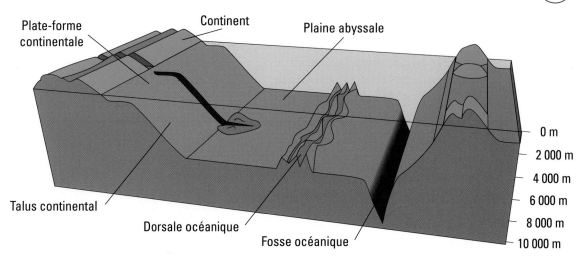

Plate-forme continentale

Continent

Plaine abyssale

Talus continental

Dorsale océanique

Fosse océanique

0 m
2 000 m
4 000 m
6 000 m
8 000 m
10 000 m

LE RELIEF SOUS-MARIN 4.115	
ZONES	**CARACTÉRISTIQUES**
PLATE-FORME CONTINENTALE	– Prolongement sous-marin du continent qui borde la côte et s'incline jusqu'à des profondeurs d'environ 150 mètres. – La largeur de la plate-forme continentale varie considérablement d'une côte à l'autre : elle peut aller de un à 1 000 kilomètres. – C'est une excellente zone de pêche : on y trouve de nombreux bancs de poissons. – C'est aussi une zone d'exploitation pétrolière et gazière : elle recèle de nombreux gisements d'hydrocarbures. – La plate-forme continentale est aussi appelée plateau continental.
TALUS CONTINENTAL	– Prolongement de la plate-forme continentale qui plonge à plus de 3 000 mètres de profondeur. – Cette zone est parfois entaillée par des canyons sous-marins prolongeant l'embouchure des grands fleuves. – Le talus continental constitue la limite entre les continents et les océans : c'est là que les eaux côtières peu profondes rejoignent les eaux océaniques profondes.
PLAINE ABYSSALE	– Zone située à des profondeurs de plus de 3 000 mètres, au pied du talus continental. – La plaine abyssale occupe l'essentiel des fonds océaniques : elle couvre la moitié de la surface du globe. – On trouve dans cette zone des montagnes d'origine volcanique s'élevant à plusieurs milliers de mètres au-dessus du fond de l'océan, dont certaines émergent des eaux. – La plaine abyssale est aussi appelée bassin océanique.

LE RELIEF SOUS-MARIN (SUITE)	
ZONES	CARACTÉRISTIQUES
FOSSE OCÉANIQUE	– Cavité naturelle longue et étroite due aux déchirures de l'écorce terrestre. Située en bordure des continents, la fosse océanique s'enfonce parfois à près de 11 000 mètres de profondeur. – On trouve les fosses océaniques au pied du talus continental, aux points de rencontre des plaques tectoniques. – C'est dans la ceinture de feu du Pacifique que se trouvent les fosses les plus profondes, comme celle des Mariannes, par exemple, qui atteint une profondeur de 10 863 mètres.
DORSALE OCÉANIQUE	– Ensemble de chaînes de montagnes sous-marines situées au fond des océans qui s'étendent sur près de 100 000 kilomètres. – Formée de roches volcaniques, large de 500 à 1 500 kilomètres, la dorsale océanique s'élève jusqu'à 3 000 mètres au-dessus de la plaine abyssale. Plusieurs îles, comme par exemple l'Islande et les Açores, émergent de la dorsale océanique. – Les dorsales proviennent du choc de plaques tectoniques s'écartant sous la poussée du magma. – La dorsale la plus connue est la dorsale médio-atlantique. Elle s'étend de l'Islande à l'Antarctique. – Un fossé profond, ou rift, long de 1 500 à 2 000 mètres et large de 20 à 600 kilomètres, occupe le centre des dorsales.

4 **Associe une composante du relief sous-marin à chacun des énoncés suivants.**

Plaine abyssale	Talus continental
Dorsale océanique	Fosse océanique
Plate-forme continentale	

– Relief aussi appelé bassin océanique.

– Ensemble de chaînes de montagnes sous-marines.

– Prolongement sous-marin du continent.

– Profondes déchirures situées en bordure des continents.

– Zone où se trouvent des montagnes d'origine volcanique.

– Cavité qui s'enfonce parfois à près de 11 000 mètres de profondeur.

– Zone où la pêche est excellente.

– Relief parfois entaillé par des canyons sous-marins.

– Limite entre les continents et les océans.

– Relief qui s'étend de l'Islande à l'Antarctique.

Les mouvements des eaux océaniques

Les eaux des océans et des mers sont en perpétuel mouvement. Elles sont soumises à diverses forces qui sont à l'origine des courants marins, des vagues et des marées.

Les courants marins

Les courants marins naissent de l'affrontement de masses d'eau de densités et de températures différentes. Ils ressemblent à d'immenses rivières dans l'océan. Dirigés par le vent, ces courants transportent lentement d'énormes quantités d'eau sur de grandes distances. Certains courants sont chauds parce que leurs eaux proviennent des régions équatoriales; d'autres sont froids parce que leurs eaux proviennent des régions polaires.

Les courants marins influencent le climat des côtes parce qu'ils réchauffent ou refroidissent l'air. Ainsi le courant chaud du Gulf Stream apporte-t-il aux côtes européennes plus de chaleur que les normales saisonnières, particulièrement en hiver. Les courants froids peuvent affecter le climat de la même façon. Le courant du Labrador, par exemple, refroidit la côte est du Canada.

COURANTS MARINS

Les courants marins.

4.116

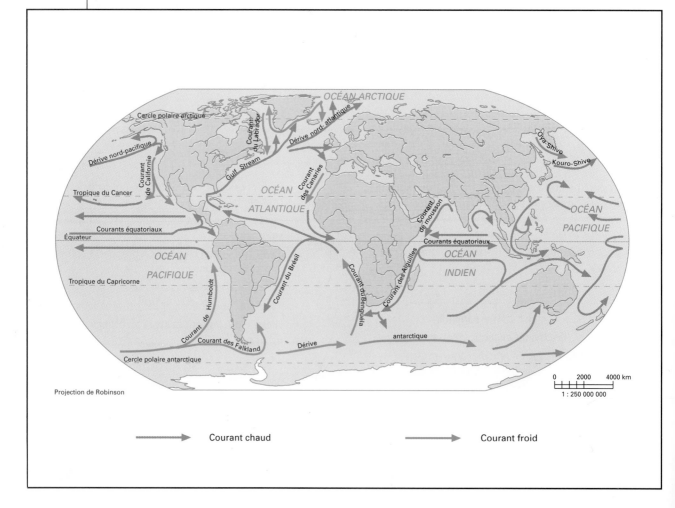

Les courants marins peuvent affecter la vie humaine de façon plus directe. Par exemple, le courant du Labrador entraîne vers le sud une grande quantité d'icebergs provenant des eaux côtières du Groenland, créant ainsi de très grands dangers pour le trafic maritime du printemps et du début de l'été. Heureusement, au contact du Gulf Stream, ces icebergs fondent rapidement.

Pourquoi les pêcheries de l'Atlantique sont-elles caractérisées par l'abondance et la très grande variété de leurs espèces ?

4.117

Les zones de contact entre courants chauds et courants froids sont riches en plancton, principale nourriture des poissons. Ces zones constituent des lieux de pêche privilégiés, comme par exemple les bancs de pêche de Terre-Neuve, sur la côte est du Canada, où le courant froid du Labrador et le courant chaud du Gulf Stream se rencontrent (voir le document 4.116 à la page 286).

Les vagues

Le mouvement des vagues a sans doute toujours fasciné les êtres humains. Peut-être as-tu déjà passé des heures à observer les vagues se briser sur le rivage. Savais-tu qu'elles exercent un inlassable travail d'érosion en taillant des falaises et en contribuant à la formation des plages ?

4.118

Qu'est-ce qui soulève les vagues ?

Sous l'action du vent, des ondulations se forment à la surface de la mer : ce sont les vagues. Lorsque les vagues se propagent sur des milliers de kilomètres sans se briser et que leurs ondulations sont lentes et régulières, on les appelle la houle. Les vagues qui se brisent sur la côte sont des vagues déferlantes.

VAGUES

HOULE

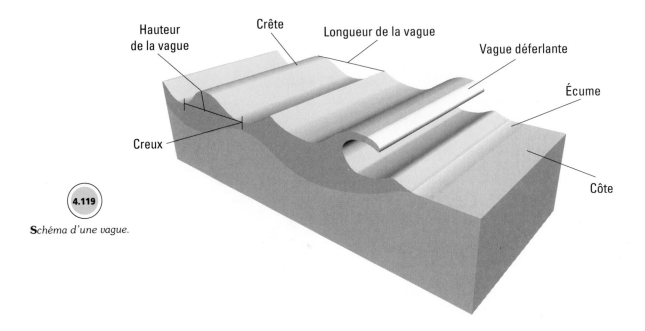

4.119

Schéma d'une vague.

La hauteur des vagues dépend de la vitesse et de la constance du vent. Les vagues peuvent atteindre plus de 15 mètres quand un vent de 100 kilomètres par heure souffle en plein océan. Par grand vent, les vagues se recourbent en emprisonnant l'air et forment de l'écume : ce sont les moutons, qui blanchissent la mer.

Les marées

Les marées sont un mouvement quotidien de montée (le flux) et de descente (le reflux) du niveau des eaux, qui couvrent et découvrent rythmiquement le littoral.

MARÉES

Le phénomène des marées ne se manifeste pas partout de la même façon. À certains endroits, le niveau de la mer ne varie que de quelques centimètres alors qu'ailleurs, il peut varier de plusieurs mètres.

Les marées sont le résultat de l'attraction exercée sur la Terre par la Lune et le Soleil. Quand ces deux astres sont alignés avec la Terre, leurs attractions s'additionnent pour provoquer les grandes marées. Quand ils forment un angle droit avec la Terre, les marées sont plus faibles.

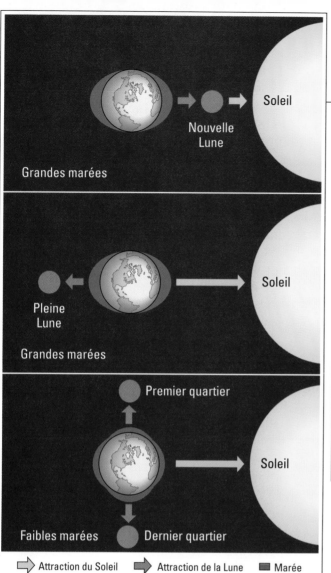

Grandes marées

Nouvelle Lune

Soleil

Pleine Lune

Grandes marées

Soleil

Premier quartier

Soleil

Faibles marées   Dernier quartier

⇨ Attraction du Soleil   ⇨ Attraction de la Lune   ■ Marée

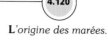

4.120

L'origine des marées.

4.121

Lors des grandes marées, le niveau des eaux s'élève de 19 mètres dans la baie de Fundy, au Canada.

Connais-tu un autre endroit, situé en France, qui est mondialement connu pour ses fortes marées ?

5 *a.* Pourquoi les courants marins influencent-ils le climat des côtes ?

b. Quels sont les deux courants marins qui ont une influence prédominante sur le climat

  – de la côte est du Canada ?

  – de la côte ouest des États-Unis ?

  – de la côte de l'Argentine ?

Ces courants sont-ils chauds ou froids ?

Note: Consulte au besoin le document 4.116 (page 286).

c. Comment expliques-tu que Stockholm, en Suède, connaisse des hivers plus doux que Montréal et Québec même si cette ville est située plus au nord ?

6 *a.* Quelle est la principale cause des vagues ?

b. Qu'est-ce qui provoque les marées ?

L'action des eaux océaniques

Le rivage marin, qu'on appelle aussi littoral, est une zone de contact entre deux mondes différents : le continent et l'océan. Le continent est immobile et solide et on y ressent nettement les changements de saisons. L'océan est mobile et liquide, et le climat y est beaucoup plus stable que sur le continent : la température de l'eau varie peu d'une saison à l'autre.

RIVAGE MARIN

Le profil du rivage marin résulte de l'attaque de l'océan ainsi que du type de relief et de la résistance du continent. Aidées par le sable et les galets qu'elles utilisent comme mitraille, les vagues exercent une pression formidable sur la côte. Avec les embruns, elles décomposent les roches et les détachent du rivage. Une fois cette opération accomplie, les courants marins emportent et déposent ces débris. Les principales formes de relief du littoral issues de ce processus sont la falaise et la plage.

La falaise

La falaise est une pente abrupte née de l'action des vagues sur le rivage. La marée haute mine la base des falaises et provoque l'effondrement des roches à marée basse, ce qui entraîne des accumulations de sable, de cailloux, de vase, etc.

FALAISE

La mer découpe le rivage marin et forme des falaises escarpées.
(Cornwall, Royaume-Uni)

La plage

Les matières arrachées aux falaises forment la plage, une étendue de sable et de galets en pente douce au bord de la mer. Sur les plages, on trouve souvent des dunes, petites buttes de sable sec érigées par le vent. Lorsque les courants marins rencontrent des obstacles, le sable qu'ils transportent s'y accumule et crée les cordons littoraux, des bandes de terre émergeant près des côtes.

4.123

La mer forme des plages en accumulant du sable sur le rivage marin.

(Les Maldives)

4.124

Les cordons littoraux s'ancrent sur un point d'appui rocheux dans des zones de faible profondeur.

(Floride, États-Unis)

LES EAUX DOUCES

Si les océans et les mers sont de grands réservoirs d'eau salée, il existe aussi, à la surface de la Terre, de l'eau douce. D'où vient cette eau essentielle à la vie ?

Le cycle de l'eau

Notre planète est une formidable machine à vapeur dont les composantes principales sont l'air, la chaleur et l'eau. L'eau voyage, et son périple de la mer à l'atmosphère, de l'atmosphère à la terre et de la terre à la mer, constitue le cycle de l'eau. Les étapes du cycle de l'eau sont l'évaporation, la condensation, les précipitations et l'écoulement (voir le document 4.125).

CYCLE DE L'EAU

Le cycle de l'eau.

4.125

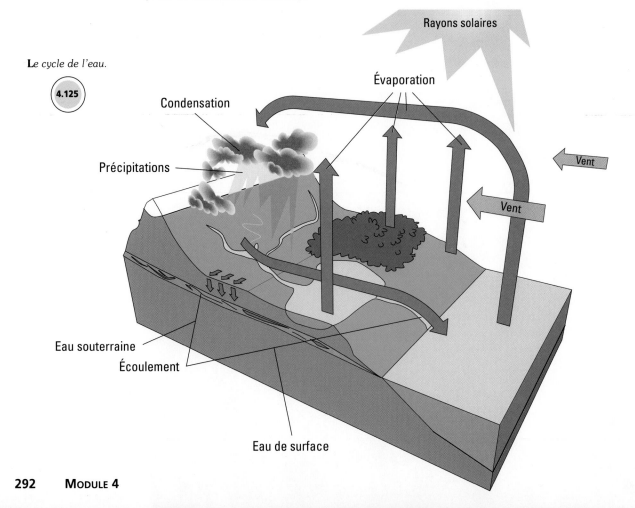

L'évaporation

Les rayons du Soleil aspirent l'eau des océans, des fleuves, des lacs, des rivières, des plantes et du sol pour la transformer en vapeur d'eau. Même les animaux et les humains, en expirant, exhalent de la vapeur d'eau dans l'air. La plus grande partie de cette vapeur d'eau provient cependant de l'évaporation des océans et des mers.

La condensation

La vapeur d'eau refroidit en s'élevant, ce qui amène la formation de fines gouttelettes d'eau qui composent les nuages.

Les précipitations

Lorsque les nuages ne peuvent plus retenir le poids de l'eau condensée, cette eau tombe au sol sous forme de pluie ou de neige.

L'écoulement

L'eau douce des précipitations peut s'infiltrer dans le sol ou ruisseler à la surface de la terre.

Les plantes absorbent l'eau d'infiltration et la retournent dans l'air sous forme d'évaporation. L'eau d'infiltration peut aussi alimenter les lacs et les rivières ou être emmagasinée dans les nappes phréatiques, sortes de réservoirs d'eau souterrains.

L'eau de ruissellement peut s'accumuler dans les lacs, alimenter les ruisseaux et les rivières ou s'évaporer et se changer en précipitations. Tôt ou tard, la plus grande partie de cette eau douce s'écoulera vers la mer.

7 **a.** D'où provient la plus grande partie de la vapeur d'eau de l'atmosphère ?

b. Par quelle étape la vapeur d'eau passe-t-elle avant de retomber au sol sous forme de précipitations ?

c. Qu'arrive-t-il aux précipitations tombées au sol ?

d. Où retourne finalement l'eau de ruissellement ?

Les cours d'eau

L'eau de ruissellement donne naissance à des cours d'eau de toutes tailles qui sont caractérisés par leur hiérarchie et leur structure.

La hiérarchie des cours d'eau

Les cours d'eau sont hiérarchisés, c'est-à-dire classés par ordre d'importance : ils vont des ruisseaux à la mer, en passant par les rivières, les lacs et les fleuves.

L'ensemble des cours d'eau d'une région constitue un réseau hiérarchisé comparable aux branches d'un arbre, fines aux extrémités, plus larges près du tronc. Quand un cours d'eau alimente un autre cours d'eau plus important, on l'appelle son affluent.

4.126

Entre sa source et son embouchure, le fleuve Saint-Laurent est alimenté par plusieurs affluents, dont la rivière Chaudière.

Connais-tu d'autres affluents du Saint-Laurent ?

L'ensemble constitué, par exemple, par un fleuve et tous ses affluents – ruisseaux, rivières et lacs – est un réseau hydrographique. La région drainée par un cours d'eau et ses affluents constitue un bassin hydrographique.

Les bassins hydrographiques portent généralement le nom de l'étendue d'eau dans laquelle leurs eaux aboutissent, comme par exemple le bassin de l'Atlantique, où se jette le fleuve Saint-Laurent. Les limites des bassins hydrographiques sont déterminées par la ligne de partage des eaux, qui joint la source de tous les cours d'eau d'un même réseau hydrographique.

RÉSEAU HYDROGRAPHIQUE

BASSIN HYDROGRAPHIQUE

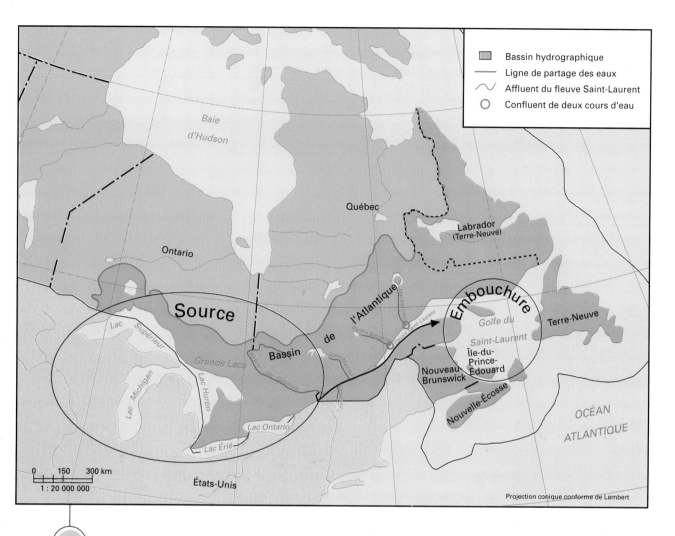

4.127

Le réseau
hydrographique du
Saint-Laurent et le
bassin hydrographique
de l'Atlantique.

La structure des cours d'eau

Des ruisseaux ou des torrents forment la naissance d'un cours d'eau, ou sa source. L'autre extrémité de ce cours d'eau est son embouchure. Entre sa source et son embouchure, un cours d'eau est alimenté par plusieurs affluents; chaque fois qu'un affluent se déverse dans ce cours d'eau, la quantité d'eau augmente. Le débit d'un cours d'eau est la quantité d'eau qui s'écoule en une seconde en un endroit précis. Il s'exprime en mètres cubes par seconde (m³/s). Plus on est près de la source d'un cours d'eau, plus son débit est faible; plus on est près de son embouchure, plus le débit est fort. Le débit d'un cours d'eau dépend de deux facteurs:

DÉBIT

• le volume d'eau: plus un cours d'eau est large et profond, plus son volume d'eau est important. Après une période de sécheresse, le niveau de l'eau est bas et le volume diminue. Au printemps, la fonte des neiges et les pluies abondantes font augmenter le volume d'eau, causant parfois de graves inondations;

- la vitesse d'écoulement de l'eau : la vitesse de l'eau varie selon la pente du cours d'eau. Sur les versants des montagnes et des collines, les pentes sont fortes : l'eau coule rapidement. Lorsque l'eau sillonne une plaine, la pente est faible et l'eau s'écoule très lentement.

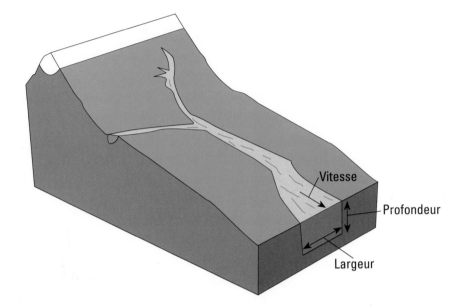

Vitesse

Profondeur

Largeur

L'ensemble des variations du débit d'un cours d'eau en une année constitue son régime. Pour calculer le régime d'un cours d'eau, il faut faire la moyenne de ses débits sur un an. Le climat influence le débit des cours d'eau, car les précipitations fournissent presque toutes leurs eaux. Le débit des rivières du Québec est à son plus bas niveau (l'étiage) en hiver, lors du gel, et en été, pendant les sécheresses. Leur débit est à son plus haut niveau (la crue) au printemps, lors de la fonte des neiges. On dit que ces rivières ont un régime régulier parce qu'elles sont toujours hautes et basses aux mêmes périodes de l'année.

RÉGIME

8 a. Quelle différence y a-t-il entre un réseau hydrographique et un bassin hydrographique ?

b. Comment appelle-t-on un cours d'eau qui en rejoint un autre plus important ?

c. Qu'est-ce qui détermine les limites d'un bassin hydrographique ?

9 a. Quelle différence y a-t-il entre le débit et le régime d'un cours d'eau ?

b. Quels sont les deux facteurs dont dépend le débit d'un cours d'eau ?

10 Pour répondre aux questions suivantes, consulte le document 4.131.

a. Quels sont les deux mois de l'année où le débit des eaux de la rivière Chaudière est le plus important ? Pour quelle raison ?

b. Pourquoi le débit de la rivière Chaudière est-il plus faible en hiver et en été ?

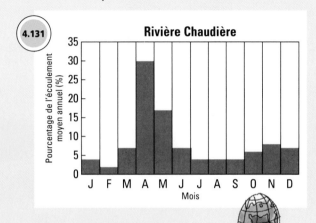

4.131

Le profil d'une rivière

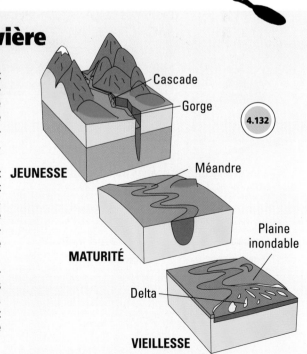

4.132

La naissance d'une rivière n'est encore qu'une source qui alimente un torrent de montagne. L'eau provenant de cette source bondit de roche en roche et dévale la pente en cascades. La jeune rivière charrie des pierres qui creusent un lit raboteux et découpent de profondes gorges, caractéristiques des torrents de montagnes.

La rivière atteint son stade de maturité en quittant les montagnes. Elle s'élargit et coule plus lentement tout en demeurant assez vive. Elle use encore son lit, mais l'érosion est plus forte sur ses rives. La rivière dépose également une partie des débris qu'elle transporte. À ce stade, elle forme de longs méandres dans de larges vallées.

Dans sa vieillesse, la rivière cesse tout travail d'érosion. Elle serpente lentement, dessinant des méandres au milieu de la plaine et déposant ça et là ses alluvions. Elle reçoit l'eau de nombreux affluents qui viennent grossir son cours et s'écoule dans une plaine formée de sable et de boue avant d'atteindre la mer.

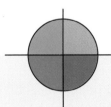

D

L'UTILITÉ DE L'EAU

Quoi de plus désaltérant qu'un bon verre d'eau !

Savais-tu que les 1 100 litres d'eau nécessaires à l'arrosage d'une pelouse pendant une heure constituent la quantité d'eau qu'une personne consomme en un an ?

Dès que tu as soif, tu n'as qu'un geste à faire pour accéder à de l'eau fraîche. L'eau participe à ta vie quotidienne : tu en as besoin pour te désaltérer, pour préparer les repas, faire la vaisselle, te laver... Mais l'eau est aussi importante dans plusieurs autres secteurs de l'activité humaine (voir le document 4.134 à la page 299).

11 **Associe chacun des usages de l'eau au secteur de l'activité humaine appropriée.**

Alimentation	Industrie
Minéraux	Tourisme et loisirs
Énergie	Transport

– Évacuation des déchets industriels
– Transport des marchandises

– Irrigation des terres agricoles
– Pratique de la plongée sous-marine
– Installation de centrales hydroélectriques
– Fabrication de boissons gazeuses
– Extraction de sel marin
– Forage de puits de pétrole
– Pêche à la morue
– Vacances au bord de la mer

	USAGES DE L'EAU	4.134
SECTEURS	**CONTRIBUTIONS**	
ALIMENTATION	– Dans le domaine de l'agriculture, les besoins en eau sont considérables. On l'utilise pour arroser les terres et pour désaltérer les animaux. – Une partie des aliments que nous consommons (poissons, fruits de mer et algues) proviennent de la mer.	
MINÉRAUX	– La mer recèle plusieurs minéraux: sel, calcium, brome, manganèse, magnésium, etc. Le sel est la substance minérale la plus répandue dans les océans et celle qu'on extrait le plus facilement de la mer. – Le pétrole constitue la ressource la plus importante extraite du fond des océans. Plusieurs puits de pétrole sont situés sur la plate-forme continentale.	
ÉNERGIE	– Les cours d'eau à fort débit favorisent l'installation de centrales hydroélectriques très puissantes, comme les centrales de LG-Deux, Manic-Cinq et Beauharnois, qui attirent au Québec bon nombre d'industries grandes consommatrices d'énergie.	
INDUSTRIE	– L'eau entre dans la composition de nombreux produits finis (conserves, boissons, etc.); elle sert d'agent de chauffage et de refroidissement (centrales thermiques, aciéries, etc.), de solvant ou de diluant (industries chimiques, etc.). On l'utilise aussi pour l'évacuation des déchets industriels.	
TOURISME ET LOISIRS	– La population affectionne les vacances au bord de la mer, près d'une rivière ou d'un lac, pour y pratiquer la pêche sportive, la baignade, le canot, la plongée sous-marine, la planche à voile, etc.	
TRANSPORT	– Une grande partie du transport de marchandises national et international est assuré par voie maritime et fluviale. Le bateau est idéal pour le transport en vrac de matières premières comme les céréales, le bois et les produits miniers. Au Canada, le fleuve Saint-Laurent permet aux bateaux de se rendre des Grands Lacs à l'océan Atlantique.	

E

L'EAU MENACÉE

Peux-tu arriver à imaginer ta vie sans eau? L'eau est un élément essentiel à notre survie. Mais, en exploitant à outrance ses ressources et en y rejetant des déchets polluants, nous contribuons largement à sa dégradation.

Les océans et les mers ont une importance vitale, aussi bien comme source d'énergie, de nourriture et de minéraux que comme régulateurs du temps et du climat. Pendant longtemps, nous avons pensé qu'ils recelaient des ressources illimitées. Mais l'accroissement de la population mondiale et les progrès technologiques ont modifié cette façon de voir. La pêche, mécanisée et intensive, a considérablement réduit les réserves de poissons, dont certaines espèces sont en voie d'extinction. De plus, on déverse dans les océans et les mers quantité de produits toxiques qui réduisent la teneur en oxygène des eaux, provoquant la destruction de la faune marine.

Une marée noire en Arabie Saoudite, lors de la guerre du Golfe, en 1991.

L'utilisation des eaux douces dans les secteurs agricole, minier et industriel a fait surgir de graves problèmes de pollution : eaux d'égout des villes, eaux usées des usines, eaux de ruissellement des terres agricoles et des pluies acides. Le taux de pollution de certaines eaux douces est si important que des espèces de poissons et d'oiseaux aquatiques sont menacées tandis que d'autres meurent. Certains poissons sont devenus tellement toxiques que nous ne pouvons plus les consommer.

Depuis quelques années, des changements ont été apportés pour contrer ces problèmes, mais il reste encore beaucoup à accomplir pour sauver les eaux de la Terre. Il nous faut apprendre à mieux gérer, protéger et respecter cette indispensable source de vie qu'est l'eau afin d'en assurer la disponibilité aux générations futures.

L'industrie, qui ne peut se passer d'eau, y rejette malheureusement une foule de substances polluantes.

12 Pour répondre aux questions suivantes,
consulte le document 4.137.

4.137

Le Saint-Laurent : un dépotoir ?

■ En octobre 1988, un grand quotidien titrait : « La situation du fleuve Saint-Laurent est dramatique », exprimant ainsi le cri d'alarme du groupe de chercheurs qui ont participé au Symposium international sur les effets des produits chimiques toxiques dans le fleuve Saint-Laurent.

Quelques années plus tard, nous faudrait-il crier encore plus fort ?

Depuis plusieurs années, on sait que le fleuve Saint-Laurent est le réceptacle de la majeure partie de la pollution du Québec. On y observe divers types de pollution dont la forme la plus menaçante provient de rejets industriels et agricoles de métaux lourds et de substances organiques et chimiques toxiques. De plus, on y décèle la présence de certains polluants comme les BPC en concentrations très élevées. Ces polluants se déposent au fond du fleuve où ils s'accumulent et se mélangent. On connaît encore mal les effets de ces nouvelles substances, mais on sait qu'elles ont une longue vie et se déplacent lentement vers l'est du Québec.

On sait aussi que toutes ces substances représentent un grand danger pour la faune aquatique. Dans les secteurs où le taux de pollution est particulièrement élevé, on a observé une forte contamination chez plusieurs espèces de poissons. Le béluga et le rorqual bleu, deux espèces de mammifères marins du fleuve, sont d'ailleurs en voie de disparition.

L'équilibre du fleuve est fragile. La population doit mener une lutte vigilante contre la pollution si elle ne veut pas perdre les avantages qu'elle tire de la proximité du fleuve et être obligée de dépenser des sommes astronomiques pour le dépolluer.

a. Selon toi, les chercheurs ont-ils raison de lancer un cri d'alarme pour alerter la population au sujet de l'état du fleuve Saint-Laurent ? Pour quelles raisons ?

b. D'après toi, de quelle façon peut-on assurer la survie du fleuve Saint-Laurent ?

EN MÉMOIRE

• 1 •

L'océan Pacifique, l'océan Atlantique, l'océan Indien et l'océan Arctique couvrent près des trois quarts de la surface de la Terre.

• 2 •

La température de l'eau des océans et des mers est influencée par la latitude et la profondeur.

• 3 •

L'eau des océans et des mers contient des sels minéraux dissous, en moyenne 3,5 % ou 35 grammes par litre. Les mers chaudes sont en général plus salées que les mers froides parce que l'évaporation y est plus grande.

• 4 •

Les principales composantes du relief sous-marin sont:
• la plate-forme continentale;
• le talus continental;
• la plaine abyssale;
• la fosse océanique;
• la dorsale océanique.

• 5 •

Les courants marins, dirigés par le vent, influencent grandement le climat des côtes en transportant de grandes quantités d'eau qui refroidissent ou réchauffent l'air.

• 6 •

Sous l'action du vent, les vagues exercent un inlassable travail d'érosion en taillant des falaises dont les débris forment des plages.

• 7 •

Les marées couvrent et découvrent rythmiquement le littoral. Elles sont le résultat de l'attraction exercée sur la Terre par la Lune et le Soleil.

• 8 •

Le profil du rivage marin résulte de l'attaque de l'océan ainsi que du type de relief et de la résistance du continent. Les principales formes de relief du littoral sont la falaise et la plage.

• 9 •

Le périple de l'eau, de la mer à l'atmosphère, de l'atmosphère à la Terre et de la Terre à la mer, se nomme le cycle de l'eau. Les quatre étapes du cycle de l'eau sont l'évaporation, la condensation, les précipitations et l'écoulement.

• 10 •

Les cours d'eau sont hiérarchisés, c'est-à-dire classés par ordre d'importance. Dans une région, l'ensemble constitué par un fleuve et ses affluents constitue un réseau hydrographique. La région drainée par un réseau hydrographique constitue un bassin hydrographique.

• 11 •

Le débit d'un cours d'eau est la quantité d'eau qui s'écoule en une seconde en un endroit précis. Le débit dépend du volume d'eau et de la vitesse d'écoulement de l'eau. L'ensemble des variations du débit d'un cours d'eau en une année constitue son régime.

• 12 •

L'eau est utilisée dans plusieurs secteurs:
• l'alimentation;
• les minéraux;
• l'énergie;
• l'industrie;
• le tourisme et les loisirs;
• le transport.

• 13 •

Les sources d'approvisionnement en eau sont menacées par différents types de pollution. Il nous faut apprendre à mieux gérer cette ressource afin d'en garantir la disponibilité aux générations futures.

1 Quelle fraction de la surface terrestre les océans recouvrent-ils ?

2 Nomme les quatre océans en ordre décroissant de grandeur et indique la lettre qui désigne chacun de ces océans sur le document 4.138.

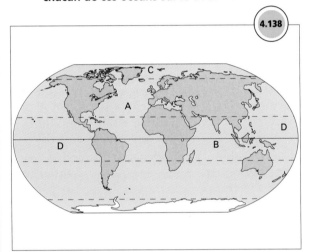

4.138

3 Pourquoi l'eau des océans et des mers est-elle plus chaude à l'équateur que dans les régions polaires ?

4 Pourquoi l'eau des océans est-elle salée ?

5 Pourquoi les mers chaudes sont-elles en général plus salées que les mers froides ?

6 Associe chacune des composantes du relief sous-marin à la définition correspondante et indique par quelle lettre chaque composante est désignée sur le document 4.139.

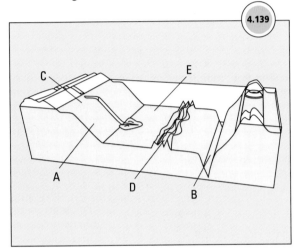

4.139

Plate-forme continentale	Plaine abyssale
	Fosse océanique
Talus continental	Dorsale océanique

– Zone de grandes plaines située à des profondeurs de plus de 3 000 mètres.

– Cavité naturelle longue et étroite située en bordure des continents.

– Surface sous-marine peu profonde qui borde la côte et s'incline jusqu'à des profondeurs de 150 mètres.

– Ensemble de chaînes de montagnes sous-marines qui s'étendent au fond des océans sur près de 100 000 kilomètres.

– Grande marche qui prolonge la plate-forme continentale et plonge jusqu'à la plaine abyssale, à plus de 3 000 mètres de profondeur.

7 Pour quelles raisons les courants marins influencent-ils particulièrement le climat ?

8 Qu'est-ce qui cause les vagues ? les marées ?

9 **a.** Quelles sont les deux principales formes de relief du littoral ?

b. Quel mouvement de la mer exerce un inlassable travail d'érosion sur le littoral ?

10 Associe chacune des grandes étapes du cycle de l'eau à l'énoncé correspondant et indique par quelle lettre chaque étape est désignée sur le document 4.140.

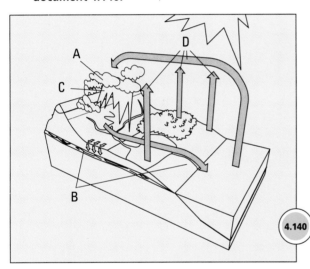

4.140

| Évaporation | Précipitations |
| Condensation | Écoulement |

– Lorsque les nuages ne peuvent plus retenir le poids de l'eau condensée, cette eau tombe au sol sous forme de pluie ou de neige.

– La vapeur refroidit en s'élevant et forme les nuages.

– L'eau douce des précipitations peut s'infiltrer dans le sol ou ruisseler à sa surface.

– Les rayons du Soleil aspirent l'eau pour la transformer en vapeur d'eau.

11 Qui suis-je ?

a. Ensemble constitué par un fleuve et tous ses affluents.

b. Région drainée par un cours d'eau et ses affluents.

c. Ligne qui joint la source de tous les cours d'eau d'un réseau hydrographique.

d. Quantité d'eau qui s'écoule en une seconde en un endroit précis d'un cours d'eau.

e. Ensemble des variations du débit d'un cours d'eau en une année.

12 Donne trois exemples d'utilisation de l'eau pour nos besoins domestiques.

13 Donne trois exemples d'utilisation de l'eau dans l'industrie.

14 Nomme trois activités de loisir liées à l'eau qui sont appréciées par les vacanciers.

15 Nomme trois autres secteurs de l'activité humaine dans lequel l'eau est très importante.

16 Nomme trois types de pollution qui menacent nos sources d'approvisionnement en eau.

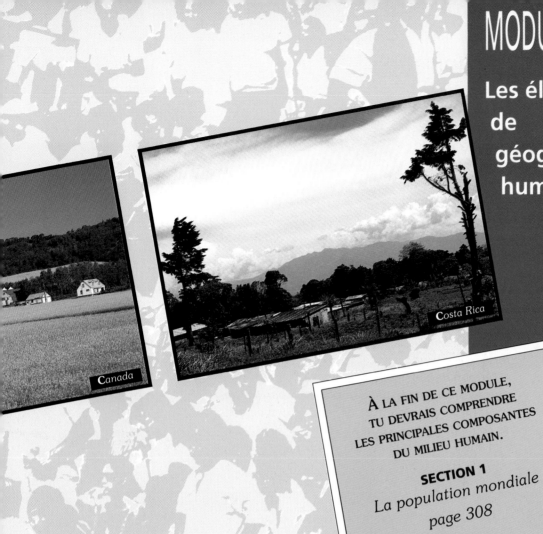

Canada

Costa Rica

MODULE 5

Les éléments de géographie humaine

À LA FIN DE CE MODULE,
TU DEVRAIS COMPRENDRE
LES PRINCIPALES COMPOSANTES
DU MILIEU HUMAIN.

La population mondiale

5.1 À LA FIN DE CETTE SECTION, TU DEVRAIS ÊTRE CAPABLE DE CARACTÉRISER LA POPULATION MONDIALE.

La population mondiale s'est considérablement accrue au cours du XXe siècle, en grande partie à cause des progrès de la médecine. Ainsi, en 1900, il y avait environ 1,5 milliard d'habitants sur la Terre. Aujourd'hui, notre planète en abrite 5,7 milliards et, si le rythme de croissance actuel se maintient, nous serons 6,5 milliards en l'an 2000 ! Tous les cinq jours, la population de notre planète augmente de plus de un million de personnes. Serons-nous bientôt trop nombreux sur la Terre ?

La population mondiale est très variée. Bien que nous soyons de plus en plus proches les uns des autres, grâce au développement des moyens de communication, cette diversité persiste, aussi bien entre les êtres humains qu'entre les nations.

M E S M O T S

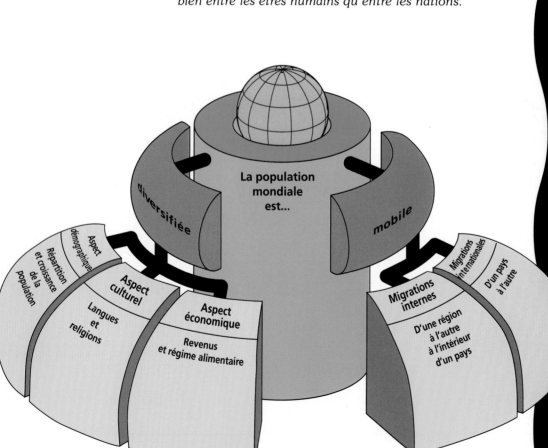

La population mondiale est...

diversifiée

mobile

Aspect démographique — Répartition et croissance de la population

Aspect culturel — Langues et religions

Aspect économique — Revenus et régime alimentaire

Migrations internes — D'une région à l'autre à l'intérieur d'un pays

Migrations internationales — D'un pays à l'autre

LA DIVERSITÉ DÉMOGRAPHIQUE

La population mondiale est très variée. Cette diversité se traduit principalement par une répartition et une croissance inégales de la population. Certaines régions sont très peuplées alors que d'autres sont presque vides. Selon les parties du monde, la population s'accroît très rapidement ou bien la croissance est très faible ou même parfois nulle.

Pour connaître la population de la Terre, les géographes font appel à la démographie, la science qui étudie les populations et leurs variations. Ainsi, la plupart des pays du monde font périodiquement des recensements, c'est-à-dire des dénombrements de leurs habitants. Au Canada, le dernier recensement a eu lieu en 1991; sais-tu quand aura lieu le prochain?

DÉMOGRAPHIE

La répartition de la population

Le 31 décembre 1992, il y avait environ 5,7 milliards d'êtres humains sur la Terre, répartis de façon inégale. Près des trois quarts de la population mondiale vit sur un dixième de la surface terrestre alors que les deux tiers des terres sont presque vides.

Les conditions climatiques, le relief, la fertilité des sols, la présence de grands cours d'eau et les communications expliquent en grande partie la répartition inégale des êtres humains sur la Terre.

Il n'est pas surprenant de constater que les régions polaires, les hautes montagnes, les déserts arides et les forêts tropicales humides abritent à peine 2 % de la population mondiale, parce que ce sont des milieux hostiles aux êtres humains. La population de ces régions est très dispersée : la densité

Dans quelques régions, la densité de population est très faible à cause des conditions de vie difficiles.

(Cordillère des Andes, Chili)

Nomme quelques autres régions hostiles aux êtres humains.

5.1

de population, c'est-à-dire le nombre moyen d'habitants par kilomètre carré, y est souvent inférieure à un habitant par kilomètre carré. Certains êtres humains ont néanmoins réussi à s'adapter à des milieux hostiles et à les transformer. Les Inuit et les Lapons, par exemple, habitent les régions polaires, et certains peuples nomades parcourent les déserts arides.

La densité de population mondiale et les grands foyers de population.

5.2

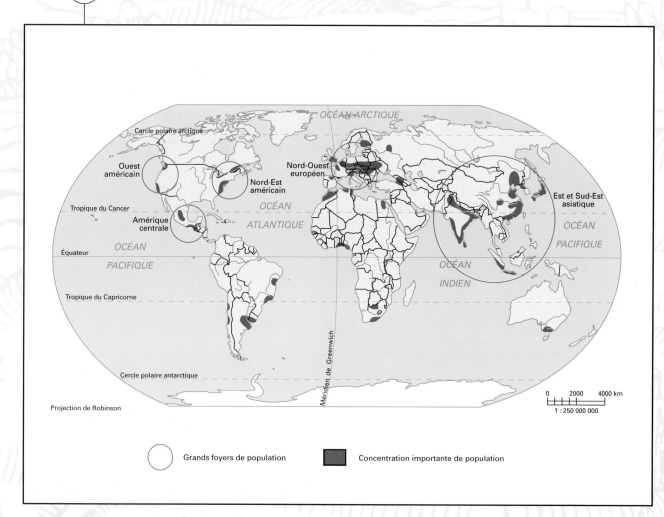

La population mondiale est concentrée dans quelques zones à très forte densité – plus de 1 000 habitants par kilomètre carré – qui constituent les grands foyers de population où vivent 75 % des êtres humains. Ces foyers de population sont tous situés dans l'hémisphère Nord et sont concentrés dans les plaines, les vallées et les deltas des grands fleuves.

Les éléments de géographie humaine

On distingue cinq grands foyers de population:

- l'Est et le Sud-Est asiatique, où vivent environ 50 % des habitants de la Terre, notamment en Chine, en Inde, au Japon et en Indonésie;

- le Nord-Ouest européen;

- le Nord-Est américain;

- l'Ouest américain;

- l'Amérique centrale.

Certaines concentrations importantes de population habitent quelques régions isolées: le delta du Nil, la côte du Nigeria et les grandes agglomérations d'Amérique du Sud.

5.3

Dans certaines grandes villes, comme par exemple Tōkyō, au Japon, la densité de population est très élevée, dépassant parfois 25 000 habitants par kilomètre carré.

À quelles régions de la Terre les zones densément peuplées correspondent-elles généralement ?

1 *a.* Sur une carte muette du monde semblable au document 5.4, nomme les cinq grands foyers de population de la Terre et colorie en rouge les zones les plus densément peuplées de ces foyers.

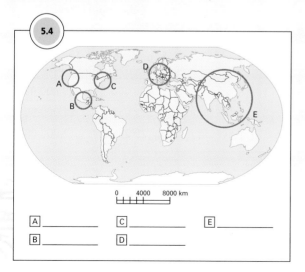

5.4

0   4000   8000 km

A _____   C _____   E _____
B _____   D _____

b. Dans quel hémisphère sont situés les cinq grands foyers de population de la Terre ?

c. Quel est le plus important foyer de population de la Terre ? Quel pourcentage de la population mondiale regroupe-t-il ?

Nomme cinq pays qui font partie de ce foyer de population.

d. Pourquoi les régions polaires, les hautes montagnes, les déserts arides et les forêts tropicales humides sont-elles inhabitées, ou presque ?

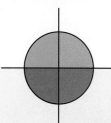

Le calcul de la densité de population

On calcule la densité de population en établissant le rapport entre la population d'un territoire et sa superficie. La densité de population du Canada est la suivante :

$$\text{Densité de population} = \frac{\text{Population 28 000 000 hab.}}{\text{Superficie 10 000 000 km}^2} = 2{,}8 \text{ hab./km}^2$$

Chacun des carrés de l'illustration ci-dessous représente une région de un kilomètre carré et chaque point, une personne. Dans la région A, la population est peu concentrée, et dans la région D, la population est très concentrée.

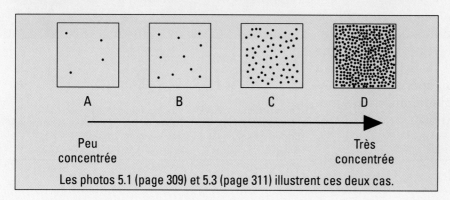

A   B   C   D

Peu
concentrée

Très
concentrée

Les photos 5.1 (page 309) et 5.3 (page 311) illustrent ces deux cas.

2 **a.** Qu'est-ce que la densité de population ?

b. Quelle est la densité de population des pays suivants ?

| Japon | France | États-Unis | Australie |

Légende
☐ 1 km² ▲ 10 hab.
● 1 hab. ■ 100 hab.

c. Calcule la densité de population des pays suivants.

Pays	Superficie (en km²)	Population (en millions d'hab.)
Russie	17 000 000	148 000 000
Allemagne	357 050	81 000 000
Slovénie	20 251	2 000 000

La croissance des populations

L'humanité a mis deux millions d'années à atteindre un milliard d'habitants, mais il ne lui faudra guère que onze ans pour passer du cinquième au sixième milliard... Si le taux de croissance actuel se maintient à 1,7% par an, comme il l'était à la fin de 1992, il suffira de 35 ans pour que la population mondiale passe de 5 à 10 milliards d'habitants. Cette augmentation vertigineuse de la population est appelée explosion démographique.

La courbe d'évolution de la population mondiale, de l'an 1000 à nos jours.

5.5

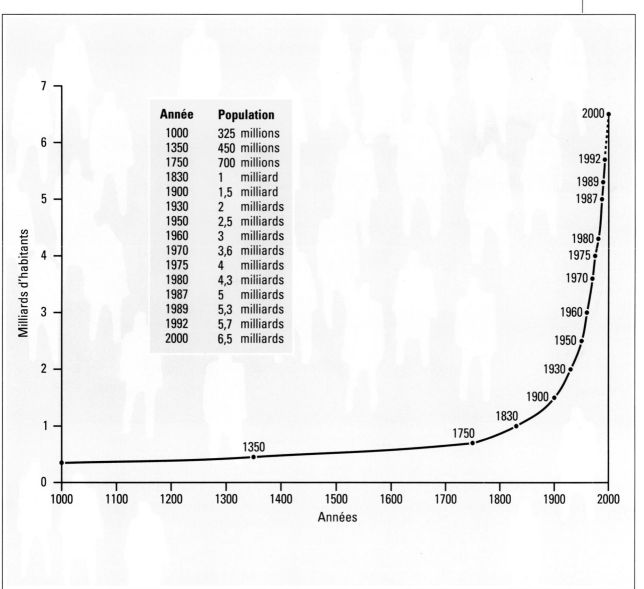

Année	Population
1000	325 millions
1350	450 millions
1750	700 millions
1830	1 milliard
1900	1,5 milliard
1930	2 milliards
1950	2,5 milliards
1960	3 milliards
1970	3,6 milliards
1975	4 milliards
1980	4,3 milliards
1987	5 milliards
1989	5,3 milliards
1992	5,7 milliards
2000	6,5 milliards

La population mondiale n'a cependant pas augmenté au même rythme dans tous les pays, parce que la natalité varie selon les régions et les années.

Les pays développés d'Europe et d'Amérique du Nord, ou pays riches, ont connu un accroissement rapide au XVIIIe et au XIXe siècle, à cause de l'essor de l'agriculture, des débuts de l'industrie, des progrès de l'hygiène et de la médecine, et de l'amélioration générale des conditions de vie. Aujourd'hui, ces pays ont un accroissement plus lent, parce que les naissances y sont à peu près égales aux décès. Dans certains pays, l'accroissement est si lent que le remplacement des générations n'est plus assuré.

Dans les pays industrialisés, l'accroissement de la population est lent, la famille-type ne comportant qu'un ou deux enfants. Dans les pays en voie de développement, l'accroissement de la population est rapide, la famille-type comportant de nombreux enfants.

Quel est le principal facteur d'accroissement de la population ?

Par contre, les pays d'Afrique, d'Amérique du Sud et d'Asie, dont la plupart sont des pays en voie de développement, ou pays pauvres, ont connu une croissance très lente jusqu'au milieu du XXe siècle. Cependant, depuis 1950, la croissance de leur population est très forte, à cause de l'amélioration des conditions sanitaires et des progrès de la médecine, qui ont contribué à faire disparaître les causes de grande mortalité (épidémies, mortalité infantile, etc.). Seuls quelques-uns de ces pays, comme la Chine, qui ont adopté des politiques sévères de contrôle des naissances, ont vu leur taux de croissance baisser sensiblement.

De façon générale, la croissance de la population des pays industrialisés est faible et celle des pays en voie de développement est élevée, comme le démontre le document 5.8.

5.8

TAUX DE CROISSANCE DE LA POPULATION DANS QUELQUES PAYS EN 1992			
PAYS DÉVELOPPÉS	TAUX	PAYS EN VOIE DE DÉVELOPPEMENT	TAUX
Australie	1,2 %	Afghānistān	6,7 %
Canada	0,8 %	Kenya	3,7 %
États-Unis	0,7 %	Libye	3,6 %
Pays-Bas	0,6 %	Syrie	3,6 %
Ukraine	0,4 %	Nigeria	3,3 %
Japon	0,4 %	Honduras	3,0 %
France	0,4 %	Pākistān	2,9 %
Royaume-Uni	0,2 %	Inde	2,1 %
Italie	0 %	Mexique	1,9 %
Allemagne	– 0,1 %	Chine	1,4 %

3 **a.** Pourquoi les pays industrialisés ont-ils connu un accroissement rapide de leur population au XVIIIᵉ et au XIXᵉ siècle ?

b. Pourquoi les pays en voie de développement ont-ils connu une croissance très lente de leur population jusqu'au milieu du XXᵉ siècle ?

c. À l'aide du document 5.5 (page 313), trouve en combien d'années la population mondiale est passée

– de 1 à 2 milliards d'habitants.

– de 2 à 3 milliards d'habitants.

– de 3 à 4 milliards d'habitants.

– de 4 à 5 milliards d'habitants.

Que constates-tu à la suite de tes calculs ?

B

LA DIVERSITÉ CULTURELLE

Tu as une existence propre et des choix personnels à assumer (études, famille, travail, voyages, etc.). Cependant, tes origines, ton âge et tes habitudes te lient à certains groupes. Ta classe, par exemple, constitue un groupe; les élèves de ta classe appartiennent eux-mêmes à d'autres groupes familiaux, nationaux, religieux ou linguistiques.

La diversité culturelle des peuples de la Terre s'exprime de multiples façons, en particulier à travers les langues et les religions.

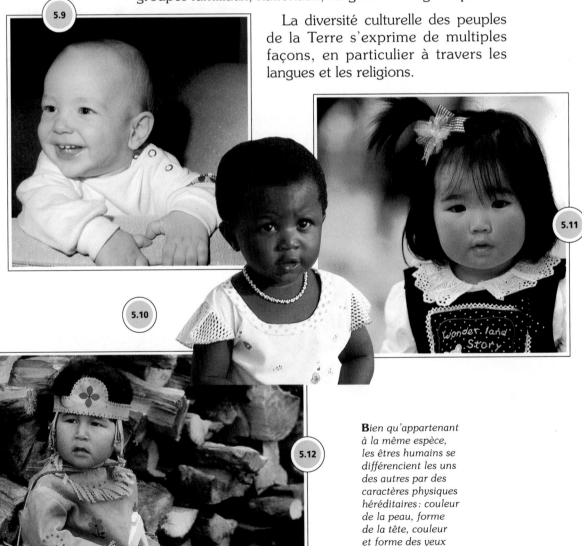

Bien qu'appartenant à la même espèce, les êtres humains se différencient les uns des autres par des caractères physiques héréditaires: couleur de la peau, forme de la tête, couleur et forme des yeux et des cheveux...

Les langues

Les êtres humains se différencient non seulement par des traits physiques, mais aussi par des attitudes, des habitudes, des comportements, etc. La langue est un système d'expression et de communication commun à un groupe, qui lui permet d'affirmer son identité culturelle.

LANGUE

5.13

Quelles sont les langues utilisées dans les revues et les journaux de cette photo ?

5.14 **L**es langues dans le monde.

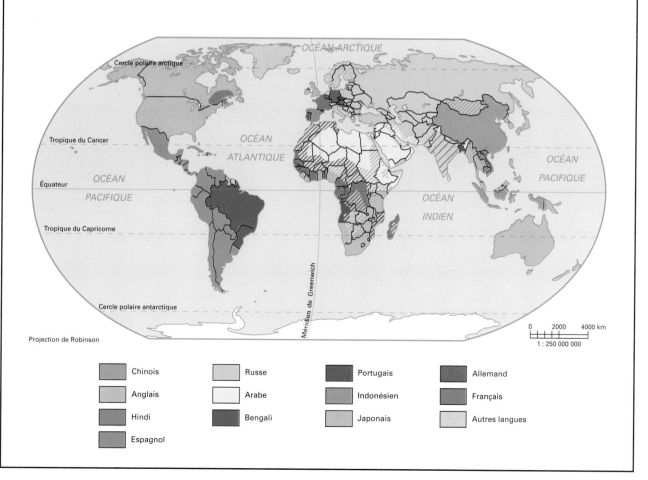

Cercle polaire arctique

OCÉAN ARCTIQUE

Tropique du Cancer

OCÉAN ATLANTIQUE

Équateur

OCÉAN PACIFIQUE

OCÉAN PACIFIQUE

OCÉAN INDIEN

Tropique du Capricorne

Cercle polaire antarctique

Méridien de Greenwich

Projection de Robinson

0   2000   4000 km

1 : 250 000 000

Chinois	Russe	Portugais	Allemand
Anglais	Arabe	Indonésien	Français
Hindi	Bengali	Japonais	Autres langues
Espagnol			

Plus de 3 000 langues, dialectes et patois sont parlés aujourd'hui à travers le monde. Certaines langues, comme le bicoli des Philippines ou le béloutchi du Pākistān, ne sont parlées que par de très petites populations; d'autres langues, comme l'anglais, l'espagnol et le français, sont internationales et utilisées dans les échanges économiques, scientifiques, techniques et diplomatiques.

5.15 LES LANGUES LES PLUS PARLÉES DANS LE MONDE EN 1992	
Chinois	1,5 milliard de personnes
Anglais	500 millions de personnes
Hindi	375 millions de personnes
Espagnol	350 millions de personnes
Russe	290 millions de personnes
Arabe	200 millions de personnes
Bengali	185 millions de personnes
Portugais	175 millions de personnes
Indonésien	145 millions de personnes
Japonais	125 millions de personnes
Allemand	120 millions de personnes
Français	120 millions de personnes

Même lorsqu'un pays a une, deux ou quinze langues officielles, comme les États-Unis, le Canada et l'Inde, plusieurs autres langues peuvent y être parlées. Au Canada, il y a deux langues officielles, l'anglais et le français, mais les communautés d'immigrants s'expriment aussi en d'autres langues comme l'allemand, l'italien, l'espagnol ou l'ukrainien, et les autochtones utilisent des langues comme le cri, l'ojibway ou l'inuktitut.

Une même langue peut être parlée dans plusieurs pays. Ainsi, on parle français en France, en Belgique, en Suisse, au Québec, en Haïti et dans plusieurs autres îles des Antilles, ainsi que dans de nombreux pays africains comme le Burkina-Faso, la Côte d'Ivoire et l'Algérie. Une langue parlée dans plusieurs pays a tendance à se diversifier. Le français parlé à Chicoutimi est loin d'être identique à celui de Paris, Lausanne ou Ouagadougou !

Il est difficile de proposer une «carte mondiale» des langues à cause de leur extrême diversité. Cependant, on peut distinguer un certain nombre de groupes linguistiques, c'est-à-dire de groupes qui utilisent une même langue. Ces groupes peuvent être très différents les uns des autres, mais ils sont unis par des liens économiques et culturels. Ainsi, les chefs d'États ayant en commun l'usage du français se réunissent chaque année à l'occasion du Sommet de la francophonie.

4 Pour faire cette activité, consulte le document 5.14 (page 317) et un globe terrestre, une carte du monde ou un atlas.

a. Donne les noms de cinq pays où l'on parle

- l'anglais.
- l'arabe
- le français.
- le russe.
- l'espagnol.

b. Quelles langues parle-t-on dans les pays suivants ?

- Nouvelle-Zélande
- Lituanie
- Chili
- Libye
- Zaïre
- Angola
- Inde

5 *a.* Qu'est-ce qu'une langue internationale ?

b. Quelle est la langue internationale la plus utilisée ?

c. Nomme cinq langues, autres que le français et l'anglais, qui sont utilisées au Canada.

d. Combien de langues sont parlées à travers le monde ?

Les grandes religions

L'identité culturelle d'un être humain se manifeste aussi dans ses croyances religieuses. Les religions ont profondément marqué l'histoire des civilisations. Depuis le début des temps, les êtres humains croient en un pouvoir supérieur de qui dépend leur destinée et à qui ils doivent obéissance et respect. Les religions sont basées sur cette croyance.

RELIGIONS

On distingue les croyants des non-croyants au fait qu'ils vouent un culte à une ou plusieurs divinités (Dieu, Allah, Bouddha) et à la nature de leurs croyances et de leurs pratiques. Les religions ont des traits communs : croyance en un pouvoir créateur, vie terrestre perçue comme un passage vers la vie après la mort. Leurs textes sacrés enseignent une morale, une façon de se conduire pour satisfaire le créateur.

Comme dans le cas des langues, il est très difficile de faire une carte représentant les différentes religions: leur nombre augmente sans cesse et on manque de statistiques. Les cinq plus importantes religions sont le judaïsme, le christianisme, l'islam, l'hindouisme et le bouddhisme. Ce sont les plus importantes par le nombre de leurs adeptes ou par le rôle qu'elles ont joué et jouent encore dans l'histoire des civilisations.

Les religions dans le monde.

5.16

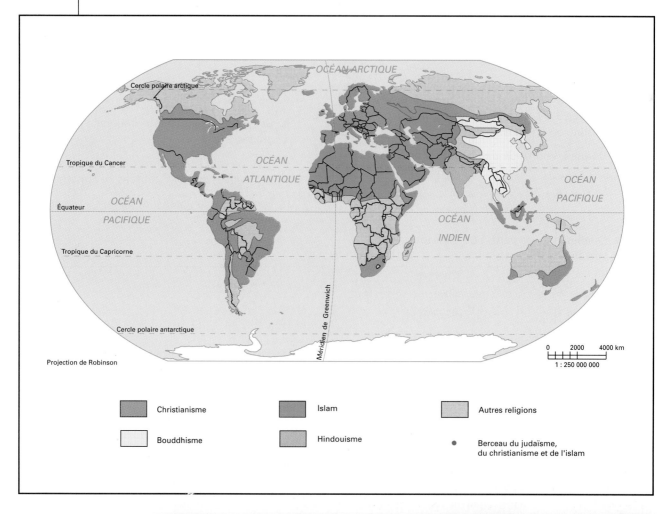

LES PRINCIPALES RELIGIONS PRATIQUÉES DANS LE MONDE EN 1992	
Christianisme	1,75 milliard d'adeptes
Islam	900 millions d'adeptes
Hindouisme	700 millions d'adeptes
Bouddhisme	350 millions d'adeptes
Judaïsme	20 millions d'adeptes
Autres religions	680 millions d'adeptes
Sans religion	1,3 milliard d'adeptes

5.17

Le judaïsme

Le judaïsme prône la croyance en un seul dieu, en l'immortalité de l'âme et en l'avènement de la justice éternelle. Son livre sacré est la Bible. Les juifs expriment leur foi par le respect de la morale décrite dans leurs autres livres fondamentaux, la Torah et le Talmud. Ils se rassemblent à la synagogue, où le rabbin préside aux offices religieux. Les juifs vivent surtout en Amérique du Nord, en Europe et en Israël. Jérusalem est la ville sainte du judaïsme.

5.19

L'*intérieur d'une synagogue.*
(Damas, Syrie)

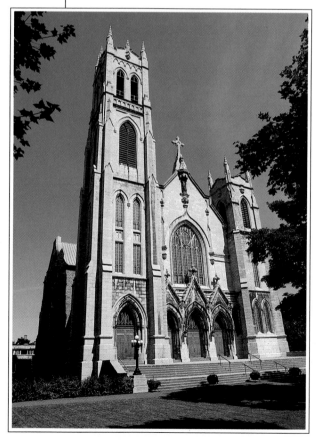

5.18

U*ne église catholique.*
(Outremont, Québec)

Le christianisme

Le christianisme est fondé sur l'enseignement transmis par Jésus-Christ, qui est un message d'amour de Dieu, et sur la croyance en l'immortalité de l'âme. Son livre sacré est la Bible. Le dimanche, les chrétiens se rassemblent à l'église, où le prêtre accomplit le culte. Au cours des siècles, le christianisme s'est divisé en différents courants dont les principaux sont le catholicisme, le protestantisme, l'orthodoxie et l'anglicanisme. La religion chrétienne est surtout pratiquée en Europe, en Amérique du Nord et en Amérique du Sud. Jérusalem est la ville sainte du christianisme.

L'islam

5.20

*La Grande Mosquée.
(La Mecque, Arabie Saoudite)*

L'islam est fondé sur la profession de foi à Allah, Mahomet étant son envoyé sur Terre. Les adeptes de cette religion se nomment les musulmans. Le Coran, qui contient la doctrine islamique, est le livre sacré des musulmans. La prière et le jeûne sont très importants dans cette religion.

Les musulmans croient en une vie après la mort et, pour eux, seuls ceux qui suivent l'enseignement de Mahomet atteignent le bonheur dans cette autre vie. Pour prier, les musulmans se rassemblent à la mosquée. L'islam est surtout pratiqué en Afrique du Nord, au Moyen-Orient, en Inde et en Indonésie. Les villes sacrées de l'Islam sont La Mecque, Médine et Jérusalem.

L'hindouisme

L'hindouisme est centré sur Brahma, le créateur, sur Vishnou, le conservateur de l'Univers, et sur Shiva, le destructeur. Plusieurs autres dieux y jouent un rôle secondaire. Les hindous, adeptes de cette religion, se réunissent dans des temples et les gourous sont leurs maîtres spirituels. Les hindous cherchent à rejoindre le Brahman, esprit qui représente le bonheur parfait, mais ne peuvent y parvenir en une seule vie. Pour eux, l'âme ne meurt pas: elle se réincarne dans d'autres corps jusqu'à ce qu'elle atteigne le bonheur parfait. L'hindouisme est surtout pratiqué en Inde. Vārānasi est l'une des sept villes sacrées de cette religion.

*Un temple hindou sur une des rives du Gange.
(Vārānasi, Inde)*

Le bouddhisme

Le bouddhisme repose sur le message de Bouddha : le bonheur doit provenir du renoncement aux désirs et aux passions. Le but ultime de cette religion est l'atteinte du nirvana, c'est-à-dire de la sérénité éternelle. Le bouddhisme prône la tolérance, la non-violence, le don et la compassion. Les fidèles se réunissent dans des temples et leurs chefs spirituels sont des moines. Le bouddhisme est surtout pratiqué en Chine et en Asie du Sud-Est. Lhasa, au Tibet, est l'une des villes sacrées du bouddhisme.

5.22

L'intérieur d'un temple bouddhiste. (Bangkok, Thaïlande)

6 Pour faire cette activité, consulte les documents 5.16 et 5.17 (page 320) ainsi qu'un globe terrestre, une carte du monde ou un atlas.

a. Sur quels continents pratique-t-on

- le judaïsme ?
- l'hindouisme ?
- le christianisme ?
- le bouddhisme ?
- l'islam ?

b. Quelles sont les deux religions les plus répandues dans le monde ?

7 **a.** Quelle religion rassemble le plus grand nombre d'adeptes ? Cette religion s'est divisée en quatre courants principaux. Lesquels ?

b. À quelle religion chacun des groupes de mots suivants correspond-il ?

- Mahomet – Coran – musulmans – mosquée – Moyen-Orient.
- Bouddha – nirvana – renoncement – moines – Chine.
- Brahma – gourous – réincarnation – recherche du bonheur – Inde.
- Dieu – Bible – rabbin – synagogue – Jérusalem.
- Jésus – prêtre – église – Bible – Amériques.

LA DIVERSITÉ ÉCONOMIQUE

Ton pays, le Canada, est une nation riche même si tous ses habitants n'ont pas les mêmes revenus ni le même niveau de vie. À l'échelle mondiale, ce contraste existe de façon encore plus marquée : il y a quelques pays riches et beaucoup de pays pauvres.

Cette demeure témoigne du niveau de vie élevé d'un pays riche comme le Canada.

Qu'entend-on par «niveau de vie élevé» ? Dans quelle partie du monde sont situés la plupart des pays riches ?

Les pays riches, aussi appelés pays développés ou pays industrialisés, sont peu nombreux et leurs habitants ne représentent que 23 % de la population mondiale. Ces pays sont pour la plupart situés au nord de la planète. Ils ont un point en commun : leurs habitants ont un niveau de vie élevé (hauts revenus, abondance de nourriture, possibilité de s'instruire à tous les niveaux, accès à des services de santé très évolués, techniques de pointe, loisirs organisés, etc.). Le Canada, les États-Unis, la France, l'Allemagne et le Japon, entre autres pays, font partie de ce groupe.

PAYS DÉVELOPPÉS

5.24

Dans les pays pauvres, comme par exemple Haïti, les conditions de vie ne permettent aucun luxe.

Quels sont les besoins de base qui ne sont pas satisfaits dans les pays en voie de développement?

Dans quelle partie du monde sont situés la plupart des pays pauvres?

Situés au sud de la planète, les pays pauvres, aussi appelés tiers monde, abritent 77% des êtres humains. Les habitants de ces pays ne disposent que d'un cinquième des revenus de la planète, tandis que ceux des pays riches se partagent les quatre cinquièmes des richesses produites dans le monde.

Les pays du tiers monde ont un point en commun: ils ne peuvent satisfaire les besoins de base de l'ensemble de leur population. Beaucoup d'enfants y meurent peu après leur naissance, faute de soins; une partie importante de la population y est mal nourrie; les écoles n'y reçoivent qu'une partie des enfants; l'eau courante et l'électricité sont absentes de la plupart des logements.

Certains de ces pays, comme le Mexique, l'Algérie et la Thaïlande, sont des pays en voie de développement. L'aide des pays développés leur permet d'exploiter leurs richesses naturelles et de se doter d'équipements destinés à améliorer le niveau de vie de leurs habitants. Mais il reste encore plusieurs pays sous-développés complètement démunis. Parmi eux se trouvent plusieurs pays d'Afrique situés au sud du Sahara, comme le Tchad, le Mali et la Somalie, ainsi que plusieurs pays d'Asie, comme l'Inde, le Bangladesh et le Pākistān.

PAYS EN VOIE
DE DÉVELOPPEMENT

PAYS
SOUS-DÉVELOPPÉS

Même si les conditions d'existence se sont améliorées dans les pays pauvres, l'écart économique entre riches et pauvres est très grand à l'échelle mondiale. Cette différence fondamentale entre le Nord et le Sud peut être observée à travers deux facteurs qui indiquent le degré de développement d'un pays : le revenu annuel moyen par habitant et le régime alimentaire.

Les pays riches (Nord) et les pays pauvres (Sud).

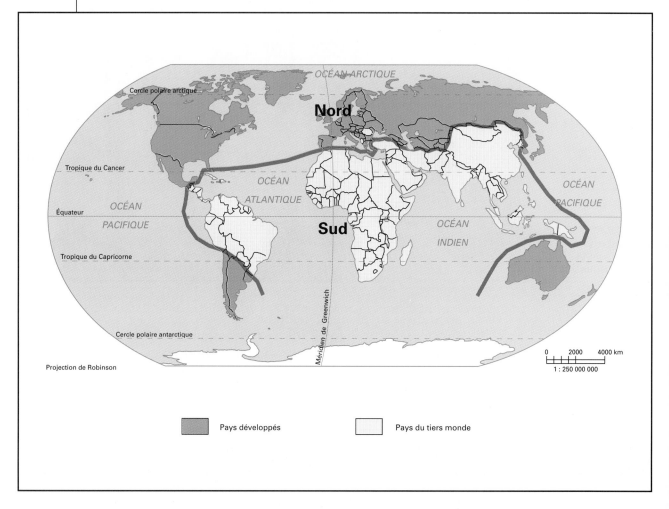

Pays développés	Pays du tiers monde

Les revenus

Savais-tu qu'à la fin de 1992, plus d'un milliard d'êtres humains vivaient dans une pauvreté extrême ? Leurs besoins les plus élémentaires demeurent insatisfaits : nourriture insuffisante, logements insalubres, analphabétisme, maladies fréquentes et santé précaire.

Le document 5.28 (page 327) montre les grandes différences de revenus dans le monde, ceux-ci variant de 80 $ américains par année par habitant dans les pays les plus pauvres à plus de 30 000 $ dans les pays les plus riches. Le niveau de vie d'un pays est étroitement lié aux revenus de ses habitants.

Niveau de vie

5.26

5.27

On constate à l'heure actuelle que ces grands écarts en matière de revenus ne diminuent pas : au contraire, ils augmentent dangereusement. Les pays les plus riches profitent des avantages de l'accumulation du capital et du développement des techniques et de l'éducation. Les pays les plus pauvres ne parviennent pas à maintenir un niveau de vie constant, parce que la forte croissance de leur population annule leurs maigres progrès économiques.

À l'échelle du monde, les statistiques nous donnent la mesure de cette pauvreté en nous montrant les écarts énormes existant entre le niveau de vie des habitants des pays riches et celui des pays pauvres. Et la solution à ce problème ne semble toujours pas en vue...

Dans les pays riches, comme le Canada, le haut niveau de vie permet aux gens de participer à différentes activités de loisir. Dans les pays pauvres, comme le Viêt-nam, les gens parviennent difficilement à satisfaire leurs besoins de base.

À quel facteur le niveau de vie d'un pays est-il étroitement lié ?

5.28

REVENU ANNUEL MOYEN PAR HABITANT DANS QUELQUES PAYS DU MONDE EN 1992 (EN DOLLARS AMÉRICAINS)					
PAYS DÉVELOPPÉS		PAYS EN VOIE DE DÉVELOPPEMENT		PAYS SOUS-DÉVELOPPÉS	
Suisse	31 937 $	Arabie Saoudite	7 328 $	Pākistān	378 $
Japon	26 936 $	Libye	5 310 $	Chine	370 $
Suède	25 880 $	Gabon	3 220 $	Haïti	360 $
Allemagne	24 038 $	Afrique du Sud	2 860 $	Inde	350 $
États-Unis	22 544 $	Brésil	2 680 $	Mali	288 $
Canada	22 293 $	Venezuela	2 643 $	Nicaragua	240 $
France	20 680 $	Malaisie	2 611 $	Tchad	190 $
Italie	18 591 $	Uruguay	2 560 $	Bangladesh	188 $
Australie	17 305 $	Algérie	1 839 $	Éthiopie	115 $
Royaume-Uni	16 806 $	Thaïlande	1 553 $	Mozambique	80 $

8 Pour faire cette activité, consulte le document 5.28 (page 327) et un globe terrestre, une carte du monde ou un atlas.

a. Sur une carte muette du monde semblable au document 5.29, colorie en vert dix pays développés et en jaune, dix pays du tiers monde. Indique les noms de ces pays.

b. Dans quelle partie du monde la plupart des pays riches se trouvent-ils ? la plupart des pays pauvres ?

9 Que signifie la phrase suivante ?

« Le niveau de vie d'un pays est étroitement lié aux revenus de ses habitants. »

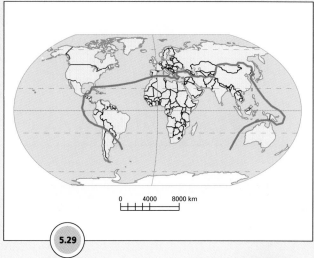

0   4000   8000 km

5.29

Le régime alimentaire

La Terre n'a jamais produit autant de nourriture… mais on n'y a jamais compté autant d'affamés. La faim est un important problème qui est une conséquence directe de la pauvreté. Pour manger suffisamment, toute famille doit avoir un revenu adéquat. L'élimination de la faim et de la malnutrition est l'un des grands défis de notre temps.

La valeur énergétique du régime alimentaire d'un être humain se mesure en unités appelées kilojoules (kJ). On estime qu'il faut environ 10 000 kilojoules par jour à un ou une adulte ayant une activité normale pour vivre en bonne santé. Les jeunes enfants et les personnes âgées ont des besoins moindres et les personnes plus actives ont des besoins plus grands (voir le document 5.32 à la page 329). Des carences dans la nutrition, en particulier au cours de l'enfance, sont à l'origine de handicaps – notamment la cécité –, de maladies, de retards de croissance et de déficiences intellectuelles.

RÉGIME ALIMENTAIRE

BESOINS ÉNERGÉTIQUES QUOTIDIENS 5.32		
		(EN kJ)
ENFANTS	1 à 3 ans 4 à 6 ans 7 à 9 ans	5 700 5 700 à 7 700 7 700 à 9 200
ADOLESCENTS	10 à 12 ans 13 à 15 ans 16 à 19 ans	10 900 10 900 à 12 100 12 100 à 12 900
ADOLESCENTES	10 à 12 ans 13 à 15 ans 16 à 19 ans	9 800 9 800 à 10 400 9 700
HOMMES	Peu actifs Actifs Très actifs	10 000 à 11 300 13 400 à 15 900 16 700 à 23 000
FEMMES	Peu actives Actives Très actives Enceintes Allaitant	8 400 à 10 000 10 900 à 12 600 13 400 à 15 900 11 700 à 13 400 12 600 à 14 700
PERSONNES ÂGÉES	65 ans et plus	7 700 à 8 400

Dans les pays riches, comme les États-Unis, on vit dans l'abondance alors que, dans les pays pauvres, comme l'Éthiopie, la faim est une préoccupation de tous les instants.

De quel autre problème mondial la faim est-elle la conséquence ?

Une personne doit maintenir un équilibre entre sa dépense d'énergie et sa consommation d'aliments; sinon, elle risque de souffrir d'obésité ou de maigreur. Le document 5.33 (page 330) indique le régime alimentaire moyen par jour et par personne dans le monde et révèle un bien grand problème: les habitants de plusieurs pays ont un régime alimentaire moyen déficitaire ou déséquilibré et bien en deçà des besoins d'une personne moyenne.

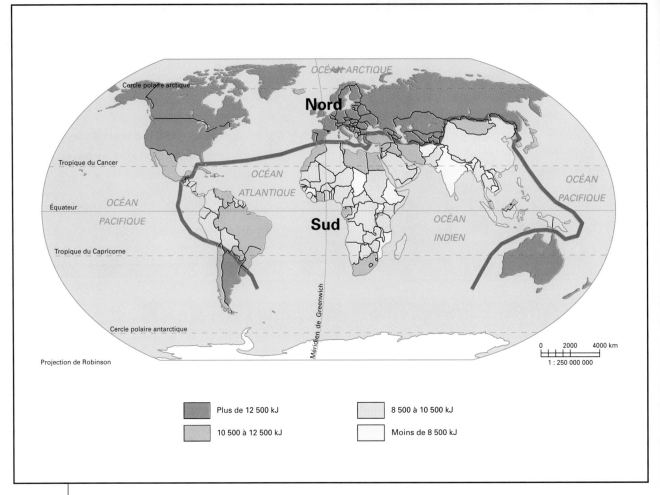

OCÉAN ARCTIQUE

Cercle polaire arctique

Nord

Tropique du Cancer

OCÉAN
ATLANTIQUE

OCÉAN
PACIFIQUE

Équateur   OCÉAN

PACIFIQUE

Sud

OCÉAN
INDIEN

Tropique du Capricorne

Cercle polaire antarctique

Méridien de Greenwich

0   2000   4000 km

1 : 250 000 000

Projection de Robinson

| | Plus de 12 500 kJ | | 8 500 à 10 500 kJ |
| | 10 500 à 12 500 kJ | | Moins de 8 500 kJ |

5.33

Le *régime alimentaire moyen dans le monde en 1992.*

Bien que plusieurs pays vivent dans l'abondance, l'Organisation des Nations Unies estime que 800 millions d'êtres humains souffrent de malnutrition et que 2 000 personnes meurent chaque jour dans le monde, victimes de la famine. La situation est particulièrement alarmante en Afrique, dans quelques pays d'Asie du Sud et dans les bidonvilles d'Amérique latine, où l'espérance de vie est réduite et la mortalité infantile, énorme.

10 Pour faire cette activité, consulte le document 5.33 et un globe terrestre, une carte du monde ou un atlas.

a. Nomme cinq pays dont le régime alimentaire moyen est inférieur à 8 500 kilojoules.

b. Nomme cinq pays dont le régime alimentaire moyen est supérieur à 12 500 kilojoules.

c. Sur quel continent a-t-on les régimes alimentaires moyens les plus pauvres ? les plus riches ?

11 *a.* Dans quelles régions de la Terre y a-t-il le plus grand nombre de personnes souffrant de malnutrition ?

b. Selon toi, y a-t-il une relation entre le revenu annuel et le régime alimentaire ?

LA POPULATION
EN MOUVEMENT

À toutes les époques et pour de multiples raisons, les individus et les peuples se sont déplacés d'un pays à l'autre, d'une province à l'autre, d'une région ou d'une ville à l'autre. Ces déplacements constituent des migrations. Quand une personne se déplace à l'intérieur de son pays, il s'agit d'une migration interne; quand une personne quitte son pays d'origine pour s'installer dans un autre pays, il s'agit d'une migration internationale.

MIGRATIONS

MIGRATION INTERNE

MIGRATION INTERNATIONALE

Les migrations internes

Plusieurs raisons peuvent amener les gens à se déplacer à l'intérieur de leur pays :

- l'espérance de meilleures conditions de vie ;

- l'ouverture de nouvelles régions attrayantes ;

- la création de nouveaux quartiers ;

- les emplois rémunérateurs ;

- l'attirance exercée par la ville sur les jeunes de la campagne ;

- les études.

Ces déplacements dépendent en grande partie de l'attraction exercée par d'autres lieux. De plus, les migrations internes sont courantes dans les pays industrialisés, où une grande mobilité de la main-d'œuvre est nécessaire.

En 1992, près de 4 millions de Canadiens vivaient dans une province autre que leur province d'origine et plus de 10 millions habitaient une région autre que leur région d'origine.

5.35

Pourquoi les migrations internes sont-elles courantes dans les pays industrialisés?

Une migration interne peut être:

* quotidienne: un couple se déplace chaque jour entre résidence et lieu de travail;

* saisonnière: un étudiant du Nouveau-Brunswick travaille chaque été dans une base de plein air au nord de Montréal;

* temporaire: une Trifluvienne part travailler pour dix mois à l'aménagement des ressources hydrauliques de la région de la baie James;

* définitive: une productrice agricole et son conjoint vendent leur ferme et s'installent à la ville, près des services publics et des activités sociales.

Les migrations inter-nationales

Aujourd'hui, dans le monde, 100 millions d'êtres humains sont des migrants, c'est-à-dire des personnes ayant quitté leur pays pour aller s'installer dans un autre pays. De tels déplacements de populations constituent des migrations internationales, qui peuvent être temporaires, mais sont définitives dans la majorité des cas.

Quand une personne quitte son pays d'origine pour un autre pays, elle est une émigrante; pour le pays qui la reçoit, elle est une immigrante. L'émigration est le passage d'habitants d'un pays à un autre pays. L'immigration est l'arrivée d'étrangers venus s'installer dans un pays pour y vivre. Les émigrants contribuent au développement économique des pays qui les accueillent ainsi qu'à leur enrichissement culturel.

ÉMIGRATION
IMMIGRATION

Pourquoi émigre-t-on? Depuis 1960, 16 millions de personnes ont dû fuir leur pays pour échapper

Les nouveaux citoyens canadiens doivent prêter serment d'allégeance dans leur pays d'accueil.

5.36

à la guerre, à la famine, à la persécution ou à un régime politique. On appelle ces personnes des réfugiés. Au cours des années 1991 et 1992, par exemple, plus de 2 millions de Yougoslaves ont fui leur pays à cause de la guerre.

RÉFUGIÉS

Cependant, la majorité des migrations internationales ont un motif économique : des familles recherchent un travail à l'étranger pour améliorer leurs conditions de vie. C'est pourquoi les terres de départ sont presque toujours des pays du tiers monde et les terres d'arrivée, des pays riches.

5.37

En plus des motifs économiques, plusieurs raisons peuvent inciter les gens à émigrer temporairement ou définitivement : climat chaud, goût de l'aventure dans une région inexploitée, coopération dans les pays en voie de développement, missions de paix, poursuite d'études ou de recherches spécialisées, établissement d'une entreprise...

12 **a.** Qu'est-ce qui distingue une migration interne d'une migration internationale ?

b. Énumère trois raisons qui amènent les gens à se déplacer à l'intérieur de leur pays.

c. Énumère trois raisons qui amènent les gens à s'installer dans un autre pays.

d. Relie chacun des énoncés suivants au type de migration approprié.

> Migration interne
>
> Migration internationale

– Stéphanie quitte Gaspé pour s'établir en Californie, aux États-Unis, où elle poursuivra ses études en robotique.

– Pierre-Luc vient d'être promu au poste de cadre d'une importante société pétrolière. Il devra déménager d'Ottawa, en Ontario, à Edmonton, en Alberta.

– Michèle, qui demeure à Drummondville, doit se rendre chaque semaine à la Bourse de Montréal, où elle travaille.

e. Qu'est-ce qui distingue l'émigration de l'immigration ?

f. Du point de vue du Canada, indique si les énoncés suivants décrivent une personne qui émigre ou une personne qui immigre.

– Nicole quitte Montréal pour s'établir en Allemagne, où elle poursuivra ses études en médecine nucléaire.

– Rachel arrive de France et emménage à Québec, où elle occupera un poste au consulat de son pays.

– Steve se rendra en Somalie dans le cadre d'un programme d'aide internationale aux pays en voie de développement.

EN MÉMOIRE

• 1 •

La population mondiale est répartie de façon très inégale à la surface de la Terre. Près des trois quarts de la population mondiale vit sur un dixième de la surface terrestre alors que les deux tiers des terres sont presque vides.

• 2 •

La population mondiale est concentrée dans cinq grands foyers de population, tous situés dans l'hémisphère Nord. Ces foyers de population sont l'Est et le Sud-Est asiatique, le Nord-Ouest européen, le Nord-Est américain, l'Ouest américain et l'Amérique centrale (voir le document 5.2 à la page 310).

• 3 •

La population mondiale évolue très rapidement mais, de façon générale, la croissance de la population des pays industrialisés est faible et celle des pays en voie de développement est élevée.

• 4 •

Les principales langues parlées dans le monde sont le chinois, l'anglais, l'hindi, l'espagnol, le russe, l'arabe et le français (voir les documents 5.14 et 5.15 aux pages 317 et 318).

• 5 •

Les principales religions pratiquées dans le monde sont le christianisme, l'islam, l'hindouisme, le bouddhisme et le judaïsme (voir les documents 5.16 et 5.17 à la page 320).

• 6 •

Les pays riches, ou pays développés, sont situés au nord de la planète; ils abritent 23 % de la population et se partagent 80 % des richesses. Les pays pauvres, ou tiers monde, sont situés au sud; ils abritent 77 % de la population et ne se partagent que 20 % des richesses.

• 7 •

Le niveau de vie d'un pays est étroitement lié aux revenus de ses habitants. Il existe de grandes différences de revenus dans le monde (voir le document 5.28 à la page 327).

• 8 •

Ces grands écarts en matière de revenus ne diminuent pas: au contraire, ils augmentent dangereusement. Il existe donc une grande différence entre le niveau de vie des pays riches et celui des pays pauvres.

• 9 •

Dans le monde, quelque 800 millions d'êtres humains souffrent de malnutrition. Leur régime alimentaire est déficitaire et bien en deçà des besoins d'une personne moyenne. L'immense majorité des mal-nourris de la planète vit dans les pays du Sud (Afrique, Asie du Sud) et dans les bidonvilles d'Amérique du Sud.

• 10 •

La population de la planète est mobile. Elle se déplace d'une région à l'autre à l'intérieur d'un même pays (migrations internes) ou d'un pays à l'autre (migrations internationales).

• 11 •

L'émigration est le passage d'habitants d'un pays à un autre pays alors que l'immigration est l'arrivée d'étrangers venus dans un pays pour y vivre.

1 Nomme cinq facteurs qui expliquent la répartition inégale des êtres humains sur la Terre.

2 **a.** Quels sont les cinq grands foyers de population de la planète ?

b. Dans quel hémisphère ces foyers de population sont-ils situés ?

c. Quel foyer de population regroupe environ 50 % des habitants de la Terre ?

d. Nomme trois pays qui font partie de ce foyer de population.

3 Qu'est-ce que la densité de population ?

4 Que veut-on dire par explosion démographique ?

5 Complète la phrase suivante

En général, la croissance de la population des pays industrialisés est ___①___ et celle des pays en voie de développement est ___②___ .

6 Qu'est-ce qu'une langue ?

7 Qu'est-ce qu'une langue internationale ?

8 Associe chacune des langues suivantes au pays dans lequel on l'utilise.

Chinois	Anglais	Russe	Espagnol
Hindi	Arabe	Français	Portugais

– Australie   – Égypte

– Haïti   – Brésil

– Ukraine   – Paraguay

– Taïwan   – Inde

9 Énumère les cinq plus importantes religions du monde.

10 Quelle religion chacun des énoncés suivants désigne-t-il ?

a. Religion fondée sur la profession de foi à Allah, dont le Coran est le livre sacré.

b. Religion juive, basée sur la croyance en un seul Dieu, dont la Bible est le livre sacré.

c. Religion basée sur l'enseignement transmis par Jésus-Christ.

d. Religion qui repose sur le message de Bouddha et dont le but ultime est l'atteinte du nirvana.

e. Religion de l'Inde selon laquelle l'âme se réincarne jusqu'à l'atteinte du bonheur parfait.

11 Sur le plan économique, quel est le facteur commun aux pays développés ? aux pays du tiers monde ?

12 À quel facteur le niveau de vie d'un pays est-il étroitement lié ?

13 La faim touche de nombreuses régions de la Terre. Énumère trois régions où cette situation est particulièrement alarmante.

14 **a.** Donne brièvement la différence entre une migration interne et une migration internationale.

b. Donne un exemple pour illustrer chacun de ces types de migration.

15 **a.** Pourquoi les migrations internes sont-elles courantes dans les pays industrialisés ?

b. Quelle est la principale raison pour laquelle les gens émigrent ?

Les formes d'occupation du sol

5.2 À LA FIN DE CETTE SECTION, TU DEVRAIS ÊTRE CAPABLE DE DISTINGUER LES DIFFÉRENTES FORMES D'OCCUPATION DU SOL.

Les êtres humains ont considérablement modifié la surface de la Terre pour satisfaire leurs besoins dans des domaines variés, dont l'alimentation, le logement, l'habillement et le travail.

Ils ont aménagé champs et pâturages de la campagne pour y pratiquer l'agriculture et l'élevage, modifiant ainsi l'espace rural. Ils ont également divisé les villes en quartiers réservés aux résidences, aux industries et aux commerces, pour mieux habiter l'espace urbain.

Les multiples besoins des êtres humains les ont amenés à façonner et à occuper l'espace terrestre de façon très diversifiée.

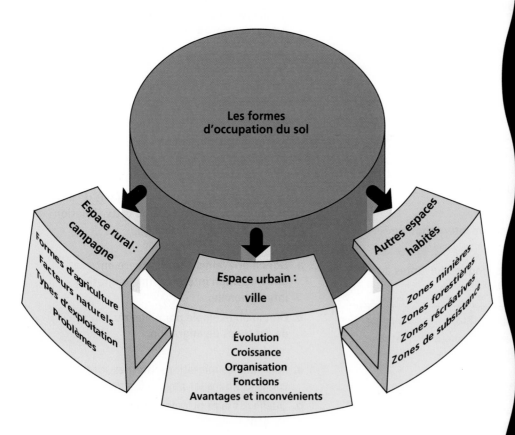

Les formes d'occupation du sol

Espace rural : campagne
Formes d'agriculture
Facteurs naturels
Types d'exploitation
Problèmes

Espace urbain : ville
Évolution
Croissance
Organisation
Fonctions
Avantages et inconvénients

Autres espaces habités
Zones minières
Zones forestières
Zones récréatives
Zones de subsistance

L'ESPACE RURAL

Qu'est-ce que l'espace rural ? Si tu as pensé : «C'est la campagne», tu as bien raison. L'espace rural, c'est un paysage constitué de villages, de champs en culture, de pâturages, d'animaux, de fermes, de machinerie, de serres, de vergers... C'est le domaine de l'agriculture, une activité économique qui nécessite de vastes territoires. Ces territoires présentent un habitat dispersé où la population est peu concentrée.

ESPACE RURAL

L'espace rural est à l'image des êtres humains qui l'ont façonné : il est très diversifié.

5.38

L'espace rural, c'est l'espace organisé en fonction de l'agriculture.

(Neuville, Québec)

Les formes d'agriculture

Savais-tu qu'à l'échelle mondiale, environ 50 % des êtres humains vivent de l'agriculture ? Dans les pays développés, cette proportion s'abaisse à 5 %, mais dans les pays du tiers monde, elle s'élève à plus de 80 %. À chaque société correspond une forme particulière d'agriculture.

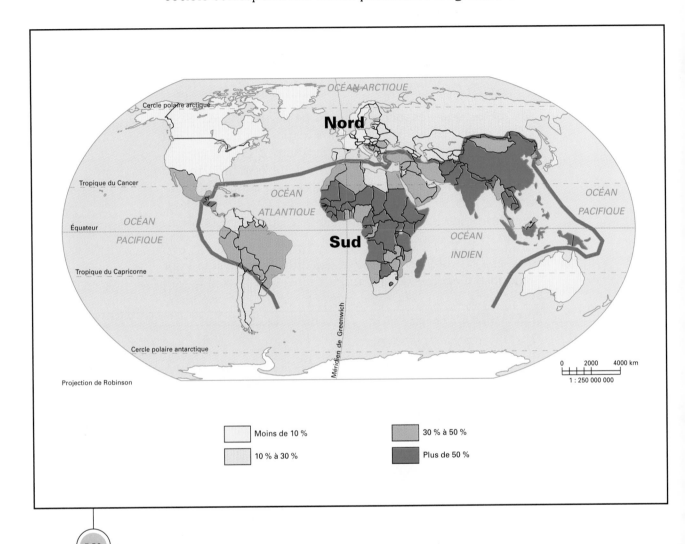

5.39

La population agricole dans le monde.

Ces différentes formes d'agriculture sont l'agriculture de subsistance, l'agriculture familiale et l'agriculture commerciale.

L'agriculture de subsistance

L'agriculture de subsistance a pour but principal de nourrir ceux qui la pratiquent. Ces personnes travaillent souvent pendant de longues heures pour obtenir une maigre récolte. Comme il n'y a pratiquement pas de surplus dans cette forme d'agriculture, on n'y pratique que très peu de vente et d'échange : les gens qui s'y adonnent doivent produire leur nourriture, fabriquer leur outillage, tisser

AGRICULTURE
DE SUBSISTANCE

5.40

Pourquoi l'agriculture de subsistance est-elle peu productive ?

(Birmanie)

leurs vêtements. Ce type d'agriculture est pratiqué par la majorité des habitants dans les pays en voie de développement d'Afrique, d'Asie du Sud et d'Amérique du Sud.

Les conditions climatiques parfois excessives (sécheresse, pluies abondantes, etc.), les sols peu fertiles, l'absence de machinerie et d'engrais ainsi que les méthodes de culture primitives expliquent le faible rendement de l'agriculture de subsistance.

L'agriculture familiale

L'agriculture familiale a pour objectif premier de subvenir aux besoins de la famille. Cette forme d'agriculture, qui est encore pratiquée dans de nombreux pays comme la France et la Chine, produit des surplus qui peuvent être vendus. Les profits de ces ventes permettent à la famille de combler des besoins secondaires, d'agrandir l'exploitation et de moderniser l'équipement. C'est ainsi que s'est développée l'agriculture au Québec au cours des deux derniers siècles.

AGRICULTURE FAMILIALE

5.41

Dans plusieurs pays, des familles entières participent à la culture des terres.

(Québec)

Depuis quelques années, un peu partout dans le monde, l'entreprise agricole familiale a beaucoup évolué, devenant de plus en plus commerciale. Les fermes s'agrandissent, la machinerie est plus perfectionnée, les étables sont automatisées, l'ordinateur apparaît à la ferme. On recherche maintenant une production abondante et de grande qualité dans le but de faire des profits substantiels.

L'agriculture commerciale

AGRICULTURE COMMERCIALE

L'agriculture commerciale est pratiquée en fonction de la vente des récoltes et donc, de la réalisation de profits. La main-d'œuvre humaine y est de plus en plus remplacée par des machines : cette agriculture est donc essentiellement pratiquée dans les pays développés. D'immenses fermes sont exploitées par des producteurs peu nombreux qui ressemblent beaucoup à des gens d'affaires. Cette forme d'agriculture nécessite des investissements considérables et oblige ses exploitants à se spécialiser.

Pourquoi l'agriculture commerciale nécessite-t-elle des investissements considérables ?

(Québec)

L'agriculture commerciale est remarquable par son haut niveau technique : on y utilise une machinerie spécialisée et des méthodes avancées, on répand des fertilisants et des pesticides pour exploiter la terre au maximum. De plus, des laboratoires et des centres de recherche soutiennent constamment les efforts des producteurs agricoles.

1 Pour faire cette activité, consulte le document 5.39 (page 338) et un globe terrestre, une carte du monde ou un atlas.

a. Quel est le continent dont la majorité de la population pratique l'agriculture ?

b. Dans quelle zone climatique ce continent est-il presque entièrement situé ?

c. Nomme dix pays de ce continent dont plus de 50 % de la population pratique l'agriculture.

d. Nomme cinq pays dont moins de 10 % de la population pratique l'agriculture. Nomme aussi les continents sur lesquels sont situés ces pays.

e. Les pourcentages des populations des pays industrialisés qui pratiquent l'agriculture sont-ils faibles ou forts ? Ceux des pays en voie de développement ?

Note : Consulte au besoin le document 5.25 (page 326).

2 Associe chacune des formes d'agriculture suivantes aux énoncés correspondants.

> Agriculture de subsistance
> Agriculture familiale
> Agriculture commerciale

– Agriculture qui ne produit pratiquement pas de surplus.

– Agriculture qui nécessite des investissements considérables.

– Agriculture qui produit certains surplus pouvant être vendus.

– Agriculture qui utilise une machinerie spécialisée et des techniques agricoles avancées.

– Agriculture qui fait des profits permettant à la famille de combler des besoins secondaires.

– Agriculture qui emploie des personnes travaillant souvent pendant de longues heures pour obtenir une maigre récolte.

Les facteurs naturels qui influencent l'agriculture

Comme l'agriculture ne se pratique que dans certaines conditions, la nature intervient dans le choix des activités agricoles. Cependant, elle ne détermine pas forcément ces activités : elles les restreint ou les favorise, mais les choix importants reviennent aux producteurs agricoles.

Les principaux facteurs naturels qui influencent l'agriculture sont le relief, le climat, la nature des sols et les réserves d'eau.

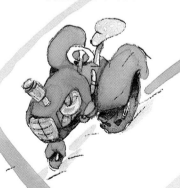

Le relief

L'agriculture est surtout pratiquée dans les plaines et dans les vallées, de même que sur certaines pentes douces et ensoleillées. Les régions montagneuses n'ont pas un potentiel agricole très élevé, mais elles offrent de riches pâturages aux éleveurs.

5.43

Une plaine cultivée.
(France)

Le climat

Comme la température et l'humidité sont déterminantes pour la croissance des cultures, les variations excessives de ces conditions, comme la grêle, les grands froids de l'hiver, les longues sécheresses et les gelées tardives ou hâtives, peuvent causer des dommages irréparables aux récoltes.

La nature des sols

Le sol est le support des végétaux cultivés. Son épaisseur, sa texture, sa composition et sa teneur en humus sont les principaux éléments à partir desquels on peut déterminer s'il est fertile.

5.44

Récolte endommagée par une gelée précoce.
(Floride, États-Unis)

5.45

Les bons sols absorbent et retiennent l'humidité ainsi que les matières nutritives.
(Nouvelle-Écosse)

Les réserves d'eau

Les cultures ont besoin d'eau pour croître. Pour combler ce besoin, les producteurs agricoles comptent sur les réserves d'eau que constituent les précipitations et sur la conservation de l'eau dans le sol. Pour corriger le surplus ou l'insuffisance d'eau dans le sol, on doit le drainer ou l'irriguer.

5.46

Un sol qui n'est pas assez humide doit être irrigué.
(Sacramento, États-Unis)

Les types d'exploitation agricole

Chaque ferme du monde se caractérise par des activités qui déterminent son mode d'exploitation. Il existe quatre principaux types d'exploitation agricole et, bien que chaque région ait ses spécialités, aucune n'est limitée à un seul type de production.

Les fermes d'élevage

Les fermes d'élevage pratiquent l'élevage et l'engraissement de bovins et de porcs, la production de volailles et d'oeufs, ainsi que l'élevage laitier. Dans certains pays, comme le Canada, où la viande et le lait entrent pour une bonne part dans l'alimentation des habitants, ce type d'exploitation revêt une importance capitale.

Les fermes à grains

Les fermes à grains produisent essentiellement des céréales (blé, orge, maïs, avoine, riz, sorgho, luzerne, millet, seigle) et des oléagineux (colza, lin, soya, tournesol, arachide). Les céréales sont indispensables à l'alimentation des animaux et les oléagineux fournissent aux humains des huiles végétales et des résidus riches en protéines.

Une ferme d'élevage. (Alberta)

Une ferme à grains. (France)

Les fermes mixtes

Les fermes mixtes combinent la culture et l'élevage. C'est le type d'élevage qui détermine en grande partie le choix des cultures. Beaucoup de fermes, notamment les fermes laitières, produisent les fourrages et les céréales nécessaires à l'alimentation des troupeaux pendant l'hiver, quand les animaux n'ont pas accès aux pâturages.

Une ferme mixte. (Vallée du Richelieu, Québec)

Une ferme de cultures spécialisées. (Sainte-Famille, Québec)

Les fermes de cultures spécialisées

Les fermes de cultures spécialisées exploitent une culture en particulier : légumes, fruits, tabac, fleurs, betteraves sucrières, plantes et arbres décoratifs, arbres de Noël. Ces types de culture sont le plus souvent faits sur une étendue de terre restreinte. De plus, certaines fermes pratiquent la culture en serre, qui permet de produire hors-saison des produits délicats, comme les tomates.

Les problèmes de l'espace rural

Même si l'espace rural est synonyme d'air pur et de grands espaces, il n'est pas à l'abri de toutes les difficultés. L'espace rural connaît certains problèmes principalement liés à l'expansion des villes ainsi qu'à l'épuisement et à l'érosion des sols.

L'expansion des villes

Plusieurs villes se développent au détriment des bonnes terres agricoles environnantes. Des édifices, des maisons, des usines, des centres commerciaux et des routes jaillissent là où s'étendaient des champs. De plus, la spéculation foncière provoque la vente des terres, ce qui entraîne l'abandon des cultures et diminue les superficies cultivées.

5.51

En se développant, les villes envahissent beaucoup de bonnes terres agricoles.

(Longueuil, Québec)

L'épuisement des sols

À force d'être cultivés et de porter récolte après récolte, les sols s'épuisent. S'ils ne sont ni drainés, ni irrigués, ni fertilisés, leur épuisement est encore plus rapide.

5.52

Dans certains pays, les longues sécheresses causent des torts irréparables aux sols en empêchant la formation de l'humus, sans lequel la végétation ne peut pousser.

(Arkansas, États-Unis)

L'érosion des sols

Certains endroits subissent des pluies abondantes et des vents violents qui érodent le sol et transportent au loin l'humus. Plus la couche d'humus diminue, moins les sols sont fertiles.

5.53

Si des méthodes appropriées ne sont pas utilisées pour diminuer l'érosion des sols, la production des fermes décroît graduellement.

(Arizona, États-Unis)

Les autres problèmes

Selon les années, d'autres problèmes entraînent des fluctuations plus ou moins importantes de la production agricole :

- les conditions climatiques peuvent réduire à néant tout espoir de récolte en quelques minutes ;

- les maladies, les insectes et les mauvaises herbes peuvent aussi détruire les récoltes et nécessitent l'épandage de pesticides ;

- les dépenses considérables que nécessitent l'acquisition ou le remplacement de machines agricoles et l'agrandissement de la ferme peuvent engloutir le capital des producteurs agricoles.

5.54

La prospérité des producteurs agricoles dépend de la demande des consommateurs ainsi que des prix des produits.

(Francfort, Allemagne)

L'ESPACE URBAIN

La *ville regroupe beaucoup de gens et offre un grand nombre d'activités de toutes sortes.*

(Sydney, Australie)

5.55

Si tu habites la ville, tu es une citadine ou un citadin, comme la majorité des Québécois et des Canadiens. La ville est aussi appelée espace urbain. L'espace urbain, c'est un lieu où sont concentrés un grand nombre d'habitants ainsi que de multiples activités industrielles, commerciales, bancaires, éducatives, culturelles, sociales, sportives, médicales, alimentaires, etc. L'espace urbain est un milieu de vie où de nombreux groupes se côtoient, circulent, produisent et consomment des biens et des services.

ESPACE URBAIN

La *population urbaine dans le monde.*

5.57

L'évolution urbaine

Depuis le début du XXe siècle, l'urbanisation, c'est-à-dire l'augmentation de la concentration d'habitants dans les villes, s'est particulièrement accélérée partout dans le monde. En 1900, moins de 10 % de la population mondiale vivait dans les villes, alors que, à la fin de 1992, ce pourcentage approchait 50 %. Bientôt, les villes accueilleront davantage d'êtres humains que les campagnes et, d'ici l'an 2025, le rapport entre citadins et campagnards sera sans doute de trois sur quatre.

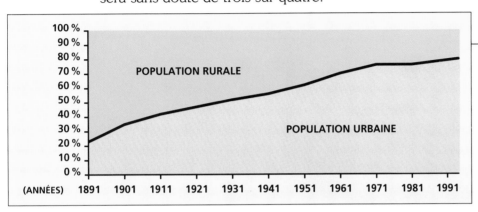

5.56

Répartition de la population rurale et urbaine au Canada depuis 1891.

Quel est le pourcentage d'augmentation de la population urbaine du Canada depuis 1891 ?

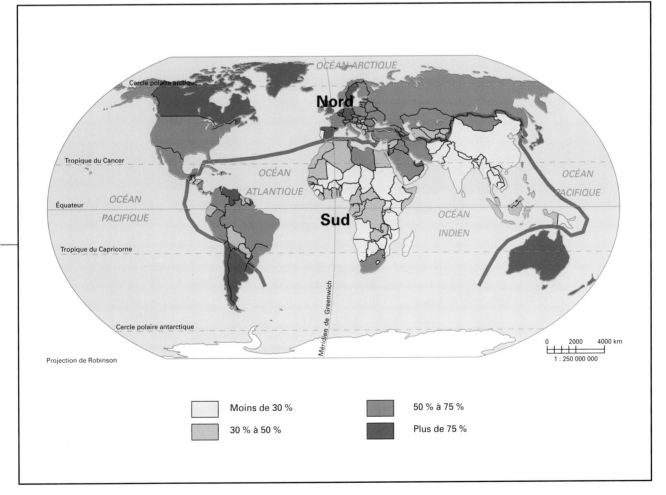

Moins de 30 %

30 % à 50 %

50 % à 75 %

Plus de 75 %

Tous les pays du monde s'urbanisent et les villes ne cessent de prendre de l'expansion. L'exode rural, c'est-à-dire le départ massif des gens de la campagne vers la ville, a été et est encore un facteur important du développement urbain dans le monde. L'exode rural peut s'expliquer par l'attrait que représentent le marché du travail, les services et les loisirs en milieu urbain. L'industrialisation et le développement du commerce ont multiplié le nombre d'emplois, ce qui a largement contribué à la croissance urbaine.

EXODE RURAL

Selon des estimations récentes de l'Organisation des Nations Unies, 100 000 ruraux migrent chaque jour vers une grande ville.

(Soudan)

5.58

Le développement des villes a aussi donné naissance aux banlieues. Une ville et sa ou ses banlieues constituent un ensemble qu'on appelle une agglomération. L'espace urbain s'est donc constitué progressivement : d'abord par des agrandissements successifs des villes, puis par l'extension de plusieurs agglomérations qui finissent par se rejoindre pour former une conurbation, ou mégalopole, comme celle de Bosnywash.

AGGLOMÉRATION

Bosnywash, la plus vaste conurbation du monde, réunit le principal centre universitaire et artistique des États-Unis (Boston), le cœur financier et commercial du pays (New York) et sa capitale fédérale (Washington). Bosnywash s'étend sur plus de 900 kilomètres et englobe plus de 30 villes importantes. Sa population, qui s'élève à environ 60 millions d'habitants, est plus de deux fois supérieure à celle du Canada.

5.59

Les villes ne cessent de s'agrandir, au détriment de l'espace rural. (L'Ancienne-Lorette, Québec)

3 **Pour faire cette activité, consulte le document 5.56 (page 347).**

Réponds par *vrai* ou *faux* et reformule les énoncés erronés.

a. En 1891, une majorité de Canadiens vivaient en milieu rural.

b. Durant les années 1930, il y a eu un ralentissement de la croissance de la population urbaine.

c. Au cours des années 1941 à 1971, il y a eu une augmentation rapide de la population urbaine.

d. Depuis 1971, la population urbaine est stable.

e. En 1991, une majorité de Canadiens vivaient en milieu urbain.

f. Le document 5.56 (page 347) illustre le passage d'une population rurale à une population urbaine.

4 Pour faire cette activité, consulte le document 5.57 (page 347).

a. Nomme dix pays dont plus de 75 % de la population vit dans les villes. Nomme aussi les continents sur lesquels sont situés ces pays.

b. Nomme dix pays dont moins de 30 % de la population vit dans les villes. Nomme aussi les continents sur lesquels sont situés ces pays.

c. Les pourcentages des populations des pays industrialisés qui vivent dans les villes sont-ils faibles ou forts ? Ceux des pays en voie de développement ?

Note : Consulte au besoin le document 5.25 (page 326).

5 **a.** Quel a été et est encore le plus important facteur du développement urbain dans le monde ?

b. Énumère cinq raisons qui poussent les gens de la campagne à s'installer dans les grandes villes.

La croissance d'une ville

Les villes sont différentes les unes des autres parce qu'elles sont situées dans des environnements différents et que leurs origines et leurs activités ne sont pas les mêmes.

Divers facteurs influencent la fondation d'une ville mais, partout dans le monde, les premières villes ont été établies au bord de l'eau, sur des hauteurs ou près d'une ressource naturelle.

Les principaux facteurs de croissance d'une ville sont le site et la situation géographique de cette ville.

Le site

Parfois, l'histoire explique le choix du site d'implantation d'une ville. Ainsi, la ville de Québec a été établie au sommet d'un promontoire, un lieu facile à défendre parce qu'il domine les environs.

5.60

Le site d'une ville est l'emplacement sur lequel elle est établie. Ce lieu présente un ensemble de caractéristiques se rapportant au relief, au climat, au sol, à l'hydrographie, au sous-sol, etc., qui forment les assises de la ville.

SITE

Le site d'une ville n'est donc pas choisi au hasard. Savais-tu que les deux tiers des plus grandes villes du monde sont situées sur le littoral ou sur les rives des principaux fleuves?

Certains lieux attirent plus particulièrement les êtres humains, comme tu peux le voir dans le document 5.61. Par contre, d'autres facteurs, tels un sol instable, un relief accidenté ou des terrains inondables, peuvent rendre difficile la croissance d'une ville.

Divers types de sites.

5.61

PÉNINSULE

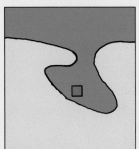

Bombay (Inde)
Boston (États-Unis)
Helsinki (Finlande)

ÎLE

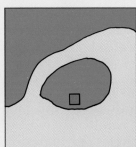

Copenhague (Danemark)
Hong Kong
Lagos (Nigeria)
Zanzibar (Tanzanie)
Venise (Italie)
Singapour

PORT NATUREL

Le Cap (Afrique du Sud)
La Havane (Cuba)
New York (États-Unis)
Rio de Janeiro (Brésil)
Sydney (Australie)

CONFLUENCE

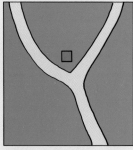

Trois-Rivières (Canada)
Phnom Penh (Cambodge)
Kuala Lumpur (Malaisie)
Khartoum (Soudan)

INTÉRIEUR D'UN MÉANDRE

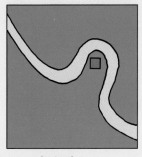

Berne (Suisse)
Dacca (Bangladesh)
Durham (Royaume-Uni)
La Nouvelle-Orléans
   (États-Unis)

DELTA

Alexandrie (Égypte)
Le Caire (Égypte)
Shanghai (Chine)
Hô Chi Minh-Ville
   (Viêt-nam)
Vancouver (Canada)

ESTUAIRE

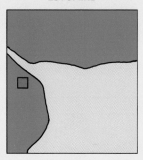

Anvers (Belgique)
Banjul (Gambie)
Buenos Aires (Argentine)
Lisbonne (Portugal)
Montevideo (Uruguay)
Oslo (Norvège)

ÎLE FLUVIALE

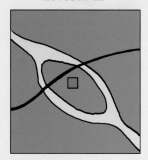

Saint-Pétersbourg (Russie)
Paris (France)
Montréal (Canada)
Séoul (Corée du Sud)
Stockholm (Suède)

La situation géographique

La situation géographique d'une ville est son emplacement dans une région, considéré par rapport à un ensemble d'éléments de cette région tels que les voies de communication, les sols, les ressources naturelles, les autres villes, etc.

Par exemple, Vancouver bénéficie d'une remarquable situation, au carrefour de routes terrestres, maritimes, ferroviaires et aériennes. Cette ville a une vie économique florissante parce qu'elle est à la fois une voie d'entrée pour les produits américains et asiatiques, comme les automobiles, et une voie de sortie pour les produits canadiens, comme le blé et le bois.

Le développement d'une ville dépend donc d'une situation qui facilite ses relations avec d'autres villes et d'autres régions.

SITUATION GÉOGRAPHIQUE

La ville de Vancouver bénéficie d'un site et d'une situation remarquables: elle est établie au pied de montagnes, à l'embouchure du fleuve Fraser, dans une zone de contact entre l'océan et le continent.

5.62

---

6 Associe chacun des mots suivants au schéma correspondant.

Site	Situation

a.

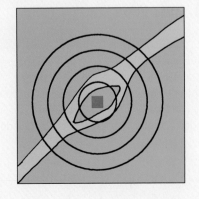

b.

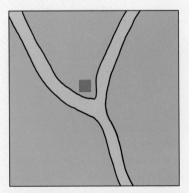

7 Complète la phrase suivante.

Une ville est établie sur un __①__ , mais elle se développe en fonction de sa __②__ .

L'organisation d'une ville

L'espace urbain se caractérise aussi par l'organisation physique des villes, c'est-à-dire par leur structuration en zones, ou quartiers. Les quartiers sont des ensembles vivants à l'intérieur des villes : ils constituent des milieux de vie, des lieux d'activités et de relations humaines.

Les quartiers sont des zones de la ville de dimensions variées qui se distinguent par des traits spécifiques. Chaque quartier a une «personnalité» qui dépend de sa population, de l'aménagement de ses rues et de ses édifices, de ses espaces verts. Pour les gens qui l'habitent ou le fréquentent, le quartier constitue un milieu qui peut être attirant à cause de la beauté de ses monuments, de sa convivialité et de ses activités enrichissantes, mais parfois désagréable s'il est envahi par la pollution, la laideur et la monotonie.

Dans une ville, il y a généralement des quartiers résidentiels, des quartiers administratifs, des quartiers industriels et des quartiers commerciaux.

QUARTIERS

Les quartiers résidentiels

Les quartiers résidentiels sont des zones réservées au logement des citoyens d'une ville. Ces quartiers sont le plus souvent situés en périphérie de la ville ou en banlieue et ont une densité de population moyenne. On y trouve des maisons unifamiliales et multifamiliales, des maisons en rangées, des immeubles d'habitation ainsi que des tours d'habitation. Les quartiers résidentiels favorisent la mise en place de nombreux services (dépanneurs, parcs, écoles) déterminés par un ensemble de besoins (s'alimenter, se récréer, s'instruire).

5.63

Un quartier résidentiel.
(Longueuil, Québec)

Les quartiers administratifs

Les quartiers administratifs sont des zones réservées aux services gouvernementaux, aux banques, à la bourse et aux sièges sociaux des grandes entreprises. Ces quartiers sont la plupart du temps situés au centre de la ville et leur densité de population n'est importante que durant la journée de travail.

5.64

U*n quartier administratif.*

(Ottawa, Ontario)

Les quartiers industriels

Les quartiers industriels, aussi appelés parcs industriels, sont des zones où ont lieu toutes les activités de production de biens pour la collectivité. On les a groupés en périphérie afin d'offrir sur place de meilleurs services aux industries et pour réduire la pollution au centre de la ville. Les quartiers industriels sont généralement situés près des grandes routes et des installations portuaires, ferroviaires et aériennes.

U*n quartier commercial.*

(Québec, Québec)

5.66

Les quartiers commerciaux

Les quartiers commerciaux sont des zones qui répondent aux besoins d'approvisionnement en biens et services de la population. Ces quartiers comportent des artères commerciales, des centres commerciaux, des commerces intégrés aux grands complexes du centre-ville, etc. Les commerces sont situés dans des emplacements où il y a un bon achalandage, c'est-à-dire une grande circulation de consommateurs.

5.65

Un quartier industriel.

(Saint-Hubert, Québec)

Les fonctions de la ville

Lieu de rassemblement, lieu privilégié de relations humaines, la ville exerce de multiples fonctions. Certaines de ces fonctions répondent aux besoins quotidiens des citoyens : enseignement, hospitalisation, alimentation, etc. D'autres exigent un plus grand degré de spécialisation et donnent à chaque ville sa «personnalité».

Aucune ville ne remplit qu'une seule fonction. Cependant, les petites et les moyennes villes ont des fonctions spécialisées :

- villes minières, comme Sudbury, en Ontario ;
- villes touristiques, comme Percé, au Québec ;
- villes forestières, comme Amos, au Québec ;
- villes industrielles, comme Trois-Rivières, au Québec ;
- villes administratives, comme Ottawa, en Ontario ;
- villes portuaires, comme Thunder Bay, en Ontario ;
- villes résidentielles, comme Brossard, au Québec.

5.67

Las Vegas, aux États-Unis, est une ville à vocation touristique.

Qu'est-ce qui attire les gens dans cette ville pourtant située en plein désert ?

Ces villes doivent leur existence à un site particulier, à une ressource spécifique ou à une activité économique prédominante.

En général, plus la ville est peuplée, plus ses fonctions sont variées. Cela est vrai de quelques villes canadiennes comme Toronto, Montréal et Vancouver, qui combinent de manière équilibrée de multiples fonctions.

La ville : avantages et inconvénients

Si tant d'êtres humains habitent la ville, c'est qu'ils y trouvent beaucoup d'avantages. Cependant, vivre en ville a aussi ses inconvénients.

Les avantages

Comme la ville est un lieu de résidence, elle fournit aux citadins des services essentiels, tels l'alimentation en eau potable et l'enlèvement des ordures. Elle offre en outre une foule d'activités et de services sociaux, culturels et récréatifs. De plus, les services de santé et les services d'éducation y sont plus accessibles qu'à la campagne. Les citadins y ont également accès à des services administratifs, juridiques, financiers, etc.

La ville est aussi un lieu de travail. Elle offre une grande variété d'emplois dans les divers secteurs de l'activité économique, principalement dans les secteurs de la transformation des ressources, comme la construction et les industries manufacturières, et dans les secteurs des services à la population, comme les transports et le commerce.

Quels avantages de la ville sont illustrés sur les photos 5.68, 5.69 et 5.70 ?

Enfin, la ville est un lieu où les déplacements sont une nécessité, qu'on veuille se rendre au travail ou se procurer de la nourriture, des services ou des loisirs. La ville offre divers moyens de transport en commun adaptés aux besoins des citoyens.

5.70

Les inconvénients

Le rassemblement d'un groupe important d'êtres humains, d'industries, de commerces et d'édifices peut engendrer différents problèmes dans une ville. Les plus importants de ces problèmes sont liés à la circulation, au logement et à l'environnement.

La concentration des emplois dans le centre des villes oblige les travailleurs à de longs déplacements quotidiens qui peuvent parfois prendre jusqu'à trois heures chaque jour. Les difficultés de stationnement, les embouteillages aux heures de pointe, l'inconfort des usagers, les pertes de temps considérables et la pollution due aux gaz d'échappement des véhicules constituent quelques-uns des problèmes liés aux déplacements dans le centre des villes.

5.71

Quels inconvénients de la ville sont illustrés sur les photos 5.71, 5.72 et 5.73?

Le manque de logement à bon marché est un problème dans presque toutes les villes du monde. Dans plusieurs pays en voie de développement, les villes sont surpeuplées. Les gens habitent des quartiers pauvres et mal organisés, les bidonvilles; ils vivent dans des abris de fortune faits de matériaux inadaptés, sans électricité, sans égout, parfois sans eau potable. Ces quartiers sont construits sur des sites insalubres et laids. Pour améliorer la qualité de vie des habitants de ces quartiers, les villes doivent créer divers projets de rénovation urbaine et de construction d'habitations à loyer modique.

Comme milieu de travail, la ville présente certains inconvénients dont le plus grave est actuellement celui de la pollution. En effet, l'industrie et la circulation routière souillent l'environnement urbain. Et plus la ville prend de l'expansion, plus la pollution de l'air, de l'eau et du sol a des effets néfastes sur le milieu naturel environnant.

Ces divers types de pollution, de même que la pollution par le bruit et par la laideur, contribuent à la détérioration de la qualité de vie des citadins.

En dépit de ces aspects négatifs, il n'en reste pas moins que la ville a favorisé l'accroissement général des niveaux de vie dans le monde. Les grandes villes stimulent la création artistique et l'innovation technologique. Leur rôle est capital dans le contexte mondial actuel.

8 Énumère trois avantages et trois problèmes liés au fait d'habiter la ville.

LES AUTRES
ESPACES HABITÉS

Si l'espace rural et l'espace urbain sont les deux principaux territoires d'occupation du sol, ils ne sont cependant pas les deux seuls types d'espaces habités. Parfois, les êtres humains privilégient l'exploitation ou la protection d'une ressource, ou encore pratiquent une économie de subsistance dans un espace différent.

L'espace habitable d'une région ou d'un pays peut être agrandi par la pénétration de différents groupes d'êtres humains dans des régions peu habitées. On assiste alors à la transformation d'un milieu naturel, due à l'exploitation minière, forestière, récréative, etc. La conquête de ces espaces n'entraîne pas nécessairement une concentration de la population : elle crée plutôt des foyers isolés de peuplement.

Les autres espaces habités sont les zones minières, les zones forestières, les zones récréatives et les zones de subsistance.

Les zones minières

Les zones minières sont des régions où la quantité et la concentration des minéraux sont suffisantes pour que leur exploitation soit rentable. De telles zones existent un peu partout dans le monde, tant dans les pays industrialisés que dans les pays du tiers monde.

ZONES MINIÈRES

5.74

L'exploitation minière a favorisé le développement de la ville de Val-d'Or, au Québec.

La plupart des zones minières sont situées loin des grands centres urbains, où les minéraux sont transportés et transformés. C'est pourquoi on crée dans ces zones de petites villes, comme Labrador City à Terre-Neuve, Murdochville au Québec et Kiruna en Suède. Les personnes qui y travaillent doivent cependant subir des problèmes liés à l'isolement et à l'éloignement.

Dans ces régions éloignées, l'industrie minière a une importance capitale, car la situation de l'emploi dépend de son dynamisme. Dans beaucoup de villes minières, la rentabilité des commerces, comme celle de bien d'autres entreprises, est étroitement liée à la vitalité des entreprises minières. Les revenus de ces commerces proviennent en majeure partie des travailleurs et des sociétés minières.

Lorsque les conditions économiques deviennent moins favorables et amènent la fermeture d'une mine, certaines de ces petites villes meurent, comme ce fut le cas pour Schefferville, au Québec.

Les zones forestières

Les zones forestières sont des régions où l'étendue de la forêt et la taille des arbres sont assez importantes pour que leur exploitation soit rentable. De telles zones existent un peu partout dans le monde, mais surtout dans les pays très étendus comme le Canada, la Russie, les États-Unis et le Brésil, où les terres forestières couvrent de vastes superficies.

ZONES FORESTIÈRES

5.75

L'exploitation forestière a favorisé le développement de la ville de Trois-Rivières, au Québec.

Comme les zones minières, les zones forestières sont situées loin des grands centres urbains. Les entreprises d'exploitation forestière, comme celles de la Colombie-Britannique, au Canada, donnent naissance à de véritables villes où résident les employés des grandes sociétés forestières et où l'on fait la transformation du bois.

L'industrie forestière occupe une place importante dans l'économie de plusieurs pays: elle contribue à l'augmentation de la main-d'œuvre, à la diversification des produits, à la mise en valeur de la production et à la multiplication des exportations.

Comme toutes les zones qui doivent leur existence à l'exploitation d'une seule ressource, les zones forestières sont aux prises avec l'épuisement de leur ressource, la forêt. Les entreprises d'exploitation forestière doivent donc exercer leurs activités de plus en plus loin.

Les zones récréatives

Les zones récréatives sont des régions dont le potentiel récréatif et les attraits touristiques sont suffisants pour que leur exploitation soit rentable. De telles zones existent un peu partout dans le monde, tant dans les pays industrialisés que dans les pays du tiers monde.

ZONES RÉCRÉATIVES

5.77

5.76

L'exploitation du potentiel récréatif et des attraits touristiques a favorisé le développement de zones récréatives comme le complexe de ski Whistler-Blackcomb, en Colombie-Britannique, et le parc de conservation de la Jacques-Cartier, au Québec.

Certains facteurs ont contribué à la création des zones récréatives. L'expansion des villes a provoqué chez les citadins le désir de s'évader durant les fins de semaine ou les vacances. De plus, à cause de l'augmentation du niveau de vie, les gens ont plus de temps libre et plus d'argent à consacrer aux loisirs.

Les parcs nationaux et provinciaux, les réserves fauniques, les sites touristiques, les terrains de camping, les bases de plein air, les stations balnéaires, les clubs de vacances, les centres de ski et les pourvoiries sont autant de points d'intérêt qui répondent aux besoins de loisirs, de détente et de changement des gens. Ils sont attirés vers ces endroits à cause du soleil, de la chaleur, de la mer, de la plage, de la neige, de la montagne, de la culture, de la musique, de la nature, de l'éloignement, du sport...

Les gens qui habitent les zones récréatives doivent mettre en place des services et des infrastructures de toutes sortes pour accueillir les gens et répondre à leurs besoins, ce qui contribue à créer de nombreux emplois et suscite des investissements considérables.

Les zones de subsistance

ZONES DE SUBSISTANCE

Les zones de subsistance sont des régions où les peuples vivent de chasse, de pêche, de cueillette, d'élevage itinérant ou d'agriculture de subsistance. C'est le mode de vie des Indiens d'Amazonie, des Pygmées du Zaïre, des Masaïs du Kenya, des Bochimans du désert du Kalahari, des aborigènes d'Australie, des Inuit du Groenland et du Nord canadien, des pasteurs kazakhs d'Asie centrale, des bergers afghans, des chameliers du Sahara, des bouviers peuls du Sahel et des éleveurs de rennes de Laponie.

Ces peuples nomades occupent la plupart du temps des espaces marginaux comme les déserts froids ou chauds, les steppes, la forêt dense, trop hostiles ou trop pauvres pour intéresser d'autres groupes.

5.78

Dans un village masaï, au Kenya.

5.79

Dans un village himbas, en Namibie.

Ils ont une connaissance parfaite des ressources de leur milieu. Ils savent souvent tirer le meilleur parti de ressources faibles et rares, comme en témoignent leur habitat et leur équipement. Ainsi, les rennes procurent aux Lapons leur nourriture, leurs vêtements, leurs tentes de cuir et même leur outillage, fait de corne et d'os. Cependant, malgré leur capacité d'adaptation, ces groupes demeurent fragiles et sont en voie de disparition.

Dans le monde entier, pour des raisons économiques ou politiques, les peuples nomades sont obligés d'abandonner leur organisation traditionnelle. Dans certains cas, leur mode de vie s'adapte facilement aux exigences modernes. Mais pour la majorité d'entre eux, l'expérience est catastrophique.

9 **a.** Quelles raisons poussent les êtres humains à peupler des régions peu habitées ?

b. Quel est le principal facteur de développement

- d'une zone minière ?
- d'une zone forestière ?
- d'une zone récréative ?

c. Qu'est-ce qui distingue les peuples qui occupent des zones de subsistance ?

EN MÉMOIRE

• 1 •

L'espace rural est principalement organisé en fonction de l'agriculture et présente un habitat dispersé où la population est peu concentrée.

• 2 •

À l'échelle mondiale, un être humain sur deux vit de l'agriculture.

• 3 •

Il y a trois principales formes d'agriculture : l'agriculture de subsistance, l'agriculture familiale et l'agriculture commerciale.

• 4 •

Plusieurs facteurs naturels influencent l'agriculture : le relief, le climat, la nature des sols et les réserves d'eau.

• 5 •

Il existe quatre principaux types d'exploitation agricole : les fermes d'élevage, les fermes à grains, les fermes mixtes et les fermes de cultures spécialisées.

• 6 •

L'espace rural connait certains problèmes ayant principalement trait à l'expansion des villes ainsi qu'à l'épuisement et à l'érosion des sols.

• 7 •

L'espace urbain est un lieu où sont concentrés un grand nombre d'habitants et d'habitations ainsi qu'une grande variété d'activités.

• 8 •

Depuis le début du XXe siècle, l'urbanisation s'est particulièrement accélérée dans le monde. Le pourcentage de la population mondiale vivant dans les villes est passé de moins de 10 % à près de 50 %.

• 9 •

Les principaux facteurs de croissance d'une ville sont le site et la situation géographique de cette ville.

• 10 •

La ville est structurée en plusieurs quartiers ou zones : les zones résidentielles, les zones administratives, les zones industrielles et les zones commerciales.

• 11 •

Selon sa grandeur, la ville a des fonctions plus ou moins variées. Les petites et les moyennes villes ont des fonctions spécialisées alors que les grandes villes combinent plusieurs fonctions.

• 12 •

La ville présente de nombreux avantages (services, activités de loisirs, nombreux emplois, transport en commun), mais aussi de nombreux problèmes (circulation automobile, manque de logement, dégradation de l'environnement).

• 13 •

Les êtres humains doivent parfois privilégier l'exploitation ou la protection d'une ressource ou encore pratiquer une économie de subsistance dans des régions peu habitées comme les zones minières, les zones forestières, les zones récréatives et les zones de subsistance.

1 Qu'est-ce que l'espace rural ?

2 Quelle forme d'agriculture

   a. a pour objectif premier de subvenir aux besoins de la famille ?

   b. produit en fonction de la vente des récoltes et de la réalisation de profits ?

   c. a pour but principal de nourrir ceux qui la pratiquent ?

3 Associe chacun des facteurs naturels à l'énoncé correspondant.

Relief	Nature des sols
Climat	Réserves d'eau

  – On doit parfois drainer ou irriguer les sols pour pratiquer l'agriculture.

  – L'agriculture est pratiquée dans les plaines et les vallées.

  – La teneur en humus aide à déterminer la fertilité d'un sol.

  – La température et l'humidité sont déterminantes en agriculture.

4 À quel type d'exploitation agricole associes-tu chacune des photographies suivantes ?

a.

b.

c.

d.

5 Associe chacun des problèmes liés à l'espace rural au groupe de mots approprié.

> Expansion des villes
> Épuisement des sols
> Érosion des sols

- Pluies abondantes – vents violents – transport de l'humus.
- Abandon des cultures – spéculation foncière – construction de maisons.
- Fertilisation – irrigation – affaiblissement.

6 Résume les principales caractéristiques de l'espace rural dans un tableau semblable au document 5.80.

5.80

ESPACE RURAL		
Habitat		
Densité de population		
Formes d'agriculture	a.	
	b.	
	c.	
Facteurs naturels qui ont une influence	a.	
	b.	
	c.	
	d.	
Types d'exploitation agricole	a.	
	b.	
	c.	
	d.	
Problèmes	a.	
	b.	
	c.	

7 Qu'est-ce que l'espace urbain ?

8 Quel phénomène important a fait passer le pourcentage de la population mondiale vivant dans les villes de moins de 10 %, en 1900, à près de 50 %, en 1992 ?

9 Comment explique-t-on l'exode rural ?

10 Associe chaque facteur de croissance d'une ville à la définition appropriée.

> Site
> Situation géographique

- Emplacement sur lequel une ville est établie.
- Emplacement d'une ville dans une région.

11 Associe chacun des types de quartiers à l'expression appropriée.

> Quartier résidentiel   Quartier commercial
> Quartier industriel   Quartier administratif

- Édifice gouvernemental
- Boutique
- Maison unifamiliale
- Parc industriel
- Tour d'habitation
- Usine
- Centre commercial
- Banque

12 Résume les principales caractéristiques de l'espace urbain dans un tableau semblable au document 5.81.

ESPACE URBAIN		5.81
Habitat		
Densité de population		
Facteurs de croissance	a.	
	b.	
Quartiers	a.	
	b.	
	c.	
	d.	
Avantages	a.	
	b.	
	c.	
Problèmes	a.	
	b.	
	c.	

13 Quelles raisons poussent les êtres humains à peupler des régions peu habitées ?

14 Quel est le principal facteur de développement
  – d'une zone minière ?
  – d'une zone forestière ?
  – d'une zone récréative ?

15 Qu'est-ce qui distingue les habitants des zones de subsistance ?

16 Pourquoi les autres espaces habités sont-ils considérés comme des zones fragiles ?

L'adaptation de l'être humain à différents milieux

5.3 À LA FIN DE CETTE SECTION, TU DEVRAIS ÊTRE CAPABLE D'ÉTABLIR DES RELATIONS ENTRE LES ASPECTS PHYSIQUES ET HUMAINS D'UN MILIEU.

Te voilà maintenant au terme d'une démarche entreprise il y a quelques mois. Tu as étudié les caractéristiques de la planète Terre, tu as développé différentes habiletés utilisables dans la vie courante (observation de phénomènes géographiques, emploi de la boussole et du globe terrestre, lecture de cartes), tu as exploré les principales composantes du milieu naturel et tu as établi des liens entre ces composantes afin de bien percevoir l'ensemble de l'espace terrestre. Enfin, tu as découvert quelques caractéristiques de la population mondiale et tu as compris que l'être humain occupe l'espace terrestre de façon fort diversifiée.

Toutes ces connaissances te permettront d'établir des liens entre le milieu physique et le milieu humain afin de comprendre comment les êtres humains adaptent leur mode de vie aux diverses régions de la Terre.

LA SECTION 3 CONSTITUANT UNE SYNTHÈSE DE L'ANNÉE, AUCUN MOT NOUVEAU NE T'Y EST PROPOSÉ. CEPENDANT, LA CONNAISSANCE DES MOTS PROPOSÉS DANS LES AUTRES SECTIONS «MES MOTS» DU MANUEL EST ESSENTIELLE POUR SAISIR LES LIENS ENTRE LES COMPOSANTES PHYSIQUES ET HUMAINES DES DIFFÉRENTS MILIEUX DE LA TERRE ET POUR AVOIR UNE VUE D'ENSEMBLE DE L'ESPACE ORGANISÉ.

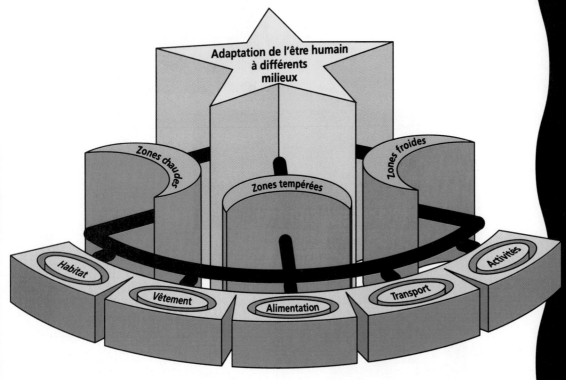

L'ADAPTATION DE L'ÊTRE HUMAIN À LA ZONE CHAUDE

Diversité, chaleur, sécheresse et aridité, humidité et pluies, sous-développement économique et croissance rapide de la population, telles sont les principales caractéristiques de la zone chaude de la Terre. Cette zone est située entre les deux tropiques : c'est pourquoi on l'appelle aussi la zone intertropicale.

On peut considérer comme chauds les milieux où les températures moyennes mensuelles dépassent 18 °C et où le gel est inconnu ou très rare. Ce sont des milieux d'immenses contrastes entre des régions chaudes et humides en permanence, à la végétation luxuriante et aux sols imprégnés d'eau, et des régions désertiques inhabitées, à la végétation rare et aux sols secs. Les régions désertiques s'étendent sur d'immenses espaces où les vents accentuent le dessèchement de l'atmosphère.

La forêt dense au Brésil.

5.82

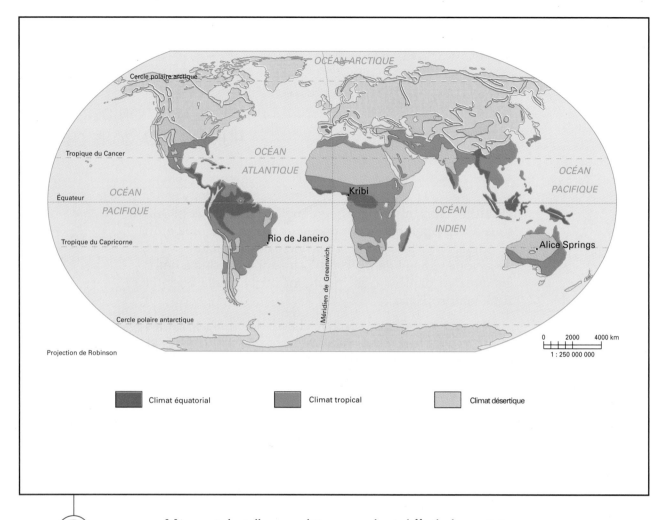

5.83

Les climats de la zone chaude.

Même si de telles conditions rendent difficile la maîtrise de ces milieux, le tiers des habitants de la planète vivent dans la zone chaude et y ont adapté leur mode de vie.

Portraits climatiques de la zone chaude.

5.84

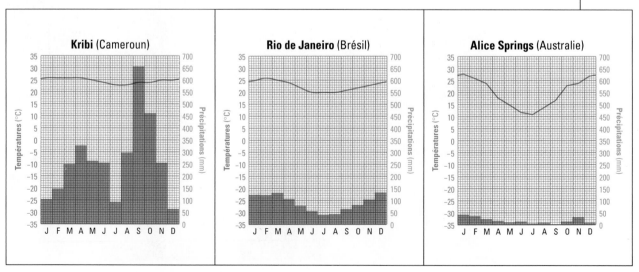

Habitat
Les êtres humains qui vivent en milieu chaud se sont adaptés à la chaleur constante en utilisant divers éléments de leur milieu – briques d'argile, boue, perches de bois, feuillage des arbres, chaume – pour se construire des abris qui leur procurent de la fraîcheur pendant la journée et de la chaleur pendant la nuit.

L'ÊTRE HUMAIN **OBSERVE** LE MILIEU

- Chaleur constante amplifiée par l'humidité de l'air.
- Abondance ou rareté des précipitations.
- Disponibilité des matériaux de construction.

L'ÊTRE HUMAIN **S'ADAPTE** AU MILIEU

- Dans les endroits humides où la végétation est luxuriante, les gens construisent différents types d'abris, comme des maisons en bois sur pilotis et des huttes de palmes et de roseaux.
- Dans les endroits secs, on bâtit des huttes aux toits coniques, des cabanes en argile, des cases à toits de chaume et des tentes en peaux de bêtes.
- Dans les régions urbaines, le luxe et la misère extrême se côtoient. Les quartiers riches voisinent avec les quartiers pauvres et les bidonvilles.

5.85

Maison sur pilotis en Amazonie.

5.86

Cases à toits de chaume au Cameroun.

5.87

Bidonville en Afrique du Sud.

En dépit du récent essor des villes, la population de la zone chaude reste essentiellement rurale. Elle est rassemblée dans des villages ou, plus rarement, dispersée dans des hameaux, selon les coutumes propres à chaque peuple. Toutefois, le milieu naturel – forêt dense, savane herbeuse, oasis – influence aussi les formes de l'habitat.

Vêtement

Les habitants des milieux chauds se sont adaptés à l'humidité et à la chaleur constantes du climat : ils utilisent des fibres naturelles comme la soie, la laine et le coton pour fabriquer des vêtements amples qui leur assurent une protection appropriée contre le soleil et la poussière. De plus, ils ont dû apprendre à se coiffer adéquatement pour éviter d'exposer leur tête aux rayons solaires, qui tombent presque verticalement à midi pendant une bonne partie de l'année.

L'ÊTRE HUMAIN **OBSERVE** LE MILIEU

- Chaleur constante amplifiée par l'humidité de l'air.
- Hauteur du Soleil dans le ciel.
- Disponibilité des fibres naturelles.

L'ÊTRE HUMAIN **S'ADAPTE** AU MILIEU

- Dans les régions humides, les gens sont très peu vêtus : pagne, short, T-shirt.
- Dans les régions sèches, pour se protéger du soleil, de la poussière et de la fraîcheur nocturne, on s'habille un peu plus : tunique de coton, burnous de laine, sari de soie, turban, voile, chapeau de paille, robe longue, pantalon ample.

5.88

Indien tirios du Brésil.

5.89

Touareg d'Algérie vêtu d'une longue tunique de coton.

Indienne vêtue d'un sari de soie.   **5.90**

Dans certaines régions de la zone chaude, les températures sont élevées pendant la journée et s'abaissent brusquement la nuit, ce qui oblige les gens à se protéger à la fois contre la chaleur et contre le froid. Par ailleurs, certains peuples ne se contentent pas de porter des vêtements pour se protéger, mais ornent leur corps. Les aborigènes d'Australie, par exemple, se peignent le corps de dessins sacrés à l'occasion de cérémonies.

Alimentation   Beaucoup de gens qui vivent dans les régions chaudes ne mangent pas suffisamment et le nombre d'affamés augmente sans cesse. Dans les lieux où le climat est sec, comme dans le Sahel, situé au sud du Sahara, les sols s'épuisent et les récoltes diminuent: la famine est omniprésente. Dans les lieux où le climat est humide, les sols sont fertiles et les récoltes excellentes: la nourriture est abondante.

L'ÊTRE HUMAIN **OBSERVE** LE MILIEU

- Chaleur permanente.
- Abondance et régularité des pluies.
- Fertilité des sols.
- Faune terrestre et aquatique.

L'ÊTRE HUMAIN **S'ADAPTE** AU MILIEU

- Les agriculteurs s'alimentent principalement de fèves, de maïs, de riz, de manioc et de fruits.
- Le poisson constitue la base de l'alimentation dans les endroits où il y a des plans d'eau.
- Dans les déserts, les gens se nourrissent de viande, comme l'agneau, et de fruits, comme les dattes cultivées dans les oasis.

5.91

Épluchage du manioc en Amazonie.

Bédouins mangeant du couscous en Arabie Saoudite.

5.92

Fruits tropicaux de Polynésie française.

5.93

Dans les diverses régions de la zone chaude, on utilise abondamment les épices fortes pour conserver la viande, assaisonner les aliments et fabriquer des médicaments.

Transport Comme la majorité des pays de la zone chaude sont des pays en voie de développement, leurs réseaux de transports ne sont pas très développés. Dans les régions fortement peuplées, tous les types de moyens de transport modernes sont utilisés, alors que dans les régions peu peuplées, les moyens de transport sont rudimentaires.

L'ÊTRE HUMAIN **OBSERVE** LE MILIEU

- Relief.
- Abondance de ressources naturelles.
- Concentrations de population.
- Niveau économique.
- Voies navigables.

L'ÊTRE HUMAIN **S'ADAPTE** AU MILIEU

- Loin des régions fortement peuplées, les gens se déplacent à pied, à bicyclette, à motocyclette; à dos d'âne, de cheval ou de dromadaire; dans des pirogues; en train, en camion ou en autobus.
- Dans les grandes villes, les gens fortunés se déplacent en automobile alors que les autres utilisent les transports en commun.

5.94 Piroguière au Congo.

5.96 Autobus bondé de voyageurs au Viêt-nam.

5.95 Caravane de dromadaires en Algérie.

Le désir de certains pays de mieux exploiter leur territoire a amené de grands aménagements comme la route transamazonienne, au Brésil, et la voie ferrée transgabonaise, en Afrique.

Activités

Les populations des régions chaudes se sont adaptées à la chaleur et à l'humidité constantes du climat en pratiquant d'abord des activités liées à leur subsistance, notamment l'agriculture. De nos jours, environ les deux tiers de la population de la zone chaude pratique toujours l'agriculture, que ce soit l'agriculture de subsistance, l'agriculture familiale ou l'agriculture commerciale. Par ailleurs, dans les grandes villes, les activités sont très diversifiées.

L'ÊTRE HUMAIN **OBSERVE** LE MILIEU

- Sécheresse.
- Fertilité des sols et abondance de ressources naturelles.
- Faune terrestre et aquatique.
- Urbanisation rapide et pauvreté.

L'ÊTRE HUMAIN **S'ADAPTE** AU MILIEU

- Loin des régions fortement peuplées, les gens pratiquent l'agriculture (thé, café, canne à sucre, cacao, arachides, bananes, épices, dattes, fèves, riz, maïs, manioc, coton, agrumes). Les gens qui habitent près des plans d'eau pratiquent la pêche et vendent leurs surplus.

- Dans les grandes villes, on travaille principalement dans la construction, les marchés de toutes sortes, les industries, les services à la population et les nombreux petits commerces.

5.97 **R**izière au Viêt-nam.

5.98 **P**êche au filet en Inde.

5.99 Marché public en Algérie.

De nos jours, un grand nombre de gens délaissent l'agriculture, très exigeante et peu payante, pour exercer des activités liées à l'exploitation et à la transformation des ressources (forêts, mines) ainsi qu'aux services à la population.

B

L'ADAPTATION DE L'ÊTRE HUMAIN AUX ZONES TEMPÉRÉES

Savais-tu que près des deux tiers de la population mondiale vit dans les zones tempérées du Nord et du Sud, qui englobent les pays les plus avancés et offrent les plus hauts niveaux de vie? Ces régions ont un climat nuancé, une végétation variée et une faune abondante; la proximité de l'océan, la latitude et l'altitude y jouent un rôle déterminant.

Dans ces zones, la plus grande partie des paysages naturels ont fait place à des espaces humanisés – ruraux, urbains ou industriels. L'exploitation des ressources naturelles et la multiplication des activités industrielles y ont profondément modifié les paysages.

La majorité des êtres humains des régions tempérées vivent et travaillent dans des villes, près de la mer ou sur les rives d'un important cours d'eau. L'éloignement entre quartiers de résidence et quartiers d'emploi provoque d'importants mouvements quotidiens de population qui nécessitent l'aménagement de coûteux réseaux de transport.

5.100

À *Paris, en France.*

Grâce à des revenus assez élevés, les habitants des régions tempérées échappent à la faim et au grand froid: ils peuvent donc consacrer une partie importante de leur

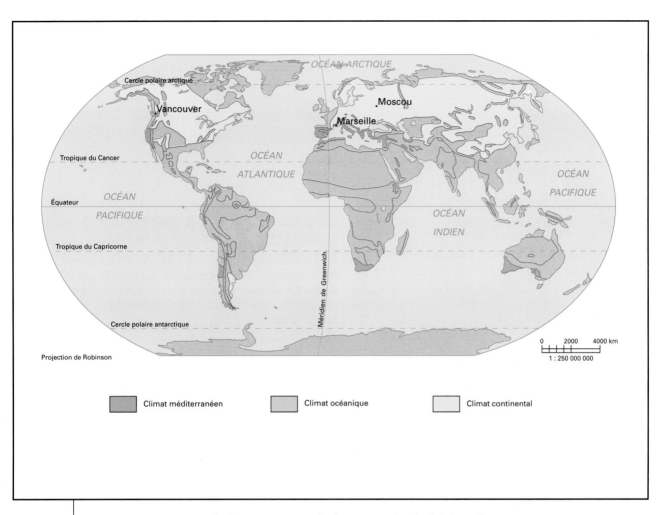

temps et de leurs revenus à des activités de loisirs. Cependant, il y a aussi des problèmes dans ces régions fortement industrialisées et urbanisées : il faut sans cesse
combattre la dégradation du milieu par la pollution.

Portraits climatiques
des zones tempérées.

5.102

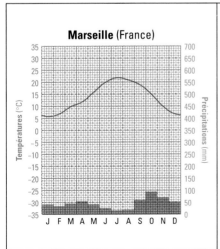

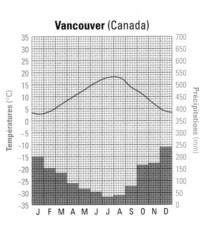

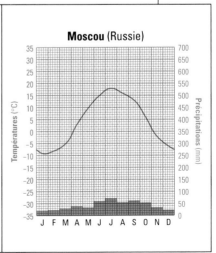

Habitat

Les êtres humains qui vivent en milieu tempéré se sont adaptés au rythme des saisons imposé par les variations de température en utilisant divers éléments de leur milieu – bois, ciment, acier – pour construire des maisons qui leur procurent chaleur et confort en tout temps.

L'ÊTRE HUMAIN **OBSERVE** LE MILIEU

- Milieux de vie (campagne, ville).
- Différences de température entre les saisons.
- Disponibilité des matériaux de construction.
- Lieu de travail et accès aux autoroutes.
- Accès aux services.

L'ÊTRE HUMAIN **S'ADAPTE** AU MILIEU

- Dans les villes du milieu tempéré, l'habitat est concentré. De nombreux quartiers sont voués à l'occupation résidentielle: on y habite des maisons unifamiliales et multifamiliales, des maisons en rangées, des immeubles d'habitation ainsi que des tours d'habitation.

- Dans les pays riches, comme le Canada, plusieurs personnes ont un appartement en ville et une résidence secondaire à la campagne, à la montagne ou à la mer.

- À la campagne, l'habitat est dispersé. Les maisons sont grandes et entourées de bâtiments de ferme, de pâturages et de champs en culture.

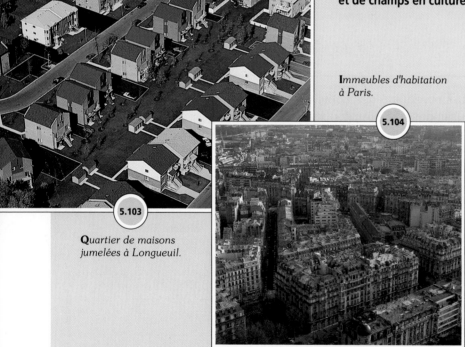

Quartier de maisons jumelées à Longueuil.

5.103

Immeubles d'habitation à Paris.

5.104

5.105

Maison unifamiliale à Montréal.

Les milieux tempérés sont surtout situés dans l'hémisphère Nord, car il y a peu de terres dans le sud de la zone tempérée. Les milieux tempérés constituent un cadre de vie généralement favorable aux êtres humains.

Vêtement Les habitants des milieux tempérés se sont adaptés au rythme des saisons imposé par les variations de température : ils portent des vêtements chauds l'hiver, des vêtements imperméables qui coupent le vent au printemps et en automne, et des vêtements légers en été.

L'ÊTRE HUMAIN **OBSERVE** LE MILIEU

- Froid et neige en hiver.
- Précipitations abondantes et vent au printemps et en automne.
- Chaleur et humidité en été.

L'ÊTRE HUMAIN **S'ADAPTE** AU MILIEU

- Dans les zones tempérées, les êtres humains ont en général deux garde-robes : une pour l'hiver (vêtements chauds : bottes doublées, bas de laine, chandails de laine, foulards, manteaux doublés, gants, mitaines, chapeaux), l'autre pour l'été (vêtements légers : shorts, T-shirts, espadrilles, casquettes).

- En automne et au printemps, on porte un coupe-vent, un imperméable, des chaussures tout-usage et un bon chandail.

5.106

Tenue hivernale adaptée au milieu tempéré.

5.107

Tenue estivale adaptée au milieu tempéré.

▲ *New York sous la pluie, au printemps.*

5.108

Dans les pays développés, la mode joue un rôle important dans la façon de se vêtir, mais aussi dans l'économie : elle accroît l'importance d'une industrie très importante, celle des textiles. Pour un grand nombre de gens, le vêtement est en quelque sorte l'expression individuelle ou collective d'une manière de vivre.

Alimentation Les gens qui vivent dans les régions tempérées se sont adaptés au rythme des saisons imposé par les variations de température en se nourrissant principalement de viande, de fruits et de légumes, qui satisfont leurs grands besoins en kilojoules et en protéines.

L'ÊTRE HUMAIN **OBSERVE** LE MILIEU

- Variations de température.
- Fertilité des sols.
- Méthodes agricoles très évoluées.
- Consommation.
- Goûts culinaires.
- Exigences du monde du travail.

L'ÊTRE HUMAIN **S'ADAPTE** AU MILIEU

- Parce que les êtres humains des zones tempérées ont à subir de grandes variations de température, leurs besoins énergétiques sont grands. C'est pourquoi ils mangent beaucoup de viande, de pâtes alimentaires, de fruits, de légumes et de produits laitiers, qui leur procurent un apport énergétique important.

- Par ailleurs, les revenus élevés des êtres humains des zones tempérées leur permettent d'intégrer à leur alimentation des aliments dispendieux ou importés, comme le vin, les fruits de mer et les fruits exotiques.

La restauration rapide est populaire dans les régions tempérées.

5.109

La table de ce chic restaurant de Toronto démontre l'abondance de la nourrriture en milieu tempéré.

5.110

5.111

Un marché d'alimentation allemand où la diversité des produits n'a d'égale que leur quantité.

Depuis les années soixante-dix, le nombre de repas pris à l'extérieur du foyer augmente sans cesse, notamment dans des pays développés comme le Canada. Ce nombre était de un sur 15 en 1970, de un sur 8 en 1980 et de un sur 3 à la fin de 1992. Cette augmentation a une grande importance dans le secteur de la restauration.

Transport

Les êtres humains qui vivent dans les régions tempérées se sont adaptés à leur milieu en créant des réseaux de transport denses et efficaces qui desservent l'ensemble du territoire. Au XXe siècle, la révolution des transports a modifié la répartition des êtres humains et des activités économiques.

L'automobile est le symbole des transports en milieu tempéré.
(Los Angeles, États-Unis)

5.113

5.112

Dans les zones tempérées, le transport aérien est au service du commerce et du tourisme.
(Dorval, Québec)

5.114

Le port de Montréal est aménagé pour recevoir et expédier les conteneurs.

Grâce au développement technologique, les modes de transport se transforment et tendent de plus en plus à s'adapter les uns aux autres. C'est l'avènement du transport intermodal, qui vise une plus grande efficacité. Ainsi, l'arrivée des conteneurs constitue une innovation majeure dans le domaine du transport. Un conteneur peut être logé dans un bateau, installé sur un wagon de train, attaché à la remorque d'un camion et parfois même casé dans un avion-cargo.

Activités

Les populations des régions tempérées se sont adaptées à leur milieu en exerçant des activités liées à l'exploitation et à la transformation des ressources naturelles et aux services à la population. Comme les pays développés sont très urbanisés, une grande partie de la population travaille dans le secteur des services, aussi appelé secteur tertiaire.

L'ÊTRE HUMAIN **OBSERVE** LE MILIEU

- Abondance de ressources naturelles.

- Fortes concentrations de population dans les villes.

- Prospérité économique.

- Techniques modernes.

L'ÊTRE HUMAIN **S'ADAPTE** AU MILIEU

- Comme il y a abondance de ressources naturelles dans les zones tempérées, beaucoup de gens (5 % à 10 % de la population) travaillent à l'exploitation de ces ressources.

- Les fortes concentrations de population dans les villes fournissent une main-d'œuvre abondante (20 % à 25 % de la population) au secteur de la transformation des ressources.

- Plus les pays sont peuplés et prospères, plus les services à la population occupent une importante partie de la main-d'œuvre. Au Canada, 70 % de la population travaille dans ce secteur.

5.115

Le secteur des affaires occupe une place importante dans l'économie des milieux tempérés.

(Francfort, Allemagne)

5.116

Les commerces de toutes sortes sont omniprésents en milieu tempéré.
(Montréal, Québec)

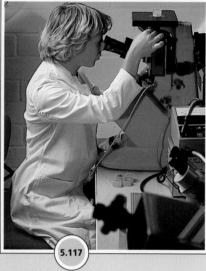

5.117

C'est en milieu tempéré que la recherche scientifique est le plus répandue.
(Montréal, Québec)

Dans les pays développés, les techniques de pointe – électronique, télécommunications, métallurgie, biotechnologie, intelligence artificielle, robotique, conception et fabrication assistée par ordinateur – vont sans doute diversifier sensiblement les activités des êtres humains tout en revitalisant l'industrie et l'économie.

L'ADAPTATION DE L'ÊTRE
HUMAIN AUX ZONES FROIDES

Immensité, monotonie, rigueur et inhumanité : voilà une description de l'Extrême-Nord et de l'Extrême-Sud de la planète. Ces milieux polaires sont de véritables déserts froids où la présence humaine est tout à fait exceptionnelle : il n'y a pas d'habitants permanents en Antarctique.

Les climats qui règnent à proximité du pôle Nord et du pôle Sud sont caractérisés par les plus grands froids de la Terre, par des vents violents et par de rares précipitations, essentiellement neigeuses, très souvent inférieures à 100 millimètres par année. Les régions où règnent de telles conditions ont un sol et un sous-sol gelés en permanence et subissent une obscurité quasi totale pendant une partie de l'année.

Le nord des Territoires du Nord-Ouest, au Canada.

5.118

Seuls certains groupes comme les Inuit, les Lapons, les Tchouktes, les Bouriates et les Yakoutes ont appris à vivre dans les régions froides en s'adaptant aux rudes conditions climatiques du nord de l'Europe, de la Sibérie,

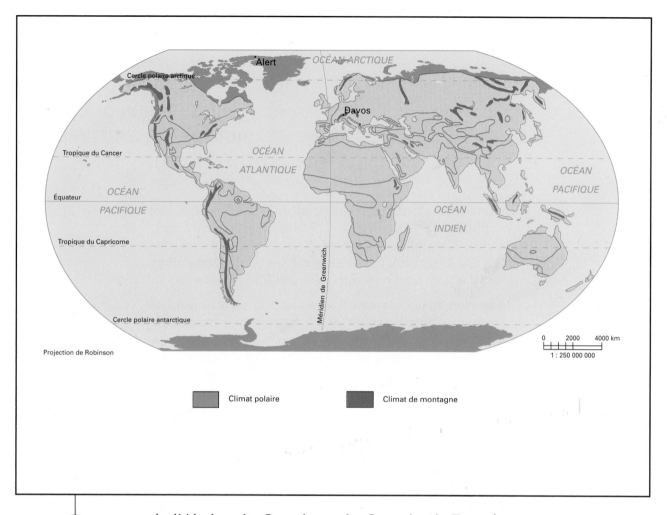

Climat polaire

Climat de montagne

Projection de Robinson

OCÉAN ARCTIQUE
Alert
Cercle polaire arctique
Davos
Tropique du Cancer
OCÉAN ATLANTIQUE
Équateur
OCÉAN PACIFIQUE
Tropique du Capricorne
Méridien de Greenwich
OCÉAN INDIEN
OCÉAN PACIFIQUE
Cercle polaire antarctique

0   2000   4000 km
1 : 250 000 000

5.119

Le climat des zones froides (climat polaire).

de l'Alaska, du Canada et du Groenland. Toutefois, depuis un siècle, la vie traditionnelle de ces peuples a été profondément transformée par leurs contacts répétés avec les non-autochtones et par l'apparition des techniques modernes.

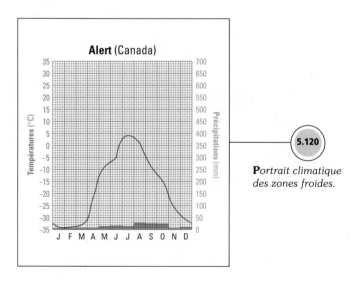

Alert (Canada)

5.120

Portrait climatique des zones froides.

Habitat

Les êtres humains qui vivent en milieu froid se sont adaptés aux rigueurs extrêmes du climat en utilisant divers éléments de leur milieu – neige, boue, bois, peaux de bêtes – pour se construire des abris qui les protègent des tempêtes et du froid.

L'ÊTRE HUMAIN OBSERVE LE MILIEU

- Hiver long et froid intense (souvent moins de -50 °C).
- Vent glacial.
- Sol et sous-sol gelés en permanence.

L'ÊTRE HUMAIN S'ADAPTE AU MILIEU

- Autrefois, les peuples des régions froides construisaient divers types d'abris, selon les éléments disponibles dans leur milieu. Les Inuit bâtissaient des igloos de neige et des tentes en peaux de phoques et de caribous; les Lapons, des huttes en bois et des tentes en peaux de bêtes; les Tchouktes et les Bouriates, des yourtes, sortes de huttes rondes en bois et en feutre; les Yakoutes, des cabanes rectangulaires faites de rondins et enduites de boue.

- Aujourd'hui, on construit plutôt des huttes en bois, des maisons en pierre et des maisons en bois, toutes sans fondations et chauffées au mazout.

5.121 **U**n igloo au Canada.

5.123

Une yourte en Sibérie.

5.122 **D**es maisons de bois préfabriquées à Kuujjuaq, au Québec.

Les igloos et les tentes faites en peaux de bêtes sont toujours utilisés, notamment par les Inuit et les Lapons, lors de leurs excursions de chasse ou au moment du marquage des troupeaux de rennes.

Vêtement

Les habitants des milieux froids se sont adaptés aux rigueurs extrêmes du climat en utilisant la fourrure et la peau des bêtes pour fabriquer des vêtements chauds et imperméables leur assurant une excellente protection contre le froid. Leur organisme s'est également acclimaté : leur circulation sanguine étant plus rapide que la nôtre, ils produisent de la chaleur plus vite que nous.

L'ÊTRE HUMAIN **OBSERVE** LE MILIEU

- Froid intense (souvent moins de -50 °C).
- Vent glacial.
- Eau très froide, la plupart du temps au point de congélation.

L'ÊTRE HUMAIN **S'ADAPTE** AU MILIEU

- Autrefois, les peuples des régions froides fabriquaient des parkas, des anoraks, des kamiks (bottes), des bonnets à oreillettes, des mitaines et des gants à partir de la peau et de la fourrure des animaux de leur région : phoques, caribous, renards blancs, ours polaires, rennes. Ils fabriquaient des vêtements très amples pour permettre à l'air, qui est un bon isolant contre le froid, de circuler entre les couches de tissus.

- Aujourd'hui, la plupart de leurs vêtements et de leurs chaussures sont confectionnés par des industries du Sud et achetés en magasin ou par correspondance.

5.124

Famille inuit vêtue de costumes en caribou, à Baker Lake, au Canada.

5.125

Lapones en costumes traditionnels à Ritsem, au nord de la Suède.

5.126

Tchouktes de Sibérie en vêtements traditionnels lors du marquage des rennes.

De nos jours, les Inuit, les Lapons et les autres peuples nordiques s'habillent souvent à l'américaine ou à l'européenne, mais portent encore leurs vêtements traditionnels, qui leur assurent une meilleure protection contre le froid.

Alimentation Les gens qui vivent dans les régions froides se sont adaptés au climat en se nourrissant principalement de viande et de poisson, à cause de l'absence de végétation et de la quasi-impossibilité de cultiver quoi que ce soit.

L'ÊTRE HUMAIN **OBSERVE** LE MILIEU

- Froid intense (souvent moins de -50 °C).
- Sol gelé en permanence.
- Absence de végétation.
- Faune terrestre et aquatique.

L'ÊTRE HUMAIN **S'ADAPTE** AU MILIEU

- Autrefois, l'alimentation des peuples nordiques dépendait surtout de l'époque de l'année. En été, ils mangeaient du caribou, du renne, du phoque, de l'omble arctique, des moules, des palourdes, de la truite de lac, des algues, des baies, etc. En hiver, ils se nourrissaient de phoque, de lièvre arctique, de renne et d'ours polaire.

- Aujourd'hui, les habitants des régions nordiques mangent encore beaucoup de viande et de poisson, mais ils ont intégré à leur alimentation plusieurs produits qu'ils achètent au magasin: fruits, légumes, farine, sucre, sel, produits laitiers, beurre, conserves, boissons gazeuses, thé, café, alcool.

5.127 **P**réparation de l'omble de l'Arctique.

5.129

5.128 **P**réparation du caribou.

Cuisson d'une galette lors d'une expédition de chasse.

Chez tous les peuples nordiques, on observe un mélange de traditionnel et de moderne Ainsi, il est fréquent d'apercevoir un enfant inuit mâchant un morceau de caribou séché et buvant une boisson gazeuse.

Transport

Les êtres humains qui vivent dans les régions froides se sont adaptés à la rigueur du climat en créant des moyens efficaces de se déplacer en été comme en hiver malgré la rareté des routes.

L'ÊTRE HUMAIN S'ADAPTE AU MILIEU

- Autrefois, les moyens de transport en zone froide se résumaient au traîneau tiré par des chiens ou des rennes pour les déplacements sur la neige, et au kayak pour les déplacements sur l'eau.
- Aujourd'hui, l'avion et l'hélicoptère sont utilisés pour se déplacer sur de longues distances, tandis que la motoneige, le véhicule tout-terrain et la barque de pêche à moteur sont les principaux moyens de transport local.

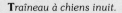
Traîneau à chiens inuit.

5.130

5.132

La motoneige a remplacé le traîneau à chiens et l'avion apporte régulièrement des marchandises.

Inuit en véhicule tout-terrain.
5.131

Un attelage de chiens dure jusqu'à dix ans et coûte beaucoup moins cher qu'une motoneige. Cependant, la motoneige est aujourd'hui très utilisée dans les régions nordiques parce qu'elle est beaucoup plus rapide et plus maniable.

Activités

Les populations des régions froides se sont adaptées au climat en pratiquant d'abord des activités liées à leur subsistance : chasse, pêche et élevage. Les techniques modernes ont cependant contribué à modifier en profondeur leur mode de vie.

L'ÊTRE HUMAIN **OBSERVE** LE MILIEU

- Faune terrestre et aquatique.
- Abondance de ressources naturelles.
- Contacts répétés avec les autres peuples.
- Techniques modernes.
- Prise de conscience de l'importance de la culture et du mode de vie.

L'ÊTRE HUMAIN **S'ADAPTE** AU MILIEU

- Les peuples nordiques ont toujours vécu de chasse, de pêche, de piégeage, d'élevage nomade et de cueillette.
- Aujourd'hui, un nombre grandissant d'habitants des régions nordiques prennent part à l'activité économique dans des secteurs comme la prospection minière, la santé, l'enseignement, le tourisme, l'administration, le transport aérien, l'artisanat.

A*telier de sculpture à Inukjuak, au Québec.*

5.135

5.133

T*ravailleur minier des Territoires du Nord-Ouest.*

5.134

E*nseignante inuit et ses élèves au Québec.*

Les populations nordiques sont de plus en plus conscientes de l'importance de leur culture et de leur mode de vie. C'est pourquoi elles veulent prendre en main leur économie, préserver leur langue et leur culture et, par le fait même, prouver qu'il est possible d'harmoniser tradition et modernité.

1 Pour faire cette activité, consulte les pages 369 à 389.

Remplis un tableau semblable au document 5.136 en faisant la synthèse de l'adaptation des êtres humains à différents milieux.

a. Observe les cinq secteurs d'adaptation de chaque milieu.

b. Pour chacun des secteurs d'adaptation, donne deux exemples d'observation du milieu et deux exemples d'adaptation au milieu.

SECTEURS D'ADAPTATION	MILIEUX	MILIEU CHAUD	MILIEU TEMPÉRÉ	MILIEU FROID
HABITAT	Exemples d'observation	*a.* *b.*	*a.* *b.*	*a.* *b.*
	Exemples d'adaptation	*a.* *b.*	*a.* *b.*	*a.* *b.*
VÊTEMENT	Exemples d'observation	*a.* *b.*	*a.* *b.*	*a.* *b.*
	Exemples d'adaptation	*a.* *b.*	*a.* *b.*	*a.* *b.*
ALIMENTATION	Exemples d'observation	*a.* *b.*	*a.* *b.*	*a.* *b.*
	Exemples d'adaptation	*a.* *b.*	*a.* *b.*	*a.* *b.*
TRANSPORT	Exemples d'observation	*a.* *b.*	*a.* *b.*	*a.* *b.*
	Exemples d'adaptation	*a.* *b.*	*a.* *b.*	*a.* *b.*
ACTIVITÉS	Exemples d'observation	*a.* *b.*	*a.* *b.*	*a.* *b.*
	Exemples d'adaptation	*a.* *b.*	*a.* *b.*	*a.* *b.*

5.136

EN MÉMOIRE

• 1 •

Les principales caractéristiques de la zone chaude sont la diversité, la chaleur, l'humidité ou l'aridité, le sous-développement économique et la croissance rapide de la population.

• 2 •

Dans la zone chaude, les contrastes sont immenses entre les régions chaudes et humides en permanence et les régions désertiques où les vents accentuent le dessèchement de l'atmosphère.

• 3 •

Le tiers des habitants de la planète vivent dans la zone chaude.

• 4 •

Les êtres humains ont appris à vivre en milieu chaud. Ils ont dû s'adapter à la chaleur et à l'humidité constantes du climat en utilisant divers éléments de leur milieu pour construire des abris, fabriquer des vêtements amples, se nourrir, se déplacer et s'adonner à diverses activités.

• 5 •

Les zones tempérées du Nord et du Sud regroupent les deux tiers de la population mondiale. Ces zones englobent les pays les plus avancés et offrent les plus hauts niveaux de vie.

• 6 •

Les régions tempérées ont un climat rythmé par les variations de température, une végétation variée et une faune abondante. La proximité de l'océan, la latitude et l'altitude y jouent un rôle déterminant.

• 7 •

L'exploitation des ressources naturelles et la multiplication des activités industrielles ont profondément transformé les paysages des régions tempérées.

• 8 •

La plus grande partie des habitants des régions tempérées vivent dans des villes situées près de la mer ou sur les rives d'un cours d'eau important.

• 9 •

Les êtres humains s'adaptent assez facilement aux régions tempérées parce qu'ils jouissent de bonnes conditions de vie, en raison du climat nuancé et de revenus assez élevés.

• 10 •

La dégradation du milieu par la pollution est un problème qu'il faut combattre dans les régions tempérées.

• 11 •

Les milieux polaires sont de véritables déserts froids où la présence humaine est exceptionnelle.

• 12 •

Les climats qui règnent à proximité du pôle Nord et du pôle Sud sont caractérisés par les plus grands froids de la Terre, des vents violents, de rares précipitations, un sol et un sous-sol gelés en permanence et une obscurité presque totale pendant une partie de l'année.

• 13 •

Seuls certains groupes comme les Inuit et les Lapons ont appris à vivre dans les régions froides. Ils ont dû s'adapter aux rudes conditions climatiques en utilisant divers éléments de leur milieu pour construire des abris, fabriquer des vêtements, se nourrir, se déplacer et s'adonner à diverses activités.

• 14 •

La vie traditionnelle de ces peuples a été profondément transformée par leurs contacts répétés avec les non-autochtones et par l'apparition des techniques modernes.

Pour répondre aux questions suivantes, consulte les pages 369 à 390 et inspire-toi des documents 5.137 à 5.139.

5.137

5.138

5.139

1 Pourquoi appelle-t-on aussi la zone chaude «zone intertropicale» ?

2 Qu'est-ce qui différencie les régions de la zone chaude des autres régions de la Terre ?

3 L'eau joue-t-elle un rôle important dans la zone chaude ? Justifie ta réponse.

4 Nomme cinq moyens utilisés par les êtres humains pour adapter leur mode de vie à la zone chaude.

5 Quelles sont les particularités des zones tempérées de la Terre ?

6 Quelles sont les conditions favorables aux êtres humains dans les zones tempérées de la Terre ?

7 L'eau joue-t-elle un rôle important dans les zones tempérées de la Terre ? Justifie ta réponse.

8 Nomme cinq moyens utilisés par les êtres humains pour adapter leur mode de vie aux zones tempérées de la Terre.

9 Quelles sont les conditions défavorables aux êtres humains dans les zones froides de la Terre ?

10 Pourquoi les êtres humains s'intéressent-ils de plus en plus aux zones froides de la Terre ?

11 Quels sont les facteurs qui ont transformé le mode de vie des peuples nordiques depuis un siècle ?

12 Nomme cinq moyens utilisés par les êtres humains pour adapter leur mode de vie aux zones froides de la Terre.

13 *a.* Quels facteurs gênent considérablement la mise en valeur de certaines régions de la planète ?

b. Quels facteurs permettent l'installation des êtres humains ?

c. À quelle zone thermique de la Terre correspondent les régions les plus accueillantes ?

14 Le Québec est-il représentatif des zones tempérées de la Terre ? Justifie ta réponse.

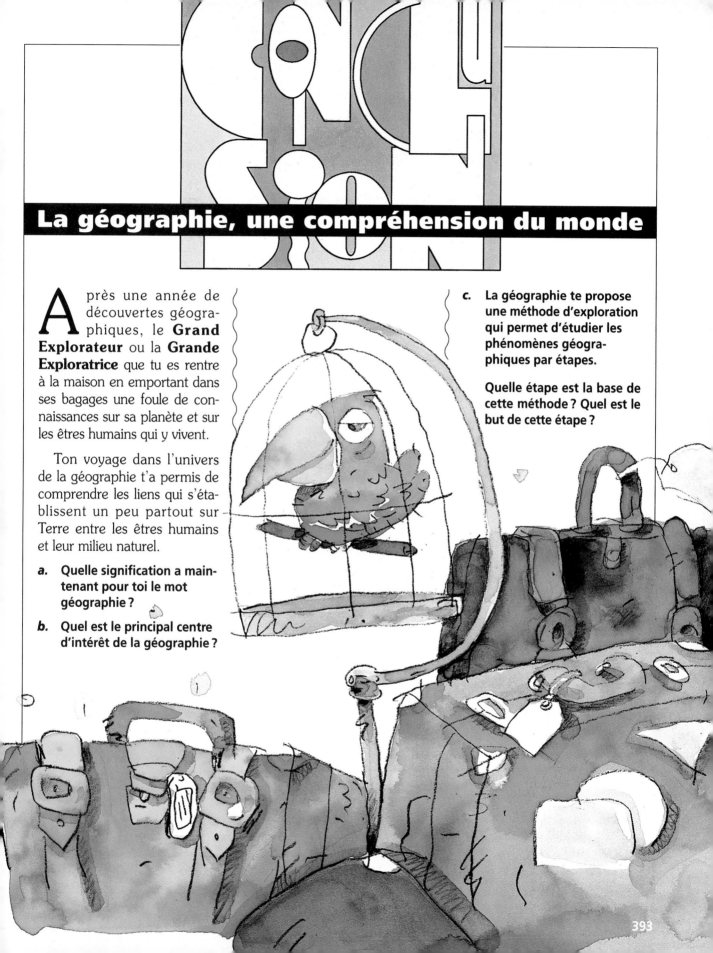

La géographie, une compréhension du monde

Après une année de découvertes géographiques, le **Grand Explorateur** ou la **Grande Exploratrice** que tu es rentre à la maison en emportant dans ses bagages une foule de connaissances sur sa planète et sur les êtres humains qui y vivent.

Ton voyage dans l'univers de la géographie t'a permis de comprendre les liens qui s'établissent un peu partout sur Terre entre les êtres humains et leur milieu naturel.

a. Quelle signification a maintenant pour toi le mot géographie ?

b. Quel est le principal centre d'intérêt de la géographie ?

c. La géographie te propose une méthode d'exploration qui permet d'étudier les phénomènes géographiques par étapes.

Quelle étape est la base de cette méthode ? Quel est le but de cette étape ?

393

d. En géographie, comme dans toutes les sciences, l'analyse des informations recueillies est importante. Quel est le but de cette étape ?

e. Il arrive que certaines conclusions s'appliquent aussi à d'autres situations, à d'autres lieux.

Comment réagit alors le Grand Explorateur ou la Grande Exploratrice ?

f. Les connaissances géographiques sont le fruit de l'observation directe et indirecte de phénomènes à l'aide d'outils d'observation.

Nomme trois outils d'observation directe et trois outils d'observation indirecte.

g. Quel outil constitue le principal atout en géographie ?

Nomme trois usages de cet outil.

h. La géographie répond à une foule de questions. C'est une matière variée, qui correspond à plusieurs de tes besoins.

Nomme trois connaissances que la géographie t'as permis d'acquérir.

Nomme trois habiletés que la géographie t'as permis de développer.

Nomme trois phénomènes que la géographie t'as aidé à mieux comprendre.

Nomme trois problèmes mondiaux auxquels la géographie t'a sensibilisé cette année.

LE MONDE EN CHIFFRES

Dans «*Le monde en chiffres*», les 190 pays indépendants de la Terre sont présentés dans des encadrés contenant les informations suivantes. Ces informations datent du 1er janvier 1993.

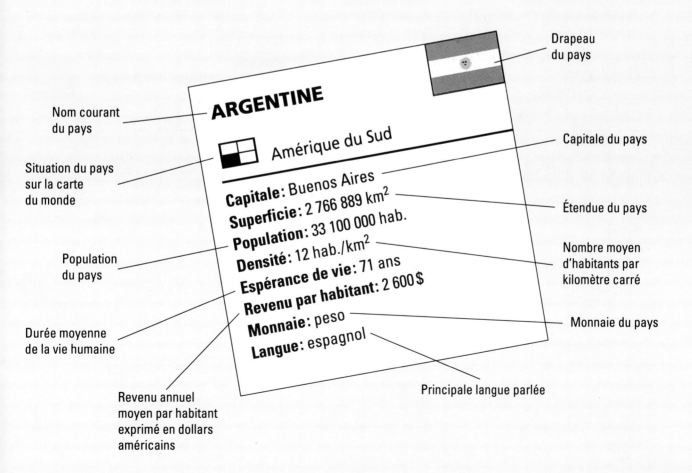

Drapeau du pays

Nom courant du pays

ARGENTINE

Amérique du Sud

Capitale du pays

Situation du pays sur la carte du monde

Capitale: Buenos Aires
Superficie: 2 766 889 km^2
Population: 33 100 000 hab.
Densité: 12 hab./km^2
Espérance de vie: 71 ans
Revenu par habitant: 2 600 $
Monnaie: peso
Langue: espagnol

Étendue du pays

Population du pays

Nombre moyen d'habitants par kilomètre carré

Durée moyenne de la vie humaine

Monnaie du pays

Revenu annuel moyen par habitant exprimé en dollars américains

Principale langue parlée

AFGHĀNISTĀN

Asie

Capitale: Kaboul
Superficie: 647 497 km^2
Population: 19 000 000 hab.
Densité: 29,3 hab./km^2
Espérance de vie: 43 ans
Revenu par habitant: 480 $
Monnaie: afghani
Langues: pashtou, dari

AFRIQUE DU SUD

Afrique

Capitale: Prétoria
Superficie: 1 221 037 km^2
Population: 42 823 000 hab.
Densité: 35,1 hab./km^2
Espérance de vie: 63 ans
Revenu par habitant: 2 700 $
Monnaie: rand
Langues: afrikaan, anglais

ALBANIE

Europe

Capitale: Tirana
Superficie: 28 748 km^2
Population: 4 100 000 hab.
Densité: 142,6 hab./km^2
Espérance de vie: 75 ans
Revenu par habitant: 800 $
Monnaie: lek
Langue: albanais

ALGÉRIE

Afrique

Capitale: Alger
Superficie: 2 381 741 km^2
Population: 27 339 000 hab.
Densité: 11,5 hab./km^2
Espérance de vie: 66 ans
Revenu par habitant: 1 839 $
Monnaie: dinar
Langue: arabe

ALLEMAGNE

Europe

Capitale: Berlin
Superficie: 357 050 km^2
Population: 81 000 000 hab.
Densité: 227 hab./km^2
Espérance de vie: 76 ans
Revenu par habitant: 24 038 $
Monnaie: deutsche mark
Langue: allemand

ANDORRE

Europe

Capitale: Andorre-la-Vieille
Superficie: 453 km^2
Population: 61 000 hab.
Densité: 134,7 hab./km^2
Espérance de vie: 77 ans
Revenu par habitant: 14 000 $
Monnaies: franc français, peseta espagnole
Langues: catalan, français, espagnol

ANGOLA

Afrique

Capitale: Luanda
Superficie: 1 246 700 km^2
Population: 10 800 000 hab.
Densité: 8,7 hab./km^2
Espérance de vie: 47 ans
Revenu par habitant: 630 $
Monnaie: kivanza
Langue: portugais

ANTIGUA-ET-BARBUDA

Amérique centrale

Capitale: Saint-John's
Superficie: 442 km^2
Population: 85 500 hab.
Densité: 193 hab./km^2
Espérance de vie: 66 ans
Revenu par habitant: 4 900 $
Monnaie: dollar des Caraïbes
Langue: anglais

ARABIE SAOUDITE

Asie

Capitale: Riyad
Superficie: 2 149 690 km^2
Population: 16 000 000 hab.
Densité: 7,4 hab./km^2
Espérance de vie: 66 ans
Revenu par habitant: 8 100 $
Monnaie: riyal
Langue: arabe

ARGENTINE

Amérique du Sud

Capitale: Buenos Aires
Superficie: 2 766 889 km^2
Population: 33 100 000 hab.
Densité: 12 hab./km^2
Espérance de vie: 71 ans
Revenu par habitant: 2 600 $
Monnaie: peso
Langue: espagnol

ARMÉNIE

Europe

Capitale: Erevan
Superficie: 29 800 km^2
Population: 3 400 000 hab.
Densité: 114 hab./km^2
Espérance de vie: 72 ans
Revenu par habitant: 1 091 $
Monnaie: rouble
Langues: arménien, russe

AUSTRALIE

Océanie

Capitale: Canberra
Superficie: 7 682 300 km^2
Population: 17 500 000 hab.
Densité: 2,3 hab./km^2
Espérance de vie: 77 ans
Revenu par habitant: 17 305 $
Monnaie: dollar australien
Langue: anglais

AUTRICHE

Europe

Capitale: Vienne
Superficie: 83 850 km^2
Population: 7 850 000 hab.
Densité: 93,6 hab./km^2
Espérance de vie: 75 ans
Revenu par habitant: 20 785$
Monnaie: schilling
Langues: allemand, slovène

AZERBAÏDJAN

Asie

Capitale: Bakou
Superficie: 86 600 km^2
Population: 7 200 000 hab.
Densité: 83 hab./km^2
Espérance de vie: 71 ans
Revenu par habitant: 958$
Monnaie: rouble
Langues: turc, russe

BAHAMAS, LES

Amérique du Nord

Capitale: Nassau
Superficie: 13 930 km^2
Population: 254 000 hab.
Densité: 18 hab./km^2
Espérance de vie: 70 ans
Revenu par habitant: 11 625$
Monnaie: dollar bahaméen
Langues: anglais, créole

BAHREÏN

Asie

Capitale: Manama
Superficie: 678 km^2
Population: 531 600 hab.
Densité: 784 hab./km^2
Espérance de vie: 72 ans
Revenu par habitant: 7 100$
Monnaie: dinar
Langue: arabe

BANGLADESH

Asie

Capitale: Dhaka
Superficie: 143 998 km^2
Population: 126 000 000 hab.
Densité: 875 hab./km^2
Espérance de vie: 53 ans
Revenu par habitant: 188$
Monnaie: taka
Langues: bengali, urdu, anglais

BARBADE

Amérique centrale

Capitale: Bridgetown
Superficie: 430 km^2
Population: 257 000 hab.
Densité: 597 hab./km^2
Espérance de vie: 76 ans
Revenu par habitant: 5 170$
Monnaie: dollar barbadien
Langue: anglais

BÉLARUS

Europe

Capitale: Minsk
Superficie: 207 600 km^2
Population: 10 900 000 hab.
Densité: 53 hab./km^2
Espérance de vie: 71 ans
Revenu par habitant: 1 647$
Monnaie: rouble
Langues: biélorusse, russe

BELGIQUE

Europe

Capitale: Bruxelles
Superficie: 30 514 km^2
Population: 10 000 000 hab.
Densité: 328 hab./km^2
Espérance de vie: 75 ans
Revenu par habitant: 19 570$
Monnaie: franc belge
Langues: français, néerlandais

BELIZE

Amérique centrale

Capitale: Belmopan
Superficie: 22 965 km^2
Population: 200 000 hab.
Densité: 9 hab./km^2
Espérance de vie: 67 ans
Revenu par habitant: 2 260$
Monnaie: dollar bélizéen
Langues: anglais, espagnol

BÉNIN

Afrique

Capitale: Porto Novo
Superficie: 112 622 km^2
Population: 5 050 000 hab.
Densité: 45 hab./km^2
Espérance de vie: 48 ans
Revenu par habitant: 380$
Monnaie: franc CFA
Langues: français, fon

BHOUTAN

Asie

Capitale: Thimbu
Superficie: 47 000 km^2
Population: 1 586 000 hab.
Densité: 34 hab./km^2
Espérance de vie: 50 ans
Revenu par habitant: 195$
Monnaie: ngultrum
Langue: dzongha

BOLIVIE

Amérique du Sud

Capitale: La Paz
Superficie: 1 098 581 km^2
Population: 7 823 000 hab.
Densité: 7 hab./km^2
Espérance de vie: 56 ans
Revenu par habitant: 840$
Monnaie: boliviano
Langue: espagnol

BOSNIE-HERZÉGOVINE

 Europe

Capitale: Sarajevo
Superficie: 51 129 km²
Population: 4 500 000 hab.
Densité: 88 hab./km²
Espérance de vie: 69 ans
Revenu par habitant: 3 000 $
Monnaie: dinar
Langue: serbo-croate

BOTSWANA

 Afrique

Capitale: Gaborone
Superficie: 600 372 km²
Population: 1 400 000 hab.
Densité: 2,3 hab./km²
Espérance de vie: 61 ans
Revenu par habitant: 2 500 $
Monnaie: pula
Langues: anglais, setswana

BRÉSIL

 Amérique du Sud

Capitale: Brasilia
Superficie: 8 511 965 km²
Population: 158 000 000 hab.
Densité: 18,6 hab./km²
Espérance de vie: 66 ans
Revenu par habitant: 2 680 $
Monnaie: cruzeiro
Langue: portugais

BRUNÉI

 Asie

Capitale: Bandar
Superficie: 5 770 km²
Population: 287 000 hab.
Densité: 49,7 hab./km²
Espérance de vie: 71 ans
Revenu par habitant: 9 200 $
Monnaie: dollar de Brunéi
Langue: malais

BULGARIE

Europe

Capitale: Sofia
Superficie: 110 912 km²
Population: 9 000 000 hab.
Densité: 81 hab./km²
Espérance de vie: 72 ans
Revenu par habitant: 2 300 $
Monnaie: lev
Langues: bulgare, turc

BURKINA-FASO

 Afrique

Capitale: Ouagadougou
Superficie: 274 200 km²
Population: 9 700 000 hab.
Densité: 35,4 hab./km²
Espérance de vie: 49 ans
Revenu par habitant: 335 $
Monnaie: franc CFA
Langues: français, moré

BURUNDI

 Afrique

Capitale: Bujumbura
Superficie: 27 830 km²
Population: 5 800 000 hab.
Densité: 208 hab./km²
Espérance de vie: 50 ans
Revenu par habitant: 230 $
Monnaie: franc
Langues: kirundi, français

CAMBODGE

 Asie

Capitale: Phnom Penh
Superficie: 181 035 km²
Population: 8 615 000 hab.
Densité: 47,5 hab./km²
Espérance de vie: 51 ans
Revenu par habitant: 115 $
Monnaie: riel
Langues: khmer, français

CAMEROUN

Afrique

Capitale: Yaoundé
Superficie: 475 440 km²
Population: 12 650 000 hab.
Densité: 26,6 hab./km²
Espérance de vie: 55 ans
Revenu par habitant: 960 $
Monnaie: franc CFA
Langues: français, anglais

CANADA

 Amérique du Nord

Capitale: Ottawa
Superficie: 9 970 610 km²
Population: 27 600 000 hab.
Densité: 2,8 hab./km²
Espérance de vie: 78 ans
Revenu par habitant: 22 293 $
Monnaie: dollar canadien
Langues: anglais, français

CAP-VERT

 Afrique

Capitale: Praïa
Superficie: 4 030 km²
Population: 393 000 hab.
Densité: 97,5 hab./km²
Espérance de vie: 68 ans
Revenu par habitant: 900 $
Monnaie: escudo du Cap-Vert
Langue: portugais

CHILI

 Amérique du Sud

Capitale: Santiago
Superficie: 756 945 km²
Population: 13 600 000 hab.
Densité: 18 hab./km²
Espérance de vie: 72 ans
Revenu par habitant: 2 340 $
Monnaie: peso
Langue: espagnol

CHINE

Asie

Capitale: Beijing
Superficie: 9 596 961 km^2
Population: 1 179 000 000 hab.
Densité: 123 hab./km^2
Espérance de vie: 71 ans
Revenu par habitant: 370$
Monnaie: yuan
Langue: chinois

CHYPRE

Asie

Capitale: Nicosie
Superficie: 9 251 km^2
Population: 716 000 hab.
Densité: 77,4 hab./km^2
Espérance de vie: 75 ans
Revenu par habitant: 7 920$
Monnaie: livre chypriote
Langues: grec, turc

COLOMBIE

Amérique du Sud

Capitale: Bogota
Superficie: 1 138 914 km^2
Population: 34 260 000 hab.
Densité: 30 hab./km^2
Espérance de vie: 69 ans
Revenu par habitant: 1 345$
Monnaie: peso
Langue: espagnol

COMORES, LES

Afrique

Capitale: Moroni
Superficie: 2 170 km^2
Population: 591 000 hab.
Densité: 272,3 hab./km^2
Espérance de vie: 56 ans
Revenu par habitant: 425$
Monnaie: franc comorien
Langues: français, arabe

CONGO, LE

Afrique

Capitale: Brazzaville
Superficie: 342 000 km^2
Population: 2 420 000 hab.
Densité: 7,1 hab./km^2
Espérance de vie: 55 ans
Revenu par habitant: 1 025$
Monnaie: franc CFA
Langue: français

CORÉE DU NORD

Asie

Capitale: Pyongyang
Superficie: 120 538 km^2
Population: 22 580 000 hab.
Densité: 187,3 hab./km^2
Espérance de vie: 71 ans
Revenu par habitant: 950$
Monnaie: won
Langue: coréen

CORÉE DU SUD

Asie

Capitale: Séoul
Superficie: 99 484 km^2
Population: 43 690 000 hab.
Densité: 439,2 hab./km^2
Espérance de vie: 71 ans
Revenu par habitant: 6 281$
Monnaie: won
Langue: coréen

COSTA RICA

Amérique centrale

Capitale: San José
Superficie: 50 700 km^2
Population: 3 130 000 hab.
Densité: 61,7 hab./km^2
Espérance de vie: 75 ans
Revenu par habitant: 1 925$
Monnaie: colon
Langues: espagnol, anglais

CÔTE D'IVOIRE

Afrique

Capitale: Yamoussoukro
Superficie: 322 462 km^2
Population: 12 950 000 hab.
Densité: 40,1 hab./km^2
Espérance de vie: 54 ans
Revenu par habitant: 730$
Monnaie: franc CFA
Langue: français

CROATIE

Europe

Capitale: Zagreb
Superficie: 56 538 km^2
Population: 4 690 000 hab.
Densité: 83 hab./km^2
Espérance de vie: 71 ans
Revenu par habitant: 3 550$
Monnaie: couronne croate
Langue: croate

CUBA

Amérique centrale

Capitale: La Havane
Superficie: 110 861 km^2
Population: 10 800 000 hab.
Densité: 97,4 hab./km^2
Espérance de vie: 76 ans
Revenu par habitant: 1 575$
Monnaie: peso
Langue: espagnol

DANEMARK

Europe

Capitale: Copenhague
Superficie: 43 070 km^2
Population: 5 155 000 hab.
Densité: 119,7 hab./km^2
Espérance de vie: 76 ans
Revenu par habitant: 25 590$
Monnaie: couronne danoise
Langue: danois

DJIBOUTI

Afrique

Capitale: Djibouti
Superficie: 23 200 km^2
Population: 433 000 hab.
Densité: 18,7 hab./km^2
Espérance de vie: 49 ans
Revenu par habitant: 1 240$
Monnaie: franc djiboutien
Langues: arabe, français

DOMINIQUE

Amérique centrale

Capitale: Roseau
Superficie: 440 km^2
Population: 82 500 hab.
Densité: 187,5 hab./km^2
Espérance de vie: 67 ans
Revenu par habitant: 1 950$
Monnaie: dollar des Caraïbes orientales
Langue: anglais

ÉGYPTE

Afrique

Capitale: Le Caire
Superficie: 1 001 449 km^2
Population: 55 800 000 hab.
Densité: 55,7 hab./km^2
Espérance de vie: 62 ans
Revenu par habitant: 615$
Monnaie: livre
Langue: arabe

EL SALVADOR

Amérique centrale

Capitale: San Salvador
Superficie: 21 040 km^2
Population: 5 515 000 hab.
Densité: 262,1 hab./km^2
Espérance de vie: 67 ans
Revenu par habitant: 1 135$
Monnaie: colon
Langue: espagnol

ÉMIRATS ARABES UNIS

Asie

Capitale: Abu Dhabi
Superficie: 83 600 km^2
Population: 1 800 000 hab.
Densité: 21,5 hab./km^2
Espérance de vie: 71 ans
Revenu par habitant: 21 500$
Monnaie: dirham
Langues: arabe, anglais

ÉQUATEUR

Amérique du Sud

Capitale: Quito
Superficie: 283 561 km^2
Population: 11 050 000 hab.
Densité: 39 hab./km^2
Espérance de vie: 67 ans
Revenu par habitant: 1 345$
Monnaie: sucre
Langue: espagnol

ESPAGNE

Europe

Capitale: Madrid
Superficie: 504 782 km^2
Population: 39 156 000 hab.
Densité: 77,6 hab./km^2
Espérance de vie: 77 ans
Revenu par habitant: 12 960$
Monnaie: peseta
Langue: espagnol

ESTONIE

Europe

Capitale: Tallin
Superficie: 45 100 km^2
Population: 1 593 000 hab.
Densité: 35,3 hab./km^2
Espérance de vie: 70 ans
Revenu par habitant: 2 870$
Monnaie: couronne estonienne
Langues: estonien, russe

ÉTATS-UNIS D'AMÉRIQUE

Amérique du Nord

Capitale: Washington
Superficie: 9 363 123 km^2
Population: 255 000 000 hab.
Densité: 27,2 hab./km^2
Espérance de vie: 76 ans
Revenu par habitant: 22 544$
Monnaie: dollar américain
Langue: anglais

ÉTHIOPIE

Afrique

Capitale: Addis-Abéba
Superficie: 1 221 000 km^2
Population: 54 660 000 hab.
Densité: 44,8 hab./km^2
Espérance de vie: 47 ans
Revenu par habitant: 115$
Monnaie: berr
Langue: amharique

FIDJI

Océanie

Capitale: Suva
Superficie: 18 274 km^2
Population: 752 000 hab.
Densité: 41,2 hab./km^2
Espérance de vie: 66 ans
Revenu par habitant: 1940$
Monnaie: dollar fidjien
Langues: fidjien, anglais

FINLANDE

Europe

Capitale: Helsinki
Superficie: 337 010 km^2
Population: 5 010 000 hab.
Densité: 14,9 hab./km^2
Espérance de vie: 75 ans
Revenu par habitant: 25 440$
Monnaie: mark finlandais
Langues: finnois, suédois

FRANCE

Europe

Capitale: Paris
Superficie: 547 026 km^2
Population: 56 825 000 hab.
Densité: 103,9 hab./km^2
Espérance de vie: 76 ans
Revenu par habitant: 20 680 $
Monnaie: franc
Langue: français

GABON

Afrique

Capitale: Libreville
Superficie: 267 670 km^2
Population: 1 250 000 hab.
Densité: 4,7 hab./km^2
Espérance de vie: 34 ans
Revenu par habitant: 3 220 $
Monnaie: franc CFA
Langue: français

GAMBIE

Afrique

Capitale: Banjul
Superficie: 11 300 km^2
Population: 905 000 hab.
Densité: 80 hab./km^2
Espérance de vie: 45 ans
Revenu par habitant: 310 $
Monnaie: dalasi
Langues: anglais, ouolof

GÉORGIE

Europe

Capitale: Tbilissi
Superficie: 69 700 km^2
Population: 7 210 000 hab.
Densité: 103,4 hab./km^2
Espérance de vie: 73 ans
Revenu par habitant: 1 185 $
Monnaie: rouble
Langues: georgien, russe

GHANA

Afrique

Capitale: Accra
Superficie: 238 537 km^2
Population: 16 010 000 hab.
Densité: 67,1 hab./km^2
Espérance de vie: 56 ans
Revenu par habitant: 425 $
Monnaie: cedi
Langues: anglais, ewe

GRÈCE

Europe

Capitale: Athènes
Superficie: 131 944 km^2
Population: 10 140 000 hab.
Densité: 76,9 hab./km^2
Espérance de vie: 76 ans
Revenu par habitant: 7 210 $
Monnaie: drachme
Langue: grec

GRENADE

Amérique centrale

Capitale: St. George's
Superficie: 344 km^2
Population: 85 000 hab.
Densité: 247 hab./km^2
Espérance de vie: 69 ans
Revenu par habitant: 2 250 $
Monnaie: dollar des Caraïbes orientales
Langue: anglais

GUATEMALA

Amérique centrale

Capitale: Guatemala
Superficie: 108 890 km^2
Population: 9 745 000 hab.
Densité: 89,5 hab./km^2
Espérance de vie: 65 ans
Revenu par habitant: 980 $
Monnaie: quetzal
Langue: espagnol

GUINÉE

Afrique

Capitale: Conakry
Superficie: 245 860 km^2
Population: 6 100 000 hab.
Densité: 24,8 hab./km^2
Espérance de vie: 45 ans
Revenu par habitant: 525 $
Monnaie: franc guinéen
Langue: français

GUINÉE-BISSAU

Afrique

Capitale: Bissau
Superficie: 36 120 km^2
Population: 1 000 000 hab.
Densité: 27,7 hab./km^2
Espérance de vie: 44 ans
Revenu par habitant: 215 $
Monnaie: peso guinéen
Langue: portugais

GUINÉE ÉQUATORIALE

Afrique

Capitale: Malabo
Superficie: 28 050 km^2
Population: 370 000 hab.
Densité: 13,2 hab./km^2
Espérance de vie: 48 ans
Revenu par habitant: 325 $
Monnaie: franc CFA
Langue: espagnol

GUYANA

Amérique du Sud

Capitale: Georgetown
Superficie: 214 970 km^2
Population: 817 000 hab.
Densité: 3,8 hab./km^2
Espérance de vie: 65 ans
Revenu par habitant: 385 $
Monnaie: dollar de Guyana
Langue: anglais

HAÏTI

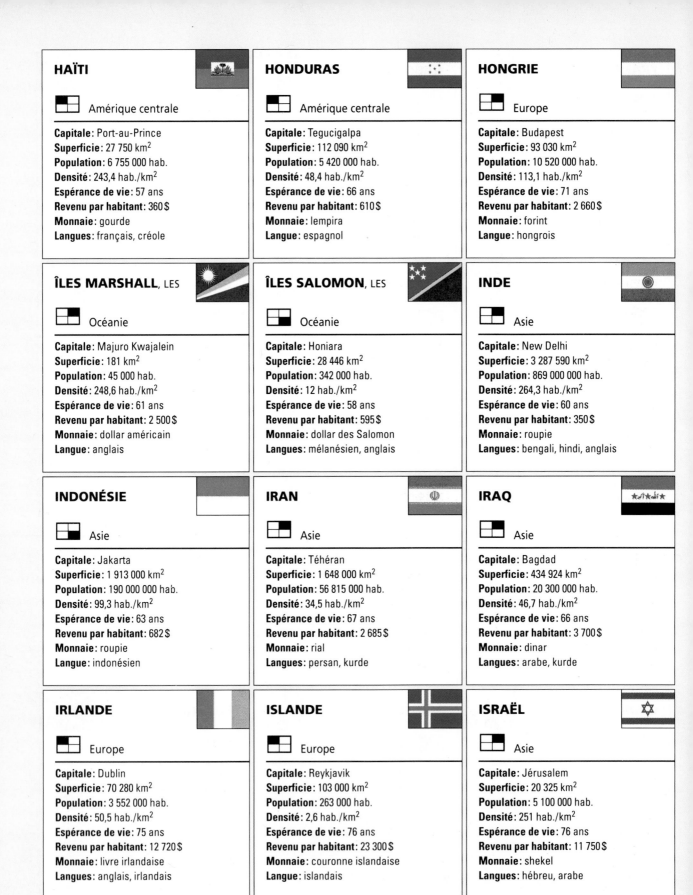

Amérique centrale

Capitale: Port-au-Prince
Superficie: 27 750 km²
Population: 6 755 000 hab.
Densité: 243,4 hab./km²
Espérance de vie: 57 ans
Revenu par habitant: 360 $
Monnaie: gourde
Langues: français, créole

HONDURAS

Amérique centrale

Capitale: Tegucigalpa
Superficie: 112 090 km²
Population: 5 420 000 hab.
Densité: 48,4 hab./km²
Espérance de vie: 66 ans
Revenu par habitant: 610 $
Monnaie: lempira
Langue: espagnol

HONGRIE

Europe

Capitale: Budapest
Superficie: 93 030 km²
Population: 10 520 000 hab.
Densité: 113,1 hab./km²
Espérance de vie: 71 ans
Revenu par habitant: 2 660 $
Monnaie: forint
Langue: hongrois

ÎLES MARSHALL, LES

Océanie

Capitale: Majuro Kwajalein
Superficie: 181 km²
Population: 45 000 hab.
Densité: 248,6 hab./km²
Espérance de vie: 61 ans
Revenu par habitant: 2 500 $
Monnaie: dollar américain
Langue: anglais

ÎLES SALOMON, LES

Océanie

Capitale: Honiara
Superficie: 28 446 km²
Population: 342 000 hab.
Densité: 12 hab./km²
Espérance de vie: 58 ans
Revenu par habitant: 595 $
Monnaie: dollar des Salomon
Langues: mélanésien, anglais

INDE

Asie

Capitale: New Delhi
Superficie: 3 287 590 km²
Population: 869 000 000 hab.
Densité: 264,3 hab./km²
Espérance de vie: 60 ans
Revenu par habitant: 350 $
Monnaie: roupie
Langues: bengali, hindi, anglais

INDONÉSIE

Asie

Capitale: Jakarta
Superficie: 1 913 000 km²
Population: 190 000 000 hab.
Densité: 99,3 hab./km²
Espérance de vie: 63 ans
Revenu par habitant: 682 $
Monnaie: roupie
Langue: indonésien

IRAN

Asie

Capitale: Téhéran
Superficie: 1 648 000 km²
Population: 56 815 000 hab.
Densité: 34,5 hab./km²
Espérance de vie: 67 ans
Revenu par habitant: 2 685 $
Monnaie: rial
Langues: persan, kurde

IRAQ

Asie

Capitale: Bagdad
Superficie: 434 924 km²
Population: 20 300 000 hab.
Densité: 46,7 hab./km²
Espérance de vie: 66 ans
Revenu par habitant: 3 700 $
Monnaie: dinar
Langues: arabe, kurde

IRLANDE

Europe

Capitale: Dublin
Superficie: 70 280 km²
Population: 3 552 000 hab.
Densité: 50,5 hab./km²
Espérance de vie: 75 ans
Revenu par habitant: 12 720 $
Monnaie: livre irlandaise
Langues: anglais, irlandais

ISLANDE

Europe

Capitale: Reykjavik
Superficie: 103 000 km²
Population: 263 000 hab.
Densité: 2,6 hab./km²
Espérance de vie: 76 ans
Revenu par habitant: 23 300 $
Monnaie: couronne islandaise
Langue: islandais

ISRAËL

Asie

Capitale: Jérusalem
Superficie: 20 325 km²
Population: 5 100 000 hab.
Densité: 251 hab./km²
Espérance de vie: 76 ans
Revenu par habitant: 11 750 $
Monnaie: shekel
Langues: hébreu, arabe

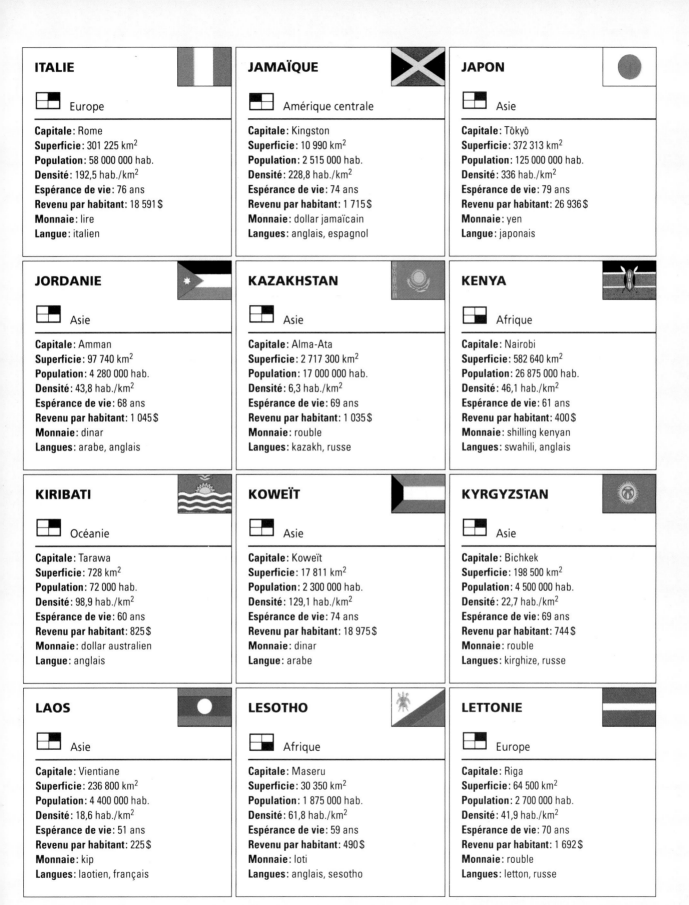

ITALIE

Europe

Capitale: Rome
Superficie: 301 225 km^2
Population: 58 000 000 hab.
Densité: 192,5 hab./km^2
Espérance de vie: 76 ans
Revenu par habitant: 18 591 $
Monnaie: lire
Langue: italien

JAMAÏQUE

Amérique centrale

Capitale: Kingston
Superficie: 10 990 km^2
Population: 2 515 000 hab.
Densité: 228,8 hab./km^2
Espérance de vie: 74 ans
Revenu par habitant: 1 715 $
Monnaie: dollar jamaïcain
Langues: anglais, espagnol

JAPON

Asie

Capitale: Tōkyō
Superficie: 372 313 km^2
Population: 125 000 000 hab.
Densité: 336 hab./km^2
Espérance de vie: 79 ans
Revenu par habitant: 26 936 $
Monnaie: yen
Langue: japonais

JORDANIE

Asie

Capitale: Amman
Superficie: 97 740 km^2
Population: 4 280 000 hab.
Densité: 43,8 hab./km^2
Espérance de vie: 68 ans
Revenu par habitant: 1 045 $
Monnaie: dinar
Langues: arabe, anglais

KAZAKHSTAN

Asie

Capitale: Alma-Ata
Superficie: 2 717 300 km^2
Population: 17 000 000 hab.
Densité: 6,3 hab./km^2
Espérance de vie: 69 ans
Revenu par habitant: 1 035 $
Monnaie: rouble
Langues: kazakh, russe

KENYA

Afrique

Capitale: Nairobi
Superficie: 582 640 km^2
Population: 26 875 000 hab.
Densité: 46,1 hab./km^2
Espérance de vie: 61 ans
Revenu par habitant: 400 $
Monnaie: shilling kenyan
Langues: swahili, anglais

KIRIBATI

Océanie

Capitale: Tarawa
Superficie: 728 km^2
Population: 72 000 hab.
Densité: 98,9 hab./km^2
Espérance de vie: 60 ans
Revenu par habitant: 825 $
Monnaie: dollar australien
Langue: anglais

KOWEÏT

Asie

Capitale: Koweït
Superficie: 17 811 km^2
Population: 2 300 000 hab.
Densité: 129,1 hab./km^2
Espérance de vie: 74 ans
Revenu par habitant: 18 975 $
Monnaie: dinar
Langue: arabe

KYRGYZSTAN

Asie

Capitale: Bichkek
Superficie: 198 500 km^2
Population: 4 500 000 hab.
Densité: 22,7 hab./km^2
Espérance de vie: 69 ans
Revenu par habitant: 744 $
Monnaie: rouble
Langues: kirghize, russe

LAOS

Asie

Capitale: Vientiane
Superficie: 236 800 km^2
Population: 4 400 000 hab.
Densité: 18,6 hab./km^2
Espérance de vie: 51 ans
Revenu par habitant: 225 $
Monnaie: kip
Langues: laotien, français

LESOTHO

Afrique

Capitale: Maseru
Superficie: 30 350 km^2
Population: 1 875 000 hab.
Densité: 61,8 hab./km^2
Espérance de vie: 59 ans
Revenu par habitant: 490 $
Monnaie: loti
Langues: anglais, sesotho

LETTONIE

Europe

Capitale: Riga
Superficie: 64 500 km^2
Population: 2 700 000 hab.
Densité: 41,9 hab./km^2
Espérance de vie: 70 ans
Revenu par habitant: 1 692 $
Monnaie: rouble
Langues: letton, russe

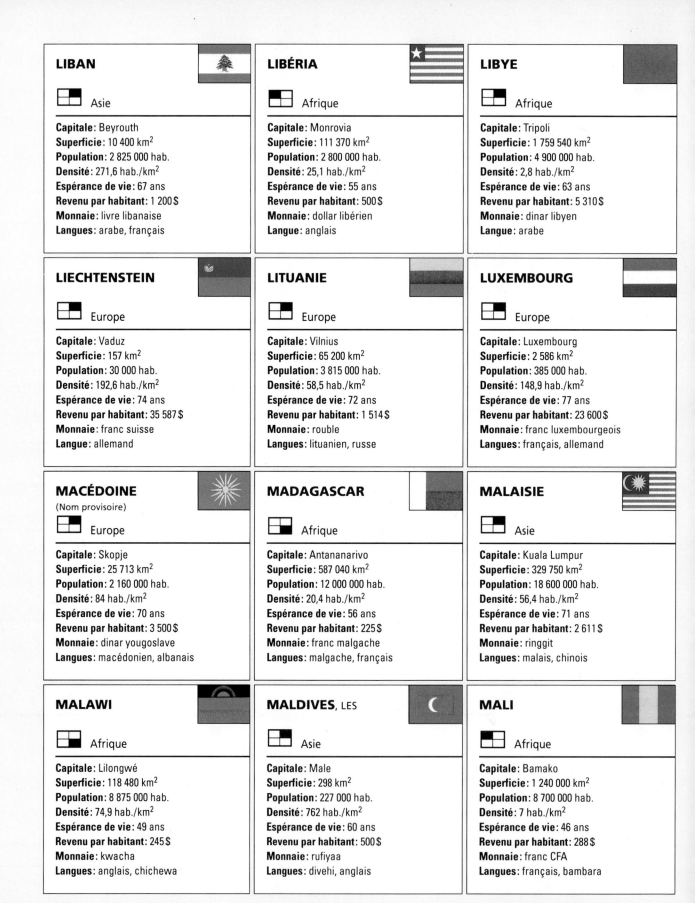

LIBAN

Asie

Capitale: Beyrouth
Superficie: 10 400 km²
Population: 2 825 000 hab.
Densité: 271,6 hab./km²
Espérance de vie: 67 ans
Revenu par habitant: 1 200 $
Monnaie: livre libanaise
Langues: arabe, français

LIBÉRIA

Afrique

Capitale: Monrovia
Superficie: 111 370 km²
Population: 2 800 000 hab.
Densité: 25,1 hab./km²
Espérance de vie: 55 ans
Revenu par habitant: 500 $
Monnaie: dollar libérien
Langue: anglais

LIBYE

Afrique

Capitale: Tripoli
Superficie: 1 759 540 km²
Population: 4 900 000 hab.
Densité: 2,8 hab./km²
Espérance de vie: 63 ans
Revenu par habitant: 5 310 $
Monnaie: dinar libyen
Langue: arabe

LIECHTENSTEIN

Europe

Capitale: Vaduz
Superficie: 157 km²
Population: 30 000 hab.
Densité: 192,6 hab./km²
Espérance de vie: 74 ans
Revenu par habitant: 35 587 $
Monnaie: franc suisse
Langue: allemand

LITUANIE

Europe

Capitale: Vilnius
Superficie: 65 200 km²
Population: 3 815 000 hab.
Densité: 58,5 hab./km²
Espérance de vie: 72 ans
Revenu par habitant: 1 514 $
Monnaie: rouble
Langues: lituanien, russe

LUXEMBOURG

Europe

Capitale: Luxembourg
Superficie: 2 586 km²
Population: 385 000 hab.
Densité: 148,9 hab./km²
Espérance de vie: 77 ans
Revenu par habitant: 23 600 $
Monnaie: franc luxembourgeois
Langues: français, allemand

MACÉDOINE

(Nom provisoire)

Europe

Capitale: Skopje
Superficie: 25 713 km²
Population: 2 160 000 hab.
Densité: 84 hab./km²
Espérance de vie: 70 ans
Revenu par habitant: 3 500 $
Monnaie: dinar yougoslave
Langues: macédonien, albanais

MADAGASCAR

Afrique

Capitale: Antananarivo
Superficie: 587 040 km²
Population: 12 000 000 hab.
Densité: 20,4 hab./km²
Espérance de vie: 56 ans
Revenu par habitant: 225 $
Monnaie: franc malgache
Langues: malgache, français

MALAISIE

Asie

Capitale: Kuala Lumpur
Superficie: 329 750 km²
Population: 18 600 000 hab.
Densité: 56,4 hab./km²
Espérance de vie: 71 ans
Revenu par habitant: 2 611 $
Monnaie: ringgit
Langues: malais, chinois

MALAWI

Afrique

Capitale: Lilongwé
Superficie: 118 480 km²
Population: 8 875 000 hab.
Densité: 74,9 hab./km²
Espérance de vie: 49 ans
Revenu par habitant: 245 $
Monnaie: kwacha
Langues: anglais, chichewa

MALDIVES, LES

Asie

Capitale: Male
Superficie: 298 km²
Population: 227 000 hab.
Densité: 762 hab./km²
Espérance de vie: 60 ans
Revenu par habitant: 500 $
Monnaie: rufiyaa
Langues: divehi, anglais

MALI

Afrique

Capitale: Bamako
Superficie: 1 240 000 km²
Population: 8 700 000 hab.
Densité: 7 hab./km²
Espérance de vie: 46 ans
Revenu par habitant: 288 $
Monnaie: franc CFA
Langues: français, bambara

MALTE

Europe

Capitale: La Valette
Superficie: 316 km^2
Population: 362 000 hab.
Densité: 1 146 hab./km^2
Espérance de vie: 76 ans
Revenu par habitant: 7 210 $
Monnaie: livre maltaise
Langues: maltais, anglais

MAROC

Afrique

Capitale: Rabat
Superficie: 450 000 km^2
Population: 26 400 000 hab.
Densité: 58,7 hab./km^2
Espérance de vie: 63 ans
Revenu par habitant: 1 100 $
Monnaie: dirham
Langue: arabe

MAURICE

Afrique

Capitale: Port Louis
Superficie: 1 865 km^2
Population: 1 100 000 hab.
Densité: 596 hab./km^2
Espérance de vie: 70 ans
Revenu par habitant: 2 550 $
Monnaie: roupie
Langues: anglais, français

MAURITANIE

Afrique

Capitale: Nouakchott
Superficie: 1 030 700 km^2
Population: 2 100 000 hab.
Densité: 2 hab./km^2
Espérance de vie: 48 ans
Revenu par habitant: 555 $
Monnaie: ouguiya
Langues: arabe, français

MEXIQUE

Amérique du Nord

Capitale: Ciudad de México
Superficie: 1 967 183 km^2
Population: 89 600 000 hab.
Densité: 45,5 hab./km^2
Espérance de vie: 70 ans
Revenu par habitant: 2 970 $
Monnaie: peso
Langue: espagnol

MICRONÉSIE

Océanie

Capitale: Kolonia
Superficie: 702 km^2
Population: 120 000 hab.
Densité: 171 hab./km^2
Espérance de vie: 61 ans
Revenu par habitant: 2 000 $
Monnaie: dollar américain
Langue: anglais

MOLDOVA

Europe

Capitale: Chisinau
Superficie: 33 700 km^2
Population: 4 460 000 hab.
Densité: 132,3 hab./km^2
Espérance de vie: 69 ans
Revenu par habitant: 1 125 $
Monnaie: rouble
Langues: moldave, russe

MONACO

Europe

Capitale: Monaco
Superficie: 2 km^2
Population: 31 000 hab.
Densité: 15 500 hab./km^2
Espérance de vie: 76 ans
Revenu par habitant: 23 000 $
Monnaie: franc français
Langue: français

MONGOLIE

Asie

Capitale: Oulan-Bator
Superficie: 1 565 000 km^2
Population: 2 325 000 hab.
Densité: 1,5 hab./km^2
Espérance de vie: 64 ans
Revenu par habitant: 300 $
Monnaie: tugrik
Langue: mongol

MOZAMBIQUE

Afrique

Capitale: Maputo
Superficie: 783 080 km^2
Population: 16 600 000 hab.
Densité: 21,2 hab./km^2
Espérance de vie: 49 ans
Revenu par habitant: 80 $
Monnaie: metical
Langue: portugais

MYANMAR
(BIRMANIE)

Asie

Capitale: Rangoon
Superficie: 676 552 km^2
Population: 43 444 000 hab.
Densité: 64 hab./km^2
Espérance de vie: 63 ans
Revenu par habitant: 452 $
Monnaie: kyat
Langues: birman, anglais

NAMIBIE

Afrique

Capitale: Windhoek
Superficie: 824 290 km^2
Population: 2 000 000 hab.
Densité: 2,4 hab./km^2
Espérance de vie: 59 ans
Revenu par habitant: 1 075 $
Monnaie: rand
Langues: afrikaan, kwanyama

NAURU

 Océanie

Capitale: Yaren
Superficie: 21 km^2
Population: 9 200 hab.
Densité: 438 hab./km^2
Espérance de vie: 55 ans
Revenu par habitant: 13 000 $
Monnaie: dollar australien
Langues: nauruan, anglais

NÉPAL

Asie

Capitale: Katmandou
Superficie: 140 797 km^2
Population: 19 825 000 hab.
Densité: 140,8 hab./km^2
Espérance de vie: 54 ans
Revenu par habitant: 185 $
Monnaie: roupie népalaise
Langue: népali

NICARAGUA

Amérique centrale

Capitale: Managua
Superficie: 130 000 km^2
Population: 4 200 000 hab.
Densité: 32,3 hab./km^2
Espérance de vie: 66 ans
Revenu par habitant: 240 $
Monnaie: cordoba
Langue: espagnol

NIGER

 Afrique

Capitale: Niamey
Superficie: 1 267 000 km^2
Population: 8 300 000 hab.
Densité: 6,6 hab./km^2
Espérance de vie: 47 ans
Revenu par habitant: 305 $
Monnaie: franc CFA
Langues: français, haoussa, peul

NIGERIA

Afrique

Capitale: Abuja
Superficie: 923 768 km^2
Population: 127 000 000 hab.
Densité: 137,5 hab./km^2
Espérance de vie: 53 ans
Revenu par habitant: 300 $
Monnaie: naira
Langues: anglais, haoussa, yoruba

NORVÈGE

Europe

Capitale: Oslo
Superficie: 324 220 km^2
Population: 4 300 000 hab.
Densité: 13,3 hab./km^2
Espérance de vie: 77 ans
Revenu par habitant: 25 280 $
Monnaie: couronne norvégienne
Langue: norvégien

NOUVELLE-ZÉLANDE

Océanie

Capitale: Wellington
Superficie: 268 676 km^2
Population: 3 425 000 hab.
Densité: 12,7 hab./km^2
Espérance de vie: 76 ans
Revenu par habitant: 12 875 $
Monnaie: dollar néo-zélandais
Langues: anglais, maori

OMAN

Asie

Capitale: Mascate
Superficie: 212 457 km^2
Population: 1 625 000 hab.
Densité: 7,6 hab./km^2
Espérance de vie: 68 ans
Revenu par habitant: 7 200 $
Monnaie: riyal
Langue: arabe

OUGANDA

Afrique

Capitale: Kampala
Superficie: 236 040 km^2
Population: 20 300 000 hab.
Densité: 86 hab./km^2
Espérance de vie: 53 ans
Revenu par habitant: 240 $
Monnaie: shilling ougandais
Langues: kiganda, anglais, swahili

PĀKISTĀN

 Asie

Capitale: Islamabad
Superficie: 803 943 km^2
Population: 128 000 000 hab.
Densité: 159,2 hab./km^2
Espérance de vie: 59 ans
Revenu par habitant: 378 $
Monnaie: roupie
Langues: ourdou, anglais, pendjabi

PANAMA

 Amérique centrale

Capitale: Panama
Superficie: 77 080 km^2
Population: 2 525 000 hab.
Densité: 32,8 hab./km^2
Espérance de vie: 73 ans
Revenu par habitant: 2 180 $
Monnaies: balboa, dollar américain
Langue: espagnol

PAPOUASIE-NOUVELLE-GUINÉE

 Océanie

Capitale: Port Moresby
Superficie: 461 691 km^2
Population: 3 860 000 hab.
Densité: 8,4 hab./km^2
Espérance de vie: 56 ans
Revenu par habitant: 1 075 $
Monnaie: kina
Langues: mélanésien, anglais

PARAGUAY

Amérique du Sud

Capitale: Asunción
Superficie: 406 752 km^2
Population: 4 525 000 hab.
Densité: 11,1 hab./km^2
Espérance de vie: 67 ans
Revenu par habitant: 1 155$
Monnaie: guarani
Langues: espagnol, guarani

PAYS-BAS, LES

Europe

Capitale: Amsterdam
Superficie: 40 844 km^2
Population: 15 155 000 hab.
Densité: 371 hab./km^2
Espérance de vie: 77 ans
Revenu par habitant: 18 885$
Monnaie: florin
Langue: néerlandais

PÉROU

Amérique du Sud

Capitale: Lima
Superficie: 1 285 216 km^2
Population: 22 500 000 hab.
Densité: 17,5 hab./km^2
Espérance de vie: 65 ans
Revenu par habitant: 1 210$
Monnaie: sol
Langues: espagnol, qechua

PHILIPPINES, LES

Asie

Capitale: Manille
Superficie: 300 000 km^2
Population: 64 325 000 hab.
Densité: 214,4 hab./km^2
Espérance de vie: 65 ans
Revenu par habitant: 725$
Monnaie: peso
Langues: tagalog, anglais

POLOGNE

Europe

Capitale: Varsovie
Superficie: 312 677 km^2
Population: 38 400 000 hab.
Densité: 122,8 hab./km^2
Espérance de vie: 72 ans
Revenu par habitant: 1 550$
Monnaie: zloty
Langue: polonais

PORTUGAL

Europe

Capitale: Lisbonne
Superficie: 92 080 km^2
Population: 10 625 000 hab.
Densité: 115,4 hab./km^2
Espérance de vie: 75 ans
Revenu par habitant: 5 910$
Monnaie: escudo
Langue: portugais

QATAR

Asie

Capitale: Doha
Superficie: 11 000 km^2
Population: 530 000 hab.
Densité: 48,2 hab./km^2
Espérance de vie: 70 ans
Revenu par habitant: 7 200$
Monnaie: riyal
Langue: arabe

RÉPUBLIQUE CENTRAFRICAINE

Afrique

Capitale: Bangui
Superficie: 622 980 km^2
Population: 3 220 000 hab.
Densité: 5,2 hab./km^2
Espérance de vie: 51 ans
Revenu par habitant: 400$
Monnaie: franc CFA
Langues: français, sango

RÉPUBLIQUE DOMINICAINE

Amérique centrale

Capitale: Saint-Domingue
Superficie: 48 730 km^2
Population: 7 500 000 hab.
Densité: 153,9 hab./km^2
Espérance de vie: 68 ans
Revenu par habitant: 820$
Monnaie: peso
Langue: espagnol

RÉPUBLIQUE SLOVAQUE

Europe

Capitale: Bratislava
Superficie: 43 035 km^2
Population: 5 300 000 hab.
Densité: 123,2 hab./km^2
Espérance de vie: 72 ans
Revenu par habitant: 2 350$
Monnaie: couronne
Langue: slovaque

RÉPUBLIQUE TCHÈQUE

Europe

Capitale: Prague
Superficie: 84 845 km^2
Population: 10 300 000 hab.
Densité: 121,4 hab./km^2
Espérance de vie: 72 ans
Revenu par habitant: 2 650$
Monnaie: couronne
Langue: tchèque

ROUMANIE

Europe

Capitale: Bucarest
Superficie: 237 500 km^2
Population: 23 450 000 hab.
Densité: 98,7 hab./km^2
Espérance de vie: 72 ans
Revenu par habitant: 1 640$
Monnaie: leu
Langue: roumain

ROYAUME-UNI

 Europe

Capitale: Londres
Superficie: 244 046 km^2
Population: 57 700 000 hab.
Densité: 236,4 hab./km^2
Espérance de vie: 76 ans
Revenu par habitant: 16 806 $
Monnaie: livre sterling
Langue: anglais

RUSSIE

 Asie

Capitale: Moscou
Superficie: 17 075 400 km^2
Population: 148 000 000 hab.
Densité: 8,6 hab./km^2
Espérance de vie: 71 ans
Revenu par habitant: 1 650 $
Monnaie: rouble
Langue: russe

RWANDA

 Afrique

Capitale: Kigali
Superficie: 26 340 km^2
Population: 7 700 000 hab.
Densité: 292,3 hab./km^2
Espérance de vie: 51 ans
Revenu par habitant: 265 $
Monnaie: franc rwandais
Langues: kinyarmanda, français, swahili

SAINTE-LUCIE

 Amérique centrale

Capitale: Castries
Superficie: 620 km^2
Population: 156 000 hab.
Densité: 251,6 hab./km^2
Espérance de vie: 71 ans
Revenu par habitant: 2 055 $
Monnaie: dollar des Caraïbes
Langues: anglais, créole

SAINT-KITTS-ET-NEVIS

 Amérique centrale

Capitale: Basse Terre
Superficie: 360 km^2
Population: 40 000 hab.
Densité: 111 hab./km^2
Espérance de vie: 68 ans
Revenu par habitant: 3 475 $
Monnaie: dollar des Caraïbes
Langues: anglais, créole

SAINT-MARIN

 Europe

Capitale: Saint-Marin
Superficie: 61 km^2
Population: 20 200 hab.
Densité: 331,1 hab./km^2
Espérance de vie: 76 ans
Revenu par habitant: 8 590 $
Monnaie: lire italienne
Langue: italien

SAINT-VINCENT-ET-GRENADINES

 Amérique centrale

Capitale: Kingstown
Superficie: 388 km^2
Population: 118 200 hab.
Densité: 304,6 hab./km^2
Espérance de vie: 69 ans
Revenu par habitant: 1 725 $
Monnaie: dollar des Caraïbes
Langue: anglais

SAMOA-OCCIDENTAL

Océanie

Capitale: Apia
Superficie: 2 842 km^2
Population: 171 000 hab.
Densité: 60,2 hab./km^2
Espérance de vie: 64 ans
Revenu par habitant: 745 $
Monnaie: tala
Langues: samoan, anglais

SÃO TOMÉ ET PRÍNCIPE

Afrique

Capitale: São Tomé
Superficie: 960 km^2
Population: 125 000 hab.
Densité: 130,2 hab./km^2
Espérance de vie: 48 ans
Revenu par habitant: 330 $
Monnaie: dobra
Langue: portugais

SÉNÉGAL

Afrique

Capitale: Dakar
Superficie: 196 200 km^2
Population: 7 760 000 hab.
Densité: 39,6 hab./km^2
Espérance de vie: 49 ans
Revenu par habitant: 766 $
Monnaie: franc CFA
Langues: français, ouolof

SEYCHELLES, LES

 Afrique

Capitale: Victoria
Superficie: 280 km^2
Population: 71 000 hab.
Densité: 253,6 hab./km^2
Espérance de vie: 68 ans
Revenu par habitant: 5 250 $
Monnaie: roupie seychelloise
Langues: créole, anglais, français

SIERRA LEONE

 Afrique

Capitale: Freetown
Superficie: 71 740 km^2
Population: 4 400 000 hab.
Densité: 61,3 hab./km^2
Espérance de vie: 43 ans
Revenu par habitant: 245 $
Monnaie: leone
Langues: anglais, krio, mende

SINGAPOUR

Asie

Capitale: Singapour
Superficie: 618 km^2
Population: 3 100 000 hab.
Densité: 5 016 hab./km^2
Espérance de vie: 74 ans
Revenu par habitant: 14 100 $
Monnaie: dollar de Singapour
Langues: chinois, malais, anglais

SLOVÉNIE

Europe

Capitale: Ljubljana
Superficie: 20 251 km^2
Population: 2 000 000 hab.
Densité: 98,8 hab./km^2
Espérance de vie: 71 ans
Revenu par habitant: 12 390 $
Monnaie: tolar
Langue: slovène

SOMALIE

Afrique

Capitale: Mogadiscio
Superficie: 637 660 km^2
Population: 7 900 000 hab.
Densité: 12,4 hab./km^2
Espérance de vie: 47 ans
Revenu par habitant: 170 $
Monnaie: shilling somali
Langue: somali

SOUDAN

Afrique

Capitale: Khartoum
Superficie: 2 505 810 km^2
Population: 27 000 000 hab.
Densité: 10,8 hab./km^2
Espérance de vie: 52 ans
Revenu par habitant: 340 $
Monnaie: livre soudanaise
Langues: arabe, dinka, anglais

SRI LANKA

Asie

Capitale: Colombo
Superficie: 65 610 km^2
Population: 17 500 000 hab.
Densité: 266,7 hab./km^2
Espérance de vie: 72 ans
Revenu par habitant: 535 $
Monnaie: roupie sri-lankaise
Langues: cingalais, tamoul, anglais

SUÈDE

Europe

Capitale: Stockholm
Superficie: 449 960 km^2
Population: 8 700 000 hab.
Densité: 19,3 hab./km^2
Espérance de vie: 78 ans
Revenu par habitant: 25 880 $
Monnaie: couronne suédoise
Langue: suédois

SUISSE

Europe

Capitale: Berne
Superficie: 41 288 km^2
Population: 6 825 000 hab.
Densité: 165,3 hab./km^2
Espérance de vie: 79 ans
Revenu par habitant: 31 937 $
Monnaie: franc suisse
Langues: allemand, français, italien

SURINAME

Amérique du Sud

Capitale: Paramaribo
Superficie: 163 270 km^2
Population: 450 000 hab.
Densité: 2,8 hab./km^2
Espérance de vie: 70 ans
Revenu par habitant: 3 115 $
Monnaie: florin de Suriname
Langues: néerlandais, sranan

SWAZILAND

Afrique

Capitale: Mbabane
Superficie: 17 360 km^2
Population: 850 000 hab.
Densité: 49 hab./km^2
Espérance de vie: 58 ans
Revenu par habitant: 900 $
Monnaie: lilangeni
Langues: swahili, anglais

SYRIE

Asie

Capitale: Damas
Superficie: 185 180 km^2
Population: 13 100 000 hab.
Densité: 70,7 hab./km^2
Espérance de vie: 67 ans
Revenu par habitant: 1 090 $
Monnaie: livre syrienne
Langue: arabe

TADJIKISTAN

Asie

Capitale: Douchanbé
Superficie: 143 100 km^2
Population: 5 600 000 hab.
Densité: 39,1 hab./km^2
Espérance de vie: 70 ans
Revenu par habitant: 2 435 $
Monnaie: rouble
Langues: tadjik, russe

TAÏWAN

Asie

Capitale: Taipei
Superficie: 35 980 km^2
Population: 21 000 000 hab.
Densité: 583,7 hab./km^2
Espérance de vie: 73 ans
Revenu par habitant: 9 625 $
Monnaie: dollar de Taïwan
Langue: chinois

TANZANIE

Afrique

Capitale: Dodoma
Superficie: 945 090 km^2
Population: 27 700 000 hab.
Densité: 29,3 hab./km^2
Espérance de vie: 55 ans
Revenu par habitant: 115$
Monnaie: shilling tanzanien
Langues: swahili, anglais

TCHAD

Afrique

Capitale: N'Djamena
Superficie: 1 284 000 km^2
Population: 6 000 000 hab.
Densité: 4,7 hab./km^2
Espérance de vie: 48 ans
Revenu par habitant: 190$
Monnaie: franc CFA
Langues: arabe, français

THAÏLANDE

Asie

Capitale: Bangkok
Superficie: 514 000 km^2
Population: 59 000 000 hab.
Densité: 114,8 hab./km^2
Espérance de vie: 67 ans
Revenu par habitant: 1 553$
Monnaie: baht
Langues: thaï, chinois, anglais

TOGO

Afrique

Capitale: Lomé
Superficie: 56 000 km^2
Population: 3 800 000 hab.
Densité: 67,9 hab./km^2
Espérance de vie: 55 ans
Revenu par habitant: 420$
Monnaie: franc CFA
Langues: français, ewe, mina

TONGA, LES

Océanie

Capitale: Nuku'Alofa
Superficie: 699 km^2
Population: 90 000 hab.
Densité: 128,8 hab./km^2
Espérance de vie: 63 ans
Revenu par habitant: 1 030$
Monnaie: pa'anga
Langues: tongien, anglais

TRINITÉ-ET-TOBAGO

Amérique centrale

Capitale: Port d'Espagne
Superficie: 5 130 km^2
Population: 1 300 000 hab.
Densité: 253,4 hab./km^2
Espérance de vie: 72 ans
Revenu par habitant: 4 300$
Monnaie: dollar de Trinité-et-Tobago
Langues: anglais, espagnol

TUNISIE

Afrique

Capitale: Tunis
Superficie: 163 610 km^2
Population: 8 600 000 hab.
Densité: 52,6 hab./km^2
Espérance de vie: 68 ans
Revenu par habitant: 1 600$
Monnaie: dinar
Langues: arabe, français

TURKMÉNISTAN

Asie

Capitale: Achkhabad
Superficie: 488 100 km^2
Population: 3 800 000 hab.
Densité: 7,8 hab./km^2
Espérance de vie: 66 ans
Revenu par habitant: 900$
Monnaie: rouble
Langues: turkmène, russe

TURQUIE

Asie

Capitale: Ankara
Superficie: 780 576 km^2
Population: 68 600 000 hab.
Densité: 87,9 hab./km^2
Espérance de vie: 66 ans
Revenu par habitant: 1 665$
Monnaie: livre
Langues: turc, kurde

TUVALU

Océanie

Capitale: Funafuti
Superficie: 158 km^2
Population: 9 500 hab.
Densité: 60,1 hab./km^2
Espérance de vie: 58 ans
Revenu par habitant: 1 200$
Monnaie: dollar australien
Langues: tuvalien, anglais

UKRAINE

Europe

Capitale: Kiev
Superficie: 603 700 km^2
Population: 52 107 000 hab.
Densité: 86,3 hab./km^2
Espérance de vie: 71 ans
Revenu par habitant: 1 300$
Monnaie: rouble
Langues: ukrainien, russe

URUGUAY

Amérique du Sud

Capitale: Montevideo
Superficie: 176 215 km^2
Population: 3 150 000 hab.
Densité: 17,9 hab./km^2
Espérance de vie: 72 ans
Revenu par habitant: 2 560$
Monnaie: peso
Langue: espagnol

UZBÉKISTAN

Asie

Capitale: Tachkent
Superficie: 447 400 km²
Population: 21 250 000 hab.
Densité: 47,5 hab./km²
Espérance de vie: 70 ans
Revenu par habitant: 650$
Monnaie: rouble
Langues: uzbek, russe, tadjik

VANUATU

Océanie

Capitale: Port-Vila
Superficie: 12 189 km²
Population: 160 000 hab.
Densité: 13,1 hab./km²
Espérance de vie: 55 ans
Revenu par habitant: 1 105$
Monnaie: vatu
Langues: bislamar, anglais, français

VATICAN

Europe

Capitale: Cité du Vatican
Superficie: 0,5 km²
Population: 700 hab.
Densité: 1 400 hab./km²
Espérance de vie: –
Revenu par habitant: –
Monnaie: lire italienne
Langue: italien

VENEZUELA

Amérique du Sud

Capitale: Caracas
Superficie: 912 050 km²
Population: 20 800 000 hab.
Densité: 22,8 hab./km²
Espérance de vie: 70 ans
Revenu par habitant: 2 643$
Monnaie: bolivar
Langue: espagnol

VIÊT-NAM

Asie

Capitale: Hanoi
Superficie: 333 000 km²
Population: 69 400 000 hab.
Densité: 208,4 hab./km²
Espérance de vie: 64 ans
Revenu par habitant: 115$
Monnaie: dong
Langue: vietnamien

YÉMEN

Asie

Capitale: Sanaa
Superficie: 527 968 km²
Population: 12 100 000 hab.
Densité: 22,9 hab./km²
Espérance de vie: 53 ans
Revenu par habitant: 675$
Monnaies: riyal et dinar
Langue: arabe

YOUGOSLAVIE
(SERBIE ET MONTÉNÉGRO)

Europe

Capitale: Belgrade
Superficie: 102 173 km²
Population: 10 700 000 hab.
Densité: 104,7 hab./km²
Espérance de vie: 72 ans
Revenu par habitant: 3 500$
Monnaie: dinar
Langue: serbe

ZAÏRE

Afrique

Capitale: Kinshasa
Superficie: 2 345 409 km²
Population: 37 900 000 hab.
Densité: 16,2 hab./km²
Espérance de vie: 54 ans
Revenu par habitant: 205$
Monnaie: zaïre
Langues: français, lingala, swahili

ZAMBIE

Afrique

Capitale: Lusaka
Superficie: 752 610 km²
Population: 8 700 000 hab.
Densité: 11,6 hab./km²
Espérance de vie: 55 ans
Revenu par habitant: 445$
Monnaie: kwacha
Langues: anglais, bemba

ZIMBABWE

Afrique

Capitale: Hararé
Superficie: 390 580 km²
Population: 10 000 000 hab.
Densité: 25,6 hab./km²
Espérance de vie: 61 ans
Revenu par habitant: 575$
Monnaie: dollar Zimbabwé
Langues: anglais, shona, ndebele

ÉRYTHRÉE

Afrique

Capitale: Asmara
Superficie: 93 679 km²
Population: 3 200 000 hab.
Densité: 34,2 hab./km²
Espérance de vie: 48 ans
Revenu par habitant: 150$
Monnaie: berr
Langues: arabe, amharique

LEXIQUE

LEXIQUE
LEXIQUE

A

Agglomération (p. 348)   Ensemble constitué par une ville et sa ou ses banlieues.

Agriculture commerciale (p. 340)   Agriculture pratiquée en fonction de la vente des récoltes et de la réalisation de profits.

Agriculture de subsistance (p. 338)   Agriculture dont le but principal est de nourrir ceux qui la pratiquent.

Agriculture familiale (p. 339)   Agriculture dont l'objectif premier est de subvenir aux besoins de la famille.

Alluvions (p. 216)   Débris de toutes sortes arrachés, transportés et déposés par les eaux courantes.

Altitude (p. 148)   Élévation verticale d'un lieu par rapport au niveau moyen des mers. L'altitude du mont Everest est de 8 848 mètres.

Amplitude thermique (p. 241)   Différence entre la plus forte et la plus faible température d'une journée, d'un mois ou d'une année.

Astéroïde (p. 20)   Corps céleste formé de débris de planètes, de gaz et de glace. La plupart des astéroïdes sont regroupés en une ceinture qui gravite entre Mars et Jupiter.

Atlas (p. 75)   Recueil de cartes géographiques.

Atmosphère (p. 29)   Mince couche de gaz qui entoure la Terre. L'atmosphère contient l'air que nous respirons.

Axe de rotation (p. 28)   Axe imaginaire traversant les deux pôles, autour duquel la Terre accomplit sa rotation.

Azimut (p. 108)   Mesure précise en degrés d'une direction à suivre ou d'un angle de marche, obtenue à l'aide d'une boussole.

B

Bassin hydrographique (p. 294)   Région drainée par un cours d'eau et ses affluents.

Bassin sédimentaire (p. 204)   Grande région plane recouverte d'une couche plus ou moins épaisse de sédiments.

Biosphère (p. 30)   Couche vitale de la Terre qui résulte de l'interaction de l'atmosphère, de l'hydrosphère et de la lithosphère.

Bouclier (p. 204)   Immense plate-forme constituée de roches ignées dures et anciennes sur lesquelles reposent les continents.

Boussole (p. 107)   Instrument d'orientation à l'intérieur duquel une aiguille aimantée pivote librement. La partie rouge de cette aiguille pointe toujours vers le nord magnétique.

C

Carte du monde (p. 71)   Représentation à échelle réduite de la totalité de la surface terrestre.

Chaîne de montagnes (p. 86)   Ensemble physiographique formé d'une suite de montagnes.

Climat (p. 238)   Ensemble des conditions du temps accumulées sur une longue période et propres à une région donnée.

Climatogramme (p. 239)   Graphique illustrant les moyennes mensuelles de températures et de précipitations d'une région.

Comète (p. 20)   Astre caractérisé par un noyau brillant, la tête, et une gigantesque traînée lumineuse, la queue. La comète de Halley, l'une des plus connues, nous visitera à nouveau en 2062.

Continent (p. 80)   Grande étendue de terre limitée par un ou plusieurs océans.

Continentalité (p. 251)   Éloignement d'une région par rapport à la mer.

Coordonnées alphanumériques (p. 131)   Système de repérage composé d'une série de cases d'égale grandeur accompagnées de lettres et de chiffres. Les coordonnées alphanumériques permettent de localiser des réalités géographiques sur une carte.

Coordonnées géographiques (p. 65)   Système de repérage composé d'un réseau de lignes horizontales, les parallèles, et de lignes verticales, les méridiens. Les coordonnées géographiques permettent de déterminer la latitude et la longitude d'un lieu.

Coordonnées topographiques (p. 133)   Système de repérage composé d'une grille formée de lignes bleues, les lignes verticales correspondant aux méridiens et les lignes horizontales, aux parallèles. Les coordonnées topographiques permettent de localiser un point sur une carte.

Coupe topographique (p. 153)   Coupe de terrain qui permet de visualiser les différentes formes du relief d'une région.

Courant marin (p. 286)   Mouvement de l'eau des océans né de l'affrontement de masses d'eau de densités et de températures différentes et dirigé par le vent.

Courbe de niveau (p. 145)   Ligne sinueuse de couleur brune qui relie tous les points de même altitude par rapport au niveau moyen des mers.

Courbe intermédiaire (p. 151)   Courbe de niveau représentée par un fin trait brun qui relie tous les points de même altitude entre deux courbes maîtresses.

Courbe maîtresse (p. 150)   Courbe de niveau représentée par un trait brun apparaissant généralement toutes les cinq courbes et la plupart du temps cotée.

Cycle de l'eau (p. 292)   Périple de l'eau, de la mer à l'atmosphère, de l'atmosphère à la terre et de la terre à la mer. Les étapes du cycle de l'eau sont l'évaporation, la condensation, les précipitations et l'écoulement.

D

Débit (p. 295)   Quantité d'eau qui s'écoule en une seconde en un endroit précis d'un cours d'eau.

Décomposition (p. 213)   Transformation de la roche par oxydation, hydratation ou dissolution. Les agents de la décomposition sont l'air, l'eau ainsi que les acides atmosphériques et organiques.

Démographie (p. 309)   Science qui étudie les populations et leurs variations.

Densité de population (p. 310)   Nombre moyen d'habitants par kilomètre carré.

Désagrégation (p. 211)   Fragmentation des matériaux de l'écorce terrestre sous l'effet du gel et du dégel.

E

Échelle (p. 125)   Rapport entre les dimensions réelles d'un territoire et les dimensions figurées sur la carte.

Échelle graphique (p. 126)   Échelle présentée sous forme de ligne droite divisée en sections de longueurs égales.

Échelle numérique (p. 128)   Échelle qui représente le rapport entre la carte et la réalité à l'aide de chiffres, sous forme de fraction. **Exemple :** 1 : 1 000 000

Échelle verbale (p. 126)   Rapport simplifié entre une longueur sur le terrain et sa représentation sur la carte. **Exemple :** 1 cm = 1 km.

Écorce (p. 179)   Partie superficielle de la Terre, aussi appelée croûte.

Émigration (p. 332)   Passage d'habitants d'un pays à un autre pays.

Ensemble physiographique (p. 85)   Vaste territoire qui présente une certaine unité de relief. Les grands ensembles physiographiques de la Terre sont les chaînes de montagnes, les plaines et les plateaux.

Équateur (p. 57)   Cercle imaginaire qui fait le tour de la Terre, à mi-chemin entre le pôle Nord et le pôle Sud. L'équateur est aussi appelé parallèle d'origine.

Équidistance (p. 147)   Distance verticale constante entre deux courbes de niveau successives.

Équinoxe (p. 46)   Période de l'année où les jours sont à peu près égaux aux nuits en tous les points du globe. Les rayons solaires frappent alors perpendiculairement l'équateur.

Érosion (p. 215)   Processus d'usure, de transformation et d'aplanissement du relief terrestre.

Érosion fluviale (p. 216)   Transformation du relief sous l'action des eaux courantes.

Érosion glaciaire (p. 219)   Transformation du relief sous l'action des glaciers.

Espace rural (p. 337)   Espace organisé principalement en fonction de l'agriculture et constitué de villages, de champs en culture, de pâturages, d'animaux, de fermes, de machinerie, de serres, de vergers.

Espace urbain (p. 346)   Espace organisé où sont concentrés un grand nombre d'habitants ainsi que de multiples activités industrielles, commerciales, bancaires, éducatives, culturelles, sociales, sportives, médicales et alimentaires.

Étoile (p. 15)   Astre gazeux qui possède et diffuse sa propre lumière et sa propre énergie. Notre étoile est le Soleil.

Étoile Polaire (p. 102)   Étoile qui indique toujours le nord géographique, car elle se trouve dans le prolongement de l'axe de rotation de la Terre. L'étoile Polaire fait partie de la constellation de la Petite Ourse.

Exode rural (p. 348)   Départ massif des gens de la campagne vers la ville.

F

Faille (p. 186)   Cassure de l'écorce terrestre suivie d'un déplacement horizontal ou vertical des blocs formés le long du plan de faille.

Falaise (p. 290)   Pente abrupte née de l'action des vagues sur le rivage.

Foyer de population (p. 89)   Zone où il y a une importante concentration de population.

Fuseau horaire (p. 43)   Chacune des 24 divisions de 15 degrés de longitude correspondant aux 24 heures de la journée. Tous les lieux se situant à l'intérieur d'un même fuseau horaire ont la même heure.

G

Galaxie (p. 11)   Gigantesque regroupement d'étoiles, de planètes, de poussières et de gaz retenus ensemble par gravitation. La Voie lactée est notre galaxie.

Globe terrestre (p. 71)   Représentation la plus fidèle de la Terre sous forme de sphère.

Grande échelle (p. 125)   Échelle représentant une petite surface.

H

Houle (p. 288)   Ondulations lentes et régulières des eaux de la mer sous l'action du vent.

Humidité (p. 246)   Quantité de vapeur d'eau contenue dans l'air.

Hydrosphère (p. 30)   Ensemble des étendues d'eau qui recouvrent la surface de la Terre : océans, mers bordières, mers intérieures, fleuves, rivières et lacs.

I

Immigration (p. 332)   Arrivée d'étrangers venus s'installer dans un pays pour y vivre.

Index (p. 78)   Section de l'atlas qui nous aide à repérer les lieux et les toponymes sur les cartes, grâce à un système de repérage.

L

Langue (p. 317)   Système d'expression et de communication commun à un groupe, qui lui permet d'affirmer son identité culturelle.

Latitude (p. 58)   Position d'un lieu par rapport à l'équateur. La latitude est mesurée en degrés et elle est représentée par les parallèles.

Légende (p. 122)   Liste qui donne la signification des symboles utilisés sur une carte géographique.

Lithosphère (p. 30)   Surface solide de la Terre qui englobe tous les éléments du relief des continents : montagnes, plaines, plateaux, volcans, etc.

Longitude (p. 62)   Position d'un lieu par rapport au méridien de Greenwich. La longitude est mesurée en degrés et elle est représentée par les méridiens.

M

Manteau (p. 179)   Partie de la Terre située entre le noyau et l'écorce.

Marée (p. 288)   Mouvement quotidien de montée (le flux) et de descente (le reflux) du niveau des eaux de la mer.

Mer (p. 81)   Vaste étendue d'eau située à l'intérieur ou en bordure des continents.

Méridien (p. 61)   Chacun des demi-cercles verticaux perpendiculaires à l'équateur qui vont d'un pôle à l'autre. Les méridiens servent à déterminer la longitude.

Méridien de Greenwich (p. 61)   Méridien 0° qui passe par l'observatoire de Greenwich, près de Londres (London), au Royaume-Uni.

Méridien d'origine (p. 61)   Méridien 0° qui, avec le 180ᵉ méridien, divise la Terre en deux hémisphères : l'hémisphère Ouest, ou occidental, et l'hémisphère Est, ou oriental.

Météorisation (p. 211)   Processus de détérioration de l'écorce terrestre provoqué par des agents atmosphériques. La météorisation peut être mécanique ou chimique.

Météorite (p. 20)   Élément rocheux du système solaire filant à grande vitesse qui s'écrase au sol ou se désintègre au contact de l'atmosphère. Les météorites sont aussi appelés étoiles filantes.

Migration (p. 331)   Déplacement d'individus et de peuples d'un pays à l'autre, d'une province à l'autre, d'une région ou d'une ville à l'autre.

Migration internationale (p. 331)   Départ d'une personne qui quitte son pays d'origine pour s'installer dans un autre pays.

Migration interne (p. 331)   Déplacement d'une personne à l'intérieur de son pays.

Minéraux (p. 198)   Substances naturelles non vivantes qui ont une composition chimique et des propriétés physiques définies.

Moraines (p. 220)   Débris rocailleux transportés et déposés par les glaciers.

N

Niveau de vie (p. 326)   Ensemble des biens et des services disponibles selon le revenu moyen des habitants d'un pays.

Niveau moyen des mers (p. 150)   Moyenne des différents niveaux de la mer correspondant à 0 mètre. Sur une carte, on désigne ce niveau de base par les lettres NMM.

Nord géographique (p. 107)   Point cardinal qui correspond au pôle Nord.

Nord magnétique (p. 107)   Direction déterminée par l'existence d'un champ magnétique naturel à la surface de la Terre. L'aiguille aimantée d'une boussole pointe vers le nord magnétique.

Noyau (p. 179)   Partie centrale de la Terre. Le noyau est divisé en deux parties : le noyau interne et le noyau externe.

O

Océan (p. 81)   Vaste étendue d'eau salée qui recouvre une grande partie de la surface de la Terre.

Orbite terrestre (p. 45)   Trajectoire en forme d'ellipse décrite par la Terre autour du Soleil.

P

Parallèle (p. 57)   Chacun des cercles imaginaires parallèles à l'équateur qui font le tour de la Terre à égale distance les uns des autres. Les parallèles servent à déterminer la latitude.

Parallèle d'origine (p. 57)   Parallèle 0°, ou équateur, qui divise la Terre en deux hémisphères : l'hémisphère Nord, ou boréal, et l'hémisphère Sud, ou austral.

Pays (p. 83)   Territoire plus ou moins vaste habité par une collectivité humaine. Le Canada, la France et l'Indonésie sont des pays.

Pays développé (p. 324)   Pays riche et industrialisé dont le niveau de vie est élevé.

Pays en voie de développement (p. 325)   Pays caractérisé par un niveau de vie à la hausse, grâce à l'aide des pays développés qui lui permet d'exploiter ses richesses naturelles et de se doter d'équipements.

Pays sous-développé (p. 325)   Pays caractérisé par un niveau de vie très bas, où les habitants parviennent difficilement à satisfaire leurs besoins de base.

Pente (p. 155)   Inclinaison d'un terrain par rapport au plan de l'horizon.

Petite échelle (p. 125)   Échelle représentant une grande surface.

Plage (p. 291)   Étendue de sable et de galets en pente douce au bord de la mer.

Plaine (p. 86)   Surface de basse altitude généralement étendue et uniforme où se déroule l'essentiel de l'activité humaine.

Planète (p. 16)   Astre sans lumière propre qui, en plus de tourner sur lui-même, gravite autour du Soleil. La Terre est notre planète.

Plateau (p. 87)   Vaste plate-forme à l'altitude plus ou moins élevée et au relief assez uniforme.

Plissement (p. 184)   Déformation des couches de roches sédimentaires provoquée par des forces de compression produisant une succession de plis.

Points cardinaux (p. 101)   Directions déterminées par le mouvement apparent du Soleil. Les points cardinaux sont le nord, le sud, l'est et l'ouest.

Pression atmosphérique (p. 242)   Force exercée par le poids de l'air.

Q

Quartier (p. 353)   Zone d'une ville qui se distingue par des traits spécifiques.

R

Réfugié (p. 333)   Personne qui quitte son pays pour échapper à la guerre, à la famine, à la persécution ou à un régime politique.

Régime (p. 296)   Ensemble des variations du débit d'un cours d'eau en une année.

Régime alimentaire (p. 328)   Quantité d'aliments absorbée par un être humain en une journée. La valeur énergétique du régime alimentaire d'un être humain se mesure en unités appelées kilojoules (kJ).

Religion (p. 319)   Ensemble de croyances et de pratiques liées aux rapports de l'être humain avec une divinité ou avec le sacré.

Réseau hydrographique (p. 294)   Ensemble constitué par un cours d'eau et tous ses affluents.

Révolution (p. 45)   Mouvement effectué par la Terre autour du Soleil en 365 jours et un quart. Ce mouvement se fait selon une trajectoire en forme d'ellipse appelée orbite terrestre.

Rivage marin (p. 290)   Zone de contact entre le continent et l'océan que l'on appelle aussi littoral.

Roche (p. 197)   Matière solide de l'écorce terrestre formée d'un agrégat de minéraux.

Rose des vents (p. 104)   Figure géométrique étoilée dont les pointes indiquent la direction des points cardinaux et des points intermédiaires.

Rotation (p. 41)   Mouvement d'ouest en est que la Terre effectue sur elle-même en 24 heures autour de son axe de rotation. La rotation de la Terre entraîne la succession des jours et des nuits.

S

Salinité (p. 283)   Quantité de sels contenus dans l'eau de mer.

Satellite naturel (p. 20)   Corps céleste éteint et sans vie gravitant autour d'une planète. La Lune est le satellite naturel de la Terre.

Sédimentation fluviale (p. 225)   Accumulation de sédiments le long des rives d'un cours d'eau ou au fond de son lit.

Site (p. 350)   Emplacement sur lequel une ville est établie.

Situation géographique (p. 352)   Emplacement d'une ville dans une région, considéré par rapport à un ensemble d'éléments de cette région tels que les voies de communication, les sols, les ressources naturelles, les autres villes.

Sol (p. 201)   Substance meuble formée de débris de la roche-mère et d'humus (matières végétales et animales partiellement décomposées).

Soleil (p. 15)   Étoile de grandeur moyenne et d'âge moyen qui fait partie de la Voie lactée.

Solstice (p. 46)   Période de l'année où le jour est plus long ou plus court que la nuit selon que l'on est dans l'hémisphère Nord ou dans l'hémisphère Sud. Si les rayons solaires frappent perpendiculairement le tropique du Cancer, c'est le solstice d'été; s'ils frappent le tropique du Capricorne, c'est le solstice d'hiver.

Symbole (p. 119)   Signe conventionnel choisi par les cartographes pour représenter une réalité sur une carte géographique.

Système solaire (p. 16)   Ensemble constitué d'une étoile, le Soleil, autour de laquelle gravitent neuf planètes, de nombreux satellites naturels et une ceinture d'astéroïdes.

T

Table des matières (p. 75)   Partie de l'atlas qui présente l'ordre des sujets traités et les pages où on peut trouver ces sujets.

Température (p. 241)   Degré de chaleur de l'atmosphère d'un lieu.

Temps (p. 237)   État passager de l'atmosphère à un moment précis et en un lieu donné.

Tremblement de terre (p. 194)   Ensemble de secousses et de déformations brusques de l'écorce terrestre qui se font sentir à la surface de la Terre.

U

Univers (p. 11)   Ensemble des astres qui forment des milliards de galaxies séparées les

unes des autres par des milliards de kilomètres.

Urbanisation (p. 347)   Concentration crois-
sante d'habitants dans les villes.

V

Vague (p. 288)   Ondulation créée à la surface
des eaux de la mer par l'action du vent.

Vent (p. 244)   Déplacement d'air qui s'établit à
partir des différences de températures
dans l'air.

Volcan (p. 188)   Type de relief en forme de
cône, érigé à partir d'une matière visqueuse et chaude appelée magma ou lave,
qui est poussée par de puissantes forces
internes vers la surface.

Z

Zone de subsistance (p. 362)   Région où les
gens vivent de chasse, de pêche, de cueillette, d'élevage itinérant ou d'agriculture
de subsistance.

Zone forestière (p. 360)   Région où l'étendue de la forêt et la taille des arbres sont
assez importantes pour que leur exploitation soit rentable.

Zone minière (p. 359)   Région où la quantité
et la concentration des minéraux sont suffisantes pour que leur exploitation soit
rentable.

Zone récréative (p. 361)   Région dont le
potentiel récréatif et les attraits touristiques sont suffisants pour que leur exploitation soit rentable.

INDEX DES CARTES

INDEX

INDEX

INDEX

SOURCES
DES
DOCUMENTS

MARIO BEAUREGARD: photos pages modules 2 et 3; **p. 75-78.**

PEDRO BORGUEZ: **1.44.**

MICHEL A. BOUCHARD: **1.19** (Géosciences Communications).

MICHEL BROUSSEAU: **4.113**; **5.9.**

ALBERT BUCZKOWSKI: **p. 7** (photo du haut); **2.16**; **2.22**; **p. 378** (boussole); **3.8.**

COMMUNAUTÉ URBAINE DE QUÉBEC: **5.59.**

ÉNERGIE, MINES ET RESSOURCES CANADA: **3.26**; **4.59**; **4.134**, 4ᵉ photo.

ENVIRONNEMENT CANADA: **4.67**; **4.80.**

FRÈRES MARISTES: **5.7**; **5.24** (Mission mariste, Haïti).

PHILIPPE GERMAIN: illustrations d'atmosphère.

PHILIPPE GERMAIN et DOMINIQUE LEHOUX: organigrammes **p. 10, 40, 56, 70, 100, 118, 144, 178, 210, 230, 278, 308, 336, 368.**

LE GROUPE FLEXIDÉE: **3.11**; **3.16-3.18**; **p. 121**; **3.31**; **3.63-3.67.**

HUBBARD SCIENTIFIC: **4.28** (photos).

STÉPHANE JORISCH: **3.1**; **3.2**; **3.15**; **3.51.**

DOMINIQUE LEHOUX: **1.30**; **1.35**; **1.47**; **1.49**; **3.4**; **3.6**; **p. 106**; **3.7**; **3.10**; **3.30**; **3.36-3.38**; **3.40**; **p. 142**; **3.44**; **3.45**; **3.47**; **3.52**; **3.57-3.62. 4.1**; **4.3-4.5**; **4.8**; **4.9**; **4.11**; **4.12**; **4.15**; **4.23**; **4.27**; **4.32**; **4.37**; **4.38**; **4.64**; **4.65**; **4.70**; **4.77**; **4.79**; **4.87**; **4.91**; **4.112**; **4.114**; **4.119**; **4.120**; **4.125**; **4.128**; **4.132**; **4.139**; **4.148.**

NASA: **p. 9**; **1.1** (California Institute / J.P.L.); **1.6**, **1.7** (J.P.L.); **1.17** (Planetary Society, Pasadena, California); 1.39 (Johnson Space Center).

JEAN-PIERRE NORMAND: **p. 8, 9**; **1.2**; **1.3**; **1.15**; **1.27**; **1.36**; **1.50.**

OMNIGRAPHE: **1.28**; **1.29**; **1.41**; **1.43**; **1.48**; **1.57**; **1.59**; **p. 46**; **2.1-2.12**, **2.14**; **3.9**; **3.32**; **4.73**; **4.85**; **4.99**; **4.101**; **4.103 A, 4.103 B, 4.131**; **5.5.**

PIERRE PAQUETTE: **1.42** (Observatoire de l'Aigle).

PLANÉTARIUM DOW DE MONTRÉAL: **1.14.**

PUBLIPHOTO: **p. 2**, photo du haut (T. Van Dyke); **p. 2**, photo de gauche (D. Ouellette); **p. 5**, photo du bas (P.G. Adam); **p. 6** (F. Marit); **p. 7**, photo du haut (Hoa-Qui); **p. 7**, photo du bas (R. Poissant); **1.8** (Sygma); **1.10-1.12** (J. Tiziou / Sygma); **1.13** (Sygma); **1.18** (Sygma); **1.20** (Keystone-Paris / Sygma); **1.22** (R. Taylor / Sygma); **1.23** (J. Tiziou / Sygma); **1.24**; **1.26** (Sygma); **1.33** (R. Baronet); **1.38** (R. Audet); **1.40** (Sygma); **3.3**, **3.11** (P. Brunet); **3.15** (P.G. Adam); **3.64** (M. Rousseau); **3.73** (J.P. Amet / Sygma); **p. 176**, volcan (Kraft / Explorer), torrent (P. Brunet), zèbres (G. Lacz); **p. 177**, mont Everest (Valdin et Diaf); **4.7** (P. Brunet); **4.10** (F. Gohier); **4.13-4.14** (K. Krafft); **4.19** (C. Machard); **4.20** (K. Krafft / Explorer); **4.22** (Sygma); **4.24** (A. Emerito); **4.25** (T. Campion / Sygma); **4.26** (P.G. Adam); **4.30** (M. Claye / Jacana); **4.31** (A. Paul); **4.34** (Y. Beaulieu); **4.43** (Sygma); **4.46** (G. Girouard); **4.48** (P. Cardis / Explorer); **4.49** (J.P. Danvoye); **4.52** (M. Blachas); **4.56** (M. Gabr); **4.57** (S. Clément); **4.63** (S. Villerot / Diaf); **4.68** (A. Allstock); **4.69** (P. Plisson / Explorer); **4.71** (L. de Jaeghere / Diaf);